Hermann Heinrich Haas

Recht und Praxis der verhaltensbedingten Kündigung

Hermann Heinrich Haas

Recht und Praxis der verhaltensbedingten Kündigung

DE GRUYTER

Rechtsanwalt und Fachanwalt für Arbeitsrecht Dr. iur. Hermann Heinrich Haas, Partner,
ESCHE SCHÜMANN COMMICHAU, Hamburg.

Zitiervorschlag: *Haas*, Kap. 3 Rn 20.

Hinweis:
Alle Angaben in diesem Werk sind nach bestem Wissen unter Anwendung aller gebotenen Sorgfalt erstellt worden. Trotzdem kann von dem Verlag und dem Autor keine Haftung für etwaige Fehler übernommen werden.

ISBN 978-3-11-030277-6
e-ISBN 978-3-11-030284-4

Bibliografische Information der Deutschen Nationalbibliothek
Die Deutsche Nationalbibliothek verzeichnet diese Publikation in der Deutschen Nationalbibliografie; detaillierte bibliografische Daten sind im Internet über http://dnb.d-nb.de abrufbar.

Datenkonvertierung/Satz: jürgen ullrich typosatz, 86720 Nördlingen
Druck: Hubert & Co. GmbH & Co. KG, Göttingen
♾ Gedruckt auf säurefreiem Papier
Printed in Germany

www.degruyter.com

Vorwort

Zu keinem Einzelthema des Arbeitsrechtes gibt es eine so umfangreiche Kasuistik wie im Bereich der verhaltensbedingten Kündigung. Dies ist zum einen wegen der vielfältigen Sachverhaltskonstellationen, zum anderen aber auch deshalb der Fall, da es zwar für eine verhaltensbedingte Kündigung Rechtsgrundsätze im Sinne von Leitlinien gibt, am Ende aber immer der Einzelfall im Vordergrund steht. Insofern wird in diesem Werk festgestellt werden, dass die einzige Gemeinsamkeit verhaltensbedingter Kündigungen die ist, dass es eben keine solche Gemeinsamkeit und erst recht keine absoluten verhaltensbedingten Kündigungsgründe gibt.

Gerade mit Blick auf diese Vielfalt und die nur begrenzt hilfreichen Rechtsgrundsätze hat es sich dieses Werk zur Aufgabe gemacht, nach einer ausführlichen Darstellung der wesentlichen, in der umfangreichen Kasuistik der Arbeitsgerichte zum Ausdrucke gekommenen Rechtsgrundsätze in der Rechtsprechung entschiedene Fälle zur verhaltensbedingten Kündigung darzustellen, um dem Leser auf diesem Wege einen Leitfaden für die Einordnung und Behandlung eigener Sachverhalte, die u.U. zu einer verhaltensbedingten Kündigung führen können, an die Hand zu geben. Dabei arbeitet dieses Werk umfangreich existierende Rechtsprechung auf. Es werden in der Darstellung ergangene gerichtliche Entscheidungen in den Vordergrund gestellt. Auf die Wiedergabe des Meinungsstandes zur Rechtsprechung wird ganz weitgehend verzichtet, da die Adressaten dieses Werkes in erster Linie Praktiker sind, sei es auf der Juristenebene, sei es auf der Personalebene.

Für Bemerkungen, Anregungen und Kritik bin ich aufgeschlossen und dankbar.
Sie erreichen mich unter:

ESCHE SCHÜMANN COMMICHAU
Rechtsanwalt Dr. iur. Hermann Heinrich Haas
Am Sandtorkai 44
20457 Hamburg
Tel.: 040/36805-285, Fax: 040/36805-234
h.haas@esche.de
www.esche.de

Hamburg, im Mai 2013 Hermann Heinrich Haas

Inhaltsübersicht

Inhaltsverzeichnis

Kapitel 5
Sonderfälle: Verdachts- und Druckkündigung

Kapitel 6
Form der Kündigung

Kapitel 9
Personalgespräch und Auflösungsverträge im Zusammenhang mit einer verhaltensbedingten Kündigung

Kapitel 10
Sozialversicherungsrechtliche Auswirkungen einer verhaltensbedingten Kündigung

Abkürzungsverzeichnis

a. A.	anderer Ansicht
Abs.	Absatz
AGG	Allgemeines Gleichbehandlungsgesetz
AktG	Aktiengesetz
AP	Arbeitsrechtliche Praxis
ArbG	Arbeitsgericht
AZR	Aktenzeichen für Revisionsverfahren
BAG	Bundesarbeitsgericht
BBiG	Berufsbildungsgesetz
Beck RS	Beck Rechtsprechung
BetrVG	Betriebsverfassungsgesetz
BGB	Bürgerliches Gesetzbuch
BSG	Bundessozialgericht
BUrlG	Bundesurlaubsgesetz
bzgl.	bezüglich
ca.	circa
d.h.	das heißt
DAI	Deutsches Anwaltsinstitut
DGB	Deutscher Gewerkschaftsbund
EStG	Einkommenssteuergesetz
etc.	et cetera
evtl.	eventuell
EzA	Entscheidungssammlung zum Arbeitsrecht
gem.	gemäß
GewO	Gewerbeordnung
ggf.	gegebenenfalls
GmbHG	GmbH-Gesetz
GS	Gemeinsamer Senat (des Bundesarbeitsgerichts)
HGB	Handelsgesetzbuch
i.d.R.	in der Regel
i.S.v./d.	im Sinne von/des
IGM	Industriegewerkschaft Metall
KSchG	Kündigungsschutzgesetz
LAG	Landesarbeitsgericht
LPVG	Landespersonalvertretungsgesetz
Ls.	Leitsatz

m.E.	meines Erachtens
m.w.N.	mit weiteren Nachweisen
MuSchG	Mutterschutzgesetz
NJW	Neue Juristische Wochenschrift
NZA	Neue Zeitschrift für Arbeitsrecht
NZA RR	Neue Zeitschrift für Arbeitsrecht – Rechtsprechungsreport
o.g.	oben genannten
Rn	Randnummer
S./s.	Satz/siehe
SGB	Sozialgesetzbuch
st.Rspr.	ständige Rechtsprechung
u.a.	unter anderem
u.U.	unter Umständen
U-Haft	Untersuchungshaft
Urt.	Urteil
v.	vom/von
z.B.	zum Beispiel
ZPO	Zivilprozessordnung

Kapitel 1
Bedeutung der verhaltensbedingten Kündigung in der Praxis

Will man die **Bedeutung der vom Kündigungsschutzgesetz (inkl. § 626 BGB) vorgesehenen Kündigungsarten**, d.h. der personen-, der verhaltens- oder der betriebsbedingten Kündigung ermitteln, bieten sich **drei Betrachtungsweisen** an: 1
- die statistische,
- die inhaltliche und
- die der persönlichen Betroffenheit der Parteien.

A. Statistische Betrachtungsweise

Bedauerlicherweise existieren **keine aktuellen bundesweiten Zahlen**, wie viele Kündigungen von Arbeitsverhältnissen aus welchen Gründen per anno erfolgen. Die Arbeitsgerichte halten zwar statistische Erfassungen vor, es mangelt jedoch an einer bundesweiten Zusammenführung. 2

Zudem **gelangen nicht alle Kündigungen zu den Arbeitsgerichten**, d.h. werden diese mit einer Kündigungsschutzklage angegriffen. Schlussendlich gilt für die so genannten Kleinbetriebe das Kündigungsschutzgesetz nicht. Insofern sind statistisch basierte Aussagen zur Bedeutung der verhaltensbedingten Kündigung schwierig. 3

Die einzigen umfassenden Erhebungen stammen ca. aus dem Jahre 2003 und sind im Auftrag der Hans-Böckler-Stiftung vorgenommen worden.[1] Danach ist zu jener Zeit von ca. **2 Mio. Arbeitgeberkündigungen** per anno ausgegangen worden. Hiergegen wurden ca. in **260.000 bis 310.000 Fällen Kündigungsschutzklagen** erhoben. Die Klagehäufigkeit gegen Arbeitgeberkündigungen lag hiernach bei ca. 11%. 4

Die Arbeitgeberkündigungen sind nach den damaligen Erkenntnissen zu **67% aus betriebsbedingten Gründen**, zu **15% aus verhaltens- bzw. personenbedingten Gründen** erfolgt. In 18% der Fälle war eine Zuordnung zu einem Kündigungsgrund nicht eindeutig möglich. 5

Diese Zahlen bedeuten, dass ca. **45.000 bis 50.000 verhaltensbedingte Kündigungen** Gegenstand von Kündigungsschutzklagen **per anno** sind. Ob sich in den nicht zu Gericht getragenen Kündigungen darüber hinaus eine erhebliche Anzahl 6

1 Siehe insbesondere Vortrag des Projektes „Regulierung des Arbeitsmarktes" im WSI in der Hans-Böckler-Stiftung auf dem HBS-Forum für Arbeits- und Sozialrecht in Berlin am 13./14.3.2003 v. Pfarr, Bothfeld u.a.

von verhaltensbedingten Kündigungen befindet, kann nicht mit Bestimmtheit gesagt werden. Andererseits spricht die Tatsache, dass in einer **verhaltensbedingten Kündigung regelmäßig eine Pönalisierung** des betroffenen Mitarbeiters liegt, dafür, dass verhaltensbedingte Kündigungen in der Regel durch Kündigungsschutzklagen angegriffen werden.

7 Diese Zahlen dürften sich in den letzten zehn Jahren nicht dramatisch verändert haben. In erster Linie mag es zu einer Zunahme der betriebsbedingten Kündigungen wegen der Wirtschafts- bzw. Finanzkrise gekommen sein.

8 Geht man insofern von den vorstehend dargestellten Zahlen aus, lässt sich feststellen, dass der **verhaltensbedingten Kündigung** mit Blick auf die geschätzte Gesamtzahl von Arbeitgeberkündigungen per anno **statistisch jedenfalls keine besonders große Bedeutung** zukommt.

B. Inhaltliche Betrachtungsweise

9 Ganz anders stellt sich das Bild dar, wenn man die Bedeutung der verhaltensbedingten Kündigung im Vergleich zu der häufigsten Kündigungsart, d.h. der betriebsbedingten Kündigung (die personenbedingte Kündigung bleibt hier außen vor) von der **inhaltlichen Seite, d.h. den Anforderungen an die Wirksamkeit einer solchen Kündigung** her betrachtet. Während sich über die Wirksamkeit einer betriebsbedingten Kündigung (relativ) verlässliche Aussagen im Vorfeld treffen lassen, gilt dies nur begrenzt für die verhaltensbedingte Kündigung.

10 Die **betriebsbedingte Kündigung** hat – vereinfacht dargestellt – klare Voraussetzungen:

- **Wegfall des Arbeitsplatzes** – dieser ist in der Regel durch den Arbeitgeber darstellbar;
- **Durchführung einer richtigen Sozialauswahl** – diese ist ggf. mit Hilfe durch die Rechtsprechung anerkannter Punktesysteme (Auswahlrichtlinien) technisch darstell- und damit durchführbar;
- **keine anderweitige Beschäftigungsmöglichkeit** – dies ist eine Tatsachenfrage.

11 Werden diese Regeln eingehalten, wird eine hierauf gestützte betriebsbedingte Kündigung in der Regel wirksam sein. Dies lässt sich für den Arbeitgeber ausreichend verlässlich im Moment des Ausspruchs der Kündigung vorhersagen, da die **dargestellten Kriterien letztlich objektive** sind.

12 **Diese klaren und noch dazu objektiven Regeln gibt es für eine verhaltensbedingte Kündigung in dieser Form nicht.** Wie dieses Buch zeigen wird, gibt es zwar durchaus von der Rechtsprechung aufgestellte Kriterien, die eine gewisse Einschätzung der Wirksamkeit einer beabsichtigten verhaltensbedingten Kündigung durch den Arbeitgeber ermöglichen. Am Ende aber steht **in jedem (!) Einzelfall die**

Wertung des Arbeitsrichters, ob er ein Verhalten des Arbeitnehmers für eine entsprechende Kündigung genügen lässt, oder ob er die Fortbeschäftigung dieses Arbeitnehmers durch den Arbeitgeber trotz des entsprechenden Verhaltens für (noch) zumutbar hält.

Diese **„Unzuverlässigkeit“ der Voraussetzungen der verhaltensbedingten Kündigungen** hat dazu geführt, dass innerhalb der betriebsbedingten Kündigung eine nicht unerhebliche **„Dunkelziffer“ von Kündigungen** besteht, deren wahre **Motivation das Verhalten des Arbeitnehmers** ist, der **Arbeitgeber jedoch** zu dem Mittel des Arbeitsplatzwegfalls und der hierauf basierten **betriebsbedingten Kündigung** greift, da er sich aufgrund der vorhandenen objektiven Kriterien einer betriebsbedingten Kündigung hierbei weitaus größere Chancen ausrechnet. Hinzutritt, dass eine **betriebsbedingte Kündigung in aller Regel schnell umsetzbar** ist, wohingegen der Weg zu einer **verhaltensbedingten Kündigung**, wenn es sich nicht um eine außerordentliche fristlose Kündigung handelt, allein schon wegen des regelmäßigen Abmahnungserfordernisses als **in der Regel zeitaufwändig** darstellt. 13

Inhaltlich gesehen kommt somit der **verhaltensbedingten Kündigung** in der Praxis eine **große Bedeutung** zu, da nicht ausreichend rein objektive Kriterien zur Beurteilung der Wirksamkeit einer beabsichtigten verhaltensbedingten Kündigung bestehen. 14

C. Persönliche Betroffenheit der Arbeitsvertragsparteien

In der **persönlichen Betroffenheit** der Arbeitsvertragsparteien durch eine verhaltensbedingte Kündigung bzw. das vorangegangene Verhalten des Arbeitnehmers dürfte die **größte Bedeutung der verhaltensbedingten Kündigung** liegen. 15

Eine verhaltensbedingte Kündigung wird regelmäßig nur dann durch den Arbeitgeber ausgesprochen werden, wenn bereits **„das Kind in den Brunnen gefallen“** ist. Ein oder mehrere aus Sicht des Arbeitgebers zu heftige Verhaltensweisen des Arbeitnehmers haben den Arbeitgeber so sehr verärgert, dass er – berechtigt oder nicht – mit diesem Mitarbeiter schlicht **nicht mehr** weiter zusammenarbeiten **will.** Diese Situation unterscheidet sich deutlich von der **betriebsbedingten Kündigung**, wo der Arbeitgeber mangels Beschäftigungsmöglichkeit regelmäßig mit dem Mitarbeiter vielleicht noch zusammenarbeiten will, dies jedoch **nicht mehr kann.** 16

Für den Arbeitnehmer ist die **verhaltensbedingte Kündigung** ein besonderes **Unwerturteil (Pönalisierung)**, das ihn ganz persönlich betrifft. Zudem zerstört eine verhaltensbedingte Kündigung nicht nur das aktuelle Arbeitsverhältnis, sondern kann sich **u.U. für den gesamten weiteren Berufsweg als zumindest hinderlich** erweisen. 17

Anders als bei der betriebsbedingten Kündigung ist es **für den Mitarbeiter** deshalb **letztlich zwingend, sich gegen eine verhaltensbedingte Kündigung beim** 18

Arbeitsgericht zu wehren, auch wenn ihm bewusst ist, dass er im Falle des Obsiegens ggf. in ein belastetes Arbeitsverhältnis zurückkehrt (was in der Praxis regelmäßig zu einer Vergleichslösung führt).

D. Ergebnis

19 Wegen der inhaltlichen Anforderungen an und der persönlichen Betroffenheit beider Arbeitsvertragsparteien durch eine verhaltensbedingte Kündigung kommt dieser eine massive Bedeutung, insbesondere in Zusammenhang mit einer sorgfältigen Vorbereitung zu, die nur mit guten Kenntnissen der Voraussetzungen an eine verhaltensbedingte Kündigung möglich ist.

Kapitel 2
Überblick zur verhaltensbedingten Kündigung

A. Gesetzliche Regelung/Anwendbarkeit des Kündigungsschutzgesetzes

I. Gesetzliche Regelung

Gemäß § 1 Abs. 1 und 2 KSchG ist die Kündigung des Arbeitsverhältnisses gegenüber einem Arbeitnehmer, dessen Arbeitsverhältnis im selben Betrieb oder Unternehmen ohne Unterbrechung länger als sechs Monate bestanden hat, rechtsunwirksam, wenn sie sozial ungerechtfertigt ist. Sozial ungerechtfertigt ist die Kündigung, wenn sie nicht durch Gründe, die in dem Verhalten des Arbeitnehmers liegen, bedingt ist. 1

Abgesehen von den materiellen Voraussetzungen für eine verhaltensbedingte Kündigung ist somit erste gesetzliche Voraussetzung, dass das **KSchG** überhaupt **Anwendung** findet. Dies ist nur dann der Fall, wenn **im Moment der Kündigung das Arbeitsverhältnis** bereits **mindestens sechs Monate** andauert. Dabei ist es irrelevant, ob das Arbeitsverhältnis in dem Betrieb, in dem der Mitarbeiter zum Zeitpunkt der Kündigung beschäftigt ist, bereits bestanden hat. Es genügt, wenn das Arbeitsverhältnis zum selben Arbeitgeber mehr als sechs Monate existiert. 2

II. Wartezeit

Nach dem Wortlaut des Gesetzes ist für die Berechnung der sechsmonatigen Betriebszugehörigkeit (auch **Wartezeit** genannt) an einen **ununterbrochenen rechtlichen Bestand des Arbeitsverhältnisses** anzuknüpfen. Allerdings kann auch bei einer Unterbrechung ein einheitliches Arbeitsverhältnis mit der Folge der Zusammenrechnung der jeweiligen Dienstzeiten vorliegen. Hat ein Arbeitsverhältnis von z.B. drei Monaten geendet, und wird der Mitarbeiter drei Monate später wieder eingestellt, ist die Vorbeschäftigungszeit dann dem neuen Arbeitsverhältnis hinzuzurechnen, wenn zwischen dem alten und dem neuen Arbeitsverhältnis ein **enger sachlicher Zusammenhang** besteht. Dabei kommt es insbesondere auf **Anlass und Dauer der Unterbrechung** sowie auf die **Art der Weiterbeschäftigung** an. **Je länger** die Unterbrechung dauert, **desto gewichtiger** müssen die für den Zusammenhang sprechenden **Gründe** sein.[1] Stellt man diesbezüglich allein auf den zeitlichen 3

1 BAG 20.8.1998 EzA § 1 KSchG, Nr. 50.

Zusammenhang ab, sieht die Rechtsprechung regelmäßig einen **Unterbrechungszeitraum von mehr als drei Wochen** als **anrechnungsschädlich** an.[2] Darüber hinaus wird in der Regel ein zeitlicher Zusammenhang verneint, so dass für eine Zusammenrechnung ein enger **sachlicher Zusammenhang** bestehen muss. Dies ist z.B. dann der Fall, wenn dem Mitarbeiter im Rahmen der Beendigung des ersten Arbeitsvertrages bereits zugesagt wird, dass er in drei Monaten wieder eingestellt wird.

III. Mindestbeschäftigtenzahl

4 Weitere Voraussetzungen für die Anwendbarkeit der im vorliegenden Zusammenhang maßgeblichen Vorschriften des KSchG ist gem. § 23 Abs. 1 Satz 2 bis 4 KSchG eine **Mindestbeschäftigtenzahl von mehr als 10 Arbeitnehmern.** Bei der Feststellung der Zahl dieser beschäftigten Arbeitnehmer sind **Gewichtungen nach der Wochenarbeitszeit** des einzelnen Mitarbeiters vorzunehmen. Gemäß § 23 Abs. 1 Satz 4 KSchG werden Mitarbeiter mit einer Wochenarbeitszeit von nicht mehr als 20 Stunden mit 0,5, Mitarbeiter mit nicht mehr als 30 Stunden Wochenarbeitszeit mit 0,75 und Mitarbeiter mit mehr als 30 Stunden mit 1,0 berücksichtigt. Nach dieser Berechnung können somit **10,5 Mitarbeiter** für die Anwendbarkeit des KSchG **genügen.**

5 Darüber hinaus gibt § 23 Abs. 1 Satz 3 KSchG eine geringere Mindestbeschäftigtenanzahl für Mitarbeiter vor, deren Anstellungsverhältnisse bereits bis spätestens **31.12.2003** begonnen haben. Hintergrund für diese gesetzliche Regelung ist, dass bis Ende 2003 die Mindestbeschäftigtenanzahl mehr als 5 Mitarbeiter für die Anwendbarkeit des KSchG betragen hat. Ist somit ein solcher älterer Mitarbeiter von einer Kündigung betroffen, findet das KSchG bereits dann Anwendung, wenn zum einen zum 31.12.2003 mehr als fünf Mitarbeiter in diesem Betrieb beschäftigt gewesen sind, zum anderen auch zum Zeitpunkt der Kündigung noch mehr als 5 Arbeitnehmer länger als seit dem 1.1.2004 beschäftigt sind. Ist hingegen die Zahl der Mitarbeiter, die vor dem 1.1.2004 angestellt waren, zwischenzeitlich unter die Mindestbeschäftigtenzahl von mehr als 5 Mitarbeitern gesunken, ist der alte Kündigungsschutz entfallen, der Mitarbeiter kann somit Kündigungsschutz nunmehr nur begehren, wenn die Mindestbeschäftigtenzahl von mehr als zehn Mitarbeitern im Moment seiner Kündigung erreicht ist.

---

2 BAG 22.9.2005 EzA § 1 KSchG, Nr. 58.

B. Obersatz der Rechtsprechung/maßgebliche Kriterien

Das BAG formuliert die **Voraussetzungen** für eine verhaltensbedingte Kündigung wie folgt: 6

> *„Eine Kündigung aus Gründen im Verhalten des Arbeitnehmers i.S.v. § 1 Abs. 2 KSchG ist sozial gerechtfertigt, wenn der Arbeitnehmer mit dem ihm vorgeworfenen Verhalten eine Vertragspflicht – in der Regel schuldhaft – erheblich verletzt, das Arbeitsverhältnis konkret beeinträchtigt wird, eine zumutbare Möglichkeit einer anderen Beschäftigung nicht besteht und die Lösung des Arbeitsverhältnisses in Abwägung der Interessen beider Vertragsteile billigenswert und angemessen erscheint.“*[3]
> *„Dabei spielt vor allem die Qualität der Vertragsverletzung eine Rolle (...).“*[4]
> *„Insofern genügt ein Umstand, der einen ruhig und verständig urteilenden Arbeitgeber zur Kündigung bestimmen kann (...).“*[5]
> *„Für eine verhaltensbedingte Kündigung gilt dabei das Prognoseprinzip. Der Zweck der Kündigung ist nicht eine Sanktion für eine begangene Vertragspflichtverletzung, sondern die Vermeidung des Risikos weiterer erheblicher Pflichtverletzungen. Die vergangene Pflichtverletzung muss sich deshalb noch in der Zukunft belastend auswirken (...). Eine negative Prognose liegt vor, wenn aus der konkreten Vertragspflichtverletzung und der daraus resultierenden Vertragsstörung geschlossen werden kann, der Arbeitnehmer werde auch zukünftig den Arbeitsvertrag nach einer Kündigungsandrohung erneut in gleicher oder ähnlicher Weise verletzen (...). Deshalb setzt eine Kündigung wegen einer Vertragspflichtverletzung regelmäßig eine Abmahnung voraus. Diese dient der Objektivierung der negativen Prognose. Liegt eine ordnungsgemäße Abmahnung vor, verletzt der Arbeitnehmer erneut seine arbeitsvertraglichen Pflichten, kann regelmäßig davon ausgegangen werden, es werde auch zukünftig zu weiteren Vertragsstörungen kommen (...).“*[6]
> *„Die Abmahnung ist insoweit notwendiger Bestandteil des Prognoseprinzips. Sie ist zugleich aber auch Ausdruck des Verhältnismäßigkeitsprinzips (...). Nach § 1 Abs. 2 KSchG muss die Kündigung durch das Verhalten des Arbeitnehmers bedingt sein. Eine Kündigung ist hiernach nicht gerechtfertigt, wenn es andere geeignete Mittel gibt, um eine Vertragsstörung zukünftig zu beseitigen.“*[7]

---

3 BAG 13.12.2007 – 2 AZR 818/06 – Rn 37 m.w.N. – juris; BAG 31.5.2007 – 2 AZR 200/06 – Rn 14 – juris.

4 BAG 12.1.2006 – 2 AZR 21/05 – Rn 38 – juris.

5 BAG 11.12.2003 – 2 AZR 667/02 – Rn 88 – juris.

6 BAG 13.12.2007 – 2 AZR 818/06 – Rn 38 – juris; BAG 31.5.2007 – 2 AZR 200/06 – Rn 15 – juris.

7 BAG 12.1.2006 – 2 AZR 21/05 – Rn 54 – juris.

7 Aus diesen regelmäßigen Obersätzen des BAG ergeben sich somit folgende **Kriterien**, die im Rahmen einer verhaltensbedingten Kündigung zu prüfen sind und **für die Wirksamkeit der Kündigung** vorliegen müssen:

! **Notwendige Voraussetzungen**
- Grundsätzlich schuldhafte Arbeitsvertragsverletzung;
- dadurch Beeinträchtigung des Arbeitsverhältnisses;
- Vorliegen einer negativen Prognose;
- keine zumutbare Möglichkeit einer anderweitigen Beschäftigung;[8]
- nach Abwägung der beiderseitigen Interessen ist die Beendigung des Arbeitsverhältnisses billigenswert und angemessen.

---

8 Eine Unzumutbarkeit der Fortsetzung des Arbeitsverhältnisses, wie dies bis zum Ablauf der Kündigungsfrist im Rahmen der außerordentlichen Kündigung nach § 626 Abs. 1 BGB vorliegen muss, ist für die ordentliche verhaltensbedingte Kündigung hingegen nicht notwendig. Es genügt für die Wirksamkeit einer ordentlichen Kündigung ein hinreichender Grund. Das Kündigungsschutzgesetz will lediglich verhüten, dass dem Arbeitnehmer sein Arbeitsplatz durch die Ausübung des ordentlichen Kündigungsrechts ohne zureichenden, d.h. sozial rechtfertigenden Grund genommen wird.[9]

9 Maßstab für die Beurteilung ist der **ruhig und verständig urteilende Arbeitgeber,**[10] d.h. m.E. der Arbeitsrichter, wie er als verständiger Arbeitgeber in einer gegebenen Situation reagieren würde.

C. Verhaltens- oder personenbedingte Kündigung

I. Abgrenzung der verhaltens- von der personenbedingten Kündigung

10 Da das Kündigungsschutzgesetz nicht nur die verhaltensbedingte, sondern auch die personenbedingte Kündigung beinhaltet, für die jeweils unterschiedliche Voraussetzungen gelten, ist in jedem Fall einer beabsichtigten verhaltensbedingten Kündigung **zu überprüfen, ob es sich tatsächlich um eine verhaltensbedingte und nicht um eine personenbedingte Kündigung handelt**. Diese Frage wird sich bei verhaltensbedingten Kündigungen immer wieder stellen, da bei jedem nicht in der Arbeitgebersphäre liegenden Kündigungsgrund die Frage besteht, ob der betroffene **Arbeitnehmer** den der Kündigung zugrundeliegenden Sachverhalt **zu verantworten** hat.

---

8 BAG 24.6.2004 – 2 AZR 63/03 – Rn 28, 32 – juris.
9 BAG 7.12.1988 – 7 AZR 122/88 – Rn 35 – juris.
10 BAG 7.12.1988 – 7 AZR 122/88 – Rn 35 – juris.

Nach der Rechtsprechung liegt eine verhaltensbedingte Kündigung vor, wenn der Kündigungssachverhalt auf einem seitens des Arbeitnehmers **steuerbaren Verhalten** beruht, wohingegen von einer personenbedingten Kündigung auszugehen ist, wenn sich ein Sachverhalt ereignet hat, der eben nicht seitens des Arbeitnehmers gesteuert werden konnte. Dies geschieht mittels einer einfachen Fragestellung. 11

Abgrenzungsformel !
- **„Er könnte, wenn er nur wollte."**
  - dann verhaltensbedingte Kündigung

oder
- **„Er könnte nicht, selbst wenn er wollte."**
  - dann personenbedingte Kündigung.

Typischerweise findet sich die Abgrenzung im Umfeld der **Schlecht-/Minderleistung**. Grundsätzlich ist ein Arbeitnehmer verpflichtet, seine persönliche **Leistungsfähigkeit angemessen auszuschöpfen**. Tut er dies nicht, obwohl er dazu in der Lage wäre, und bleibt er deshalb mit seinen Leistungen im Vergleich zu seinen Kollegen maßgeblich hinter deren Leistungen zurück, kann der Fall einer verhaltensbedingten Kündigung vorliegen. Schöpft er hingegen seine Leistungskraft angemessen aus und bleibt er trotzdem maßgeblich hinter den Leistungen seiner Kollegen zurück, kommt ggf. eine personenbedingte Kündigung in Betracht.[11] 12

Achtung! !
In der Regel abhängig von der Reaktion/dem Vortrag des Arbeitnehmers ist im Verlauf des Kündigungsschutzverfahrens ständig zu prüfen, ob arbeitgeberseits nicht die Argumentation für die Kündigung von verhaltens- auf personenbedingt umgestellt werden kann/muss, da die Voraussetzungen unterschiedlich sind (z.B. Entbehrlichkeit einer Abmahnung). Aber auch die Arbeitnehmerseite muss dies vor diesem Hintergrund ihrer Argumentation bedenken.

II. Mischtatbestände

Die vorstehende Abgrenzung führt nicht in jedem Fall dazu, dass sich ein Sachverhalt als Grundlage für eine verhaltens- oder personenbedingte Kündigung darstellt. So sind **Sachverhalte** denkbar, bei denen sowohl **verhaltens- wie auch personenbedingte Kündigungsgründe zusammentreffen**. Ein typisches Beispiel hierfür ist ein negatives Verhalten eines alkoholkranken Mitarbeiters im Betrieb. Beschimpft z.B. ein alkoholkranker Mitarbeiter unter Alkoholeinfluss während der Arbeitszeit Kollegen in aggressiver und beleidigender Art und Weise, stellt sich die 13

11 BAG 11.12.2003 – 2 AZR 667/02 – Rn 89 ff. – juris.

Frage für den Arbeitgeber, ob er eine verhaltens- oder eine personenbedingte Kündigung auszusprechen hat. Nach der Rechtsprechung richtet sich die **Abgrenzung** hierfür in erster Linie danach, **woher** die sich auf den Bestand des Arbeitsverhältnisses nachteilig auswirkende **Störung** kommt.[12] Im vorgenannten Fall sah das Gericht die Störquelle allein im Bereich der verhaltensbedingten Kündigungsgründe (Aggressivität und Beleidigung), wobei es entscheidend auf den vom Arbeitgeber unterbreiteten Lebenssachverhalt abstellte.[13] Dies bedeutet zugleich, dass nicht jeder alkoholkranke Arbeitnehmer grundsätzlich in „schuldunfähigem" Zustand handelt, mithin sein Handeln nicht mehr zu verantworten hat.

Praxistipp
Bei Zusammentreffen verhaltens- und personenbedingter Kündigungsgründe ist maßgeblich, worin die entscheidende Störquelle liegt.

D. Keine Gemeinsamkeit verhaltensbedingter Kündigungen

14 Die allgemeinen Grundsätze des BAG zur verhaltensbedingten Kündigung[14] zeigen, dass die verhaltensbedingte Kündigung regelmäßig eine Einzelfallentscheidung ist. Zwar mag der einzelne Sachverhalt auf den ersten Blick und für sich betrachtet einen Kündigungsgrund darstellen, ob dies jedoch für die **konkrete Kündigung** genügt, kann immer nur im Rahmen der **Umstände des einzelnen Falles** wirklich beurteilt werden.

Praxistipp
Die einzige Gemeinsamkeit aller verhaltensbedingten Kündigungen ist die, dass es keinen absoluten und immer wirksamen Kündigungsgrund gibt.[15]

12 LAG Baden-Württemberg 12.4.2002 – 18 Sa 5/02 – Rn 31 – juris.

13 LAG Köln 29.6.1997 – 9 Sa 222/87 – LS 1, 3 – juris.

14 Siehe oben Rn 10 ff.

15 LAG Hamm 7.1.2005 – 10 Sa 1392/04 – Rn 59 – juris zur außerordentlichen Kündigung, wobei hinsichtlich der ordentlichen Kündigung nichts anderes gilt.

Kapitel 3
Die Voraussetzungen der ordentlichen verhaltensbedingten Kündigung

A. Beurteilungszeitpunkt

Maßgeblicher Zeitpunkt für die Beurteilung der Wirksamkeit der ordentlichen verhaltensbedingten Kündigung ist der Moment des **Zugangs der Kündigung** beim betroffenen Arbeitnehmer. Grundsätzlich können **alle bis dahin vorliegenden Tatsachen**, ob dem Arbeitgeber bekannt oder nicht, für die Begründung der Kündigung herangezogen werden. 1

B. Beeinträchtigung des Arbeitsverhältnisses durch schuldhafte Vertragsverletzung

I. Beeinträchtigung des Arbeitsverhältnisses

Die Rechtsprechung verlangt bereits im Rahmen der Prüfung des Kündigungsgrundes als für jede Kündigung erforderlich eine **greifbare betriebliche Beeinträchtigung.**[1] Einem Fehlverhalten kommt dabei die Qualität eines Kündigungsgrundes an sich nur zu, wenn von ihm **konkrete Störungen im Leistungsbereich**, im Bereich der **betrieblichen Verbundenheit** der Mitarbeiter, im **Vertrauensbereich** der Parteien oder im **Unternehmensbereich** ausgehen.[2] 2

Hintergrund hierfür ist es, dass zu einer Kündigung nur ein Verhalten des Arbeitnehmers führen kann, das in irgendeiner Form Auswirkungen auf sein Verhältnis zu seinem Arbeitgeber etc. hat. **Nicht jedes Verhalten soll eine Kündigung rechtfertigen können.** Dies gilt insbesondere für den außerdienstlichen Bereich. 3

Nach der vorgenannten Rechtsprechung muss es somit, um einen Kündigungsgrund als solchen bejahen zu können, **Auswirkungen** auf das Arbeitsverhältnis geben, was sich **in folgenden Bereichen** abspielen kann: 4
- Arbeit und Leistung;
- die betriebliche Verbundenheit, wozu die betriebliche Ordnung und der Betriebsfrieden gehören;
- das personale Vertrauen zwischen den Arbeitsvertragsparteien;

---

1 BAG 24.5.1989 – 2 AZR 285/88 – Rn 55 – juris; BAG 17.3.1988 – 2 AZR 576/87 – Rn 41 – juris.

2 LAG Nürnberg 9.1.2007 – 7 Sa 79/06 – Rn 33 – juris; BAG 17.3.1988 – 2 AZR 576/87 – Rn 41 – juris.

- die arbeitsvertraglichen Nebenpflichten;
- die Unternehmensebene.

5 Andererseits bedeutet dies **nicht**, dass **jedes verurteilenswerte Verhalten** eines Arbeitnehmers innerhalb seines Betriebes als grundsätzlicher **Kündigungsgrund** geeignet ist.

! **Praxistipp**

So ist z.B. die innerbetriebliche Äußerung einer Busfahrerin, bei den von ihr gefahrenen Gästen handele es sich überwiegend um Abschaum, vom LAG Düsseldorf als innere Einstellung und damit nicht genügend für einen Kündigungsgrund angesehen worden. Dies gelte jedenfalls so lange, wie sich diese innere Einstellung der Arbeitnehmerin nicht auf die Arbeitsleistung bzw. sonst auf das Arbeitsverhältnis auswirke.[3] Eine generelle Eignung dieser Äußerung zur Gefährdung des Betriebsfriedens hat das Gericht offensichtlich nicht bejaht.

---

6 Allerdings lässt sich **keine einheitliche Linie der Rechtsprechung** bestimmen, ob und inwieweit konkrete Störungen in den vorgenannten Bereichen für eine Kündigung festgestellt werden müssen, ob die Gefahr von Störungen genügt oder aber ob eine grundsätzliche Möglichkeit der Beeinträchtigung eines der genannten Bereiche im Rahmen des Kündigungsgrundes genügt, tatsächlich eingetretene Beeinträchtigungen oder konkrete Gefährdungen hingegen erst im Rahmen der Interessenabwägung eine Rolle spielen. Da m.E. die Rechtsprechung hierzu keine allgemeinen Regeln aufstellt, kann diese Frage nur im Rahmen der Einzelfälle verhaltensbedingter Kündigungen überprüft werden.

II. Vertragsverletzungen durch Verletzungen der Arbeitspflicht

1. Arbeitsleistung, so gut der Arbeitnehmer kann

7 Die **Hauptleistungspflicht des Arbeitnehmers** besteht darin, seinem Arbeitgeber seine Arbeitskraft zur Verfügung zu stellen und die ihm **übertragenen Aufgaben unter angemessener Ausschöpfung seiner Leistungsfähigkeit auszuführen**. Dies gilt jedoch nicht uneingeschränkt, so dass nicht jede Nichterfüllung dieser Arbeitspflicht eine verhaltensbedingte Kündigung begründen kann.

---

3 LAG Düsseldorf 19.12.1995 – 8 Sa 1345/95 – LS 1 – juris; es darf allerdings bezweifelt werden, dass diese Entscheidung verallgemeinerungsfähig ist.

2. Direktionsrecht

So ist der Arbeitnehmer nicht verpflichtet, ihm jede übertragene Aufgabe, sondern nur die Aufgaben auszuführen, zu denen er nach seinem Arbeitsvertrag verpflichtet ist. Insofern **begrenzt der Arbeitsvertrag** grundsätzlich **das arbeitgeberseitige Direktionsrecht** mit der Folge, dass die Weigerung des Arbeitnehmers, nicht mehr vom Direktionsrecht gedeckte Tätigkeiten auszuführen, keine Verletzung seiner Arbeitspflicht darstellen kann. So kann z.B. einem Arbeitnehmer, der ohne erweitertes Direktionsrecht als LKW-Fahrer eingestellt ist, nicht neben seinen Lenktätigkeiten eine Ladetätigkeit zugewiesen werden.[4] Ebenso wenig kann dem Arbeitnehmer, selbst wenn dies sein Vertrag (in unzulässiger Weise) vorsähe, eine geringerwertige Tätigkeit als vertraglich vereinbart zugewiesen werden. Dies gilt selbst dann, wenn der Arbeitgeber sich dabei bereit erklärt, die vertraglich geschuldete Vergütung unberührt zu lassen.[5] 8

Darüber hinaus ist das Recht zur Anweisung von **Zusammenhangstätigkeiten** anerkannt. So kann der Arbeitgeber z.B. einen Arbeitnehmer anweisen, für eine Dienstreise seinen Dienstwagen zu benutzen und dabei Kollegen, auch wenn der Arbeitnehmer dies nicht will, mitzunehmen. 9

Achtung! !
Ein Arbeitnehmer muss nur Tätigkeiten ausüben, die der Arbeitgeber ihm zuweisen darf.

---

3. Einhaltung billigen Ermessens

Darüber hinaus muss der Arbeitgeber im Rahmen der Ausübung seines Direktionsrechtes gem. § 106 GewO, § 315 BGB **billiges Ermessen** wahren, d.h. die wesentlichen Umstände der beabsichtigten Weisung abwägen und die **beiderseitigen Interessen der Arbeitsvertragsparteien** angemessen berücksichtigen.[6] 10

So muss der Arbeitgeber z.B. bei der Festlegung der Arbeitszeit ggf. **familiäre Belange des Mitarbeiters** wie Kinderbetreuung etc. berücksichtigen und, so ihm dies möglich ist, eine andere Arbeitszeit anbieten. Hier kommt z.B. auch ein Arbeitsplatztausch (andere Abteilung, in der ein anderer Schichtrhythmus herrscht) in Betracht, wenn jedenfalls ein entsprechender Arbeitsplatz existiert und der Mitarbeiter hierfür geeignet ist.[7] Bei Ausübung des Direktionsrechtes muss sich der Arbeitgeber unter Beachtung der vertraglichen Regelungen insbesondere davon leiten lassen, was zum Berufsbild des Mitarbeiters gehört.[8] 11

---

4 BAG 13.6.1995 – 9 Sa 2054/94 – LS 1 – juris.
5 BAG 30.8.1995 – 1 AZR 47/95 – Rn 19, 25 – juris.
6 BAG 23.9.2004 – 6 AZR 567/03 – Rn 19 – juris.
7 BAG 23.9.2004 – 6 AZR 567/03 – Rn 24 – juris.
8 LAG Baden-Württemberg 31.3.2006 – 2 Sa 117/05 – Rn 30 – juris.

Achtung!
Auch eine vom Direktionsrecht des Arbeitgebers gedeckte Weisung kann bei fehlender, aber möglicher Berücksichtigung der Interessen des Arbeitnehmers unwirksam sein.

Praxisbeispiel
Da das (in § 106 GewO gesetzlich geregelte) Direktionsrecht des Arbeitgebers die Konkretisierung der Arbeitspflicht umfasst, ist der Arbeitnehmer verpflichtet, an Personalgesprächen teilzunehmen, die die Besprechung der reibungslosen Zusammenarbeit zwischen den Parteien zum Gegenstand haben. Hingegen ist der Mitarbeiter nicht verpflichtet, an Personalgesprächen über gewünschte Vertragsänderungen teilzunehmen, da es in einem solchen Gespräch nicht um eine Konkretisierung seiner Arbeitspflicht, sondern um seine Vertragsinhalte geht.[9]

12 Die Wahrung billigen Ermessens bei Ausübung des Direktionsrechtes bedeutet auch, dass ein Arbeitgeber einem Arbeitnehmer nicht ohne Weiteres Tätigkeiten zuweisen darf, die den Arbeitnehmer in einen **vermeidbaren Gewissenskonflikt** bringen.[10] Eine solche Spannungslage ist unter Abwägung aller Umstände des Einzelfalles aufzulösen. Hierzu gehört u.a., ob der Mitarbeiter von dem potentiellen Gewissenskonflikt schon bei Vertragsschluss Kenntnis hatte, ob es besondere Gründe für den Einsatz gerade dieses Mitarbeiters gibt, ob weitere Konflikte zu erwarten sind und insbesondere, ob es einen anderen konfliktfreien Arbeitsplatz gibt.[11] Stellt sich auf Basis dieser Interessenabwägung eine Weisung als berechtigt dar, ist eine entsprechende Verweigerung grundsätzlich als Kündigungsgrund geeignet.

13 Eine Ausnahme von der Begrenzung des Direktionsrechtes gilt nur in außergewöhnlichen Fällen, insbesondere in **Notfällen**. In diesen muss der Arbeitnehmer aufgrund seiner **vertraglichen Nebenpflicht, Schaden vom Arbeitgeber abzuwehren**, auf Verlangen desselben vorübergehend auch solche Arbeiten übernehmen, die nicht in seinen Tätigkeitsbereich (oder sein Berufsbild) fallen.[12]

4. Einschränkung des Direktionsrechts durch Konkretisierung

14 Andererseits hat der Arbeitgeber darauf zu achten, dass auch sein ursprünglich bestehendes weiteres **Direktionsrecht** zwischenzeitlich eingeschränkt worden sein kann. Dies gilt in Fällen der so genannten **Konkretisierung**, wenn nämlich der Arbeitnehmer aus einer langjährigen immer gleichen Tätigkeit das Vertrauen gewonnen haben darf, nicht mehr einseitig zu anderen Tätigkeiten durch den Arbeit-

9 LAG Niedersachsen 3.6.2008 – 3 Sa 1041/07 – Rn 47 f. – juris; BAG 29.6.2009 – 2 AZR 606/08 – juris.
10 BAG 20.12.1984 – 2 AZR 436/83 – Rn 39, 43 – juris; BAG 24.5.1989 – 2 AZR 285/88 – Rn 41 ff. – juris.
11 BAG 20.12.1984 – 2 AZR 436/83 – Rn 46 – juris; BAG 24.5.1989 – 2 AZR 285/88 – Rn 55 – juris.
12 LAG Baden-Württemberg 31.3.2006 – 2 Sa 117/05 – Rn 27 – juris.

geber herangezogen zu werden. Allerdings verlangt eine entsprechende Konkretisierung nicht nur eine entsprechende langjährige (20 Monate genügen nach der Rechtsprechung nicht) Tätigkeit (**Zeitmoment**). Darüber hinaus müssen **Umstände** hinzutreten, die neben dem reinen Zeitablauf ein entsprechendes **Vertrauen des Mitarbeiters** begründen (**Umstandsmoment**). Zu diesen Umständen können z.B. betriebliche Anforderungen gehören, die vom Arbeitgeber gestellt und vom Arbeitnehmer akzeptiert werden.[13]

Praxistipp !

Selbst wenn noch so lange (z.B. 30 Jahre) immer die gleichen Tätigkeiten dem Arbeitnehmer zugewiesen wurden, kann der Arbeitgeber auch andere Tätigkeiten anweisen, solange er nicht ausdrücklich oder konkludente Umstände gesetzt hat, aufgrund derer der Arbeitnehmer darauf vertrauen kann, dass seine Tätigkeiten nicht mehr einseitig durch den Arbeitgeber kraft Weisung verändert werden. Diese uneingeschränkten Weisungsmöglichkeiten hat das BAG bejaht bei der Zuweisung eines neuen Arbeitsortes nach 14-jähriger Tätigkeit am selben Einsatzort[14] sowie bei der erstmaligen Anordnung von Sonntagsarbeit nach 30 Jahren (basierend auf § 106 GewO).[15]

5. Mehrarbeit

Ebenso wie vertraglich nicht geschuldete Leistungen nur in Notfällen erbracht werden müssen, gilt dies für die Ableistung von **Mehrarbeit**. Ist ein Mitarbeiter nach seinem **Arbeitsvertrag** hierzu nicht verpflichtet, hängt es von den Gründen für die Anordnung von Mehrarbeit ab, ob diese von ihm gefordert werden können. Aus der **arbeitsvertraglichen Treuepflicht** heraus ist er jedenfalls dann verpflichtet, Mehrarbeit zu leisten, wenn sich der Arbeitgeber in einer Notlage befindet, der anders nicht begegnet werden kann. Hierzu gehört nicht nur die **Notlage** als solche, sondern auch, ob andere Mitarbeiter, die zu Mehrarbeit verpflichtet oder hierzu bereit sind, dem Arbeitgeber zur Behebung der Notlage zur Verfügung stehen.[16] 15

III. Verletzung vertraglicher Nebenpflichten

Dem Arbeitnehmer obliegen aufgrund seines Arbeitsvertrages nicht nur Haupt-, sondern in großem Umfang **Nebenpflichten**, deren Verletzung ebenfalls eine verhaltensbedingte Kündigung rechtfertigen kann. 16

13 BAG 25.4.2007 – 5 AZR 504/06 – Rn 12 – juris; BAG 23.9.2004 – 6 AZR 567/03 – Rn 15 – juris; Hessisches LAG 12.12.2002 – 9 Sa 688/02 – Rn 36 – juris.

14 BAG 7.12.2000 – 6 AZR 444/99 – juris.

15 BAG 15.9.2009 – 9 AZR 757/08 – juris.

16 LAG Schleswig-Holstein 26.6.2001 – 3 Sa 224/01 – Rn 30 f. – juris.

17 Nur beispielhaft seien die Verhaltenspflichten im Zusammenhang mit einer Arbeitsunfähigkeit genannt, wozu insbesondere die **Melde- und Nachweispflichten** gehören,[17] oder **Rücksichtnahmepflichten**, nach denen Beleidigungen von Kollegen und Vorgesetzten zu unterbleiben haben. Ebenso gehört es zu den Nebenpflichten eines jeden Arbeitnehmers, den **Vertragszweck zu schützen und zu fördern**, d.h. nicht nur das Eigentum des Arbeitgebers nicht zu schädigen, sondern auch alles zu unterlassen, was z.B. den guten Ruf des Arbeitgebers am Markt beeinträchtigen könnte.[18]

18 Immer wieder von Bedeutung ist die Verpflichtung jedes Arbeitnehmers, den **Betriebsfrieden** zu **wahren**. Der Betriebsfrieden wird bestimmt von der Summe all derjenigen Faktoren, die – unter Einschluss des Arbeitgebers – das Zusammenleben und Zusammenwirken der in einem Betrieb tätigen Betriebsangehörigen ermöglichen, erleichtern oder auch nur erträglich machen. Er ist als ein die Gemeinschaft aller Betriebsangehörigen umschließender Zustand daher immer dann gestört, wenn das störende Ereignis einen kollektiven Bezug aufweist, selbst wenn nur wenige Arbeitnehmer hiervon betroffen sein sollten.[19] Allerdings verlangt die Rechtsprechung bei der Bejahung eines **Kündigungsgrundes wegen Störung des Betriebsfriedens** nicht nur eine allgemeine Gefährdung desselben, sondern in der Regel eine **konkrete Störung des Arbeitsverhältnisses.**[20]

IV. Leistungsverweigerungsrechte/Rechtfertigungsgründe

19 Selbst wenn im Einzelfall ein Kündigungsgrund wegen Verletzung von Haupt- oder Nebenpflichten vorzuliegen scheint, kann es **Gründe** im Einzelfall geben, **die dem Arbeitnehmer sein eigentlich kündigungswürdiges Verhalten „erlauben“**.

Hierfür kommen eine Fülle von Situationen in Betracht:

1. Erforderliche Betriebsratsarbeit

20 Ein Betriebsrat ist wie jeder andere Arbeitnehmer zur Arbeitsleistung verpflichtet. Dies gilt jedoch nicht im Rahmen **erforderlicher Betriebsratsarbeit,** § 37 Abs. 2 BetrVG. Entscheidend ist also regelmäßig, ob die Tätigkeit des Betriebsrates erforderlich gewesen ist. So besteht z.B. in der Regel kein Teilnahmerecht des Betriebsra-

---

17 BAG 7.12.1988 – 7 AZR 122/88 – Rn 37f. – juris; BAG 31.8.1989 – 2 AZR 13/89 – Rn 19, 22 – juris.

18 BAG 12.1.2006 – 2 AZR 21/05 – Rn 38 – juris; BAG 24.6.2004 – 2 AZR 63/03 – Rn 32 – juris.

19 BAG 9.12.1982 – 2 AZR 620/80 – Rn 48 – juris.

20 BAG 9.12.1982 – 2 AZR 620/80 – Rn 44 – juris. Siehe in den oben zu B. I., Rn 2ff. genannten Bereichen.

tes an arbeitsgerichtlichen Individualverfahren.[21] Nimmt ein Betriebsrat trotzdem an einem solchen Verfahren teil, kommt grundsätzlich sogar eine außerordentliche verhaltensbedingte Kündigung (nach Abmahnung und wohl nur bei einer gewissen Beharrlichkeit) in Betracht. Dabei **muss der Betriebsrat selbst die Frage der Erforderlichkeit prüfen**, er kann sich nicht auf den Beschluss seines Gremiums verlassen.[22]

2. Fehlende Zustimmung des Betriebsrates

Wird ein Arbeitnehmer im Rahmen des arbeitsvertraglichen Direktionsrechtes ver- 21
setzt, kann er die zukünftige **Tätigkeit verweigern, wenn der Betriebsrat nicht gem. § 99 BetrVG der Versetzung zugestimmt hat.**[23] Hingegen kann sich der neu eingestellte Arbeitnehmer nicht auf ein Leistungsverweigerungsrecht berufen, wenn der Arbeitgeber den Betriebsrat nicht gem. § 99 BetrVG beteiligt hat, da anders als bei der Versetzung der Schutzzweck des § 99 BetrVG im Rahmen der Einstellung nicht Individualinteressen, sondern den Gesamtinteressen der Belegschaft dient. Die Situation ändert sich u.U. dann, wenn der Betriebsrat selbst aktiv die Nichtbeschäftigung des Arbeitnehmers betreibt.[24]

3. Gesundheitliche Gründe

Ist ein Mitarbeiter **gesundheitlich nicht in der Lage, die ihm zugewiesene Tätig-** 22
keit auszuüben, muss er dies auch nicht.[25] Andererseits gewährt die gesundheitsschützende Regelung des § 618 BGB keinen Schutz des Arbeitnehmers gegen das **allgemeine Lebensrisiko**, d.h. er muss auch im Rahmen des Arbeitsverhältnisses die in der Umwelt üblichen Belastungen hinnehmen.[26] Ebenso wenig ist § 618 BGB als Generalklausel geeignet, einen absoluten **Nichtraucherschutz** von Crewmitgliedern in einem Flugzeug zu verlangen, solange es kein ausdrückliches gesetzliches Verbot gibt. Ansonsten würde hierüber in unzulässiger Weise in die unternehmerische Betätigungsfreiheit der Fluggesellschaft eingegriffen werden.[27]

---

21 BAG 31.8.1994 – 7 AZR 893/93 – Rn 22, 24 – juris.
22 BAG 31.8.1994 – 7 AZR 893/93 – Rn 32 – juris.
23 Hessisches LAG 12.12.2002 – 9 Sa 688/02 – Rn 33 – juris.
24 BAG 5.4.2001 – 2 AZR 580/99 – Rn 37, 40 – juris.
25 BAG 25.7.2002 – 6 AZR 31/00 – Rn 24 – juris, wobei sich in einem solchen Fall häufig die Frage nach der Möglichkeit einer personenbedingten Kündigung stellen wird.
26 BAG 8.5.1996 – 5 AZR 315/95 – Rn 57 – juris, diese Entscheidung dürfte in der Praxis weitgehend überholt sein.
27 BAG 8.5.1996 – 5 AZR 971/94 – Rn 34 – juris.

4. Gewissensgründe

23 Regelmäßig berufen sich Arbeitnehmer auf ihr **Gewissen bzw. religiöse Gründe**. In diesem Fall **kollidieren Grundrechte der Arbeitsvertragsparteien** miteinander (Grundrecht des Arbeitnehmers auf Religions- und Gewissensfreiheit; Grundrecht des Arbeitgebers hinsichtlich seines Eigentums und seiner freien beruflichen Betätigung). Verweigert z.B. ein Mitarbeiter aus religiösen Gründen Sonntagsarbeit, da der Sonntag allein Gott gehöre, stellt dies grundsätzlich einen zu beachtenden Konflikt dar. Es genügt die religiöse Motivation des Arbeitnehmers, ohne dass das Gericht diese weiter bewerten darf.[28] Andererseits führt dies **nicht automatisch** zu einer **Sanktionslosigkeit der Weigerung des Mitarbeiters**. Dies hängt davon ab, ob und inwieweit der Konflikt bei Vertragsschluss bereits erkennbar war, zu welchem Zeitpunkt der Arbeitnehmer seine Konflikte offenbart hat, ob er anderweitig eingesetzt werden kann, ob es ausreichend anderweitige Mitarbeiter für die Sonntagsarbeit gibt. Der Arbeitgeber muss auch prüfen, ob eine unbezahlte Freistellung statt Sonntagsarbeit in Betracht kommt.[29]

24 Die Frage nach einer anderweitigen Beschäftigungsmöglichkeit stellt sich ebenso bei einem Mitarbeiter islamischen Glaubens, der seine Arbeit in einer Getränkeabteilung seines Arbeitgebers, in der alkoholische Getränke umgeschlagen werden, verweigert.[30]

5. Kinderbetreuungspflichten

25 In Zeiten familiengerechter Arbeitsgestaltung ist von besonderer Bedeutung die Situation, in der das Arbeitsverlangen des Arbeitgebers mit den **Kinderbetreuungspflichten des Arbeitnehmers** kollidiert. Allerdings wird sich ein Arbeitnehmer hierauf nur erfolgreich berufen können, wenn er die **Pflichtenkollision nicht selbst verschuldet** hat.[31] Von entscheidender Bedeutung wird regelmäßig sein, ob der Arbeitgeber insbesondere im Rahmen der Arbeitszeitgestaltung auf die Betreuungsnotwendigkeiten Rücksicht nehmen kann.[32]

---

28 LAG Hamm 8.11.2007 – 15 Sa 271/07 – Rn 44f. – juris.

29 LAG Hamm 8.11.2007 – 15 Sa 271/07 – Rn 50ff. – juris.

30 BAG 24.2.2011 – 2 AZR 636/09 – juris.

31 BAG 21.5.1992 – 2 AZR 10/92 – Rn 342 – juris, wo es das Gericht schon für ein Verschulden ausreichen ließ, dass die Arbeitnehmerin nicht auf ihren Mann eingewirkt hatte, zur Vermeidung der Pflichtenkollision seine neue Tätigkeit erst nach gesicherter Unterbringung des Kindes anzutreten!

32 ArbG Bochum 22.12.2010 – 5 Ca 2700/10 – juris.

6. Lohnrückstände

Ist der Arbeitgeber mit **Lohn im Rückstand**, kann dies den Arbeitnehmer **u.U.** gem. § 273 BGB berechtigen, seine **Arbeitsleistung** zu **verweigern.**[33] Eine solche Verweigerung verstößt aber gegen Treu und Glauben, wenn der ausstehende Betrag verhältnismäßig gering ist (1,5 Monatsgehälter sind erheblich), dem Arbeitgeber durch die Verweigerung ein unverhältnismäßig hoher Schaden droht oder aber der Anspruch ausreichend gem. § 273 Abs. 3 S. 1 BGB gesichert ist.[34] Im Übrigen muss der Arbeitnehmer das **Zurückbehaltungsrecht ausdrücklich geltend machen**, damit der Arbeitgeber in die Lage versetzt wird, dessen Ausübung gem. § 273 Abs. 3 BGB noch abzuwenden.[35] 26

7. Rechtsirrtum

Befindet sich ein Arbeitnehmer in einem **Rechtsirrtum über die Inhalte seiner Arbeitspflicht** und hat er noch dazu diesbezüglich entsprechenden **anwaltlichen Rat** eingeholt, kann hierauf keine Kündigung gestützt werden.[36] Hat z.B. eine Mitarbeiterin im Bereich Compliance zur Bekämpfung der Korruption nach dem Datenschutzgesetz unzulässige Überwachungsmaßnahmen veranlasst und hat sie zuvor, ohne Juristin zu sein, ein entsprechendes Rechtsgutachten eingeholt, das die Zulässigkeit der Maßnahme bestätigt hat, entschuldigt ein solcher Rechtsirrtum ihr Verhalten, eine Kündigung kann hierauf nicht gestützt werden.[37] 27

8. Meinungsfreiheit

In Zusammenhang mit als **Beleidigungen** oder **Herabwürdigungen** verstandenen Äußerungen von Arbeitnehmern stellt sich regelmäßig die Frage, ob die Äußerung von der **grundrechtlich geschützten Meinungsfreiheit** des Arbeitnehmers geschützt ist, soweit es sich jedenfalls nicht um Formalbeleidigungen, Schmähungen, Angriffe auf die Menschenwürde oder unwahre Behauptungen handelt. Da auch Polemik vom Grundrechtsschutz der Meinungsfreiheit umfasst ist, wird regelmäßig im Wege der **praktischen Konkordanz** unter Berücksichtigung der **betroffenen Rechte abzuwägen** sein, ob das Verhalten des Mitarbeiters kündigungsrechtlich 28

---

33 BAG 25.10.1984 – 2 AZR 417/83 – Rn 23 – juris.

34 BAG 25.10.1984 – 2 AZR 417/83 – Rn 29ff. – juris; ArbG Hannover 11.12.1996 – 9 Ca 138/96 – LS 1, 2 – juris.

35 LAG Köln 11.3.2001 – 11 Sa 1479/00 – Rn 18 – juris.

36 LAG Köln 29.6.2001 – 11 Sa 143/01 – Rn 14 – juris.

37 ArbG Berlin 18.2.2010 – 38 Ca 12879/09 – juris.

relevant ist oder nicht.[38] Sind die Äußerungen des Arbeitnehmers nicht mehr durch die Meinungsfreiheit geschützt, verlangt die Rechtsprechung aber regelmäßig für die Kündigung die **konkrete Störung des Betriebsfriedens durch die Äußerung** oder zumindest die Feststellung, dass es erfahrungsgemäß zu einer solchen Störung aufgrund der in Rede stehenden Äußerungen kommt.[39]

V. Verschulden/Vorwerfbarkeit des Verhaltens des Arbeitnehmers

29 Geht man davon aus, dass einer verhaltensbedingten Kündigung ein steuerbares Verhalten eines Arbeitnehmers zugrundeliegt, liegt es nahe, für eine verhaltensbedingte Kündigung zu fordern, dass dem Arbeitnehmer sein Verhalten vorwerfbar ist, ihn also ein Verschulden trifft. Dementsprechend **verlangt die Rechtsprechung grundsätzlich das Vorliegen eines Verschuldens für eine verhaltensbedingte Kündigung**. So steht z.B. nach der Rechtsprechung bei fehlender Ausschöpfung der Leistungsfähigkeit eines Arbeitnehmers fest, dass dieser zumindest fahrlässig i.S.d. § 276 BGB handelt.[40] Ebenso lässt die Rechtsprechung einen **Rechtsirrtum** als Entschuldigung für ein ansonsten kündigungswürdiges Verhalten genügen, wenn der Rechtsirrtum **unverschuldet** gewesen ist.[41] Auch in Zusammenhang mit einem **Entschuldigungsgrund** wird also letztendlich wieder an das Kriterium des Verschuldens für die verhaltensbedingte Kündigung angeknüpft.

Praxistipp
In der Regel verlangt eine verhaltensbedingte Kündigung ein schuldhaftes Verhalten des Arbeitnehmers.

30 Allerdings hält die Rechtsprechung **nicht in jedem Fall** an dem Erfordernis eines **Verschuldens** fest. Im Ausnahmefall anerkennt sie eine verhaltensbedingte Kündigung auch ohne Verschulden.

Praxisbeispiel
So hat das BAG[42] die außerordentliche Kündigung eines psychisch erkrankten Arbeitnehmers wegen eines von ihm verfassten Schreibens mit üblen Beschimpfungen und Beleidigungen von Vorgesetzten und Kollegen einschließlich der Aufstellung unwahrer Behauptungen für wirksam erachtet. In diesem Schreiben hatte der Arbeitnehmer Kollegen vorgeworfen, er sei jahrelang täglich syste-

38 BAG 12.1.2006 – 2 AZR 21/05 – Rn 45ff., 51 – juris; BAG 24.6.2004 – 2 AZR 63/03 – Rn 35, 37 – juris; BAG 6.11.2003 – 2 AZR 177/02 – Rn 43 – juris; BAG 26.5.1977 – 2 AZR 632/76 – Rn 25, 29f. – juris.
39 BAG 26.5.1977 – 2 AZR 632/76 – Rn 30ff. – juris.
40 BAG 11.12.2003 – 2 AZR 667/02 – Rn 99 – juris.
41 LAG Köln 29.6.2001 – 11 Sa 143/01 – Rn 14 – juris.
42 BAG 21.1.1999 – 2 AZR 665/98 – Rn 15, 18, 20 – juris.

matisch belogen, betrogen, gezwungen, erpresst, schikaniert, misshandelt, beleidigt, diskriminiert und bedroht worden; er werde wie der letzte Verbrecher, Sklave oder Diener behandelt und beabsichtige, seine Briefe an obere Organe, Presse, Organisationen usw. zu schicken.

Das BAG betont zwar zu Beginn dieser Entscheidung, dass verhaltensbedingte 31
Gründe eine (außerordentliche) Kündigung in der Regel nur rechtfertigen können, wenn der Gekündigte nicht nur objektiv und rechtswidrig, sondern auch schuldhaft seine Pflichten aus dem Vertrag verletzt hat. **Ausnahmsweise könne aber auch ein schuldloses Verhalten unter besonderen Umständen zur verhaltensbedingten Kündigung berechtigen.**[43] Ein Fehlverhalten eines Arbeitnehmers könne die betriebliche Ordnung derart nachhaltig stören, dass eine Aufrechterhaltung dieses Zustands selbst dann nicht zumutbar sei, wenn dem Arbeitnehmer die Vertragsverletzung nicht vorwerfbar sei. **Gefährde** der Arbeitnehmer durch sein Fehlverhalten die **Sicherheit des Betriebes** oder störe er durch **Tätlichkeiten, schwerste Beleidigungen** etc. schwerwiegend die **betriebliche Ordnung**, so müsse der Arbeitgeber u.U. äußerst schnell hinreichende Maßnahmen ergreifen, um ein weiteres derartiges Fehlverhalten, das eine Weiterbeschäftigung des betreffenden Arbeitnehmers unzumutbar macht, durch eine **sofortige Beendigung des Arbeitsverhältnisses** mit diesem Arbeitnehmer zu unterbinden. Für die oft nur durch Sachverständigengutachten mögliche Klärung der Frage, ob der Arbeitnehmer für sein Fehlverhalten noch voll verantwortlich sei, bleibe in derart gravierenden Fällen oft keine Zeit mehr. Dass für die Abgrenzung zwischen verhaltensbedingter und personenbedingter Kündigung maßgebliche **Schwergewicht der Störung** liege in solchen Fällen auch nicht in einer – bei langjähriger ordnungsgemäßer Arbeitsleistung oft fraglichen – fehlenden Eignung des Arbeitnehmers, sondern allein **in den verschuldeten oder unverschuldeten Pflichtverstößen, die für die Zukunft weitere derartige Pflichtverstöße in einem unzumutbaren Ausmaß erwarten ließen.** Gerade die Erkenntnis, dass auch der verhaltensbedingte Kündigungsgrund zukunftsgerichtet sei und deshalb die verhaltensbedingte Kündigung keinen Sanktionscharakter hätte, legte es schließlich nahe, bei der Prüfung, ob zu erwartende Arbeitspflichtverletzungen des Arbeitsnehmers seine Weiterbeschäftigung unzumutbar machen, von dem eher systemfremden Erfordernis abzusehen, es müsse ohne jede Einschränkung stets ein Verschulden des Arbeitnehmers vorliegen.[44] Da somit im vorliegenden Fall die Störquelle allein im Bereich der verhaltensbedingten Kündigungsgründe gelegen hätte, bejahte das BAG die Wirksamkeit der außerordentlichen Kündigung.[45]

43 BAG 21.1.1999 – 2 AZR 665/98 – Rn 15 – juris.

44 BAG 21.1.1999 – 2 AZR 665/98 – Rn 18 – juris.

45 BAG 21.1.1999 – 2 AZR 665/98 – Rn 19 – juris; Diese Entscheidung mag zwar im Ergebnis befriedigen, dies gilt jedoch nicht für die Begründung. Letztendlich argumentiert das Gericht hier nicht

32 Des Weiteren bedarf es nach der Rechtsprechung **keines Verschuldens**, wenn ein **außerdienstliches Verhalten** einer verhaltensbedingten Kündigung zugrunde gelegt werden soll. Nach der Rechtsprechung verletzt der Arbeitnehmer im Rahmen außerdienstlichen Verhaltens regelmäßig **keine arbeitsvertraglichen Nebenpflichten** (wenn sein Tun auch in das Arbeitsverhältnis im Übrigen hineinwirken muss), so dass im Zusammenhang mit außerdienstlichem Verhalten nicht auf ein Verschulden abgestellt werden kann. Dies gilt z.B. im Falle der Kündigung wegen Lohnpfändungen. Hier kommt es nicht darauf an, dass der Arbeitnehmer leichtfertig jene Pfändungen, seine Vermögenssituation etc. verursacht hat.[46]

Praxistipp

Ein schuldhaftes Verhalten des Arbeitnehmers ist entbehrlich, wenn es sich um ein konkretes schwerwiegendes, insbesondere die Sicherheit des Betriebes oder der Mitarbeiter gefährdendes oder um ein außerdienstliches Verhalten handelt.

C. Prognose

33 Die verhaltensbedingte Kündigung stellt **keine Sanktion** für ein in der Vergangenheit liegendes Verhalten eines Arbeitnehmers dar. Alles andere würde dem Gewaltmonopol des Staates widersprechen. Die Kündigung erfolgt stattdessen deshalb, da es dem Arbeitgeber **nicht** mehr **zumutbar** ist, in der Zukunft **weitere (gleichartige) Arbeitsvertragsverletzungen** des Arbeitnehmers hinzunehmen. Die Kündigung beseitigt insofern die zukünftige Störquelle in einem zu erwartenden Verhalten des Arbeitnehmers. Eine Kündigung ist somit nur dann möglich, wenn die **negative Prognose** berechtigt ist, **dass auch zukünftig Arbeitsvertragsverletzungen seitens des Arbeitnehmers zu erwarten sind.**[47]

34 Wegen dieses **Prognoseprinzips** aber auch als Ausprägung des **Verhältnismäßigkeitsgrundsatzes** bedarf es vor einer verhaltensbedingten Kündigung grundsätzlich einer **Abmahnung**.

rechtlich, sondern mit dem praktischen Bedürfnis eines Arbeitgebers nach schneller Reaktion. Anstatt die Grundsätze einer verhaltensbedingten Kündigung aufrechtzuerhalten, hätte das BAG m.E. besser überlegt, die Grundsätze zur personenbedingten Kündigung, die für den vorliegenden Fall erheblich naheliegender zu sein scheint, dahingehend zu modifizieren, dass bei so erheblichen Störungen des Betriebes, wie vorliegend angenommen, die Anforderungen an die personenbedingte Kündigung insbesondere mit Blick auf die notwendige negative Prognose dem praktischen Reaktionsbedürfnis entsprechend reduziert worden wären.

46 BAG 4.11.1981 – 7 AZR 264/79 – Rn 29 – juris.

47 BAG 13.12.2007 – 2 AZR 818/06 – Rn 38 – juris; BAG 31.5.2007 – 2 AZR 200/06 – Rn 15 – juris; BAG 12.1.2006 – 2 AZR 21/05 – Rn 54 – juris; LAG Nürnberg 9.1.2007 – 7 Sa 79/06 – Rn 35 – juris.

Praxistipp
Die verhaltensbedingte Kündigung stellt keine Strafe für begangene Pflichtverletzungen dar. Sie dient allein dem Schutz des Arbeitgebers vor erneuten (unzumutbaren) Arbeitsvertragsverletzungen.

I. Grundsätzliche Notwendigkeit einer Abmahnung

35 Die Abmahnung ist das geeignete und von der Rechtsprechung entwickelte Mittel, wie die für eine verhaltensbedingte Kündigung erforderliche Prognose seitens eines Arbeitgebers begründet werden kann. **Verletzt ein Arbeitnehmer trotz vorangegangener Abmahnung gleichartigen Inhalts erneut seinen Arbeitsvertrag, rechtfertigt dies die negative Prognose künftiger Vertragsverletzungen, da der Arbeitnehmer sich noch nicht einmal durch die Abmahnung von weiteren Verletzungen hat abhalten lassen.**[48]

36 Durch das Erfordernis einer vergeblich gebliebenen Abmahnung vor Ausspruch einer verhaltensbedingten Kündigung soll zudem der mögliche **Einwand des Arbeitnehmers** ausgeräumt werden, er habe die Pflichtwidrigkeit seines Verhaltens nicht gekannt oder jedenfalls nicht damit rechnen müssen, der Arbeitgeber sehe dieses Verhalten als so schwerwiegend an, dass er zu kündigungsrechtlichen Konsequenzen greifen werde.[49]

37 Während ursprünglich die Rechtsprechung bei Vertragsverletzungen, die den Vertrauensbereich zwischen Arbeitgeber und Arbeitnehmer berühren, auf eine Abmahnung in der Regel verzichtet hatte, gilt heute, dass grundsätzlich **bei jeder verhaltensbedingten Kündigung**, unabhängig davon, in welchen Bereichen der Kündigungsvorwurf sich auswirkt, eine **vorherige Abmahnung notwendig ist.** Dies gilt auch für den Fall der außerordentlichen Kündigung gem. § 626 Abs. 1 BGB.

Praxistipp
Eine Abmahnung ist grundsätzlich auch bei Pflichtverstößen im Vertrauensbereich erforderlich.

II. Ausnahmsweise Entbehrlichkeit einer Abmahnung

38 Die Notwendigkeit der vorherigen Abmahnung besteht nicht in jedem Fall. Ausnahmsweise kann eine Abmahnung entbehrlich sein. Allgemein kann gesagt werden, **je schwerer eine Vertragsverletzung ist, desto eher kann auf eine vorhe-**

48 BAG 13.12.2007 – 2 AZR 818/06 – Rn 38 – juris; BAG 31.5.2007 – Rn 15 – juris; BAG 12.1.2006 – 2 AZR 21/05 – Rn 54 – juris; BAG 10.11.1988 – 2 AZR 215/88 – Rn 39 – juris.

49 BAG 10.11.1988 – 2 AZR 215/88 – Rn 37 – juris.

rige Abmahnung verzichtet werden. So bedarf es dann keiner Abmahnung, wenn eine schwere Pflichtverletzung vorliegt, deren Rechtswidrigkeit für den Arbeitnehmer ohne Weiteres erkennbar und/oder deren Billigung durch den Arbeitgeber offensichtlich ausgeschlossen gewesen ist[50] oder der Arbeitnehmer seinen Vertrag hartnäckig und uneinsichtig ohne Aussicht auf Besserung verletzt hat.[51]

Praxisbeispiele

So ist mit Blick auf bestehende ausdrückliche Verbote und die damit einhergehenden Risiken eine Abmahnung als entbehrlich angesehen worden bei Genuss von Alkohol unter Tage[52] oder bei einer Alkoholkonzentration eines Busfahrers von 0,46 Promille unabhängig von einem Nachweis tatsächlicher Beeinträchtigung seiner Fahrtüchtigkeit.[53] Andererseits hat das LAG Rheinland-Pfalz vor einer Kündigung eines Busfahrers, der in einer Arbeitspause eine Flasche Bier (0,33 l) getrunken hatte und erst ca. zwei Stunden danach wieder Fahrtätigkeit ausgeübt hat, eine vorherige Abmahnung verlangt.[54] Ebenso sah das BAG das Abmahnungserfordernis bei Alkoholmissbrauch, solange der Arbeitnehmer nicht hartnäckig und uneinsichtig ist.[55] Andererseits wurde für die Kündigung einer Altenpflegerin wegen falscher Medikation mit nicht nur harmlosen Medikamenten ihrer alten Patienten wegen des schwerwiegenden Verstoßes trotz nur bestehender Fahrlässigkeit eine Abmahnung als entbehrlich erachtet.[56]

---

39 Ein weiterer Bereich für die Entbehrlichkeit von Abmahnungen ist der des **außerdienstlichen Verhaltens.** Wenn das außerdienstliche Verhalten als Kündigungsgrund bereits kein Verschulden verlangt, kann nichts anderes für die Abmahnung gelten, die die Verletzung vertraglicher Pflichten zum Gegenstand hat. Bei außerdienstlichem Verhalten hingegen liegt eine solche Pflichtverletzung regelmäßig nicht vor.[57]

40 Die konkrete, d.h. auf den einzelnen Verletzungsfall erteilte Abmahnung ist schlussendlich „entbehrlich“ bei **vorweggenommener Abmahnung**. Wird z.B. einem Arbeitnehmer, der für ein unentschuldigtes Fehlen nicht abgemahnt worden ist, angedroht, dass er im Falle der fehlenden Wiederaufnahme seiner Tätigkeit zu einem gesetzten Datum eine fristlose Kündigung erhält, liegt hierin eine ausreichende vorweggenommene Abmahnung.[58] Ebenso stellt ein **Aushang** eines Lebensmittelgroßhandels, Warendiebstähle durch Arbeitnehmer würden mit personellen

---

50 BAG 31.5.2007 – 2 AZR 200/06 – Rn 28 – juris; BAG 12.1.2006 – 2 AZR 21/05 – Rn 54 – juris.

51 BAG 12.1.2006 – 2 AZR 179/05 – Rn 56f. – juris; BAG 18.5.1984 – 2 AZR 626/93 – Rn 21 – juris.

52 LAG Hamm 23.8.1990 – 16 Sa 293/90 – für den Fall einer außerordentlichen Kündigung im Untertagebau LS 1 – juris.

53 LAG Nürnberg 17.12.2002 – 6 Sa 480/01 – Rn 33 – juris.

54 LAG Rheinland-Pfalz 8.2.2008 – 9 Sa 759/07 – Rn 18 – juris.

55 BAG 4.7.1997 – 2 AZR 526/96 – Rn 25 – juris.

56 LAG Schleswig-Holstein 24.7.2001 – 1 Sa 78e/01 – Rn 69f. – juris.

57 BAG 4.11.1981 – 7 AZR 264/79 – Rn 30 – juris.

58 BAG 5.4.2001 – 2 AZR 580/99 – Rn 45 – juris.

Maßnahmen bis hin zur Kündigung verfolgt, eine vorweggenommene Abmahnung als **Abmahnung an den, den es angeht**, dar. Die Notwendigkeit einer persönlichen Adressierung der Abmahnung wird dabei ausdrücklich verneint.[59]

Praxistipp !

Um nicht erst Pflichtverletzungen hinnehmen und abmahnen zu müssen, bevor eine verhaltensbedingte Kündigung ausgesprochen werden kann, kann an eine vorweggenommene Abmahnung gedacht werden. Dieser Weg funktioniert aber nur, wenn konkrete Pflichten beschrieben werden und im Falle von deren Verletzung die Kündigung angedroht wird. Ein allgemeiner arbeitsvertraglicher Hinweis, z.B. dass Verstöße gegen denselben zur Kündigung führen können, wird dem sicherlich nicht gerecht.

III. Die Abmahnung

1. Die Rechtsnatur der Abmahnung

Bei der **Abmahnung**, die inzwischen gesetzlich in § 314 Abs. 2 BGB verankert ist, 41
handelt es sich weder um ein Gestaltungsrecht noch um eine förmliche Willenserklärung. Hingegen liegt eine **rechtsgeschäftsähnliche Handlung** vor.

2. Abmahnbarkeit eines Verhaltens

Ist die Abmahnung im Verhältnis zum härteren Mittel der Kündigung zugleich Aus- 42
druck des Verhältnismäßigkeitsgrundsatzes,[60] gilt nichts anderes für die Abmahnung selbst. Auch diese unterliegt dem **Verhältnismäßigkeitsgrundsatz**, wonach sie nur ausgesprochen werden kann, wenn **kein milderes Mittel** als angemessene Reaktion auf ein Fehlverhalten des Arbeitnehmers wie z.B. die **Ermahnung** in Betracht kommt. So kann bei einmaligen und geringfügigen Verstößen noch keine Abmahnung ausgesprochen werden.[61] Ein einmaliges geringfügiges Zuspätkommen ohne relevante Auswirkungen auf den Betriebsablauf rechtfertigt nicht gleich eine Abmahnung.

Praxistipp !

Allgemein kann gesagt werden, dass ein Sachverhalt nur dann für eine Abmahnung geeignet ist, wenn dieser Sachverhalt nach entsprechender vorangegangener, ggf. mehrfacher Abmahnung auch für eine verhaltensbedingte Kündigung ausreichend wäre.

---

59 LAG Köln 6.8.1999 – 11 Sa 1085/98 – Rn 14 – juris.
60 BAG 26.1.1995 – 2 AZR 649/94 – Rn 37 f. – juris.
61 BAG 31.8.1994 – 7 AZR 893/93 – Rn 36 – juris.

43 Auf ein **Verschulden** kommt es für eine Abmahnung nicht an. **Zweck** der Abmahnung ist nicht die Beendigung des Arbeitsverhältnisses, sondern die **Warnung des Arbeitnehmers vor künftigen Pflichtverletzungen**. Durch die Abmahnung sollen dem Arbeitnehmer die Konsequenzen entsprechenden zukünftigen Verhaltens verdeutlicht werden, d.h. es soll letztendlich das nötige **Unrechtsbewusstsein** hinsichtlich seines Verhaltens geschaffen werden. Insofern genügt die objektive Pflichtverletzung seitens des Arbeitnehmers für eine Abmahnung.[62]

! **Praxistipp**
Eine Abmahnung verlangt kein schuldhaftes Verhalten des Arbeitnehmers.

---

3. Form und Inhalt der Abmahnung

a) Kein Formerfordernis

44 Ein **Formerfordernis** für eine Abmahnung besteht nicht. Grundsätzlich kann sie, so es nicht vertragliche oder tarifvertragliche diesbezügliche Regelungen gibt, **mündlich** erteilt werden. Aus Gründen der **Beweissicherung** empfiehlt sich aber grundsätzlich die **schriftliche** Abmahnung. Wie ausgeführt, besteht auch die Möglichkeit, eine Abmahnung per Aushang „an den, den es angeht" als vorweggenommene Abmahnung zu erteilen.

b) Keine Anhörungspflicht

45 Eine Pflicht, den Arbeitnehmer vor Ausspruch einer Abmahnung anzuhören, besteht **außerhalb vereinzelter tarifvertraglicher Regelungen nicht**.

c) Die Funktionen der Abmahnung

46 Eine Abmahnung dient drei Funktionen, nämlich der Dokumentation, dem Hinweis sowie der Warnung (oder Sanktion).

- Eine Abmahnung kann den in ihr liegenden Zweck, den Arbeitnehmer zu warnen, nur erfüllen, wenn sie bestimmt genug ist. Insofern beinhaltet die **Dokumentationsfunktion** einer Abmahnung, dass das dem Arbeitnehmer vorzuwerfende **Verhalten sachverhaltsmäßig konkret dargestellt wird**. Eine Abmahnung entspricht somit nur dann der Dokumentationsfunktion, wenn diese so präzise ausgestaltet ist, dass der Arbeitnehmer das ihm vorgeworfene Verhalten tatsächlich nachvollziehen kann.[63]

---

62 BAG 31.8.1994 – 7 AZR 893/93 – Rn 31 – juris.
63 LAG Düsseldorf 10.9.2009 – 13 Sa 484/09 – juris.

- Mit der **Hinweisfunktion** der Abmahnung soll der Arbeitnehmer darauf hingewiesen werden, wie er sich **richtigerweise verhalten** hätte. Nur so ist die Abmahnung geeignet, den Arbeitnehmer von künftigen entsprechenden Pflichtverletzungen abzuhalten.
- Schlussendlich muss die Abmahnung der **Warnfunktion** gerecht werden, d.h. den Arbeitnehmer ausdrücklich auf die **zu erwartenden Konsequenzen** im Falle weiterer Pflichtverletzungen hinweisen. Hier empfiehlt es sich, **ausdrücklich** eine **Kündigung bis hin zur außerordentlichen Kündigung** für den Fall weiterer Pflichtverletzungen **anzudrohen.** Enthält die Abmahnung keine eindeutige Warnung, besteht das Risiko, dass eine als solche bezeichnete Abmahnung nicht der Warnung vor zukünftigem Verhalten und einer damit verbundenen Kündigung dient, sondern Ausdruck des vertraglichen Rügerechts des Arbeitgebers ist, das der Sanktion auf ein vertragswidriges Verhalten, nicht hingegen der Vorbereitung einer Kündigung dient.[64] Allerdings umfasst nach dem BAG auch die Androhung „arbeitsrechtlicher Konsequenzen“ die Androhung der Beendigung des Arbeitsverhältnisses.[65] Trotzdem sollte die (ggf. außerordentliche) Kündigung konkret angedroht werden.

Praxistipp !

Es gilt der Grundsatz: Nur eine richtige Abmahnung ist eine gute Abmahnung. Daher verlangt jede Abmahnung eine gute und verlässliche Recherche möglichst an der Quelle, d.h. bei den unmittelbaren Zeugen des maßgeblichen Sachverhaltes etc. und sodann eine sorgfältige Niederlegung der Ergebnisse in der Abmahnung.

---

4. Abmahnungsberechtigter

Da es sich bei einer Abmahnung um eine **rechtsgeschäftsähnliche Handlung** 47
handelt, kommt es für deren Erklärung nicht darauf an, dass ein gesetzlicher Vertreter oder entsprechend Bevollmächtigter des Arbeitgebers tätig wird. **Abmahnungsberechtigt** ist neben den **gesetzlichen Vertretern** des Arbeitgebers und entsprechenden **Bevollmächtigten jeder Mitarbeiter**, der gegenüber dem betroffenen Arbeitnehmer das **Direktionsrecht** ausüben darf.

5. Zeitpunkt der Abmahnung

Die Abmahnung muss nicht **innerhalb einer bestimmten Frist** nach Kenntnis vom 48
abzumahnenden Sachverhalt durch den Arbeitgeber erklärt werden. Jedoch wird die

---

64 BAG 10.11.1988 – 2 AZR 215/88 – Rn 38 – juris.
65 BAG 19.4.2012 – 2 AZR 258/11 – NZA RR 2012, 567.

Warnfunktion der Abmahnung **schwächer** werden, je länger der Arbeitgeber mit der Erklärung der Abmahnung zuwartet. Im Übrigen kommt der Tatbestand der **Verwirkung** einer Abmahnung in Betracht.

6. Zugang der Abmahnung und tatsächliche Kenntnisnahme

49 Obwohl nach dem Rechtsgedanken des § 130 Abs. 1 BGB die Abmahnung dem Arbeitnehmer zugegangen ist, sobald sie in seinen Machtbereich gelangt ist, genügt dies für das **„Wirksamwerden" der Abmahnung** nicht. Das BAG verlangt ausdrücklich die **tatsächliche Kenntnisnahme** der Abmahnung seitens des Arbeitnehmers. Dies gilt nur dann nicht, wenn die Berufung auf die fehlende Kenntnis gegen **Treu und Glauben** verstößt.

Praxisbeispiel

Die fehlende Kenntnis von der Abmahnung ist unschädlich, wenn die Abmahnung in den Briefkasten des Arbeitnehmers während seines eigenmächtig genommenen Urlaubs eingelegt wird.[66] Setzt der Arbeitnehmer seinen ungenehmigten Urlaub nach Einlegung der Abmahnung in seinen Briefkasten trotz fehlender Kenntnis hiervon fort, ist ein Abmahnungserfordernis für eine nachfolgende Kündigung erfüllt.

---

7. Wirkungsdauer der Abmahnung

50 Für die Frage, wie lange eine Abmahnung einer späteren Kündigung zugrunde gelegt werden kann, gibt es keine **pauschale Regelfrist** wie z.B. zwei Jahre. Entscheidend sind immer die Umstände des Einzelfalles. Eine Abmahnung verliert nach dem BAG ihre Bedeutung grundsätzlich erst dann, wenn aufgrund des eingetretenen Zeitablaufs oder aufgrund neuer Umstände (z.B. einer späteren unklaren Reaktion des Arbeitgebers auf ähnliche Pflichtverletzungen anderer Arbeitnehmer) **der Arbeitnehmer wieder im Ungewissen** sein könnte, **was der Arbeitgeber von ihm erwartet** bzw. wie er auf eine etwaige erneute Pflichtverletzung reagieren werde.[67]

51 Die Wirkungslosigkeit einer Abmahnung tritt m.E. trotz eines bestimmten Zeitablaufs dann nicht ein, wenn es zwischenzeitlich **weitere, noch dazu gleichartige abgemahnte Sachverhalte** gegeben hat.

---

66 BAG 20.12.1984 – 2 AZR 436/83 – Rn 13 – juris.

67 BAG 10.12.2002 – 2 AZR 418/01 – Rn 29 – juris: Hier wurden 3½ Jahre nicht als ausreichend für die Wirkungslosigkeit der Abmahnung angesehen; BAG 18.11.1986 – 7 AZR 674 – Rn 33, 35 – juris.

8. Fehlerhafte Abmahnung

Ist eine **Abmahnung fehlerhaft**, da sie insbesondere den o.g. Funktionen nicht gerecht wird, hat dies folgende **Konsequenzen**: 52

a) Keine Grundlage einer nachfolgenden Kündigung

Ist die Abmahnung hinsichtlich des dargestellten Sachverhaltens **unzutreffend**, ist 53 sie **unverhältnismäßig** oder wird sie den **genannten Funktionen nicht gerecht**, kann sie einer nachfolgenden **Kündigung nicht zugrunde gelegt** werden. Dies gilt selbst dann, wenn in einer Abmahnung mehrere Sachverhalte einheitlich abgemahnt werden und nur hinsichtlich eines dieser Sachverhalte einer der vorgenannten Fehler vorliegt. In diesem Fall ist es nicht möglich, dass das Arbeitsgericht die Abmahnung im Übrigen aufrecht erhält.[68] Die Abmahnung ist **insgesamt unwirksam**. Dem Arbeitgeber bleibt es allerdings unbenommen, eine **neue** (oder mehrere) und nunmehr den Anforderungen gerecht werdende **Abmahnung** auszusprechen.[69]

b) Gegenrechte des Arbeitnehmers

Dem Arbeitnehmer steht das Recht zu, gegen eine Abmahnung eine **Gegendarstellung zur Personalakte** zu reichen, sich beim Betriebsrat **gem. § 84 BetrVG zu beschweren** sowie den Arbeitgeber auf **Entfernung der Abmahnung aus der Personalakte** in Anspruch zu nehmen. Der Entfernungsanspruch besteht regelmäßig allerdings nur bis zum Vertragsende, es sei denn, ohne eine solche Entfernung aus der Personalakte ist für die Zukunft des Mitarbeiters ein Schaden zu befürchten. 54

Über den Entfernungsanspruch hinaus steht dem Arbeitnehmer u.U. ein **Widerrufsanspruch** hinsichtlich der in der Abmahnung erhaltenen Erklärungen zu, wenn trotz der Entfernung der Abmahnung aus der Personalakte eine Rechtsbeeinträchtigung des Arbeitnehmers fortbesteht, die durch den Widerruf beseitigt werden kann.[70] Zu denken wäre hier an einen nur durch einen Widerruf zu beseitigenden Ansehensverlust des Arbeitnehmers im Betrieb. 55

---

68 BAG 13.3.1991 – 5 AZR 133/90 – Rn 68f. – juris; dieses Urteil ist zum Entfernungsanspruch einer solchen Abmahnung aus der Personalakte ergangen. Es stellt sich allerdings die Frage, ob ein Arbeitgeber sich nicht bei einem nachfolgenden Pflichtverstoß darauf berufen könnte, dass ungeachtet einer falschen Sachverhaltsdarstellung der Arbeitnehmer sich die Warnfunktion der unwirksamen Abmahnung insofern entgegenhalten lassen muss, dass er sich nicht mehr darauf berufen kann, ihm wäre nicht bewusst gewesen, dass der Arbeitgeber ein bestimmtes Verhalten nicht tolerieren wird.

69 BAG 13.3.1991 – 5 AZR 133/90 – Rn 76 – juris.

70 BAG 15.4.1999 – 7 AZR 716/97 – Rn 17, 19 – juris.

c) Keine Klagepflicht

56 Für die Durchsetzung der Rechte gegen eine fehlerhafte Abmahnung gibt es **weder eine Klagefrist noch eine Klagepflicht**. Der Arbeitnehmer ist, auch wenn er sich gegen die Abmahnung in keiner Weise wehrt, nicht gehindert, sich **auf deren Unwirksamkeit in einem nachfolgenden Kündigungsschutzprozess** zu **berufen.**

d) Formell unwirksame Abmahnung

57 Allerdings ist zu beachten, dass eine nur **formell unwirksame Abmahnung** nicht zur Wirkungslosigkeit der Abmahnung führt. Wird ein Arbeitnehmer trotz bestehender tarifvertraglicher Verpflichtungen vor Ausspruch der Abmahnung nicht angehört, entfaltet die Abmahnung **trotzdem** für die spätere Kündigung die notwendige **Warnfunktion.**[71] Da es sich bei der Abmahnung lediglich um eine rechtsgeschäftsähnliche Handlung handelt, kommt es auf formelle Anforderungen nicht an.[72]

9. Unwirksame Kündigung als Abmahnung

58 Ist ein Arbeitsverhältnis aus verhaltensbedingten Gründen gekündigt worden, hat sich diese Kündigung jedoch als sozial nicht gerechtfertigt (z.B. wegen fehlender vorangegangener Abmahnung) erwiesen, kann sich der Arbeitgeber bei weiteren Pflichtverletzungen darauf berufen, dass die **unwirksame Kündigung die Funktion der Abmahnung** übernommen hat. Wird der Arbeitnehmer durch eine Abmahnung vor zukünftigen Pflichtverletzungen gewarnt, muss dies **erst recht** gelten, wenn der Arbeitgeber Pflichtverletzungen nicht nur zum Gegenstand einer Abmahnung, sondern sogar zum Gegenstand einer Kündigung gemacht hat. Dies macht dem Arbeitnehmer besonders deutlich, dass der Arbeitgeber nicht zur Tolerierung entsprechenden Verhaltens bereit ist. Stehen somit die Tatsachen für die unwirksame Kündigung und damit die eigentliche Pflichtverletzung fest, ist die unwirksame Kündigung als Abmahnung im Falle späteren Fehlverhaltens zu sehen.[73]

10. Kettenabmahnung

59 Erfolgt vor Ausspruch einer Kündigung eine größere Anzahl von Abmahnungen, besteht das Risiko, dass die **Warnfunktion der einzelnen Abmahnungen mit zunehmender Anzahl abgeschwächt** wird. Dies kann zur Folge haben, dass nach einer größeren Anzahl von Abmahnungen **nicht ohne Weiteres eine Kündigung** ausgesprochen werden kann. Andererseits sind je nach Schwere des Verstoßes evtl.

---

71 BAG 19.2.2009 – 2 AZR 603/07 – Rn 32f., 35 – juris; BAG 19.2.2009 – 2 AZR 603/07 – juris.
72 BAG 21.5.1992 – 2 AZR 551/91 – Rn 32 – juris.
73 BAG 31.81989 – 2 AZR 13/89 – Rn 25 – juris.

mehrere Abmahnungen vor einer Kündigung erforderlich. So ist es in der **Praxis durchaus üblich**, jedenfalls bei nicht zu schwerwiegenden Sachverhalten, drei Abmahnungen vor einer Kündigung auszusprechen. Insofern ist mit einer dritten Abmahnung die Warnfunktion noch nicht entwertet, da ansonsten der **ruhig und verständig handelnde Arbeitgeber** hierdurch benachteiligt würde.[74] Hat es jedoch mehr als drei Abmahnungen gegeben, muss die **letzte Abmahnung** hinsichtlich der Warnfunktion **besonders eindringlich formuliert** werden. Es muss darauf hingewiesen werden, dass es sich z.B. um die **„letztmalige Abmahnung"** handelt, nach der es tatsächlich zu einer Kündigung kommen wird (und kommen sollte).[75]

Achtung!
Sind vor einer Kündigung mehr als drei Abmahnungen ausgesprochen worden, muss die letzte Abmahnung als „letztmalige Abmahnung" bezeichnet werden, nach der bei weiteren Pflichtverstößen nunmehr tatsächlich eine Kündigung ausgesprochen werden wird.

11. Abmahnung als „Verzicht" auf ein evtl. Kündigungsrecht

Mit der Abmahnung erklärt der Arbeitgeber konkludent, dass für ihn der **Sachverhalt „erledigt"** ist. Er räumt sozusagen durch die Abmahnung dem Arbeitnehmer eine **Bewährungschance** ein[76] mit der Folge, dass in der Abmahnung zugleich der Verzicht auf ein evtl. für diesen Sachverhalt bestehendes Kündigungsrecht zu sehen ist.[77] 60

Anderes gilt jedoch dann, **wenn in der Abmahnung deutlich** gemacht wird, dass **hierin gerade kein Verzicht auf ein Kündigungsrecht** liegen soll. Behält sich z.B. ein Arbeitgeber im Rahmen einer Abmahnung wegen einer Drohung mit einer Krankschreibung die Kündigung für den Fall vor, dass der Mitarbeiter seine Drohung zu einem bestimmten Zeitpunkt wahr macht, kann die nachfolgende Kündigung auch auf den abgemahnten Sachverhalt gestützt werden.[78] 61

Kein Verzicht auf das Kündigungsrecht ist zudem anzunehmen, wenn sich die für die Abmahnung **maßgebenden Umstände nachträglich geändert** haben, so dass der Sachverhalt hierdurch eine neue Qualität erfahren hat. Werden dem Arbeitgeber nach Ausspruch der Abmahnung **vor dieser liegende Sachverhalte** bekannt, kann der Arbeitgeber bei der Begründung einer Kündigung auf die **abge-** 62

74 BAG 16.9.2004 – 2 AZR 406/03 – Rn 31, 37, 39 – juris.
75 BAG 15.11.2001 – 2 AZR 609/00 – Rn 38, 41 – juris.
76 LAG Berlin 1.11.2000 – 13 Sa 1746/00 – Rn 32 – juris.
77 BAG 10.11.1988 – 2 AZR 215/88 – Rn 40 ff. – juris; BAG 13.12.2007 – 6 AZR 145/07 – Rn 23 ff. – juris; LAG Schleswig-Holstein 19.10.2004 – 5 Sa 279/04 – Rn 30 f. – juris.
78 LAG Schleswig-Holstein 19.10.2004 – 5 Sa 279/04 – Rn 32 – juris.

mahnten Gründe zumindest unterstützend zurückgreifen.[79] Dies gilt jedenfalls dann, wenn die abgemahnten Gründe auch ohne Abmahnung oder aufgrund einer früheren Abmahnung, die die Warnfunktion erfüllt, erheblich sind.

! **Praxistipp**
Bevor eine Abmahnung quasi als „Schnellschuss" ausgesprochen wird, muss genau überlegt werden, ob der Sachverhalt nicht bereits für eine Kündigung ausreicht, da ansonsten der Abmahnungssachverhalt als Kündigungsgrund verbraucht wäre.

IV. Abmahnung und nachfolgende Kündigung

1. Verbesserungsphase

63 Wenn die Abmahnung ihre **warnende Wirkung** entfalten soll, so muss dem Arbeitnehmer je nach den Umständen ggf. **eine Phase** nach der Abmahnung eingeräumt werden, **in der er sein Verhalten verändern kann**. Dies gilt insbesondere in Zusammenhang mit Abmahnungen wegen Schlecht-/Minderleistung. Wie lange eine solche **Umlernphase** für die Abstellung von Leistungsdefiziten zu bemessen ist, hängt von den Umständen des Falles, insbesondere von der Art der Defizite ab.[80] Letztendlich entspricht dies dem gesetzgeberischen Gedanken des § 314 Abs. 2 BGB, der alternativ zur erfolglosen Abmahnung vom erfolglosen Ablauf einer zur Abhilfe bestimmten Frist ausgeht.

2. Gleichartige Pflichtverletzungen

64 **Nicht jede Abmahnung** vermag die **Grundlage für eine nachfolgende Kündigung** zu sein. Mit einer Abmahnung wird ein **bestimmtes Verhalten gerügt** und der Arbeitnehmer zugleich gewarnt, dass der Arbeitgeber im Wiederholungfalle dies nicht mehr tolerieren, sondern eine Kündigung aussprechen wird. Begeht der Arbeitnehmer sodann eine **völlig anders geartete Pflichtverletzung**, ist er **diesbezüglich nicht gewarnt** worden und musste somit trotz der erfolgten Abmahnung nicht davon ausgehen, dass der Arbeitgeber eine nachfolgende völlig anders geartete Pflichtverletzung sofort mit einer Kündigung beantworten würde.

65 Aus diesem Grunde ist für eine **nachfolgende Kündigung** notwendig, dass diese auf einer **gleichartigen Pflichtverletzung** beruht **wie die der vorangegangenen Abmahnung** zugrunde gelegte. Diese Gleichartigkeit ist zu bejahen, wenn der ab-

---

79 BAG 10.11.1988 – 2 AZR 215/88 – Rn 43 – juris.

80 Hessisches LAG 26.4.1999 – 16 Sa 1409/98 – Rn 30f. – juris; hier hat das Hessische LAG bei Informations- und Einweisungsdefiziten einen Zeitraum von sechs Arbeitstagen als zu kurz angesehen.

gemahnte Sachverhalt sich auf der **gleichen Ebene wie der Kündigungsvorwurf bzw. im selben Bereich** bewegt oder ein **innerer Zusammenhang im Rahmen der negativen Prognose** zwischen den beiden Sachverhalten besteht. Es wird ein **weiteres „einschlägiges“ Fehlverhalten** gefordert.[81]

Die **Störungen** sind **vergleichbar**, wenn diese einen **übereinstimmenden Ausdruck einer spezifischen Unzuverlässigkeit des Arbeitnehmers** beinhalten. **Gleichartig** sind Pflichtverletzungen danach nicht nur dann, wenn identisches Fehlverhalten vorliegt, sondern bereits dann, wenn die Pflichtverletzungen unter Berücksichtigung der Pflichtenstruktur des jeweiligen Arbeitsverhältnisses **unter einem einheitlichen Gesichtspunkt zusammengefasst** werden können und zu **vergleichbaren Störungen** des Arbeitsverhältnisses führen. 66

Praxistipp
Die Feststellung der Vergleichbarkeit abgemahnter Sachverhalte mit dem Kündigungssachverhalt stellt sich häufig als schwierig dar. Die Suche nach einem die Sachverhalte/Pflichtverletzungen umfassenden Oberbegriff ist dabei von wesentlicher Bedeutung. Als Ausdruck spezifischer Unzuverlässigkeit kommt z.B. unter dem Oberbegriff Einsatz des Arbeitnehmers (bzw. dessen Vereitelung) die Nichtanzeige bestehender Arbeitsunfähigkeit und ein Nichterscheinen des Arbeitnehmers zu einer arbeitgeberseitig angeordneten Rücksprache in Betracht. Verspätungen und Urlaubsüberziehungen lassen sich unter den Obergriff der unerlaubten Abwesenheit fassen.

Praxisbeispiele
Sachverhalte sind vergleichbar, wenn durch das abgemahnte und das unmittelbar zum Anlass der Kündigung genommene Verhalten (oder Unterlassen) des Arbeitnehmers dessen Arbeitseinsatz behindert oder in Frage gestellt wird.[82] Insofern hat das BAG die Gleichartigkeit bei abgemahnter Nichtanzeige fortbestehender Arbeitsunfähigkeit und nachfolgendem Nichterscheinen des Arbeitnehmers zur Rücksprache beim Arbeitgeber bejaht. Ebenso ist von einer Gleichartigkeit auszugehen bei abgemahntem verspätetem Erscheinen zur Arbeit und einer nicht ausreichend entschuldigten, mehrere Tage umfassenden Überziehung des Erholungsurlaubs. Hier ist der übergreifende Gesichtspunkt der der unerlaubten Abwesenheit vom Arbeitsplatz.[83]

81 BAG 13.12.2007 – 2 AZR 818/06 – Rn 40 ff. – juris.
82 Hessisches LAG 7.7.1997 – 16 Sa 2328/96 – Rn 37 – juris; Hessisches LAG 9.7.1999 – 2 Sa 2096/98 – Rn 25 – juris.
83 Hessisches LAG 9.7.1999 – 2 Sa 2096/98 – Rn 25 – juris.

D. Frist für den Ausspruch der Kündigung/Verstoß gegen Treu und Glauben

I. Keine Kündigungsausübungsfrist

67 Das Recht zur Kündigung wegen eines bekannt gewordenen Pflichtenverstoßes ist zeitlich grundsätzlich nicht begrenzt. Es gibt diesbezüglich **keine „Kündigungsausübungsfrist"**. Lediglich der Tatbestand der **Verwirkung** des Kündigungsrechts kommt in Betracht, wobei, wie üblich, der reine Zeitablauf hierfür nicht genügt.[84]

II. Keine Anhörungspflicht

68 Ebenso wenig verstößt eine Kündigung gegen Treu und Glauben, weil der Arbeitgeber vor Ausspruch der Kündigung den Arbeitnehmer nicht zum Kündigungssachverhalt angehört hat. Grundsätzlich gilt, dass eine **Anhörungspflicht** vor einer verhaltensbedingten Kündigung **nicht besteht**. Zwar mag die Anhörung regelmäßig der richtigere Weg sein, um als Arbeitgeber eine wirklich fundierte Kündigungsentscheidung zu treffen und sich nicht dem Risiko auszusetzen, im Laufe des Prozesses Umstände zu erfahren, die zur Unwirksamkeit der Kündigung führen. Trotzdem führen diese in der **Risikosphäre des Arbeitsgebers** liegenden Aspekte nicht dazu, eine grundsätzliche Anhörungspflicht des Arbeitnehmers zu bejahen.

! **Praxistipp**
Wenn auch keine rechtliche Verpflichtung besteht, sollte doch in der Regel vor der Kündigung der Arbeitnehmer zum Kündigungssachverhalt unter Darstellung aller wesentlichen Tatsachen angehört werden. Dies hilft nicht nur, spätere Überraschungen zu vermeiden, sondern entspricht auch arbeitgeberlicher Fürsorge.

III. Sittenwidrigkeit der Kündigung

69 **Ganz ausnahmsweise** kann eine Kündigung wegen des Vorwurfs der **Sittenwidrigkeit** unwirksam sein. Dies gilt nach der Rechtsprechung nur in besonders krassen Fällen, wenn etwa die Kündigung auf **verwerflichen Motiven des Kündigenden** wie **Vergeltung** beruht. Hierzu gehört zudem die so genannte **Trotzkündigung**, bei der ein Arbeitgeber nach rechtskräftiger Entscheidung über die Unwirksamkeit einer Kündigung diese ohne Hinzutreten weiterer Umstände schlicht wiederholt.[85]

---

84 BAG 25.2.1988 – 2 AZR 500/87 – Rn 80 – juris.
85 BAG 25.2.1988 – 2 AZR 500/87 – Rn 82f. – juris.

Regelmäßig werden tatsächlich vorhandene Kündigungsgründe jedoch nicht schon deshalb ihre Bedeutung verlieren, weil dem Arbeitgeber jeder Grund recht gewesen ist, um dem Arbeitnehmer zu kündigen. Für die Wirksamkeit der Kündigung kommt es vielmehr auf den **objektiven Anlass** der Kündigung und **nicht** auf die **möglicherweise dahinterstehenden subjektiven Beweggründe** an.[86]

E. Ultima ratio/Verhältnismäßigkeitsgrundsatz

Die ordentliche verhaltensbedingte Kündigung (und erst recht die außerordentliche) unterliegt dem Grundsatz der Verhältnismäßigkeit. Sie ist somit immer nur dann wirksam, wenn kein milderes Mittel als die Kündigung, die letztlich ultima ratio ist, als noch angemessen in Betracht kommt. 70

Als mildere Mittel sind zu prüfen und ggf. zu nutzen: 71

- Die Ermahnung;
- die Abmahnung;
- u.U. bei Schwerbehinderten die vorherige Durchführung des Präventionsverfahrens nach § 84 Abs. 1 SBG IX. Zwar ist dies keine formelle Wirksamkeitsvoraussetzung für den Ausspruch einer Kündigung, da § 84 Abs. 1 SBG IX kein Verbotsgesetz i.S.d. § 134 BGB ist.[87] Andererseits handelt es sich nicht nur um eine reine Ordnungsvorschrift, deren Missachtung in jedem Fall folgenlos bleibt. Eine Kündigung kann deshalb wegen Verstoßes gegen das Verhältnismäßigkeitsprinzip als sozial ungerechtfertigt zu beurteilen sein, wenn bei gehöriger Durchführung des Präventionsverfahrens Möglichkeiten bestanden hätten, die Kündigung zu vermeiden. Im Umkehrschluss steht das Unterbleiben des Präventionsverfahrens einer Kündigung nicht entgegen, wenn die Kündigung auch durch das Präventionsverfahren nicht hätte verhindert werden können;[88]

Praxistipp !

Vor der verhaltensbedingten Kündigung eines Schwerbehinderten sollte regelmäßig zumindest geprüft werden, das Präventionsverfahren gem. § 84 Abs. 1 SGB IX durchzuführen. Nach der gesetzlichen Konzeption müsste dies erstmals schon im Zusammenhang mit der vorangehenden Abmahnung geschehen.

- **betrieblich vereinbarte Verfahrensregelungen** z.B. im Umgang mit Suchtkranken; sieht eine betriebliche Regelung über den Umgang mit Suchtkranken

86 BAG 25.2.1988 – 2 AZR 500/87 – Rn 85 – juris.
87 BAG 7.12.2006 – 2 AZR 182/06 – Rn 25 – juris.
88 BAG 7.12.2006 – 2 AZR 182/06 – Rn 26 f. – juris.

ein abgestuftes Vorgehen vor einer Kündigung oder einer Abmahnung etc. vor, muss dieses Verfahren durch den Arbeitgeber beachtet werden, da ansonsten eine Kündigung unwirksam ist;[89]

- die **Versetzung**, wenn der Arbeitnehmer hierfür geeignet, dem Arbeitgeber dies **zumutbar** ist und **zukünftige Störungen** des Arbeitsverhältnisses bzw. Pflichtverletzungen **hierdurch vermieden** werden können. Dies ist im Rahmen der verhaltensbedingten Kündigung immer dann denkbar, wenn die **Pflichtverletzungen arbeitsplatzspezifische Ursachen** haben, wie dies z.B. bei einem Gewissenskonflikt auf einem bestimmten Arbeitsplatz anzunehmen ist.[90] Andererseits werden **im Regelfall** die von dem verhaltensbedingten Kündigungsgrund ausgehenden **Beeinträchtigungen** des Arbeitsverhältnisses **arbeitsplatzübergreifend** sein mit der Folge, dass die Möglichkeit einer Versetzung nicht in Betracht kommt;
- kommt eine Versetzung nach den vorstehenden Ausführungen in Betracht, ist, so die Versetzung vom Direktionsrecht nicht gedeckt ist, der Weg der **Änderungskündigung** zu wählen. Eine Änderungskündigung kommt zudem in Betracht, wenn ein **Weiterbeschäftigungsanspruch nur zu geänderten verschlechterten Bedingungen** möglich und dies dem **Arbeitgeber zumutbar** ist, was bei verschuldeten Pflichtverletzungen nach der Rechtsprechung allerdings nur selten der Fall sein wird.[91] So kann statt einer Beendigungskündigung im Falle einer qualitativen Schlechtleistung eine Änderungskündigung zum Zwecke der Entgeltreduzierung in Betracht kommen;[92]
- die **ordentliche Kündigung**;
- die **außerordentliche Kündigung**.

F. Interessenabwägung

I. Unentbehrlichkeit der Interessenabwägung

72 Selbst wenn eine ordnungsgemäße Abmahnung erfolgt ist, ein gleichartiger ausreichend schwerer Pflichtenverstoß sich danach ereignet hat, für den es keine Entschuldigungsgründe gibt, und letztlich bei einer objektiven Betrachtung des eigentlichen Sachverhaltes ein milderes Mittel als die Kündigung nicht in Betracht kommt, bedeutet dies noch nicht, dass eine Kündigung nunmehr wirksam ausgesprochen werden kann. Die der Kündigung zugrundezulegende **Verhältnismäßigkeitsprü-**

---

89 LAG Baden-Württemberg 12.4.2002 – 18 Sa 5/02 – Rn 36ff. – juris.
90 BAG 24.5.1989 – 2 AZR 285/88 – Rn 65 – juris.
91 BAG 27.9.1984 – 2 AZR 62/83 – Rn 32f. – juris.
92 BAG 17.1.2008 – 2 AZR 536/06 – Rn 30 – juris.

fung umfasst in einem letzten Schritt die **Interessenabwägung zwischen den beteiligten Parteien.** Das Arbeitgeberinteresse an der Beendigung des Arbeitsverhältnisses ist gegen das Arbeitnehmerinteresse an der Fortführung desselben abzuwägen. **Nur wenn das Arbeitgeberinteresse überwiegt, ist die Kündigung verhältnismäßig.**

II. Einzubeziehende Gesichtspunkte

In die Interessenabwägung sind **alle denkbaren Gesichtspunkte**, die für bzw. gegen die Vertragsparteien sprechen können, einzubeziehen. 73

Hierzu gehören **zu Gunsten des Arbeitnehmers** insbesondere seine (beanstandungsfreie) **Betriebszugehörigkeit**, sein **Alter**, die **Arbeitsmarktsituation**, aber auch **Unterhaltspflichten**, da sie das Gewicht des Interesses des Arbeitnehmers an der Erhaltung seines Arbeitsplatzes beeinflussen. Dabei erhalten **Unterhaltspflichten** dann ein **größeres Gewicht, wenn ein Zusammenhang zwischen dem Kündigungsgrund und der Erfüllung von Unterhaltspflichten besteht.** Andererseits tritt der Aspekt der Unterhaltspflichten in den Hintergrund, wenn der Arbeitnehmer gewichtige Pflichten aus dem Arbeitsvertrag trotz Abmahnung wiederholt vorsätzlich verletzt. In diesem Fall können die Unterhaltspflichten bei der Interessenabwägung kaum von Gewicht und im Extremfall sogar völlig vernachlässigbar sein.[93] 74

Zu Gunsten der Arbeitgeberseite sind Gesichtspunkte wie der **Grad des Verschuldens**, die **Wiederholungsgefahr, etwaige Schäden**, die **Aufrechterhaltung der Arbeits- und Betriebsdisziplin** und **des Betriebsfriedens**, der **Ruf des Arbeitsgebers innerhalb der Belegschaft und nach außen**, die **wirtschaftliche Bedeutung des Kündigungssachverhaltes** im Betrieb, der **Betriebsablauf etc.** zu beachten.[94] 75

Ein weiterer Aspekt im Rahmen der Interessenabwägung sind die **Auswirkungen des Pflichtenverstoßes beim Arbeitgeber.** Dabei ist je nach Pflichtverletzung zu unterscheiden, ob die Gefahr von Störungen genügt oder ob es zu **konkreten Störungen** gekommen sein muss. **Im Regelfall** kann wohl davon ausgegangen werden, dass konkrete Störungen im Betriebsablauf etc. nicht Voraussetzung für die Kündigung als solche i.S.d. Kündigungsgrundes sind, sondern dass eine entsprechende **Gefährdung als für den Kündigungsgrund notwendige Beeinträchtigung des Arbeitsverhältnisses genügt.** Ist es dann allerdings zu konkreten be- 76

93 BAG 27.2.1997 – 2 AZR 302/96 – Rn 20f. – juris.
94 BAG 15.11.2001 – 2 AZR 609/00 – Rn 48 – juris.

trieblichen Störungen gekommen, ist dies zu Lasten des Arbeitnehmers im Rahmen der Interessenabwägung zu berücksichtigen.[95]

77 Bei der Interessenabwägung spielt immer die **Qualität der Vertragsverletzung** eine ganz erhebliche Rolle.[96] Je schwerwiegender die Vertragsverletzung ist, desto mehr treten die Interessen des Arbeitnehmers hinter denen des Arbeitgebers zurück.

! **Praxistipp**
Die Interessenabwägung spielt im Kündigungsschutzprozess eine erhebliche Rolle. Dies ist gerade in Zusammenhang mit der noch anzusprechenden „Emmely"-Entscheidung des BAG deutlich geworden, in der das BAG den hergebrachten Grundsatz *„Wer klaut, fliegt!"* letztlich bestätigt, im konkreten Fall jedoch aufgrund der vorgenommenen Interessenabwägung durchbrochen hat.

G. Darlegungs- und Beweislast/Beweisverwertungsverbote

I. Darlegungs- und Beweislast beim Arbeitgeber

1. Kündigungssachverhalt

78 Da der **Arbeitgeber** sich auf die Wirksamkeit der von ihm ausgesprochenen Kündigung beruft, muss ihm die **Darlegungs- und Beweislast für alle die Wirksamkeit der Kündigung begründenden Umstände obliegen**. Hierzu gehören nicht nur der **Kündigungssachverhalt** als solcher, sondern auch die erfolgte **Abmahnung einschließlich Sachverhalt** und die der **Interessenabwägung** zugrundezulegenden Umstände, jedenfalls **soweit** sie das **Arbeitgeberinteresse** an der Beendigung begründen.

2. Verteidigungsvorbringen

79 Dies gilt jedoch auch hinsichtlich der für den Arbeitnehmer und damit gegen die Kündigung sprechenden Umstände, d.h. hinsichtlich des **Verteidigungsvorbringens des Arbeitnehmers**. Zwar obliegt in einem Zivilprozess jeder Partei die Beweislast hinsichtlich der ihr günstigen Tatsachen. Da jedoch im **Arbeitsvertragsrecht** nicht ohne Weiteres von einem bestimmten Sachverhalt, der den objektiven Voraussetzungen für eine Vertragsverletzung entspricht, zugleich auf ein rechts- bzw. vertragswidriges Verhalten geschlossen werden kann, **muss die Rechtswidrigkeit des beanstandeten vertragswidrigen Verhaltens besonders begründet**

95 BAG 21.5.1992 – 2 AZR 10/92 – Rn 35 – juris; BAG 23.9.1992 – 2 AZR 199/92 – Rn 27 – juris; BAG 24.6.2004 – 2 AZR 63/03 – Rn 30 – juris; BAG 15.11.2001 – 2 AZR 609/00 – Rn 47 – juris.
96 BAG 12.1.2006 – 2 AZR 21/05 – Rn 38 – juris; BAG 12.1.2006 – 2 AZR 179/05 – Rn 63 – juris; BAG 15.11.2001 – 2 AZR 609/00 – Rn 47 – juris.

werden. Aus diesem Grunde muss der **Arbeitgeber** ggf. auch die **Tatsachen** beweisen, **welche einen Rechtfertigungsgrund für das Verhalten des Arbeitnehmers ausschließen.** Das Fehlen eines solchen Grundes gehört zu den die Kündigung bedingenden Tatsachen.[97]

Dies darf allerdings nicht dazu führen, dass dem Arbeitgeber quasi auferlegt wird, von vornherein zu sämtlichen im Rahmen eines Sachverhaltes in Betracht kommenden Rechtfertigungsgründen vorzutragen und diese zu widerlegen. Damit würde dem Arbeitgeber eine Beweislast auferlegt, die zu erfüllen ihm unzumutbar und zugleich unmöglich wäre. Aus diesem Grunde **richtet sich der Umfang der Darlegungs- und Beweislast** nach der Rechtsprechung **danach, wie substantiiert sich der gekündigte Arbeitnehmer auf die Kündigungsgründe einlässt.** Insofern genügt es **nicht**, wenn ein Arbeitnehmer **Rechtfertigungsgründe pauschal ohne nähere Substantiierung** vorbringt. Will er sich auf Rechtfertigungsgründe berufen, muss er gem. § 138 Abs. 2 ZPO **ausführlich** vortragen, um damit den gegen ihn erhobenen Vorwurf der Arbeitsvertragsverletzung zu bestreiten. Dabei ist die **Angabe der konkreten Umstände** erforderlich, aus denen sich die Rechtfertigung ergibt. Durch die notwendige und substantiierte Einlassung des Arbeitnehmers wird dem **Arbeitgeber** ermöglicht, diese tatsächlichen Angaben zu überprüfen und, so er sie für unrichtig hält, entsprechenden **Gegenvortrag** zu halten und **Beweis** anzubieten.[98] **80**

Praxistipp !

Im Kündigungsschutzprozess muss der Arbeitnehmer nicht die von ihm behaupteten „rechtfertigenden" Umstände beweisen. Um den Arbeitgeber jedoch zu zwingen, das Arbeitnehmervorbringen mit entsprechendem Beweis zu widerlegen, muss der Arbeitnehmer die ihn entlastenden Umstände unter Beantwortung der „W-Fragen" (Wer hat was wann wo wie gemacht?) detailliert vortragen.

Praxisbeispiele

– Wirft der Arbeitgeber seinem Arbeitnehmer trotz vorgelegten ärztlichen Attestes vor, seine Arbeitsunfähigkeit nur vorgetäuscht zu haben, ist es in einem ersten Schritt Aufgabe des Arbeitgebers, den hohen Beweiswert des ärztlichen Attestes zu erschüttern. Er muss also Umstände darlegen und ggf. beweisen, die gegen die Arbeitsunfähigkeit sprechen wie z.B. massive Sportanstrengungen, körperlich belastende anderweitige Tätigkeiten etc. Ist dies dem Arbeitgeber gelungen, ist es nunmehr Sache des Arbeitnehmers, mit Blick auf die gegen seine Arbeitsunfähigkeit sprechenden Umstände weiter zu substantiieren, welche Krankheiten vorgelegen haben, welche gesundheitlichen Einschränkungen bestanden haben, welche Regeln ihm der Arzt mitgegeben hat, was die Medikamente bewirkt haben, dass er zwar immer noch nicht die geschuldete Arbeit verrichten konnte, aber zu anderweitigen Tätigkeiten in der Lage gewesen ist etc. Hat der Arbeitnehmer hierzu substantiiert vorgetragen, ist es nunmehr Aufgabe des Arbeitgebers, aufgrund der ihm obliegenden Beweislast den konkreten Sachvortrag

97 BAG 19.12.1991 – 2 AZR 367/91 – Rn 30 – juris; BAG 23.9.1992 – 2 AZR 199/92 – Rn 37 – juris.
98 BAG 19.12.1991 – 2 AZR 367/91 – Rn 30 f. – juris; BAG 23.9.1992 – 2 AZR 199/92 – Rn 37 – juris.

des Arbeitnehmers zu widerlegen.[99] Soweit sich der Arbeitnehmer auf Umstände beruft, die nicht in der Wahrnehmungsmöglichkeit des Arbeitgebers liegen, wird ein Bestreiten mit Nichtwissen zulässig sein, zu allen anderen Gesichtspunkten muss der Arbeitgeber seinerseits substantiiert vortragen. Zum Beweise kann sich der Arbeitgeber dann auf das Zeugnis des attestierenden Arztes berufen, den der Arbeitnehmer von der Schweigepflicht entbinden muss.
- Wirft der Arbeitgeber dem Arbeitnehmer eine verspätete Rückkehr aus dem Urlaub vor, muss der Arbeitnehmer, der sich auf eine Autopanne berufen will, im Detail darlegen, wann er gestartet ist, welche Route er genommen hat, wie lang die Strecke war, wo und wann sich die Panne ereignet hat, was, wo und wie lange repariert wurde etc.
- Besondere Schwierigkeiten ergeben sich regelmäßig für den Arbeitgeber, wenn eine Alkoholisierung des Arbeitnehmers für die Abmahnung oder Kündigung von Bedeutung ist. Sicherlich gelten im Arbeitsgerichtsprozess nicht die strengen Anforderungen an eine Feststellung der Alkoholisierung wie im Strafverfahren.[100] Auf der anderen Seite ist der Arbeitnehmer nicht verpflichtet, sich einer Blutprobe zu unterziehen oder einen Alkomattest zu machen. Insofern ist der Arbeitgeber auf den Vortrag und Beweis von Umständen angewiesen, die typischerweise für eine Alkoholisierung sprechen. Liegen diese Voraussetzungen vor und hat der Arbeitgeber den Arbeitnehmer quasi auf frischer Tat erwischt, kann er aus Gründen der Fürsorgepflicht verpflichtet sein, z.B. mit Hilfe eines Alkomattestes dem Arbeitnehmer die Gelegenheit zu geben, den Verdacht der Alkoholisierung auszuräumen. Das Ergebnis kann dann zur Be- wie auch Entlastung des Arbeitnehmers beitragen.[101]

II. Beweisverwertungsverbote

81 Ein besonderes Problem ergibt sich in der Praxis daraus, dass zwar ein Arbeitgeber grundsätzlich einen erhobenen Vorwurf beweisen kann, der Arbeitnehmer ihm jedoch den Einwand eines **Beweisverwertungsverbotes** entgegenhält, **da der Arbeitgeber in einer die Rechte des Arbeitnehmers verletzenden Art und Weise in die Kenntnis der zu beweisenden Tatsachen gelangt ist.**

82 Ein solches Beweisverwertungsverbot kann sich aus unterschiedlichen Aspekten ergeben:
- Hält sich ein Arbeitgeber nicht an das nach einer Betriebsvereinbarung über die Durchführung von **Personalkontrollen** vorgesehene Verfahren und deckt er dabei einen Personaldiebstahl auf, führt dieser Verstoß nicht zu einem Beweisverwertungsverbot. Ein solches anerkennt die Rechtsprechung nur bei **Eingriffen in verfassungsrechtlich geschützte Positionen des Arbeitnehmers.** Zudem muss die **Beweisverwertung selbst erneut in die geschützte Rechtsposition des Arbeitnehmers** eingreifen.[102]

---

99 LAG Rheinland-Pfalz 2.4.2008 – 8 Sa 803/07 – Rn 33 – juris.
100 BAG 26.1.1995 – 2 AZR 649/94 – Rn 44 – juris.
101 BAG 26.1.1995 – 2 AZR 649/94 – Rn 31 – juris.
102 BAG 13.12.2007 – 2 AZR 537/06 – Rn 28 ff. – juris, wobei das BAG in dieser Entscheidung ausführt, dass dem deutschen Recht ein Verwertungsverbot von Sachvortrag fremd sei. Ein beigebrach-

- Hingegen hat das LAG Hamm im Falle der **Auswertung von Telefondaten wegen privater Telefonate** ohne die hierfür in der entsprechenden Betriebsvereinbarung vorgesehene Zustimmung des Betriebsrates ein Beweisverwertungsverbot gesehen, da es für den Arbeitgeber ein Leichtes gewesen wäre, den Betriebsrat unter Mitteilung der bestehenden Verdachtsmomente um Zustimmung zu bitten.[103]
- Andererseits hat das LAG Hamm ein Beweisverwertungsverbot in einem Fall verneint, in dem sich ein Arbeitgeber zum Nachweis des Vorwurfs gegen ihn gerichteter Vermögensdelikte auf den Inhalt von Chatprotokollen berief, die auf dem Arbeitsplatzrechner des Arbeitnehmers vorgefunden worden waren. Das LAG Hamm kam zu dem Ergebnis, dass ein solches Verwertungsverbot jedenfalls dann zu verneinen sei, wenn der Arbeitgeber seinen Arbeitnehmern lediglich eine gelegentliche private Nutzung elektronischer Ressourcen gestatte und zugleich darauf hinweise, dass bei einer Abwicklung persönlicher Angelegenheiten auf elektronischen Geräten und über das Netzwerk der Mitarbeiter keine Vertraulichkeit erwarten und der Arbeitgeber die Nutzung überwachen und bei gegebener Notwendigkeit die Daten einsehen könne, die der Mitarbeiter anlege oder mit anderen austausche. Wenn ein Arbeitnehmer illegale Aktivitäten gegen seinen Arbeitgeber entwickele, müsse er bei einer derart eingeschränkten Vertraulichkeit der Privatnutzung damit rechnen, dass Spuren, die er durch die Nutzung von elektronischen Ressourcen des Arbeitgebers hinterlässt, in einem Prozess gegen ihn verwendet würden.[104]
- Die Entscheidung macht allerdings auch deutlich, dass sich die Thematik eines Verwertungsverbotes hinsichtlich in der EDV des Arbeitgebers gefundener Privatdaten eines Arbeitnehmers (wozu auch Chat-Protokolle gehören) umso eher ergeben wird, je umfangreicher die Privatnutzung gestattet ist und je weniger darüber hinaus der Arbeitgeber auf die Möglichkeiten des Zugriffs auf diese Daten und der damit einhergehenden eingeschränkten Vertraulichkeit hinweist. Allerdings ist auch bei solchen Hinweisen Vorsicht geboten. Insbesondere, wenn es sich z.B. um private Mails handelt, die der Arbeitnehmer in der EDV des Arbeitgebers erlaubtermaßen empfängt, kann der Arbeitgeber sich nicht

---

ter Tatsachenstoff sei entweder unschlüssig oder unbewiesen, nicht hingegen „unverwertbar". Das Gericht begründet dies mit dem Fall des Nichtbestreitens eines Parteivorbringens. Hieran sei das Gericht grundsätzlich gebunden. Es darf für unbestrittene Tatsachen keinen Beweis verlangen. Insofern stünde die Annahme eines „Sachvortragsverwertungsverbotes" in deutlichem Widerspruch zu den Grundprinzipien des deutschen Zivil- und Arbeitsgerichtsverfahrens. Andererseits ist festzustellen, dass BAG wie Instanzgerichte auch in Zusammenhang mit dieser Thematik regelmäßig den Terminus „Beweisverwertungsverbot" verwenden.

103 LAG Hamm 25.1.2008 – 10 Sa 169/07 – Rn 96 ff. – juris.

104 LAG Hamm 10.7.2012 – 14 Sa 1711/10 – juris.

durch einen entsprechenden Hinweis auf fehlende Vertraulichkeit sozusagen den uneingeschränkten Zugang zu solchen privaten Mails sichern.

- Die **heimliche Videoüberwachung zur Aufdeckung eines Diebstahlverdachtes** unterliegt grundsätzlich einem Beweisverwertungsverbot, es sei denn, die Überwachung ist auf der Basis eines konkreten Verdachtes gegen einen bestimmten Arbeitnehmer erfolgt und der Arbeitgeber hat sich in einer notwehrähnlichen Lage befunden, wonach ihm keine andere Möglichkeit der Klärung des Verdachtes mehr zur Verfügung gestanden hat.[105]

Praxisbeispiel

Bei einem Einzelhandelsunternehmen gab es hohe Inventurdifferenzen, wobei der Verdacht bestand, dass Mitarbeiterdiebstähle einen erheblichen Einfluss auf diese gehabt hätten. Der Arbeitgeber installierte daraufhin mit Zustimmung des Betriebsrates für einen Zeitraum von 22 Tagen Videokameras in seinen Verkaufsräumen und wertete sodann das Filmmaterial im Beisein eines Betriebsratsmitgliedes aus. Diese Auswertung ergab, dass eine Arbeitnehmerin sich heimlich Zigaretten angeeignet hatte. Gegen die materielle Wirksamkeit der daraufhin ausgesprochenen (in dem Fall ordentlichen) Kündigung hatte weder das LAG Köln noch das BAG als Revisionsinstanz Bedenken. Das BAG wies den Fall jedoch zur weiteren Aufklärung an das LAG zurück, damit dieses anhand der Umstände der Überwachungsmaßnahme feststellte, ob u.U. ein Beweisverwertungsverbot vorliegend in Betracht kommen könnte.

Aus den Ausführungen des BAG ergeben sich unmittelbare Hinweise, welche Voraussetzungen arbeitgeberseitig für eine Videoüberwachung gewährleistet sein müssen, um ein Beweisverwertungsverbot zu vermeiden. Hierzu gehören:

- ein hinreichend konkreter Verdacht einer strafbaren Handlung oder einer anderen schweren Verfehlung eines Arbeitnehmers zu Lasten des Arbeitgebers,
- ein eingrenzbarer Kreis von Mitarbeitern, gegen die sich der Verdacht richtet,
- kein Vorliegen weniger einschneidender Mittel zur Aufklärung des Verdachts als eine verdeckte Videoüberwachung.

Das BAG stellte ergänzend ausdrücklich fest, dass die Zustimmung des Betriebsrates für sich allein den Eingriff in das Persönlichkeitsrecht des Arbeitnehmers durch die Überwachungsmaßnahme und dabei eine entsprechende Beweisverwertung nicht rechtfertigen könne.

- Das **heimliche Mithören eines Telefongespräches** führt regelmäßig zu einem Beweisverwertungsverbot.[106]
- Die **Durchführung eines Polygraphentestes** ist ein nach dem Zivilprozessrecht unzulässiges Beweismittel. Einen solchen Beweis darf das Arbeitsgericht nicht einmal dann erheben, wenn der Arbeitnehmer dies zu seiner Entlastung von sich aus anbietet.[107]

---

105 LAG Köln 18.11.2010 – 6 Sa 817/10 sowie nachfolgend BAG 21.6.2012 – 2 AZR 153/11 – juris; BAG 13.12.2007 – 2 AZR 537/06 – Rn 36 – juris.

106 LAG München 9.12.2010 – 3 Sa 682/09; BAG 23.4.2009 – 6 AZR 189/08.

107 LAG Rheinland-Pfalz 18.11.1997 – 4 Sa 639/97 – Rn 37 ff. – juris.

Kapitel 4
Voraussetzungen einer außerordentlichen verhaltensbedingten Kündigung

A. Gesetzliche Regelung

Ein Arbeitsvertrag kann aus wichtigem Grund ohne Einhaltung einer Kündigungsfrist gekündigt werden, wenn Tatsachen vorliegen, aufgrund derer dem Arbeitgeber unter Berücksichtigung aller Umstände des Einzelfalles und unter Abwägung der Interessen beider Vertragsteile die Fortsetzung des Arbeitsvertrages bis zum Ablauf der Kündigungsfrist nicht zugemutet werden kann – § 626 Abs. 1 BGB. 1

B. Die zweistufige Prüfung der Rechtsprechung

Nach dem Wortlaut des § 626 Abs. 1 BGB prüft die Rechtsprechung eine außerordentliche Kündigung abgestuft in **zwei systematisch zu trennenden Abschnitten.** 2

Zunächst ist zu prüfen, ob ein **bestimmter Sachverhalt** ohne die besonderen Umstände des Einzelfalles **an sich geeignet ist**, einen wichtigen Grund abzugeben. Ist diese Voraussetzung erfüllt, so kommt es weiter darauf an, ob sich der Sachverhalt über seine abstrakte Eignung hinaus unter Berücksichtigung aller vernünftigerweise in Betracht kommenden **Umstände des Einzelfalls und bei einer umfassenden Interessenabwägung** zu einem die außerordentliche Kündigung im Streitfall rechtfertigenden Grund konkretisiert. Danach muss es dem Arbeitgeber auf der **zweiten Stufe** der Kündigungsprüfung **unzumutbar** sein, das **Arbeitsverhältnis** mit dem Arbeitnehmer **bis zum Ablauf der ordentlichen Kündigungsfrist fortzusetzen.** Dieser zeitliche Gesichtspunkt ist der wichtigste Unterschied zwischen einer außerordentlichen und einer ordentlichen Kündigung auf der zweiten Stufe des Prüfungsprogramms. Hier wie dort handelt es sich jedoch um eine Interessenabwägung. Es müssen die vorliegenden Umstände bei verständiger Würdigung in Abwägung der Interessen der Vertragsparteien die Kündigung als billigenswert und angemessen erscheinen lassen.[1] 3

1 LAG Baden-Württemberg 12.4.2002 – 18 Sa 5/02 – Rn 28 m.w.N. – juris.

C. Beurteilungszeitpunkt

4 Für den Zeitpunkt der Beurteilung der Wirksamkeit der außerordentlichen Kündigung kommt es wie bei der ordentlichen Kündigung auch auf den **Zeitpunkt des Zugangs der außerordentlichen Kündigung beim Arbeitnehmer** an. Dies bedeutet zugleich, dass **auch Gründe** einer Kündigung zugrundegelegt werden können, die erst **nach Absendung des Kündigungsschreibens aber vor Zugang** desselben beim Arbeitnehmer entstanden sind. Dies gilt nur dann nicht, wenn eine Kündigung zu ihrer Wirksamkeit der ausdrücklichen Begründung bedarf, wie dies bei Auszubildenden nach Ablauf der Probezeit sowie bei Kündigungen von Arbeitnehmerinnen, die sich im gesetzlichen Mutterschutz befinden, der Fall ist.

D. An sich geeigneter Grund

I. An sich Gründe

5 Ebenso wenig wie im Rahmen der ordentlichen Kündigung gibt es im Rahmen der außerordentlichen **absolute Kündigungsgründe**. Letztendlich wird immer nur im **Einzelfall** festzustellen sein, ob ein konkreter Sachverhalt einen außerordentlichen Kündigungsgrund an sich darstellt. Einen wichtigen Hinweis auf typische Sachverhalte, die an sich geeignet sind, einen wichtigen Grund für die außerordentliche Kündigung zu bilden, geben die in den aufgehobenen gesetzlichen Vorschriften der §§ 23, 124 GewO, §§ 1, 72 HGB genannten **Beispiele für wichtige Gründe**, als da sind

- Anstellungsbetrug,
- Arbeitsvertragsbruch,
- beharrliche Arbeitsverweigerung,
- dauernde oder anhaltende Unfähigkeit zur Arbeitsleistung,
- grobe Verletzung der Treuepflicht als Kündigungsgrund für beide Parteien,
- Verstöße gegen das Wettbewerbsverbot,
- erhebliche Ehrverletzungen gegen den Arbeitnehmer,
- Dienstverhinderung durch eine längere Freiheitsstrafe des Arbeitnehmers,
- erhebliche Verletzung und Tätlichkeiten des Arbeitgebers gegen den Arbeitnehmer.

Wenn vorstehend Beispiele für Verfehlungen gegen den Arbeitnehmer genannt sind, gilt dies letztlich auch umgekehrt.

II. Nachschieben von Kündigungsgründen

In der Praxis stellt sich immer wieder das Problem, dass **Kündigungsgründe** erst nach Zugang der Kündigung bzw. erst im Kündigungsschutzprozess benannt oder **erst** zu solch **einem späteren Zeitpunkt** überhaupt **bekannt** werden. Insofern ist wie folgt zu unterscheiden: 6

1. Bei Kündigungszugang bekannter Gründe

Zur **Begründung der Kündigung** können **sämtliche dem Arbeitgeber bekannten Gründe beigezogen werden**, die im **Moment des Zugangs** der außerordentlichen Kündigung noch **nicht** gem. § 626 Abs. 2 BGB **verfristet**, d.h. zu diesem Zeitpunkt dem Arbeitgeber bereits mehr als 14 Tage bekannt sind. In diesen Fällen stellt sich allerdings regelmäßig das Problem einer ordnungsgemäßen Betriebsratsanhörung bzw. bei Mitarbeitern in Mutterschutz oder Auszubildenden nach der Probezeit der Kündigungsbegründungspflicht. 7

2. Bei Kündigungszugang nicht bekannter Gründe

Im Moment des Zugangs der Kündigung bereits **vorhandene**, dem Arbeitgeber aber **noch nicht bekannte Gründe** können uneingeschränkt für die Begründung der Kündigung **nachgeschoben** werden. Hierfür gilt nicht die Ausschlussfrist des § 626 Abs. 2 BGB, d.h. dieses Nachschieben muss **nicht innerhalb einer 14-Tagesfrist** nach dem Bekanntwerden erfolgen.[2] So ein **Betriebsrat** existiert, muss eine **nachträgliche Beteiligung** desselben erfolgen.[3] 8

Eine Besonderheit kann sich in Zusammenhang mit **sondergeschützten Arbeitnehmern** ergeben. So stellt sich die Frage, ob Kündigungsgründe im Kündigungsschutzprozess nachgeschoben werden können, über die das Integrationsamt im Rahmen seiner Beteiligung zur Kündigung eines Schwerbehinderten nicht informiert worden ist bzw. wegen fehlender Kenntnis des Arbeitgebers auch gar nicht informiert werden konnte. Hier wird es auf den **Kündigungsgrund** ankommen. Steht dieser **in keinem Zusammenhang mit der Behinderung**, kann ein **Nachschieben** erfolgen, da das Integrationsamt die Zustimmung wegen dieses Kündigungsgrundes nicht hätte verweigern dürfen.[4] Was für einen **Kündigungsgrund** gilt, der **in Zusammenhang mit der Schwerbehinderung** steht, hat das **BAG offengelassen.** 9

---

2 BAG 16.6.1976 – 3 AZR 1/75 – Rn 50 – juris; BGH 11.7.1968 – VI ZR 266/76 – Rn 55 – juris; BAG 18.1.1980 – 7 AZR 260/78 – Rn 17 f. – juris; BAG 11.4.1985 – 2 AZR 239/84 – Rn 26 – juris.

3 BAG 1.4.1981 – 7 AZR 1003/78 – Rn 26 ff. – juris; BAG 11.4.1985 – 2 AZR 239/84 – Rn 27 ff. – juris.

4 BAG 19.12.1991 – 2 AZR 367/91 – Rn 62 – juris.

3. Nach Kündigungszugang entstandene Gründe

10 Sind Kündigungsgründe **erst nach dem Zugang der Kündigung entstanden**, sind diese grundsätzlich für die ausgesprochene Kündigung **nicht** mehr **verwertbar**. Sie können lediglich eine Grundlage für eine weitere Kündigung darstellen.

11 Eine Ausnahme gilt nur dann, wenn die nachträglich entstandenen Gründe den **eigentlichen Kündigungsgrund weiter aufhellen** und dadurch der Kündigung ein höheres Gewicht beimessen. Voraussetzung hierfür ist aber eine enge Beziehung zwischen den Gründen, d.h. letztendlich ein **einheitlicher Lebensvorgang.**[5]

E. Abmahnungserfordernis vor der außerordentlichen Kündigung

12 Für die außerordentliche Kündigung gilt wie für die ordentliche auch, dass diese **keine Sanktion** für vorangegangenes Verhalten darstellt, sondern **der Wiederholung unzumutbaren Verhaltens des Arbeitnehmers vorbeugt**. Insofern gelten auch im Rahmen der außerordentlichen Kündigung **Verhältnismäßigkeit** und **Prognoseprinzip** mit der Folge, dass es vor einer solchen **grundsätzlich einer Abmahnung** bedarf. Dies gilt unabhängig davon, in welchem Bereich (Leistung, Vertrauen etc.) die Pflichtverletzung des Arbeitnehmers anzusiedeln ist.

13 Andererseits gilt auch hier, dass **u.U. eine Abmahnung entbehrlich** ist, wenn es sich nämlich insbesondere um eine **besonders grobe Pflichtverletzung** handelt, deren **Rechtswidrigkeit ohne Weiteres für den Arbeitnehmer** erkennbar gewesen ist **und bei der er nicht davon ausgehen konnte, dass der Arbeitgeber ein solches Verhalten billigen würde.**[6] Wenn auch die Grundsätze hinsichtlich ordentlicher wie **außerordentlicher Kündigung** identisch sind, lässt sich jedoch in der Praxis feststellen, dass bei Sachverhalten, die an sich für eine außerordentliche Kündigung geeignet sind, **relativ häufiger eine vorherige Abmahnung** entbehrlich ist, als dies im Rahmen ordentlicher Kündigungen der Fall ist.

! **Praxistipp**
Es gibt keinen Grundsatz, wonach einer außerordentlichen Kündigung keine Abmahnung vorausgegangen sein muss. Dies gilt auch bei Pflichtverletzungen im so genannten Vertrauensbereich. Allerdings wird wegen der für eine außerordentliche Kündigung regelmäßig notwendigen besonders schwerwiegenden Pflichtverletzungen eine Abmahnung häufiger entbehrlich sein. Dies muss in jedem Einzelfall sorgfältig geprüft werden.

5 BAG 9.12.1982 – 2 AZR 620/80 – Rn 50 – juris.
6 BAG 26.8.1993 – 2 AZR 154/93 – Rn 48 – juris; BAG 10.2.1999 – 2 ABR 31/98 – Rn 24 – juris.

F. Unzumutbarkeit der Fortbeschäftigung bis zum Ablauf der Kündigungsfrist/Interessenabwägung/Verschulden

I. Unzumutbarkeit bis zum Ablauf der Kündigungsfrist

Die außerordentliche Kündigung ist das **härteste Mittel**, zu dem ein Arbeitgeber 14
gegenüber seinem Arbeitnehmer greifen kann. Sie kommt nur in Betracht, wenn sämtliche milderen Mittel in der gegebenen Situation der Pflichtverletzung des Arbeitnehmers nicht mehr ausreichend gerecht werden. Entscheidender Maßstab hierbei ist, ob es dem **Arbeitgeber zugemutet** werden kann, den Arbeitnehmer jedenfalls **noch bis zum Ende der ordentlichen Kündigungsfrist** zu beschäftigen. Dabei ist auf den Fall der **tatsächlichen Beschäftigung** abzustellen, zumal der Arbeitnehmer einen entsprechenden Anspruch hierauf hat. Der Arbeitgeber kann insofern nicht auf die Möglichkeit verwiesen werden, den Arbeitnehmer bis zum Ablauf der Kündigungsfrist (bezahlt oder unbezahlt) freizustellen oder ihm noch ausstehenden Urlaub zu gewähren.

II. Interessenabwägung

In die **Interessenabwägung** sind wie bei der ordentlichen Kündigung **alle denkba-** 15
ren Umstände zu Gunsten und zu Lasten der Arbeitsvertragsparteien einzustellen, wobei bei der außerordentlichen Kündigung umso mehr gilt, dass die Interessenabwägung **maßgeblich** von der **Schwere des Verstoßes** abhängt.[7] Die (noch dazu **unbelastete) Betriebszugehörigkeit** hat in diesem Zusammenhang schon immer eine Rolle gespielt. Seit der so genannten Emmely-Entscheidung des BAG wird sich diesbezüglich die zusätzliche Frage ergeben, ob und in welchem Umfang der Mitarbeiter durch eine entsprechende beanstandungsfreie Betriebszugehörigkeit ein Vertrauenskapital aufgebaut bzw. wie weit er dies durch sein Verhalten wieder verbraucht hat.[8] Allerdings weisen nicht nur nachfolgende arbeitsgerichtliche Entscheidungen, sondern auch Äußerungen von Bundesarbeitsrichtern[9] darauf hin, dass dem **Aufbau eines Vertrauenskapitals keine weitergehende Bedeutung** zugemessen werden sollte, **als** dies auch zuvor **bei der Berücksichtigung der beanstandungsfreien Betriebszugehörigkeit im Rahmen der Interessenabwägung** der Fall gewesen ist. Schlussendlich ist auch eine evtl. Selbstbindung des Arbeitgebers zu berücksichtigen, wenn dieser nämlich bei identischen Verstößen z.B.

---

7 LAG Mecklenburg-Vorpommern 10.1.2008 – 1 Sa 133/07 – Rn 33ff. – juris.

8 BAG Urt. v. 10.6.2010 – 2 AZR 541/09 – (Fall „Emmely") Rn 45f. – juris.

9 So der Vorsitzende Richter am BAG Herr Burghard Kraft, im Rahmen der DAI-Jahrestagung in Köln am 5.11.2011.

nur Abmahnungen ausspricht oder diese vollständig ungesühnt lässt, gegenüber einem einzelnen Mitarbeiter hingegen eine außerordentliche Kündigung ausspricht. Hier kann der **Gleichbehandlungsgrundsatz** sich dahingehend **mittelbar** auswirken, dass die Interessenabwägung gegen die Wirksamkeit einer außerordentlichen (ggf. auch zudem der ordentlichen) Kündigung ausgeht. Dies wird aber regelmäßig nur dann anzunehmen sein, wenn es sich um einen Fall der so genannten **herausgreifenden Kündigung** handelt, dem Arbeitgeber z.B. nachgewiesen werden kann, dass er quasi nur auf die Gelegenheit gewartet hat, einen bestimmten Arbeitnehmer endlich kündigen zu können, dies jedoch für einen Sachverhalt, den er in Bezug auf andere Arbeitnehmer als nicht kündigungswürdig erachtet.

III. Sonderfall: Ordentlich unkündbare Arbeitnehmer

16 Eine besondere Situation ergibt sich bei **Mitarbeitern**, die z.B. aufgrund tarifvertraglicher Regelungen **ordentlich nicht mehr kündbar** sind. Eine **fristlose außerordentliche Kündigung** ist **nur** dann möglich, wenn dem Arbeitgeber die **Fortbeschäftigung** des Arbeitnehmers **bis zum Ablauf der Kündigungsfrist respektive dem nächstmöglichen Beendigungsdatum** (hier Altersbefristung) **unzumutbar** ist. Je länger der Arbeitgeber nach einem entsprechenden Verhalten des Arbeitnehmers diesen unter Zugrundelegung der Kündigungsfrist etc. noch fortbeschäftigen muss, **desto unzumutbarer** wird ihm dies regelmäßig sein. Dies hätte für den Fall der ordentlich unkündbaren Mitarbeiter zur Folge, dass eine Trennung von diesen erheblich leichter möglich wäre als von ordentlich kündbaren Mitarbeitern, die dieselbe Pflichtverletzung begangen haben. Damit würde der **tarifliche Kündigungsschutz in sein Gegenteil** verkehrt. Vor diesem Hintergrund stellt die Rechtsprechung bei der Überprüfung der Zumutbarkeit der Fortbeschäftigung unkündbarer Mitarbeiter auf eine **fiktive Kündigungsfrist**, nämlich jene Kündigungsfrist ab, **die im Falle ordentlicher Kündbarkeit gegenüber diesem Mitarbeiter zu beachten wäre.**[10]

17 Ist **auf der Basis dieser Prüfung** unter Zugrundelegung der fiktiven Kündigungsfrist eine **außerordentliche fristlose Kündigung nicht möglich**, da dem Arbeitgeber die Fortbeschäftigung bis zum Ablauf der fiktiven Kündigungsfrist zugemutet werden kann, ist **weiter zu prüfen**, ob bei dem tariflich unkündbaren Arbeitnehmer mit Rücksicht auf die lange Bindungsdauer die **Voraussetzungen für eine außerordentliche Kündigung unter Gewährung einer sozialen Auslauffrist** vorliegen. Stellt sich bei dieser Prüfung heraus, dass dem Arbeitgeber wegen der ordentlichen Unkündbarkeit des Arbeitnehmers dessen **Weiterbeschäftigung**

---

10 BAG 10.2.1999 – 2 ABR 31/98 – Rn 18f. – juris; BAG 12.8.1999 – 2 AZR 923/98 – Rn 44ff. – juris; BAG 13.4.2000 – 2 AZR 259/99 – Rn 40f. – juris.

bis zum Pensionsalter unzumutbar ist, bei unterstellter Kündbarkeit allerdings eine **fristgerechte Kündigung zulässig** wäre, **muss dem Arbeitnehmer eine der fiktiven ordentlichen Kündigungsfrist entsprechende Auslauffrist eingeräumt werden.** Ansonsten würde es dem Sinn und Zweck des tariflichen Alterskündigungsschutzes widersprechen, dem altersgesicherten Arbeitnehmer eine der fiktiven Kündigungsfrist entsprechende Auslauffrist zu verweigern, wenn einem vergleichbaren Arbeitnehmer ohne gesteigerten Kündigungsschutz bei (theoretisch) gleichem Kündigungssachverhalt – Unzumutbarkeit der Weiterbeschäftigung bis zum Ablauf der Kündigungsfrist – nur fristgerecht gekündigt werden könnte.[11] **Dies gilt grundsätzlich auch in Zusammenhang mit Kündigungen von Betriebsratsmitgliedern.**

Praxistipp !

Obwohl ordentlich unkündbare Arbeitnehmer grundsätzlich nur außerordentlich fristlos kündbar sind, ist in jedem Einzelfall zu prüfen, ob daneben bzw. stattdessen eine außerordentliche Kündigung mit sozialer Auslauffrist in Betracht kommt. Diese entspricht im Grundsatz der ordentlichen Kündigung. Hinzukommen muss jedoch die Unzumutbarkeit für den Arbeitgeber, den Arbeitnehmer bis zum Ende der Unkündbarkeit, in der Regel dem Pensionsalter fortzubeschäftigen.

IV. Verschulden

Schlussendlich bedarf die außerordentliche wie die ordentliche Kündigung **grundsätzlich** eines **Verschuldens des Arbeitnehmers** hinsichtlich des von ihm gesetzten wichtigen Kündigungsgrundes. Andererseits schließt das BAG eine **außerordentliche Kündigung ohne Verschulden** nicht grundsätzlich aus.[12] Allerdings wird dies **in Praxi wenig Relevanz** haben, da der Grad des Verschuldens bzw. ein fehlendes Verschulden im Rahmen der **Interessenabwägung** zu berücksichtigen ist und dies in der Regel dazu führen wird, dass eine Fortbeschäftigung für den Verlauf der Kündigungsfrist dem Arbeitgeber noch zumutbar ist, somit lediglich eine ordentliche Kündigung in Betracht kommt. 18

Im **Einzelfall** kann es jedoch auch ohne Verschulden zu einer außerordentlichen Kündigung kommen, wenn **aufgrund objektiver Umstände mit wiederholten schwerwiegenden Pflichtverletzungen** zu rechnen ist. 19

Praxisbeispiele

Dies hat das BAG bei der Gefahr eines wiederholten Messerangriffes durch einen Geistesgestörten oder im Falle massiver Beschimpfungen und Beleidigungen durch einen psychisch Kranken ange-

---

11 BAG 12.8.1999 – 2 AZR 923/98 – Rn 46 – juris; BAG 13.4.2000 – 2 AZR 259/99 – Rn 40f. – juris.

12 BAG 21.1.1999 – 2 AZR 665/98 – Rn 15 – juris.

nommen.[13] Ebenso hat das LAG Hessen ein von einer Arbeitnehmerin behauptetes fehlendes Verschulden für unbeachtlich gehalten und die Wirksamkeit einer außerordentlichen Kündigung bejaht.[14] In diesem Fall hatte eine türkische Arbeitnehmerin in einer Pflegeeinrichtung für jüdische Patienten eine jüdische Zeremonie mit den Worten „Heil Hitler" und dem „Hitlergruß" gestört und sich dabei darauf berufen, als türkische Analphabetin kenne sie die Judenverfolgung nicht und habe nur einen Scherz machen wollen. Ebenso wertete das LAG Schleswig-Holstein die Äußerung eines Arbeitnehmers, seine Vorgesetzte habe bei einem HIV-infizierten Geschäftspartner übernachtet, als grobe, die fristlose Kündigung rechtfertigende Beleidigung, obwohl der Kläger aufgrund einer psychischen Erkrankung zum Zeitpunkt der Äußerung möglicherweise gar nicht schuldfähig war.[15]

G. Vorherige Anhörung des Arbeitnehmers

20 Außerhalb des noch anzusprechenden Falls der Verdachtskündigung ist die **Anhörung des betroffenen Arbeitnehmers** vor einer außerordentlichen Kündigung **nicht erforderlich**. Sie ist kein Wirksamkeitserfordernis für die außerordentliche Kündigung. Einen solchen Rechtssatz gibt es nicht.[16] Eine eher theoretische **Ausnahme** mag aus dem Gesichtspunkt von **Treu und Glauben** dann gelten, wenn eine Kündigung ausschließlich auf der Basis von Gerüchten mit unsubstantiierten Verdächtigungen erfolgt.

H. 14-Tagesfrist des § 626 Abs. 2 BGB

21 Nach § 626 Abs. 2 BGB kann die außerordentliche Kündigung nur **innerhalb von zwei Wochen ab dem Zeitpunkt der Kenntniserlangung** von den für die Kündigung maßgebenden Tatsachen **durch den Kündigungsberechtigten** erklärt werden.

I. Zweck der 14-Tagesfrist

22 Bei der 14-Tagesfrist des § 626 Abs. 2 BGB handelt es sich um einen **gesetzlichen Verwirkungstatbestand wegen reinen Zeitablaufs**. Nach Ablauf der Ausschlussfrist greift eine unwiderlegliche gesetzliche Vermutung dahingehend ein, dass auch

---

13 BAG 21.1.1999 – 2 AZR 665/98 – Rn 18, 20 – juris, mit ausführlicher, aber m.E. zweifelhafter Begründung einer verhaltensbedingten Kündigung.

14 15.10.1999 – 7 Sa 2639/98 – Rn 44 – juris.

15 LAG Schleswig-Holstein 9.6.2011 – 5 Sa 509/10 – juris.

16 BAG 10.2.1977 – 2 ABR 80/76 – Rn 25 – juris.

ein möglicherweise erheblicher wichtiger Grund die Fortsetzung des Arbeitsverhältnisses (jedenfalls bis zum Ablauf der Kündigungsfrist) nicht mehr unzumutbar macht. Auf diese Weise soll rasch **für den Arbeitnehmer Klarheit** geschaffen werden, ob der Arbeitgeber von seinem Recht zur fristlosen Kündigung Gebrauch macht oder nicht.[17] Dies bedeutet zugleich, dass die 14-Tagesfrist durch Parteivereinbarung **nicht (!) abbedungen** werden kann.[18] Auf der anderen Seite regelt § 626 Abs. 2 BGB eine **angemessene Überlegungsfrist für den Arbeitgeber**, ob er zum Mittel der fristlosen Kündigung greifen will.

Wird die außerordentliche Kündigung **nicht innerhalb des 14-Tageszeitraums** 23
ausgesprochen, ist sie somit als außerordentliche **unwirksam**.

Der gesetzliche Verwirkungstatbestand in § 626 Abs. 2 BGB bedeutet zugleich, 24
dass eine Verwirkung des Rechts zur außerordentlichen Kündigung nach den allgemeinen Verwirkungsgrundsätzen nicht möglich ist, da die 14-Tagesfrist an die Kenntnis der maßgeblichen Tatsachen durch den Kündigungsberechtigten anknüpft.[19]

Achtung!
Bei einer außerordentlichen Kündigung ist für deren Wirksamkeit die Einhaltung der 14-Tagesfrist unabdingbar und zwingend. **!**

Ebenso wie eine verfristete außerordentliche Kündigung unwirksam ist, können bei 25
Zugang der Kündigung einzelne dem Arbeitgeber bereits **länger als 14 Tage bekannte Kündigungsgründe nicht der Kündigung zugrundegelegt** oder im Prozess nachgeschoben werden. Eine Ausnahme gilt nur dann, soweit es sich um in einem inneren Zusammenhang mit den eigentlichen Kündigungsgründen stehende, diese erhellende Gründe handelt.

Da der Verwirkungstatbestand nur die außerordentliche Kündigung erfasst, be- 26
steht selbstverständlich die Möglichkeit, eine **ordentliche Kündigung** aus demselben Grunde nachfolgen zu lassen oder aber, was regelmäßig im Interesse des Arbeitgebers liegen wird, die außerordentliche Kündigung in eine ordentliche Kündigung **umzudeuten**. Dies wird möglich sein, da mit einer außerordentlichen Kündigung der Arbeitgeber regelmäßig zu erkennen gibt, dass er sich unter allen Umständen von seinem Arbeitnehmer trennen möchte. Allerdings ist es notwendig,

---

17 BAG 5.6.2008 – 2 AZR 234/07 – Rn 18 – juris; BAG 12.2.1973 – 2 AZR 116/72 – Rn 26 – juris; BAG 17.3.2005 – 2 AZR 245/04 – Rn 34 – juris.

18 BAG 12.2.1973 – 2 AZR 116/72 – Rn 26 – juris.

19 BAG 9.1.1986 – 2 ABR 24/85 – Rn 19 f. – juris, in jenem Fall erhielt der Arbeitgeber erst 18 Jahre nach den maßgeblichen Sachverhalten Kenntnis.

dass sich der Arbeitgeber **auf** die **Umdeutung** in eine ordentliche Kündigung **zumindest konkludent beruft.**[20]

! **Praxistipp**
Soweit eine außerordentliche Kündigung nicht bereits ausdrücklich vorsorglich zugleich als ordentliche ausgesprochen worden ist, muss der Arbeitgeber sich im Prozess auf eine Umdeutung berufen.

II. Beginn/Hemmung der 14-Tagesfrist

27 Mit Blick auf die Unwirksamkeit einer verfristeten außerordentlichen Kündigung stellt es sich regelmäßig bei außerordentlichen Kündigungen als besonderes Problem dar, den **Beginn der 14-Tagesfrist** festzustellen.

1. Beginn der Frist

a) Aufklärung des Sachverhalts

28 Grundsätzlich beginnt die 14-Tagesfrist zu dem **Zeitpunkt, zu dem der Kündigungsberechtigte zuverlässige und möglichst vollständige positive Kenntnis von den für die außerordentliche Kündigung maßgebenden Tatsachen erlangt** hat. Dies umfasst die vorherige Beschaffung und Sicherung möglicher Beweismittel einschließlich der Aufklärung entlastender Gesichtspunkte.[21] Solange der Arbeitgeber in pflichtgemäßem Umfang **notwendig erscheinende Ermittlungen** durchführt, ggf., so er dies will, auch den Arbeitnehmer anhört, beginnt die 14-Tagesfrist nicht. Ist allerdings der Sachverhalt geklärt oder hat der Arbeitnehmer gar gestanden, beginnt die 14-Tagesfrist, d.h. weitere Ermittlungen seitens des Arbeitgebers vermögen den Lauf der Frist nicht mehr aufzuhalten.[22]

29 Zur Pflichtgemäßheit der Aufklärung gehört zudem, dass die **Aufklärung erforderlich**, d.h. angezeigt und vertretbar ist. Wie viel Zeit dem Arbeitgeber für die Aufklärung zusteht, kann nicht durch eine Regelfrist bestimmt werden. Letztendlich hängt dies von der **Komplexität des aufzuklärenden Sachverhaltes** ab.

30 Andererseits verlangt der **Fristbeginn** die **positive Kenntnis** des Kündigungsberechtigten. Solange diese nicht vorliegt, kann die Frist nicht beginnen. Dies gilt selbst für den Fall grob fahrlässiger Unkenntnis.[23]

---

20 BAG 10.11.1988 – 2 AZR 215/88 – Rn 35 – juris.

21 BAG 5.6.2008 – 2 AZR 234/07 – Rn 18 – juris; BAG 5.6.2008 – 2 AZR 25/07 – Rn 20 – juris; BAG 17.3.2005 – 2 AZR 245/04 – Rn 35 – juris.

22 BAG 17.3.2005 – 2 AZR 245/04 – Rn 36 – juris; BGH 24.11.1975 – II ZR 104/73 – Rn 13f. – juris.

23 BAG 5.6.2008 – 2 AZR 25/07 – Rn 17, 20, 25 – juris.

b) Anhörung des Arbeitnehmers

Entscheidet sich der Arbeitgeber, seinen Arbeitnehmer vor der Kündigung **anzuhören**, steht ihm hierfür als Teil pflichtgemäßer Aufklärung eine **Regelfrist von bis zu einer Woche** zu. Überschreitet er diese Regelfrist, wird regelmäßig die 14-Tagesfrist zu laufen beginnen. Etwas anderes gilt nur dann, wenn die erste Anhörung nicht zu Ende geführt werden konnte oder noch zu klärende **Umstände offengeblieben** sind, die eine zweite Anhörung des Arbeitnehmers erforderlich machen. Diese hat dann innerhalb einer kurzen Frist von maximal einer Woche stattzufinden, danach beginnt der Fristlauf.[24] In jedem Fall hat die **pflichtgemäße Aufklärung unverzüglich und zeitnah** zu erfolgen. 31

c) Sondersituation: Strafrechtsrelevantes Verhalten

Ausgangspunkt für den Fristbeginn ist die **Entscheidung des Arbeitgebers**, auf welchen **Lebenssachverhalt** er die Kündigung stützen will. So kann bei einem strafrechtsrelevanten Verhalten der Arbeitgeber die Entscheidung treffen, die Kündigung auf der Basis des Abschlusses seiner **eigenen Ermittlungen** auszusprechen. In dieser Situation beginnt der Fristlauf mit Ende der pflichtgemäßen eigenen Aufklärung. Ebenso gut kann der Arbeitgeber die Entscheidung treffen, den **Abschluss eines strafrechtlichen Ermittlungsverfahrens**, die **Anklageerhebung** oder die **strafrechtliche Verurteilung** abzuwarten.[25] Bei der **Verurteilung** kann der Arbeitgeber danach differenzieren, ob er die Verurteilung, das Vorliegen des **begründeten Urteils** oder gar die **Rechtskraft** abwarten will. Abhängig von dieser Entscheidung beginnt die 14-Tagesfrist mit dem Vorliegen des für den Arbeitgeber entscheidenden Umstandes. 32

Hat der Arbeitgeber sich z.B. dazu entschieden, den Zeitpunkt der Verkündung des Strafurteils abzuwarten, beginnt die 14-Tagesfrist ab dem Zeitpunkt, zu dem der Arbeitgeber von dem Urteil Kenntnis erlangt hat. Will er jedoch zu einem **früheren Zeitpunkt** kündigen, ist ihm dies nur möglich, wenn hierfür ein **sachlicher Grund** wie das zwischenzeitliche Auftreten neuer Tatsachen oder Beweise existiert.[26] Andererseits bedeutet die Entscheidung des Zuwartens auf das **Strafurteil** nicht, dass der Arbeitgeber dann nur außerordentlich kündigen darf, wenn der Arbeitnehmer tatsächlich verurteilt worden ist. Da das Strafurteil für das arbeitsgerichtliche Verfahren **keine Bindungswirkung** hat, ist es dem Arbeitgeber **auch bei fehlender strafrechtlicher Verurteilung** unbenommen, trotzdem zu diesem Zeitpunkt die **außerordentliche Kündigung** auszusprechen. 33

---

24 BAG 12.2.1973 – 2 AZR 116/72 – Rn 23 – juris.
25 BAG 14.2.1996 – 2 AZR 274/95 – Rn 25 – juris; BAG 18.11.1999 – 2 AZR 852/98 – Rn 22 – juris.
26 BAG 17.3.2005 – 2 AZR 245/04 – Rn 36 – juris.

d) Länger zurückliegender Sachverhalt

34 Dabei ist es nicht ausgeschlossen, dass der Arbeitgeber zur Unterstützung einer außerordentlichen Kündigung auf **Vorwürfe** zurückgreift, die ihm bei Ausspruch der außerordentlichen Kündigung bereits **länger als zwei Wochen bekannt gewesen** sind. Dies ist jedoch nur dann möglich, wenn während der letzten beiden Wochen vor der Kündigung Vorfälle bekannt geworden sind, die ein **weiteres und letztes Glied in der Kette** der Ereignisse bilden, die zum Anlass der Kündigung genommen worden sind.[27] Hierfür ist ein **innerer Zusammenhang** der verfristeten und der noch nicht verfristeten Kündigungsgründe dergestalt notwendig, dass sich diese wie eine Kette zu einem Gesamtverhalten zusammenfügen lassen. Ohne diese Einschränkung würde im Ergebnis die Bestimmung des § 626 Abs. 2 BGB unterlaufen.[28]

Praxisbeispiele

So hat das BAG[29] ausgeführt, dass sich im Falle der eigenmächtig verspäteten Rückkehr aus dem Urlaub als unverfristetem Kündigungsgrund ein innerer Zusammenhang zwischen diesem Vorfall und dem Versäumen der Termine für Rechtsmittelfristen seitens des Arbeitnehmers möglicherweise dann annehmen ließe, wenn sämtliche Vorfälle als Ausdruck der Unzuverlässigkeit und Unpünktlichkeit des Arbeitnehmers zu deuten wären. In einem anderen Fall[30] hingegen hat das BAG festgestellt, dass der nicht verfristete Kündigungsgrund des Nichtverschließens von Aktenschränken nicht mit den verfristeten Vorwürfen von Zuständigkeitsüberschreitungen oder Indiskretionen in einem derartigen inneren Zusammenhang stünde, dass sich diese wie eine Kette zu einem Gesamtverhalten zusammenfügen ließen.

---

35 Liegt ein **Dauertatbestand** vor, kann der Arbeitgeber durchaus das Ende dieses Dauertatbestandes abwarten, bevor zu seinen Lasten die 14-Tagesfrist zu laufen beginnt. Bei einem Dauergrund treten **fortlaufend neue Tatsachen** ein, die für die Kündigung maßgebend sind.

Praxisbeispiel

Bleibt z.B. der Arbeitnehmer unbefugt der Arbeit fern, so entsteht mit jedem Tag seines Fernbleibens eine neue, für die Kündigung maßgebliche Tatsache. Dieser Tatbestand dauert bis zur Wiederaufnahme der Arbeit an.

---

36 Dies rechtfertigt es, in solchen Fällen die **Ausschlussfrist erst mit dem Ende dieses Dauertatbestandes** beginnen zu lassen.[31] Dies gilt schon allein vor dem Hinter-

---

27 BAG 16.6.1976 – 3 AZR 1/75 – Rn 47 – juris; BAG 17.8.1972 – 2 AZR 359/71 – LS 2 – juris; BAG 10.4.1975 – 2 AZR 113/74 – Rn 13 f. – juris.

28 BAG 10.4.1975 – 2 AZR 113/74 – Rn 14 – juris; BAG 16.6.1976 – 3 AZR 1/75 – Rn 47 – juris.

29 BAG 16.6.1976 – 3 AZR 1/75 – Rn 48 – juris.

30 BAG 10.4.1975 – 2 AZR 113/74 – Rn 14 – juris.

31 BAG 25.2.1983 – 2 AZR 298/81 – Rn 27 ff. – juris.

grund, dass der Arbeitnehmer, solange er sein **rechtswidriges Verhalten** fortsetzt, kein **schützenswertes Vertrauen** darauf haben kann, der Arbeitgeber werde länger als zwei Wochen nach Beginn dieses Verhaltens keine fristlose Kündigung mehr aussprechen.[32] Außerdem **nimmt das Gewicht des Pflichtverstoßes** des Arbeitnehmers mit zunehmender Dauer **laufend zu,** so dass der Arbeitgeber u.U. aus verschiedenen Erwägungen heraus gute Gründe hat, mit der außerordentlichen Kündigung zuzuwarten.[33]

Der kündigungsrelevante Dauergrund ist insofern zu unterscheiden von **Kündigungstatbeständen**, die **bereits abgeschlossen** sind und **nur noch fortwirken.** 37
Dies ist der Fall, wenn ein Arbeitnehmer mehrere Vertragsverletzungen begangen hat und hierdurch ein **fortwirkender Vertrauensverlust** beim Arbeitgeber besteht. In diesem Fall sind die tatsächlichen Vorgänge, auf die die Kündigung gestützt wird und die für den Fristbeginn des § 626 Abs. 2 BGB maßgebend sind, bereits abgeschlossen. Ob deshalb bei dem Arbeitgeber ein zur fristlosen Kündigung berechtigender Vertrauensverlust eingetreten ist, ist eine Schlussfolgerung, die im Rahmen der **Interessenabwägung** vorzunehmen, deren Ergebnis jedoch keine für den Fristbeginn maßgebende Tatsache ist.[34]

2. Hemmung der Frist

So wie die Frist des § 626 Abs. 2 BGB noch nicht zu laufen beginnt, solange der Ar- 38
beitgeber pflichtgemäß den Kündigungssachverhalt aufklärt oder z.B. das Strafurteil abwartet, können andererseits **Umstände** vorliegen, **die den bereits begonnenen Fristlauf hemmen.**

Dies gilt noch **nicht** für die **Einholung von Rechtsrat** durch den Arbeitgeber, 39
ob der von ihm ermittelte Sachverhalt tatsächlich eine außerordentliche Kündigung rechtfertigt. Liegt die positive Kenntnis über den Kündigungssachverhalt vor, hemmt eine solche Einholung von Rechtsrat den Lauf der Frist nicht.

Dasselbe gilt für die **Beteiligung des Betriebsrates gem. § 102 BetrVG.**[35] Diese 40
Beteiligung muss **innerhalb der 14-Tagesfrist** abgeschlossen sein, d.h. der **Betriebsrat ist spätestens am 10. Tag nach der positiven Kenntniserlangung** zu der außerordentlichen Kündigung **anzuhören**, da ihm eine **Reaktionsfrist von drei Tagen** gem. § 102 Abs. 2 Satz 3 BetrVG zusteht. Dies gilt auch im Rahmen der außerordentlichen Kündigung eines Betriebsratsmitglieds und der Beteiligung des Betriebsrates gem. § 103 BetrVG, der die ausdrückliche Zustimmung des Gremiums verlangt.

---

32 BAG 25.2.1983 – 2 AZR 298/81 – Rn 35 – juris.
33 BAG 25.2.1983 – 2 AZR 298/81 – Rn 34 – juris.
34 BAG 25.2.1983 – 2 AZR 298/81 – Rn 27 – juris.
35 BAG 20.11.1987 – 2 AZR 266/87 – Rn 32 – juris.

Achtung!
Rechtsrat und Betriebsratsbeteiligung gem. § 102 (oder § 103) BetrVG hemmen den Lauf der 14-Tagesfrist nicht. Spätestens am 10. Tag nach Kenntniserlangung muss der Betriebsrat angehört werden.

41 Bedarf es allerdings für die außerordentliche Kündigung des Betriebsratsmitglieds der **arbeitsgerichtlichen Zustimmungsersetzung** oder ansonsten bei einer außerordentlichen Kündigung einer **behördlichen Zustimmung** wie bei Schwerbehinderten durch das Integrationsamt, ist es notwendig, dass die entsprechenden **Anträge** seitens des Arbeitgebers **innerhalb der 14-Tagesfrist** gestellt werden. Sodann ist der Fristlauf durch das Andauern der gerichtlichen/behördlichen Entscheidung gehemmt.

Achtung!
Soweit Zustimmungen zu einer Kündigung durch eine Behörde (z.B. bei Schwerbehinderten) oder des Arbeitsgerichts (z.B. bei Betriebsräten) notwendig sind, müssen die entsprechenden Anträge innerhalt der 14-Tagesfrist gestellt und begründet sein.

42 **Liegt** bei behördlicher Zustimmungsnotwendigkeit die **behördliche Entscheidung vor**, ist die **außerordentliche Kündigung unverzüglich** durch den Arbeitgeber auszusprechen. Dies gilt auch, wenn ihm die Entscheidung z.B. des Integrationsamtes nur mündlich bekanntgegeben worden ist. Der förmlichen Zustellung des entsprechenden Bescheides bedarf es ebenso wenig wie des Abwartens der Bestandskraft des Bescheides oder der Rechtskraft eines sich anschließenden gerichtlichen Verfahrens.

43 Ebenso genügt ein so genannter **Negativattest des Integrationsamtes**, in dem die fehlende Notwendigkeit der Zustimmung des Integrationsamtes mangels Schwerbehinderung festgestellt wird. In diesem Fall muss der Arbeitgeber **unverzüglich nach Kenntniserlangung vom Negativattest** die außerordentliche Kündigung aussprechen.[36]

Achtung!
Liegt eine notwendige behördliche Zustimmung vor, ist die außerordentliche Kündigung unverzüglich auszusprechen. Noch mögliche Rechtsmittel gegen die Entscheidung sind unbeachtlich.

44 Geht es hingegen um die **arbeitsgerichtliche Zustimmungsersetzung bei der außerordentlichen Kündigung eines Betriebsratsmitglieds**, muss die **außerordentliche Kündigung unverzüglich nach Rechtskraft des Zustimmungsersetzungs-**

36 BAG 27.5.1983 – 7 AZR 482/81 – Rn 22, 24 – juris.

beschlusses erfolgen. Eine besondere **Problematik** ergibt sich insofern, wenn nach zweitinstanzlicher Entscheidung **Nichtzulassungsbeschwerde** seitens des Betriebsrates erhoben wird. Entweder wartet der Arbeitgeber mit der außerordentlichen Kündigung in diesem Fall weiter bis zum **Eintritt der Rechtskraft** oder aber er folgt der Rechtsprechung des **BAG**, die die **„Unanfechtbarkeit"** des arbeitsgerichtlichen Beschlusses genügen lässt und nicht zwingend ein Zuwarten auf die Rechtskraft verlangt. **Unanfechtbar** in diesem Sinne ist der Zustimmungsersetzungsbeschluss nach Auffassung des BAG dann, **wenn die Nichtzulassungsbeschwerde offensichtlich aussichtslos** ist. Allerdings ist es das Risiko des Arbeitgebers, ob er die offensichtliche Aussichtslosigkeit der Nichtzulassungsbeschwerde richtig einschätzt oder nicht.

Achtung!
Die außerordentliche Kündigung eines Betriebsratsmitglieds ist unverzüglich nach Rechtskraft der arbeitsgerichtlichen Zustimmungsersetzung auszusprechen. !

Zudem ist bei der Kündigung von Betriebsratsmitgliedern nachhaltig darauf zu achten, ob **zwischenzeitlich Tatbestände** eintreten, **die die Weiterführung des Zustimmungsersetzungsverfahrens obsolet machen** wie z.B. die **Amtsniederlegung**, die **zwischenzeitliche Zustimmung des Betriebsratsgremiums** zur außerordentlichen Kündigung etc. In diesem Fall muss der Arbeitgeber **nach Kenntniserlangung von diesem Umstand** die außerordentliche **Kündigung unverzüglich** aussprechen. 45

Achtung!
Während des arbeitsgerichtlichen Zustimmungsersetzungsverfahrens ist genauestens und laufend darauf zu achten, ob sich das Verfahren (z.B. durch Amtsniederlegung des betroffenen Betriebsratsmitglieds) zwischenzeitlich erledigt. In diesem Fall ist unverzüglich zu kündigen. !

III. Kenntnis des Kündigungsberechtigten

Der Fristlauf knüpft an die **positive Kenntniserlangung durch den Kündigungsberechtigten** an. Kündigungsberechtigt ist die natürliche Person, der das Kündigungsrecht zusteht, d.h. entweder der **persönliche Arbeitgeber** selbst oder **die Organe der Arbeitgebergesellschaft**. Dabei **genügt im Falle der Gesamtvertretung die Kenntnis eines Organmitglieds**, wenn die Vertretungs- und Zurechnungsnormen der jeweiligen Rechtsform dies entsprechend vorsehen.[37] Dies ist z.B. bei einem 46

37 BAG 20.9.1984 – 2 AZR 73/83 – Rn 5 – juris.

Verein der Fall, da nach § 28 Abs. 2 BGB eine Willenserklärung gegenüber einem Verein abgegeben ist, wenn dies gegenüber einem Vorstandsmitglied erfolgt ist. Dasselbe gilt bei der GmbH gem. § 35 Abs. 2 Satz 3 GmbHG bzw. der Aktiengesellschaft gem. § 78 Abs. 2 Satz 2 AktG.

47 Des Weiteren sind Prokuristen (§§ 48 ff. HGB) kündigungsberechtigt, u.U. auch Mitarbeiter mit Handlungsvollmacht (§ 54 HGB), so dass ggf. auch deren Kenntnis über den Lauf der 14-Tagesfrist in Gang setzt.

48 Ebenso genügt die **Kenntnis der Mitarbeiter**, denen ausdrücklich **Vollmacht** zur Kündigung erteilt worden ist (z.B. Personalleiter).

49 Hingegen ist in der Regel die Kenntnis nicht zur Kündigung berechtigter Personen irrelevant. Eine Ausnahme gilt lediglich dann, wenn Nichtberechtigte, aber ihrer Stellung nach **arbeitgeberähnliche Personen** wie Niederlassungsleiter, Leiter einer Rechtsabteilung etc. Kenntnis von einem Kündigungssachverhalt erlangt haben, aus Sicht des Arbeitnehmers die **Information des Kündigungsberechtigten** durch diese Personen **zu erwarten** gewesen ist und die dem zugrunde liegende **Betriebsorganisation** zu entsprechenden **Verzögerungen** geführt hat, obwohl eine andere Betriebsorganisation sachgemäß und dem Arbeitgeber zumutbar gewesen wäre.[38]

IV. Berechnung der Frist/Ende des Fristlaufs

50 Die Berechnung des Beginns und des Endes der 14-Tagesfrist richtet sich nach den Vorschriften der §§ 187 ff. BGB. **Die Frist beginnt somit mit Beginn des der Kenntniserlangung folgenden Tages.** Sie **endet mit Ablauf von 14 Tagen**, soweit der Fristablauf **nicht** auf einen **Sonntag**, einen **gesetzlichen Feiertag** oder einen **Samstag** fällt. In diesem Fall tritt an die Stelle des eigentlichen Tages des Fristablaufes der **nächste Werktag** (Montag – Freitag).

51 Der Fristlauf endet mit dem Zeitpunkt des Zugangs der außerordentlichen Kündigung beim Arbeitnehmer. Hier gelten die allgemeinen Zugangsregelungen. **Nur wenn der Zugang innerhalb der 14 Tage tatsächlich bewirkt ist, ist die Frist gewahrt.** Insofern kommt es allein auf den Zugang, nicht hingegen auf die Absendung des Kündigungsschreibens an.[39]

52 Ob der **Arbeitnehmer** von der außerordentlichen Kündigung **tatsächlich** keine **Kenntnis** erhält, weil er z.B. in Urlaub ist, ist **irrelevant**. Dies gilt auch für den Fall der Untersuchungshaft. Befindet sich ein Arbeitnehmer in Untersuchungshaft, ist ein **Zugang der Kündigung an der Wohnanschrift ausreichend**. Ebenso besteht

---

38 BAG 28.10.1971 – 2 AZR 32/71 – Rn 24 f., 29 – juris; BAG 5.5.1977 – 2 AZR 297/76 – Rn 32 – juris; BAG 27.5.1981 – 2 AZR 23/79 – Rn 1 – juris.

39 BAG 9.3.1978 – 2 AZR 529/76 – Rn 7 f. – juris.

die Möglichkeit der Zustellung der außerordentlichen Kündigung in der U-Haft selbst. Ergeben sich dort Verzögerungen aufgrund der internen Abläufe der Untersuchungshaftanstalt, die über die übliche Verzögerung durch die Prüfung des Kündigungsschreibens durch den Haftrichter hinausgehen, geht dies nicht zu Lasten des Arbeitgebers.[40]

V. Missbräuchlichkeit der Berufung auf die Fristversäumnis

Ganz **ausnahmsweise** kann die **Berufung des Arbeitnehmers auf die Versäumnis der 14-Tagesfrist** und damit den gesetzlichen Verwirkungstatbestand **missbräuchlich** sein. 53

Praxisbeispiele
Ein solcher Fall kann vorliegen, wenn zeitlich fest begrenzte Beendigungsverhandlungen vor Ausspruch einer im Raum stehenden außerordentlichen Kündigung geführt werden, der Arbeitnehmer ausdrücklich um Bedenkzeit gebeten hat, ihm verdeutlicht worden ist, dass es im Falle des ergebnislosen Verstreichens der Bedenkzeit zu einer außerordentlichen Kündigung kommen wird und insofern das Verhalten des Arbeitnehmers kausal für die Versäumnis der 14-Tagesfrist gewesen ist.[41]

VI. Genehmigung einer Kündigung durch einen Nicht-Vertretungsberechtigten

Ist die außerordentliche Kündigung zwar innerhalb der 14-Tagesfrist dem Arbeitnehmer zugegangen, die **Kündigung** jedoch **durch einen Nicht-Vertretungsberechtigten** ausgesprochen worden, kann aus Gründen der Rechtsklarheit die **Genehmigung der Vertretung nur innerhalb der** für die Kündigung selbst laufenden **14-Tagesfrist** erfolgen. Die Genehmigungserklärung muss also innerhalb dieser Frist dem Arbeitnehmer nach den üblichen Regelungen zugegangen sein.[42] 54

I. Eindeutigkeit der Erklärung der außerordentlichen Kündigung/ Umdeutung

Eine Kündigung bedarf grundsätzlich nicht der Verwendung bestimmter Formulierungen, so dass für eine ordentliche Kündigung jedes formgerechte, d.h. der Schriftform entsprechende Verhalten mit der Kundgabe des Beendigungswillens seitens 55

---

40 LAG Düsseldorf 13.8.1998 – 13 Sa 345/98 – Rn 19 – juris.
41 BGH 5.6.1975 – II ZR 131/73 – Rn 17ff. – juris.
42 BAG 26.3.1986 – 7 AZR 585/84 – Rn 20f. – juris.

des Arbeitgebers genügt. Weitergehendes gilt bei der außerordentlichen Kündigung. Hier muss schon allein wegen des Rechtsverteidigungsinteresses des Arbeitnehmers **zweifelsfrei erkennbar** sein, dass mit einer Erklärung eine **außerordentliche Kündigung** beabsichtigt ist. Die Möglichkeit einer anderweitigen Deutung darf nicht verbleiben.[43]

56 Ist eine **außerordentliche Kündigung unwirksam**, kommt die Möglichkeit der **Umdeutung** derselben in **eine ordentliche Kündigung** in Betracht. Maßgeblich ist hierfür die Vorschrift des **§ 140 BGB** über die Umdeutung eines nichtigen Rechtsgeschäftes. Danach kommt es darauf an, ob die Umdeutung in eine ordentliche Kündigung nach den gegebenen Umständen dem mutmaßlichen Willen des Arbeitgebers entspricht und ob dieser Wille dem Arbeitnehmer erkennbar geworden ist.[44]

J. Mitteilung der Kündigungsgründe

57 Nach § 626 Abs. 2 Satz 3 BGB ist der Arbeitgeber verpflichtet, **auf Verlangen** des Arbeitnehmers diesem die **Kündigungsgründe unverzüglich schriftlich mitzuteilen**. Hierbei handelt es sich jedoch **nicht** um eine **Wirksamkeitsvoraussetzung** für die ausgesprochene außerordentliche Kündigung bzw. um eine gesetzliche Vorschrift, deren Verletzung zu einer nachträglichen Unwirksamkeit der Kündigung führt. In der Regel führt die Verletzung der Mitteilungspflicht allein zu **Schadensersatzpflichten des Arbeitgebers** zumeist in Bezug auf die Prozesskosten, wenn der Arbeitnehmer vortragen kann, er hätte den Prozess gegen die außerordentliche Kündigung nicht geführt, wären ihm vom Arbeitgeber ordnungsgemäß die Kündigungsgründe dargelegt worden.

58 Das Verlangen der Mitteilungsgründe ist nicht an die Klagfrist des § 4 KSchG gebunden. Der Anspruch kann auch danach noch geltend gemacht werden.

K. Darlegungs- und Beweislast

59 Die **Darlegungs- und Beweislast** für die Tatbestandsvoraussetzungen der außerordentlichen Kündigung liegt wie bei der ordentlichen Kündigung **vollumfänglich beim Arbeitgeber.** Dies **umfasst** wiederum den Ausschluss von **Entschuldigungs- und Rechtfertigungsgründen** nach entsprechendem substantiierten Vortrag durch den Arbeitnehmer.[45]

---

43 BAG 13.1.1982 – 7 AZR 757/79 – Rn 14 f. – juris; LAG Frankfurt 16.6.1983 – 4 Sa 1446/82 – LS 1 – juris.

44 BAG 18.9.1975 – 2 AZR 311/74 – Rn 26 – juris.

45 BAG 26.8.1993 – 2 AZR 154/93 – Rn 35 ff. – juris; BAG 14.2.1978 – 1 AZR 76/76 – Rn 20 f. – juris.

Darüber hinaus trifft den Arbeitgeber die **Darlegungs- und Beweislast für die Einhaltung der 14-Tagesfrist** gem. § 626 Abs. 2 BGB. Derjenige, der eine Kündigung aus wichtigem Grund ausspricht, muss darlegen und ggf. beweisen, dass er von den für die Kündigung maßgebenden Tatsachen erst innerhalb der letzten zwei Wochen vor dem Zugang der Kündigung erfahren hat. Diese Darlegungspflicht ist **nicht** bereits erfüllt, wenn der Kündigende **lediglich allgemein** vorträgt, er kenne die Kündigungsgründe nicht länger als zwei Wochen vor Zugang der Kündigung. Er muss vielmehr die **Umstände** schildern, aus denen sich ergibt, **wann und wodurch er von den maßgebenden Tatsachen erfahren** hat. Um den Zeitpunkt, in dem der Wissensstand des Kündigungsberechtigten ausreicht, bestimmen zu können und es dem Gekündigten zu ermöglichen, die behauptete Schilderung zu überprüfen und ggf. qualifiziert zu bestreiten, muss **grundsätzlich angegeben** werden, **wie es zu der Aufdeckung des Kündigungsgrundes gekommen sein soll.** Hat der Kündigungsberechtigte noch Ermittlungen durchgeführt, muss er hierzu weiter **darlegen, welche Tatsachen ermittlungsbedürftig** waren und welche – sei es auch nur aus damaliger Sicht – weiteren Ermittlungen er zur Klärung der Zweifel angestellt hat.[46] 60

Praxistipp !

Der Arbeitgeber sollte den Aufklärungs-/Ermittlungsprozess datumsgenau dokumentieren, um im Kündigungsschutzprozess seiner Darlegungs- und Beweislast für die Einhaltung der 14-Tagesfrist genügen zu können.

Voraussetzung hierfür ist jedoch, dass der **Arbeitnehmer sich auf die Nichteinhaltung der 14-Tagesfrist berufen** hat oder aufgrund des zeitlichen Abstandes zwischen den für die Kündigung angeführten Gründen und dem Zugang der Kündigung selbst Zweifel an der Einhaltung der 14-Tagesfrist bestehen.[47] 61

46 BAG 1.2.2007 – 2 AZR 333/06 – Rn 21 – juris.
47 BAG 27.5.1981 – 2 AZR 23/79 – Rn 55 – juris.

Kapitel 5
Sonderfälle: Verdachts- und Druckkündigung

A. Verdachtskündigung

Ausgangssituation

Bei einem Arbeitnehmer wird bei Verlassen des Betriebes im Rahmen einer ordnungsgemäßen Taschenkontrolle in seinem mit Akten prall gefüllten Pilotenkoffer ein Notebook des Arbeitgebers gefunden, obwohl es ein striktes Verbot der Mitnahme von Notebooks aus dem Betrieb heraus gibt, der Mitarbeiter zudem regelmäßig kein Notebook benutzt. Der Arbeitgeber ist der festen Überzeugung, dass der Arbeitnehmer das Notebook stehlen wollte. Der Arbeitnehmer bestreitet dies. Er ginge davon aus, dass ein Dritter das Notebook in seine häufig unbewachte Tasche in seinem allen Kollegen zugänglichen Büro gelegt hätte, um ihn zu schädigen. Unterstellt, der Arbeitnehmer bringt sein Verteidigungsvorbringen substantiiert vor und das Gericht hält dieses zumindest für plausibel, wird es dem Arbeitgeber aufgrund der ihm obliegenden Darlegungs- und Beweislast nicht gelingen, dem Arbeitnehmer den tatsächlichen Versuch eines Diebstahls nachzuweisen mit der Folge, dass eine Kündigung nicht wirksam möglich wäre. Anderseits ist es keine Frage, dass alle äußeren Umstände dafür sprechen, dass der Arbeitnehmer tatsächlich versucht hat, das Notebook zu stehlen. Die Vertrauensbeziehung zwischen den Arbeitsvertragsparteien wird dauerhaft gestört bleiben, solange sich nicht der tatsächliche Täter findet.

1 Diese **dauerhafte Vertrauensstörung durch den Verdacht einer groben Pflichtverletzung** hat die Rechtsprechung dazu bewogen, das **Institut der Verdachtskündigung** zu schaffen.

2 So führt das BAG in ständiger Rechtsprechung aus:

> *„Nach der ständigen Rechtsprechung des Senats kann nicht nur eine erwiesene Vertragsverletzung, sondern auch schon der schwerwiegende Verdacht einer strafbaren Handlung oder einer sonstigen Verfehlung einen wichtigen Grund zur außerordentlichen Kündigung gegenüber dem verdächtigten Arbeitnehmer darstellen. Eine Verdachtskündigung liegt vor, wenn und soweit der Arbeitgeber seine Kündigung damit begründet, gerade der Verdacht eines (nicht erwiesenen) strafbaren bzw. vertragswidrigen Verhaltens habe das für die Fortsetzung des Arbeitsverhältnisses erforderliche Vertrauen zerstört. Der Verdacht einer strafbaren Handlung stellt gegenüber dem Vorwurf, der Arbeitnehmer habe die Tat begangen, einen eigenständigen Kündigungsgrund dar, der in dem Tatvorwurf nicht enthalten ist. Bei der Verdachtskündigung ist für den Kündigungsentschluss maßgebend, dass der Arbeitnehmer nach der Überzeugung des Arbeitgebers die strafbare Handlung bzw. Pflichtverletzung tatsächlich begangen hat und dem Arbeitgeber aus diesem Grunde die Fortsetzung des Arbeitsverhältnisses unzumutbar ist … § 626 Abs. 1 BGB lassen eine Verdachtskündigung dann zu, wenn sich starke Verdachtsmomente auf objektive Tatsachen gründen, die Verdachtsmomente geeignet sind, das für die Fortsetzung des Arbeitsverhältnisses erforderliche*

> *Vertrauen zu zerstören und der Arbeitgeber alle zumutbaren Anstrengungen zur Aufklärung des Sachverhaltes unternommen, insbesondere dem Arbeitnehmer Gelegenheit zur Stellungnahme gegeben hat (...).“*[1]

Die Rechtsprechung anerkennt damit, dass **jedes Dauerschuldverhältnis** ein gewisses **gegenseitiges Vertrauen** verlangt. Wird dieses Vertrauen durch den Verdacht einer schwerwiegenden Pflichtverletzung gestört, muss eine einseitige Kündigung möglich sein. 3

Zwar ist der Regelfall der **Verdachtskündigung** der der **außerordentlichen Kündigung.** Ebenso ist es aber auch möglich, eine **ordentliche verhaltensbedingte Kündigung** als Verdachtskündigung auszusprechen. 4

I. Voraussetzungen der Verdachtskündigung

1. Dringender Verdacht

Erste Voraussetzung für eine Verdachtskündigung ist das Vorliegen eines **dringenden Verdachtes einer schwerwiegenden Vertragsverletzung.** Dieser Verdacht muss sich **aufgrund objektiver Tatsachen** ergeben.[2] Er muss so stark bzw. dringend sein, dass eine **große, zumindest überwiegende Wahrscheinlichkeit** dafür besteht, dass der verdächtigte Arbeitnehmer die ihm vorgeworfene Pflichtverletzung tatsächlich begangen hat. 5

> *„Dabei sind an die Darlegung und Qualität der schwerwiegenden Verdachtsmomente besonders strenge Anforderungen zu stellen, weil bei einer Verdachtskündigung immer die Gefahr besteht, dass ein „Unschuldiger“ betroffen ist (...). Der notwendige, schwerwiegende Verdacht muss sich aus den Umständen ergeben bzw. objektiv durch Tatsachen begründet sein. Er muss ferner dringend sein, d.h. bei einer kritischen Prüfung muss eine auf Beweisanzeichen (Indizien) gestützte große Wahrscheinlichkeit für die erhebliche Pflichtverletzung (Tat) gerade dieses Arbeitnehmers bestehen (...). Bloße auf mehr oder weniger haltbare Vermutungen gestützte Verdächtigungen reichen dementsprechend zur Rechtfertigung eines dringenden Tatverdachts nicht aus (...).“*[3]

---

1 BAG 26.9.2002 – 2 AZR 424/01 – Rn 32 – juris; ebenso BAG 5.4.2001 – 2 AZR 217/00 – Rn 13 – juris; BAG 14.9.1994 – 2 AZR 164/94 – Rn 22ff. – juris, mit ausführlichen Erwägungen zur Zulässigkeit einer Verdachtskündigung.

2 BAG 6.11.2003 – 2 AZR 631/02 – Rn 29 – juris.

3 BAG 29.11.2007 – 2 AZR 724/06 – BeckRS 2008, 51136; ebenso BAG 10.2.2005 – 2 AZR 189/04 – Rn 28 – juris.

6 Hiernach genügten die Einleitung eines staatsanwaltschaftlichen Ermittlungsverfahrens und eine richterliche Durchsuchungsanordnung für sich allein nicht für die Begründung eines dringenden Verdachtes.[4]

2. Schwerwiegende Vertragsverletzung

7 Der Arbeitnehmer muss zudem im Verdacht einer **schwerwiegenden Vertragsverletzung** stehen, wobei **insbesondere Straftaten** mit Bezug zum Arbeitsverhältnis in Betracht kommen. Ein **strafrechtliches Ermittlungsverfahren und dessen Ausgang ist irrelevant.** Ebenso wenig wie eine strafrechtliche Anklageerhebung für das Arbeitsgericht dahingehend bindend ist, dass damit der dringende Verdacht zu bejahen ist, steht die Einstellung eines strafrechtlichen Ermittlungsverfahrens nach § 170 StPO einer Verdachtskündigung entgegen.[5]

3. Geeignetheit zur Zerstörung des Vertrauens

8 Eine Verdachtskündigung kommt nur in Betracht, wenn die **Verdachtsmomente geeignet** sind, das Arbeitsverhältnis in für den Arbeitgeber unzumutbarer Weise zu belasten, insbesondere die zwischen den Vertragsparteien notwenige **Vertrauensgrundlage zu zerstören.**

4. Aufklärung des Sachverhaltes

9 Der Arbeitgeber muss vor Ausspruch einer Verdachtskündigung **alles** ihm **Zumutbare zur Aufklärung** des Sachverhaltes getan haben. Hierzu gehört auch die Prüfung, ob und inwieweit **entlastende Gesichtspunkte** für den Arbeitnehmer existieren und/oder ob evtl. andere „Täter" in Betracht kommen. Eine besondere Bedeutung hat in diesem Zusammenhang die vorherige **Anhörung des Arbeitnehmers.**

II. Vorherige Anhörung des Arbeitnehmers

10 Im Rahmen einer Verdachtskündigung besteht das **Risiko**, dass ein **„Unschuldiger"** von einer Kündigung **betroffen** wird. Dieses Risiko muss schon aus Gründen der Verhältnismäßigkeit soweit als möglich zurückgedrängt werden. Dies ist am besten möglich, wenn der **Arbeitnehmer** die Gelegenheit hat, **zu den ihm gegenüber erhobenen Vorwürfen Stellung zu nehmen, um sie nach Möglichkeit zu**

4 BAG 29.11.2007 – 1 AZR 724/06 – Rn 38 ff. – juris.
5 BAG 5.4.2001 – 2 AZR 217/00 – Rn 17 – juris.

entkräften. Aus diesem Grunde ist die Anhörung des Arbeitnehmers vor einer Verdachtskündigung zwingend. Eine **Verdachtskündigung ohne vorherige Anhörung ist unwirksam.**[6]

Achtung! **!**
Vor jeder Verdachtskündigung ist der betroffene Arbeitnehmer anzuhören, damit er auf diesem Wege den gegen ihn bestehenden Verdacht ausräumen kann. Ohne Anhörung ist die Verdachtskündigung unwirksam.

---

1. Inhalt und Umfang der Anhörung des Arbeitnehmers

Inhalt und Umfang der Anhörung formuliert das BAG wie folgt: 11

> *„Die Anhörung des Arbeitnehmers hat im Zuge der gebotenen Aufklärung des Sachverhaltes zu erfolgen. Ihr Umfang richtet sich nach den Umständen des Einzelfalls. Sie muss jedenfalls nicht den Anforderungen genügen, die an eine Anhörung des Betriebsrates nach § 102 Abs. 1 BetrVG gestellt werden (...). Die Anforderungen an eine ordnungsgemäße Betriebsratsanhörung und Information des Betriebsrates einerseits und an die Anhörung des Arbeitnehmers im Rahmen einer Verdachtskündigung andererseits dienen anderen Zwecken und sind schon deshalb im Ansatz nicht vergleichbar (...). Dennoch reicht es grundsätzlich nicht aus, wenn der Arbeitgeber den Arbeitnehmer im Rahmen einer Anhörung zu einer Verdachtskündigung lediglich mit einer allgemein gehaltenen Wertung konfrontiert. Die Anhörung muss sich auf einen greifbaren Sachverhalt beziehen. Der Arbeitnehmer muss die Möglichkeit haben, bestimmte, zeitlich und räumlich eingegrenzte Tatsachen zu bestreiten oder den Verdacht entkräftende Tatsachen zu bezeichnen und so zur Aufhellung der für den Arbeitgeber im Dunkeln liegenden Geschehnisse beizutragen. Allein um dieser Aufklärung willen wird dem Arbeitgeber die Anhörung abverlangt. Dagegen ist sie nicht dazu bestimmt, als verfahrenssächliche Erschwernis die Aufklärung zu verzögern und die Wahrheit zu verdunkeln.“*[7]

Im Ergebnis bedeutet dies, dass nur dann eine ordnungsgemäße Anhörung vorliegt, 12
wenn der **Arbeitgeber dem Arbeitnehmer sämtliche Verdachtsmomente einschließlich evtl. entlastender Umstände, die ihm bekannt sind, mitteilt** und dem Arbeitnehmer hierzu die Möglichkeit zur Stellungnahme gibt. Selbstverständlich darf **nichts Wesentliches vorenthalten** werden.[8]

---

6 BAG 26.8.1993 – 2 AZR 154/93 – Rn 45 – juris; BAG 26.9.2002 – 2 AZR 424/01 – Rn 33 – juris; BAG 13.9.1995 – 2 AZR 587/94 – Rn 27 – juris.
7 BAG 13.3.2008 – 2 AZR 961/06 – Rn 15 – juris.
8 BAG 26.9.2002 – 2 AZR 424/01 – Rn 34 f. – juris; BAG 13.3.2008 – 2 AZR 961/06 – Rn 16 – juris.

13 In der Praxis stellt sich immer wieder die Frage, in welchem **konkreten Umfang** der Arbeitnehmer mit den gegen ihn erhobenen Vorwürfen konfrontiert werden sollte. Da die Hinweise der Gerichte, die Anhörung bedürfe nicht der Detailliertheit wie die Betriebsratsanhörung (die ihrerseits nicht der Detailliertheit des Vortrags im Kündigungsschutzprozess bedarf) in ihrem Wirkungsgrad nur schwer bestimmbar sind, **empfiehlt sich eine Anhörung** des Arbeitnehmers, **die sich an der Anhörung des Betriebsrates zumindest orientiert**. Sinnvollerweise sollte sie identisch sein, mit Ausnahme dessen, dass die Betriebsratsanhörung noch das Ergebnis der Anhörung des Arbeitnehmers beinhalten muss.

Praxistipp
Die Anhörung des Arbeitnehmers zu einer beabsichtigten Verdachtskündigung sollte in ihrer Detailliertheit der Anhörung des Betriebsrats (siehe unten Kap. 8 Rn 37 ff.) entsprechen.

14 Die Anhörung kann **mündlich** erfolgen. Es bedarf keiner vorbereitenden schriftlichen Darstellung seitens des Arbeitgebers. Anderes kann sich allerdings aus der **Komplexität** des Kündigungssachverhaltes ergeben. Wird z.B. der Verdacht aus vielen Einzelfällen eines Revisionsberichtes hergeleitet, dessen Erstellung mehrere Monate gedauert hat, kann zwar der Arbeitnehmer nicht im Vorwege die Überlassung des Revisionsberichtes verlangen. Der Arbeitgeber ist jedoch verpflichtet, zur Vorbereitung des Mitarbeiters auf die Anhörung die **relevanten Vorfälle schriftlich** darzustellen. Ohne eine solche schriftliche Vorbereitung besteht keine **faire Verteidigungsmöglichkeit** für den Arbeitnehmer.[9]

15 Die Anhörung umfasst jedoch nicht die Verpflichtung des Arbeitgebers, dem Arbeitnehmer im Rahmen derselben Belastungszeugen gegenüberzustellen.

16 Eine Argumentation gegen die Notwendigkeit einer ordnungsgemäßen Anhörung steht dem Arbeitgeber jedenfalls nicht zur Verfügung. Er kann sich nicht darauf berufen, dass die Anhörung keine weiteren Erkenntnisse gebracht hätte. Würde man eine solche Argumentation zulassen, würde die Anhörungspflicht von vornherein entwertet werden.[10]

2. Vorbereitung und Umstände der Anhörung/Beiziehung eines Rechtsanwaltes

17 Die **Umstände der Anhörung** müssen dem Arbeitnehmer **zumutbar** sein. So liegt keine ordnungsgemäße Anhörung vor, wenn der Arbeitgeber den verdächtigten Kassierer während dessen Arbeit an der Kasse im Kundenkontakt telefonisch zu einem Vorwurf anhört.

9 Hessisches LAG 4.9.2003 – 9 Sa 1399/02 – Rn 47 – juris.
10 BAG 30.4.1987 – 2 AZR 283/86 – Rn 33 – juris.

Da es Sinn und Zweck des Anhörungserfordernisses bei einer Verdachtskündigung ist, dem betroffenen Arbeitnehmer die Möglichkeit zu eröffnen, gegen ihn bestehende Verdachtsmomente zu bestreiten und ggf. durch eigens vorgebrachte Entlastungstatsachen zu entkräften, vertritt die Rechtsprechung (zumindest in Teilen) die Auffassung, dass dem Mitarbeiter vor der eigentlichen Anhörung Gelegenheit zur Vorbereitung auf ein Anhörungsgespräch gegeben werden muss. Eine solche Vorbereitung wird aber nur dann ausreichend gewährleistet werden, wenn in der Einladung zu dem Anhörungsgespräch der Gegenstand des Gespräches bereits konkret bezeichnet wird. Dies verlangt nicht die Wiedergabe sämtlicher, im Rahmen der Anhörung selbst dem Arbeitnehmer vorzuhaltender Tatsachen, muss aber zumindest die wesentlichen Tatvorwürfe umfassen. 18

Praxistipp !

Die vorstehende Thematik erhebt sich selbstverständlich nicht, wenn die Anhörung im schriftlichen Wege erfolgt.

Praxistipp !

Erfolgt die Anhörung zur Verdachtskündigung im Rahmen des persönlichen Gespräches, sollte die Einladung hierzu den Gegenstand des Gespräches und die wesentlichen Tatvorwürfe enthalten. Anderenfalls besteht das Risiko der Unwirksamkeit der Verdachtskündigung mangels ausreichender Anhörung.

Erst recht darf ein Mitarbeiter nicht zu einem Anhörungsgespräch zu einer Verdachtskündigung unter einem völlig anderen Vorwand (z.B. bezüglich der Übernahme bestimmter Arbeitsaufgaben) eingeladen werden. Geschieht dies trotzdem, ist die notwendige Anhörung nicht ordnungsgemäß erfolgt, die daraufhin ausgesprochene Verdachtskündigung unwirksam.[11] 19

Umstritten ist es, ob der Arbeitnehmer das Recht hat, sich bei der Anhörung von einem **Rechtsanwalt begleiten** zu lassen. Das Hessische LAG hat dies verneint.[12] Allerdings könnten Angaben des Arbeitnehmers, die dieser nach der Forderung nach einem Rechtsanwalt gemacht hat, nicht im Prozess verwertet werden. Hingegen hat das LAG Berlin-Brandenburg geurteilt, dass ein Arbeitnehmer das **Recht** hat, einen **Anwalt zu seiner Anhörung mitzubringen** mit der Folge, dass, wenn ihm dieses Recht verweigert wird, keine ordnungsgemäße Anhörung vorliegt.[13] M.E. besteht kein Grund, dass ein Arbeitnehmer ein entsprechendes Recht hat, wenn ihm dieses auch letztlich nicht verwehrt werden sollte. Dem **Arbeitnehmer steht es** 20

11 LAG Berlin-Brandenburg 16.12.2010 – 2 Sa 2022/10 – BeckRS 2011, 68001.

12 Hessisches LAG 1.8.2011 – 16 Sa 202/11 – juris.

13 LAG Berlin-Brandenburg 6.11.2009 – 6 Sa 1121/09 – juris; LAG Berlin-Brandenburg 30.3.2012 – 10 Sa 2272/11 – juris.

frei, ob er sich mündlich (ohne Rechtsanwalt) **oder schriftlich** zu den erhobenen Vorwürfen äußert und in letzterem Fall dies **mit Hilfe eines Anwalts** tut.

! **Praxistipp**
Zur Vermeidung unnötiger Nebenkriegsschauplätze und Prozessrisiken sollte dem Arbeitnehmer nicht die Möglichkeit verweigert werden, zu seiner Anhörung einen Rechtsanwalt beizuziehen.

---

3. Zeitpunkt der Anhörung

21 Dass die Anhörung des Arbeitnehmers zur beabsichtigten Verdachtskündigung vor Ausspruch der Kündigung erfolgen muss, versteht sich von selbst. Darüber hinaus ist es aber erforderlich, dass bei einem Arbeitnehmer eines Betriebsratsbetriebes die Anhörung vor der Beteiligung des Betriebsrates gem. § 102 BetrVG erfolgt. Eine ordnungsgemäße Beteiligung des Betriebsrates verlangt, dass der Betriebsrat über alle kündigungsrelevanten Tatsachen informiert wird. Diese beinhalten selbstverständlich neben den eigentlichen Tatvorwürfen im Rahmen einer Verdachtskündigung auch die diesbezüglichen Einlassungen des Arbeitnehmers.[14]

! **Praxistipp**
Die Anhörung des Arbeitnehmers zur Verdachtskündigung muss vor der Beteiligung des Betriebsrates gem. § 102 BetrVG erfolgen, da ohne Mitteilung der Einlassungen des Arbeitnehmers zu dem gegen ihn bestehenden Verdacht an den Betriebsrat die Kündigung unwirksam ist.

---

4. Entbehrlichkeit der Anhörung

22 Die **Anhörung** ist **entbehrlich, wenn der Arbeitnehmer nicht bereit ist,** sich auf die gegen ihn erhobenen Vorwürfe einzulassen und nach seinen Kräften an der Aufklärung mitzuwirken. In einem solchen Fall verletzt der Arbeitgeber seine Aufklärungspflicht nicht. Erklärt der Arbeitnehmer sogleich nach **Mitteilung des Kerns des Kündigungsvorwurfes,** er werde sich zu dem Vorwurf nicht äußern, und nennt er hierfür auch keine relevanten Gründe wie z.B., dass er erst Unterlagen überprüfen müsse, ist es nicht mehr die Pflicht des Arbeitgebers, den Arbeitnehmer im Rahmen der Anhörung näher über die Verdachtsmomente zu informieren. Eine solche Anhörung wäre **überflüssig,** weil sie **zur Aufklärung** des Sachverhaltes und zur Willensbildung des Arbeitgebers **nichts beitragen** könnte.[15] Wichtig ist es dabei für den Arbeitgeber aber immer, dass es sich bei der Äußerung des Arbeitnehmers um seine

---

14 LAG Hamm 30.3.2012 – 18 Sa 1801/11 – BeckRS 2012, 72717.

15 BAG 26.9.2002 – 2 AZR 424/01 – Rn 34 f. – juris; BAG 20.9.1984 – 2 AZR 233/83 – Rn 16 – juris.

„abschließende Stellungnahme“ gehandelt hat. Nur wenn dies tatsächlich der Fall ist, ist die Anhörung entbehrlich.

Hat ein Arbeitnehmer im Rahmen seiner Anhörung die ihm gegenüber erhobenen Vorwürfe **lediglich pauschal bestritten**, ist der Schluss gerechtfertigt, dass der Arbeitnehmer an der Mitwirkung zur Aufklärung nicht interessiert ist. In diesem Fall bedarf es auch bei Auftauchen neuer Tatsachen in der Regel **keiner weiteren Anhörungen** mehr,[16] wobei allerdings aus Gründen der Sorgfalt dies im **Einzelfall sehr genau geprüft** werden sollte. 23

Lässt sich hingegen der Arbeitnehmer konkret zu den Verdachtsmomenten ein, so dass aus Sicht des Arbeitgebers **weitere Ermittlungen** notwendig werden, und führen erst diese aus seiner Sicht zur Widerlegung des Entlastungsvorbringens des Arbeitnehmers, ergeben diese also weitere Tatsachen, so ist der Arbeitnehmer **erneut** vor Ausspruch der Verdachtskündigung anzuhören.[17] 24

Praxistipp !
Wurden aufgrund der Einlassungen des Arbeitnehmers weitere Ermittlungen durchgeführt, ist jedenfalls bei Auftauchen neuer relevanter Tatsachen der Arbeitnehmer erneut anzuhören.

Nicht ohne Risiko im Falle einer Übertragung in die Praxis erscheint allerdings die Entscheidung des LAG Düsseldorf, wonach eine **Anhörung eines Arbeitnehmers** zur Verdachtskündigung, der sich **in Untersuchungshaft** befindet, dem Arbeitgeber unzumutbar und damit entbehrlich sei. Die Untersuchungshaft sei erst nach Prüfung eines Haftgrundes und damit Bejahung eines dringenden Tatverdachtes aufgrund richterlicher Entscheidung angeordnet worden. Zudem hätte sich der durch den Haftbefehl manifestierte Tatverdacht auch auf Delikte zum Nachteil des Arbeitgebers bezogen. Unter solchen Umständen wäre eine („nochmalige“) Anhörung des Arbeitnehmers durch den Arbeitgeber nicht notwendig gewesen, zumal nicht damit zu rechnen gewesen sei, dass unter derartigen Voraussetzungen veränderte Gesichtspunkte hätten auftauchen können, die zu einer Revision der beabsichtigten Entscheidung des Arbeitgebers Anlass gegeben haben könnten.[18] Vor dem Hintergrund der Rechtsprechung des BAG erscheint **diese Entscheidung zweifelhaft**, zumal die Arbeitsgerichte immer wieder betonen, dass die **Ergebnisse strafrechtlicher Ermittlungsverfahren oder strafgerichtlicher Urteile für den Arbeitsgerichtsprozess in keiner Weise bindend sind**. Zudem ist, ggf. mit einer gewissen zeitlichen Verzögerung, auch die Anhörung eines sich in Untersuchungshaft befindenden Arbeitnehmers vor einer Verdachtskündigung praktisch durchführbar. 25

---

16 BAG 13.9.1995 – 2 AZR 587/94 – Rn 29 – juris.
17 BAG 13.9.1995 – 2 AZR 587/94 – Rn 29 – juris.
18 LAG Düsseldorf 13.8.1998 – 13 Sa 345/98 – Rn 21 – juris.

III. Interessenabwägung

26 Für die **Interessenabwägung** gelten grundsätzlich **dieselben Anforderungen wie bei einer Tatkündigung.** Allerdings wird im Rahmen der Interessenabwägung regelmäßig als Umstand **zugunsten des Arbeitnehmers** berücksichtigt werden, dass die Kündigung eben **nur** auf einem **Verdacht** und nicht auf erwiesener Tat beruht.

27 Andererseits führt dies **nicht** dazu, dass der Arbeitgeber im Rahmen einer außerordentlichen Verdachtskündigung auf das **mildere Mittel der Freistellung** (unter Fortzahlung der Vergütung) bis zum Ablauf der ordentlichen Kündigungsfrist verwiesen werden kann. Dies gilt auch dann, wenn der Mitarbeiter bei Aufkommen des Verdachtes aufgrund eines Aufhebungsvertrages bereits unwiderruflich von seiner Arbeitsleistung freigestellt ist. Die **Freistellung** des Arbeitnehmers, auch wenn sie unwiderruflich ist, führt noch **nicht** zu einer **endgültigen Trennung** zwischen den Arbeitsvertragsparteien. So bleibt die Verpflichtung zur Gehaltszahlung ebenso bestehen wie Nebenpflichten des Arbeitnehmers und die etwa bestehende **Gefahr**, dass der Arbeitnehmer trotz der Freistellung unter Berufung auf das nach wie vor bestehende Arbeitsverhältnis **weitere Pflichtverletzungen** begehen könnte. Auch eine evtl. vereinbarte Abfindung, die im Falle einer fristlosen Kündigung des freigestellten Mitarbeiters entfallen würde, ist bei der Interessenabwägung zu berücksichtigen.[19]

IV. Beurteilungszeitpunkt

28 **Beurteilungszeitpunkt** für die Wirksamkeit der Verdachtskündigung ist der Zeitpunkt des **Zugangs derselben beim Arbeitnehmer.** Sämtliche zu diesem Zeitpunkt vorliegenden, den Arbeitnehmer entlastenden Umstände sind bis zum Ende der Tatsacheninstanz vortragbar. Dies gilt **auch**, wenn diese **Umstände** dem Arbeitgeber bei Zugang der Kündigung unbekannt gewesen sind.[20] Vor diesem Hintergrund verlangt das BAG von den Arbeitsgerichten, einem Entlastungsvorbringen des Arbeitnehmers im Rahmen der Verdachtskündigung vollständig nachzugehen.

V. Besonderheiten bei § 626 Abs. 2 BGB

29 Bei einer außerordentlichen Verdachtskündigung **beginnt die 14-Tagesfrist** des § 626 Abs. 2 BGB mit dem Zeitpunkt, zu dem dem Arbeitgeber die Tatsachen bekannt

---

19 BAG 5.4.2001 – 2 AZR 217/00 – Rn 20 f. – juris.

20 BAG 6.11.2003 – 2 AZR 631/02; LAG Frankfurt 12.2.1987 – 12 Sa 1249/86 – Rn 37 – juris; a.A. LAG Bremen 1.8.2008 – 4 Sa 53/08 – Rn 67 – juris.

werden, die ihm eine **abschließende Bewertung des Verdachtes** ermöglichen. Hat der Arbeitgeber **Verdachtsmomente** von einem Verhalten, auf das er bei näherer Bestätigung eine Kündigung stützen möchte, muss er **zügig den Sachverhalt aufklären.** Dieses Vorgehen entspricht letztlich dem aufklärenden Vorgehen im Rahmen einer Tatkündigung. Ist die Aufklärung der Verdachtsgründe erfolgt, ist der **Arbeitnehmer anzuhören**, wozu dem Arbeitgeber eine **Regelfrist von einer Woche** zur Verfügung steht.[21] Unter Umständen kann je nach **Komplexität** des Sachverhaltes diese Anhörungsfrist erheblich **länger** sein. Erst danach beginnt die Frist des § 626 BGB zu laufen.

Wie bei der Tatkündigung kann der Arbeitgeber auch mit einer Verdachtskündigung **warten**, bis ein **Strafverfahren** z.B. durch ein **Strafurteil** abgeschlossen ist,[22] ohne dabei an den Ausgang des strafrechtlichen Verfahrens gebunden zu sein. Andererseits ist eine **Verdachtskündigung** ein sehr diskontinuierlicher Erhellungsprozess, bei dem **mehrere Zeitpunkte denkbar** sind, zu denen ein für eine Kündigung **ausreichender dringender Tatverdacht** vorliegt. Insofern ist dem Arbeitgeber ein gewisser Beurteilungsspielraum zuzugestehen. So ist ein Untätig bleiben hinsichtlich einer Kündigung dann unschädlich, wenn dies sachlich begründet ist, wie z.B. die Orientierung an dem Fort- bzw. Ausgang eines Strafverfahrens.[23] 30

So kann der Arbeitgeber selbst dann erneut eine Verdachtskündigung aussprechen, wenn er eine solche schon erklärt hatte, danach sich jedoch weitere, den Verdacht der Tatbegehung verstärkende Tatsachen – wie die Erhebung der öffentlichen Klage – ergeben haben. In diesem Fall beginnt die Frist des § 626 Abs. 2 BGB mit ausreichender Kenntnis von den verdachtsverstärkenden Tatsachen erneut zu laufen.[24] 31

Die 14-Tagesfrist ist in diesem Zusammenhang noch an anderer Stelle von Bedeutung. So ist es denkbar, dass der Arbeitgeber das Arbeitsverhältnis ordentlich oder außerordentlich **wegen eines Verdachtes kündigt**, das Arbeitsgericht jedoch diese Kündigung **rechtskräftig für unwirksam** erachtet hat. Ergeht in der Folgezeit ein den Arbeitnehmer wegen des gleichen Sachverhaltes **verurteilendes Strafurteil**, ist der **Arbeitgeber nicht gehindert**, nunmehr eine ordentliche oder außerordentliche **Tatkündigung auszusprechen.** Entscheidet er sich für die außerordentliche, muss diese innerhalb von 14 Tagen nach seiner Kenntnis von dem Strafurteil erfolgen.[25] 32

21 BAG 14.9.1994 – 2 AZR 164/94 – Rn 18 – juris.
22 BAG 5.6.2008 – 2 AZR 234/07 – Rn 17 ff. – juris.
23 BAG 5.6.2008 – 2 AZR 234/07 – Rn 24 f. – juris.
24 BAG 27.1.2011 – 2 AZR 825/09 – NZA 2011, 798.
25 BAG 12.12.1984 – 7 AZR 575/83 – Rn 18 ff., 26 – juris; ebenso käme eine erneute Verdachtskündigung in Betracht: BAG 27.1.2011 – 2 AZR 825/09 – juris.

VI. Umdeutung der Tat- in eine Verdachtskündigung und umgekehrt

33 Erweist sich im Rahmen eines Kündigungsschutzprozesses, dass der Arbeitgeber dem Arbeitnehmer die **vorgeworfene Tat nicht nachweisen** kann, ist es dem Arbeitgeber unproblematisch möglich, die **Kündigung nunmehr auf den Verdacht** der nicht nachgewiesenen Tat zu stützen, wenn er jedenfalls vor der Kündigung zum Tatvorwurf angehört wurde. Allerdings genügt es nicht, wenn der Arbeitgeber hinsichtlich des Tatvorwurfes beweisfällig geblieben ist. Er muss die Kündigung im Rahmen des Prozesses **ausdrücklich mit dem Verdacht begründen**, wobei es genügt, dies **„hilfsweise"** zu tun.[26] Voraussetzung in Betriebsratsbetrieben ist es hierbei natürlich, dass der **Betriebsrat ordnungsgemäß, d.h. auch zur Verdachtskündigung (zumindest hilfsweise) angehört** worden ist.

! **Praxistipp**
Im Kündigungsschutzprozess über eine Tatkündigung muss sich der Arbeitgeber ausdrücklich – ggf. hilfsweise – auf eine Verdachtskündigung berufen.

---

34 Umgekehrt gilt dieses sozusagen schon von Amts wegen. So muss das Arbeitsgericht auch bei einer **Verdachtskündigung** (z.B. wenn diese mangels ordnungsgemäßer Anhörung des Arbeitnehmers unwirksam ist) grundsätzlich **prüfen,** ob nicht das Vorgetragene zu einer **Tatkündigung** genügt. Dies gilt selbst dann, wenn der Arbeitgeber sich nicht auf eine Tatkündigung beruft.[27] Kommt das Gericht zu der Auffassung, dass die vorgetragenen **Tatsachen für eine Tatkündigung** genügen, ist die entsprechende **Kündigungsschutzklage**, obwohl der Arbeitgeber nur mit einer Verdachtskündigung argumentiert hatte, trotzdem **abzuweisen.**

35 Dies gilt auch dann, wenn der Arbeitgeber sich im Rahmen seiner **Betriebsratsanhörung** zur Verdachtskündigung **nicht ausdrücklich auf eine Tatkündigung** bezogen hat.[28] Die **Betriebsratsanhörung ist** für die durch das Arbeitsgericht in diesem Fall zu prüfende **Tatkündigung genügend**, wenn dem Betriebsrat **alle für die Tatkündigung relevanten Tatsachen mitgeteilt** worden sind.

VII. Gegebenenfalls Wiedereinstellungsanspruch

36 Stellt sich nach Abschluss des für den Arbeitnehmer negativen Kündigungsschutzverfahrens heraus, dass er **zu Unrecht verdächtigt** worden ist (weil z.B. der wahre Täter gefunden wurde), ist das durch den Verdacht **gestörte Vertrauensverhältnis**

---

26 BAG 8.6.2000 – 2 ABR 1/00 – Rn 14 – juris.
27 BAG 23.6.2009 – 2 AZR 474/07 – Rn 55 – juris.
28 BAG 23.6.2009 – 2 AZR 474/07 – Rn 59 – juris.

zwischen den Arbeitsvertragsparteien **an sich wieder hergestellt**. Andererseits ist das **Arbeitsverhältnis** aufgrund der (in Rechtskraft erwachsenen Entscheidung des Arbeitsgerichtes über die) Kündigung **rechtlich beendet**. Vor diesem Hintergrund und mit Blick darauf, dass sich in diesem Fall das Risiko der „Verurteilung eines Unschuldigen" verwirklicht hat, bejaht die Rechtsprechung mit der Begründung einer **nachwirkenden Fürsorgepflicht** oder unter dem Gesichtspunkt der **Vertrauenshaftung** einen **Wiedereinstellungsanspruch** des Arbeitnehmers **zu den zum Zeitpunkt der Kündigung bestehenden Bedingungen**.

Praxistipp !

Dieser Anspruch dürfte prozessual wie folgt geltend zu machen sein: Besteht das Arbeitsverhältnis noch, hat der Arbeitnehmer zu beantragen, dass der Arbeitgeber dazu verurteilt wird, das Angebot des Arbeitnehmers auf einvernehmliche Aufhebung der Kündigung anzunehmen (§ 894 Abs. 1 ZPO). Ist das Arbeitsverhältnis hingegen bereits beendet, kann nur der Abschluss eines neuen Arbeitsvertrages in Betracht kommen. In diesem Fall muss der Arbeitnehmer beantragen, den Arbeitgeber zu verurteilen, das Angebot des Arbeitnehmers auf Abschluss eines (neuen) Arbeitsvertrages zu den Bedingungen des beendeten Arbeitsvertrages anzunehmen (§ 894 Abs. 1 ZPO). Da mit diesen Anträgen die Abgabe von Willenserklärungen des Arbeitgebers begehrt wird, gelten diese erst mit Rechtskraft der entsprechenden Urteile gem. § 894 Abs. 1 ZPO als abgegeben, so dass in der Regel Schadensersatzansprüche des Arbeitnehmers gegen den Arbeitgeber wegen zeitweiliger Nichtbeschäftigung bestehen werden.

B. Druckkündigung

Eine besondere Situation ergibt sich für den Arbeitgeber immer dann, wenn seine 37
Belegschaft oder Teile davon, eine Gewerkschaft, Auftraggeber, Kunden etc. von ihm **die Entlassung eines bestimmten Arbeitnehmers verlangen** und ihm für den Fall der Nichtentlassung **androhen**, ihrerseits das Arbeitsverhältnis zu kündigen, jede **Zusammenarbeit mit dem Arbeitnehmer zu verweigern**, Aufträge zu entziehen etc.

In einer solchen Situation kommt unter bestimmten Umständen die **Kündigung** 38
des betroffenen Arbeitnehmers **aufgrund des Drucks der Dritten** in Betracht. Eine solche Druckkündigung ist grundsätzlich **alternativ unter den Gesichtspunkten verhaltens-, personenbedingter oder betriebsbedingter Kündigung zu prüfen**. Dabei unterscheidet das BAG zwei Fallgruppen.

> *„Das Verlangen des Dritten könne gegenüber dem Arbeitgeber durch ein Verhalten des Arbeitnehmers oder einen in dessen Person liegenden Grund objektiv gerechtfertigt sein. In diesem Fall liege es im Ermessen des Arbeitgebers, ob er eine personen- oder verhaltensbedingte Kündigung ausspreche; fehle es an einer objektiven Rechtfertigung der Drohung, komme eine Kündigung aus betriebsbedingten Gründen in Betracht, wobei das bloße Verlangen Dritter, einen bestimmten*

Arbeitnehmer zu kündigen, nicht ohne Weiteres geeignet sei, eine Kündigung zu rechtfertigen (...). In diesem Fall habe sich beim Fehlen eines objektiven Kündigungsgrundes der Arbeitgeber schützend vor den Arbeitnehmer zu stellen und alles ihm Zumutbare zu versuchen, um Dritte von deren Drohung abzubringen. Nur dann, wenn diese Versuche des Arbeitgebers keinen Erfolg hätten, die Belegschaft also beispielsweise ernsthaft die Zusammenarbeit mit dem betroffenen Arbeitnehmer verweigere, könne eine Kündigung gerechtfertigt sein.“[29]

39 Eine **verhaltensbedingte Druckkündigung** kommt also nur dann in Betracht, wenn Dritte die Entlassung des betroffenen Mitarbeiters wegen **objektiv im Verhalten des Arbeitnehmers liegender Umstände** fordern.

Praxisbeispiel

Dies mag z.B. der Fall sein, wenn ein ansonsten gut funktionierendes Team, das sich in jeder Hinsicht wechselseitig unterstützt, die Entlassung eines Mitarbeiters fordert, der jede Zusammenarbeit verweigert, seine Kollegen nicht unterstützt, Überstunden grundsätzlich auf diese abwälzt etc.

40 Diese Situation darf allerdings nicht dahin missverstanden werden, dass das Verhalten des Arbeitnehmers für sich eine verhaltensbedingte Kündigung rechtfertigt. Dann bedarf es der Besonderheiten der Druckkündigung bzw. der Forderung seitens der Arbeitnehmer nicht.

41 Der Fall der verhaltensbedingten Druckkündigung ist dann gegeben, wenn solche **objektiven Gründe im Verhalten des Arbeitnehmers** vorliegen, die für sich jedoch eine **Kündigung noch nicht rechtfertigen**. Verlangen in dieser Situation die Teamkollegen die Kündigung des Arbeitnehmers, ist allerdings eine verhaltensbedingte Kündigung m.E. nicht ohne Weiteres möglich. Zwar betont das BAG die Pflicht des Arbeitgebers, sich vor den Arbeitnehmer zu stellen, regelmäßig im Zusammenhang mit Fällen, bei denen es an einer objektiven Rechtfertigung der Forderung des Dritten fehlt. Allerdings muss m.E. auch im Falle des Vorliegens objektiver Gründe der **Arbeitgeber sich vor den Arbeitnehmer stellen**, indem er Lösungen gemeinsam mit dem Team sucht bzw. auf den Arbeitnehmer einzuwirken versucht, damit eine bessere Grundlage für die Teamzusammenarbeit wieder geschaffen wird. Sollte all dies nicht zu einem Erfolg führen und sollte das Team weiterhin an der Kündigungsandrohung etc. festhalten, ist zu prüfen, ob als **milderes Mittel** die Versetzung des Arbeitnehmers, ggf. im Wege der Änderungskündigung in Betracht kommt. Hier wird den **Arbeitnehmer** mit Blick auf das Vorliegen der objektiv gerechtfertigten Gründe eine **Mitwirkungspflicht** treffen. Erst wenn all dies nicht hilft

29 BAG 31.1.1996 – 2 AZR 158/95 – Rn 30 – juris; ebenso BAG 19.6.1986 – 2 AZR 563/85 – Rn 26 – juris; BAG 18.9.1975 – 2 AZR 311/74 – Rn 19 f. – juris.

und eine Nichtentlassung z.B. durch eine Kündigung des Teams zu (erheblichen) Schäden beim Arbeitgeber führen würde, kann eine Druckkündigung ausgesprochen werden.

Praxistipp
Auch vor einer verhaltensbedingten Druckkündigung sollte sich der Arbeitgeber vor den betroffenen Arbeitnehmer stellen und z.B. Vermittlungsversuche etc. unternehmen.

Kapitel 6
Form der Kündigung

1 Es ist schwierig genug, einen Sachverhalt verlässlich dahingehend zu beurteilen, ob er eine verhaltensbedingte Kündigung zu tragen geeignet ist. Dann aber ist es umso wichtiger, auf der formellen Seite einer Kündigung jeglichen Fehler auszuschließen, zumal ein solcher Fehler in der Regel zur Unwirksamkeit der Kündigung führen wird.

! **Achtung!**
Die formelle Richtigkeit einer Kündigung ist zwingend sicherzustellen. Ansonsten wird dies in der Regel zur Unwirksamkeit der Kündigung führen.

A. Schriftform

2 Gemäß § 623 BGB bedarf die **Kündigung** eines Arbeitsverhältnisses **zu ihrer Wirksamkeit der Schriftform.** Dieses gesetzliche Schriftformerfordernis ist **unabdingbar**, es ist **zwingend** zu beachten.

3 Schriftform i.S.d. § 623 BGB verlangt eine **schriftliche Erklärung auf Papier mit einer Originalunterschrift.** Damit verbietet sich z.B. die Übersendung einer Kündigung per Telefax, da es sich bei einem Telefax lediglich um eine Kopie des eigentlichen Schreibens handelt.

4 Ebenso ist eine Kündigung mittels **elektronischer Form** (z.B. E-Mail oder gar SMS) **ausgeschlossen.** Ebenso wenig ist eine Möglichkeit gegeben, mit Hilfe einer elektronischen Signatur etc. eine Kündigung auszusprechen.

B. Begründung der Kündigung

I. Grundsatz

5 Grundsätzlich bedarf eine **Kündigung zu ihrer Wirksamkeit keiner Begründung**, weder in mündlicher noch in schriftlicher Form. Es sollte jedenfalls aus Arbeitgebersicht sogar **regelmäßig darauf verzichtet** werden, eine Kündigung zu begründen. Zum einen erfolgt hierdurch eine (wenn auch nicht abschließende) gewisse Festlegung der im Prozess ggf. durch den Arbeitgeber einzuführenden Kündigungsgründe, zum anderen besteht in Betriebsratsbetrieben das Risiko, dass keine vollständige Übereinstimmung zwischen Kündigungsbegründung und Betriebsratsanhörung besteht, was regelmäßig zum Scheitern der Kündigung führen wird.

Praxistipp
Soweit nicht ausnahmsweise eine Kündigungsbegründungspflicht besteht, sollte auf eine Begründung im Rahmen der schriftlichen Kündigung verzichtet werden.

II. Ausnahmefälle

Allerdings sehen einzelne Gesetze (u.U. auch Tarifverträge oder Arbeitsvertrag) Ausnahmen vor. 6

Laut §9 Abs. 1 Satz 1 MuSchG ist die **Kündigung gegenüber einer Frau während der Schwangerschaft und bis zum Ablauf von vier Monaten nach der Entbindung** unzulässig, es sei denn, die zuständige Behörde hat die Zustimmung zur Kündigung im Ausnahmefall erteilt. Ist dies der Fall, bedarf gem. §9 Abs. 3 Satz 2 MuSchG die Kündigung nicht nur der Schriftform. Sie muss zudem den **zulässigen Kündigungsgrund angeben.** Dies bedeutet, dass eine Kündigung ohne eine solche schriftliche Begründung, d.h. als Teil der Kündigung selbst, unwirksam wäre. 7

Dabei genügt es nicht, wenn der Arbeitgeber lediglich pauschal oder in kurzer Form die Kündigung begründet. Eine ordnungsgemäße Kündigungsbegründung in diesem Sinne fordert die Angabe der wesentlichen Umstände, die der Kündigung zugrunde gelegt werden.[1] Dies verlangt zwar keine Begründung im Sinne der Detailliertheit im Rahmen eines Kündigungsschutzprozesses, dennoch müssen die **Kündigungsgründe im Einzelnen nachvollziehbar für den betroffenen Arbeitnehmer dargestellt** werden. 8

Ebenso besteht eine **Kündigungsbegründungspflicht bei der Kündigung von Auszubildenden nach Ablauf der Probezeit.** Während der Probezeit, die gem. § 20 Satz 2 BBiG mindestens einen Monat betragen muss und höchstens vier Monate betragen darf, kann ein Berufsausbildungsverhältnis ordentlich gekündigt werden. **Danach** kann das Berufsausbildungsverhältnis gem. § 22 Abs. 2 Ziff. 1 BBiG durch den ausbildenden Arbeitgeber **nur noch fristlos und aus wichtigem Grund** gekündigt werden. Wie bereits im MuSchG verlangt auch hier § 22 Abs. 3 BBiG, dass die Kündigung nicht nur schriftlich, sondern auch unter Angabe **der Kündigungsgründe** erfolgen muss. Wiederum wird eine **Darstellung der wesentlichen der Kündigung zugrundeliegenden Umstände** durch den Kündigenden im Rahmen des Kündigungsschreibens verlangt.[2] Entspricht die Kündigung des Auszubildenden nach der Probezeit nicht diesen Begründungsanforderungen, ist sie unwirksam. 9

1 ArbG Nürnberg 22.2.2010 – 8 Ca 2123/09 – Rn 32 – juris.
2 LAG Rheinland-Pfalz 17.1.2009 – 10 Sa 845/06 – Rn 38 – juris.

Achtung!
Die Kündigung einer Schwangeren bis zum Ablauf von vier Monaten nach der Entbindung sowie eines Auszubildenden nach der Probezeit verlangt für ihre Wirksamkeit zwingend der Begründung der Kündigung.

Praxistipp
Die Kündigungsbegründung darf nicht nur pauschal oder in Stichworten erfolgen. Die wesentlichen Umstände, die der Kündigung zugrundeliegen, sind in dem Kündigungsschreiben anzugeben.

C. Kündigungsberechtigter

I. Organ und Prokuristen

10 Eine Kündigung kann nur dann ihre Wirkung entfallen, wenn sie durch einen hierzu Berechtigten abgegeben worden ist. Kündigungsberechtigt ist der **persönliche Arbeitgeber**, d.h. bei Einzelunternehmen der Inhaber/Kaufmann, bei Personenhandelsgesellschaften die nach dem HGB zur Vertretung Berufenen sowie bei den Kapitalgesellschaften die **Organe**, d.h. insbesondere bei der AG die **Vorstände** und bei der **GmbH** die **Geschäftsführer**.

11 Des Weiteren sind **Prokuristen** gem. §§ 48f. HGB zur Kündigung von Arbeitsverhältnissen berechtigt.

II. Bevollmächtigte

12 Schlussendlich können einzelne Personen durch die vorgenannten Vertretungsberechtigten **bevollmächtigt** werden, eine Kündigung eines Arbeitsverhältnisses auszusprechen.

1. Vollmachtsurkunde

13 Allerdings ist darauf zu achten, dass der durch den Bevollmächtigten unterzeichneten **Kündigung eine Vollmacht des Vollmachtgebenden beigefügt** ist. Dabei muss es sich **zwingend** um eine **Originalvollmacht** handeln, d.h. eine Kopie genügt nicht.[3] Die Vollmacht muss wiederum, wie die Kündigung auch, auf Papier mit der Originalunterschrift des Bevollmächtigenden erteilt werden.

3 BGH 10.2.1994 – IX ZR 109/93 – Rn 18 – juris.

2. Zurückweisung der Kündigung

Wird eine solche **Originalvollmacht** durch den Bevollmächtigten der Kündigung **nicht** beigefügt, kann gem. § 174 Satz 1 BGB der Arbeitnehmer die **Kündigung aus diesem Grunde unverzüglich zurückweisen.** Die dem Arbeitnehmer hierfür zur Verfügung stehende Zeit beträgt ca. sieben bis zehn Tage. Erfolgt eine solche **Zurückweisung**, macht dies die **Kündigung unwirksam.** 14

Praxistipp
Eine Kündigung durch einen Bevollmächtigten verlangt, dass der Kündigung eine Originalvollmacht des Vollmachtgebers beigefügt wird. Ansonsten kann der Arbeitnehmer durch Zurückweisung der Kündigung diese „vernichten".

Die vorstehende Thematik der Notwendigkeit der Beifügung einer **Originalvollmacht** ergibt sich aber auch, wenn **Vorstände, Geschäftsführer oder Prokuristen** kündigen. Dies hängt davon ab, ob die Vorgenannten **einzelvertretungsberechtigt** sind, d.h. allein für den Arbeitgeber handeln können. Dann stellt sich die Thematik einer Vollmacht nicht. Sehr häufig jedoch haben Vorstände, Geschäftsführer und Prokuristen nur **Gesamtvertretungsmacht**, d.h. sie können nur mit einem anderen Vorstand bzw. Geschäftsführer oder einem Prokuristen zusammen handeln. Dies bedeutet, dass in diesem Fall die **Kündigung z.B. von zwei gemeinsam Vertretungsberechtigten unterzeichnet** werden muss. Ist dies nicht der Fall, kann zwar z.B. der Geschäftsführer zugleich in **Vollmacht** für den mit ihm gemeinsam unterschriftsberechtigten weiteren Geschäftsführer oder Prokuristen unterzeichnen, muss von diesem hierfür jedoch eine **Originalvollmacht** haben, die er der Kündigung beifügen muss. Ansonsten besteht wiederum die Möglichkeit für den Arbeitnehmer, die Kündigung zurückzuweisen. 15

Achtung!
Bei der Unterzeichnung einer Kündigung durch Vorstände, Geschäftsführer und Prokuristen ist zu prüfen, ob diese allein- oder nur mit einem weiteren Vorstand, Geschäftsführer oder Prokuristen gemeinsam vertretungsberechtigt sind. In letzterem Fall muss die Kündigung entweder von zwei gemeinsamen Vertretungsberechtigten unterzeichnet werden oder eine entsprechende Originalvollmacht des Vertretenen beigefügt werden.

3. Kenntnis des Arbeitnehmers von der Vollmacht

Die Möglichkeit der **Zurückweisung einer Kündigung** mangels beigefügter Originalvollmacht besteht allerdings dann **nicht**, wenn der **Vollmachtgeber den Arbeitnehmer ausdrücklich oder konkludent in Kenntnis gesetzt** hat, dass der eine Kündigung Unterzeichnende von ihm hierzu bevollmächtigt worden ist. In diesem Fall ist die Zurückweisungsmöglichkeit gem. § 174 Satz 2 BGB ausgeschlossen. 16

17 Selbstverständlich muss auch in diesem Fall wieder der **Vollmachtgeber allein vertretungsberechtigt** sein, **ansonsten** müsste der Arbeitnehmer durch **die Vollmachtgeber gemeinsam** über die Berechtigung des Bevollmächtigten zum Ausspruch der Kündigung informiert worden sein. Eine solche Inkenntnissetzung kann z.B. durch **Aushang, per Intranet** etc. erfolgen, wenn der Arbeitnehmer dadurch auf diesem Wege von der Bevollmächtigung Kenntnis erlangen kann. Regelmäßig wird dies allerdings aus Nachweisgründen mit Vorsicht zu handhaben sein.

18 Zudem wird bei einem entsprechenden Aushang/einer entsprechenden Information, die z.B. auch in einem Arbeitsvertrag erfolgen könnte, es **nicht genügen, wenn lediglich die Kündigungsberechtigung des Inhabers einer bestimmten Position (z.B. Niederlassungsleiter) mitgeteilt wird**. Nach der Rechtsprechung des BAG kann der Mitarbeiter auf diesem Wege nicht ausreichend eindeutig die Person selbst, die die Kündigungsberechtigung haben soll, feststellen. Insofern müsste diese Information sicherheitshalber durch die namentliche Benennung des Positionsinhabers ergänzt werden.[4]

! **Praxistipp**

Die Information von Arbeitnehmern über Kündigungsberechtigte muss unter Benennung des Kündigungsberechtigten erfolgen. Zudem ist Vorsicht mit Blick auf evtl. Beweisschwierigkeiten im Rahmen eines Kündigungsschutzprozesses geboten. Der beste Weg kann im Einzelfall der sein, dass der oder die Kündigungsberechtigten (wenn es sich um Organe handelt in Anwesenheit von Zeugen) den zu kündigenden Arbeitnehmer kurz vor der Kündigung anrufen und ihn darüber informieren, dass ein Mitarbeiter des Unternehmens zu der unmittelbar bevorstehenden Kündigung des Arbeitsverhältnisses dieses Arbeitnehmers durch sie, die anrufenden Vertretungsberechtigten bevollmächtigt worden ist.

D. Zugang der Kündigung

I. Zeitpunkt des Zugangs

19 Eine Kündigung kann wie jegliche rechtsgeschäftliche Willenserklärung ihre Wirkungen erst dann entfalten, wenn sie zugegangen ist. **Mit Zugang der Kündigung beim Arbeitnehmer wird die Kündigung „wirksam“.**

20 Zugang bedeutet allerdings nicht, dass der Arbeitnehmer die Kündigung auch **in Händen** halten muss. Entscheidend ist, dass die Kündigung so in den **Machtbereich des Arbeitnehmers** gelangt sein muss, dass dieser unter normalen Umständen in der Lage ist, diese nunmehr zur Kenntnis zu nehmen. Insofern genügt die Einlegung der Kündigung in den **Briefkasten** des Arbeitnehmers. Dass er sich zu

4 BAG 14.4.2011 – 6 AZR 727/09 – juris.

dieser Zeit u.U. **in Urlaub** befindet oder **krank** ist, ist hierfür **irrelevant.** Es ist Aufgabe des Arbeitnehmers, ggf. dafür Sorge zu tragen, dass Schreiben mit rechtsgeschäftlichem Inhalt auch während seiner Abwesenheit von ihm zur Kenntnis genommen werden können. Tut er dies nicht, kann er sich gegenüber dem Arbeitgeber nicht auf den fehlenden Zugang der Kündigung berufen. Insofern kann ein an die Heimatanschrift des Arbeitnehmers gerichtetes Kündigungsschreiben diesem selbst dann zugehen, wenn der Arbeitgeber von dessen urlaubsbedingter Ortsabwesenheit weiß.[5]

Ein besonderes Problem stellt sich regelmäßig bei der Frage, zu welcher **Uhrzeit** 21
die Kündigung zugeht. Dies wird regelmäßig zu dem **Zeitpunkt** sein, zu dem der Arbeitnehmer **unter gewöhnlichen Umständen seinen Briefkasten entleert** und seine Post liest. Dies bedeutet zugleich, dass die Einlegung einer Kündigung in einen Briefkasten um 21.00 Uhr nicht mehr für einen Zugang an diesem Tage, sondern erst am nächsten Tage sorgt, es sei denn, der Mitarbeiter hat **nachweisbar** zu dieser späten Zeit doch noch seinen Briefkasten geleert.

Praxistipp !
Eine Kündigung sollte zeitlich nach Möglichkeit immer so gesteuert werden, dass sie nicht erst am letzten Tag (im Sinne der Einhaltung des nächstmöglichen Kündigungszeitpunkts oder der 14-Tagesfrist im Rahmen einer Kündigung aus wichtigem Grunde) erfolgt.

II. Zustellung

Die vernünftigste, da sicherste Zustellung der Kündigung ist die der **persönlichen** 22
Übergabe an den Arbeitnehmer. Zum **Nachweis** der Übergabe sollte der Arbeitnehmer den Zugang der Kündigung auf einer Kopie derselben bestätigen. Ist er, wie häufig, hierzu nicht bereit, sollte eine entsprechende Bestätigung durch den Übergebenden in Form eines **Kurzprotokolls** auf einer Kündigungskopie erfolgen.

Praxistipp !
Erfolgt die Übergabe einer Kündigung durch den persönlichen Arbeitgeber oder ein Organ der Arbeitgebergesellschaft, kann dieser/diese die Übergabe nicht als Zeuge (da Partei) beweisen. In diesem Fall muss die Anwesenheit eines geeigneten Zeugen gewährleistet werden.

Ist eine persönliche Übergabe im Betrieb nicht möglich, sollte die Kündigung **per** 23
Boten persönlich dem Arbeitnehmer in seiner Wohnung übergeben werden. Öffnet der Arbeitnehmer nicht, erfolgt die Zustellung durch **Einlegung in den Briefkas-**

5 BAG 22.3.2012 – 2 AZR 224/11 – BeckRS 2012, 72009.

ten. Für die **Protokollierung der Zustellung** gelten die vorstehenden Ausführungen.

24 Die Zustellung der Kündigung per normaler **Post oder Einschreiben verbietet sich**, da hier der Vorgang in einem überschaubaren Zeitpunkt für den Arbeitgeber nicht sicher nachvollziehbar ist. Allenfalls kommt das so genannte **Einwurf-Einschreiben** in Betracht, die persönliche Zustellung oder die per Boten ist jedoch in jedem Fall vorzuziehen.

E. Kündigungstext

25 Soweit eine Kündigung keiner Begründung bedarf, bietet sich z.B. für eine **ordentliche fristgerechte Kündigung** der nachfolgende Text an. Um jeglichen Streit über die Wirksamkeit der Kündigung im Falle der unzutreffenden Berechnung der anwendbaren **Kündigungsfrist** zu vermeiden, ist der nachfolgende Vorschlag **bewusst offen formuliert**.

Formulierungsvorschlag
Hiermit kündigen wir das mit Ihnen bestehende Anstellungsverhältnis ordentlich fristgerecht zum nächstzulässigen Zeitpunkt, dies ist unseres Erachtens der 00.00.0000.

Kapitel 7
Einzelfälle der verhaltensbedingten Kündigung von A bis Z

Nachfolgend werden kategorisiert nach der Art der Pflichtverletzung Einzelfälle verhaltensbedingter Kündigungen von A bis Z dargestellt. Dabei wird betrachtet werden, ob in dem jeweiligen Fall auch eine außerordentliche Kündigung denkbar, eine Abmahnung erforderlich oder entbehrlich ist und ob ggf. eine Verdachtskündigung in Betracht kommt: 1

1. Abwerbung von Arbeitskollegen

Das **Ansprechen von Kollegen**, ob diese **im Falle der Selbstständigmachung des Arbeitnehmers** Interesse daran hätten, zukünftig **für ihn tätig zu sein**, begründet in der Regel **keine verhaltensbedingte Kündigung**. Die bloße Abwerbung von Kollegen greift nicht in gesicherte Rechtspositionen des Arbeitgebers ein, auch dann nicht, wenn dies durch einen Arbeitnehmer erfolgt. Etwas **anderes** gilt allerdings dann, wenn sich die Abwerbung als **sittenwidrig oder grobe Verletzung der Treuepflicht** in Ausdruck einer besonders verwerflichen Gesinnung darstellt, wenn nämlich z.B. der Arbeitnehmer seine Kollegen zu verleiten versucht, unter **Vertragsbruch** (insbesondere Nichteinhaltung der Kündigungsfrist) beim bisherigen Arbeitgeber auszuscheiden, er im **Auftrage eines Konkurrenzunternehmens gegen Bezahlung die Abwerbung** versucht oder wenn es ihm darum geht, seinen Arbeitgeber **planmäßig** (was selten nachweisbar sein dürfte) zu **schädigen.**[1] 2

Anders verhält es sich dann, wenn der **Abwerbeversuch** gegenüber Kollegen dazu dient, die Kollegen dazu zu bewegen, **zukünftig** mit dem Arbeitnehmer für dessen nach seinem Ausscheiden geplantes **Konkurrenzgeschäft** zum alten Arbeitgeber tätig zu werden. Der hierin liegende Pflichtverstoß ist **in der Regel** nicht ohne **Abmahnung** einer ordentlichen oder gar außerordentlichen Kündigung zugänglich. Grund hierfür ist, dass die **Abgrenzung** zwischen einer **erlaubten Vorbereitungshandlung** für künftigen eigenen Wettbewerb von einer Handlung, die **bereits Wettbewerb** darstellt, schwierig ist.[2] 3

1 LAG Rheinland-Pfalz 7.2.1992 – 6 Sa 528/91 – Ls 1–3 – juris.

2 BAG 26.6.2008 – 2 AZR 190/07 – Rn 17 ff. – juris.

2. Alkohol/Alkoholsucht/Spielsucht

a) Grundsatz

4 Grundsätzlich unterliegt jeder Arbeitnehmer unabhängig von eventuell bestehenden betrieblichen Regelungen der **vertraglichen Nebenpflicht**, seine **Arbeitsfähigkeit nicht durch Alkohol zu beeinträchtigen**, weder durch Genuss von Alkohol während der Arbeitszeit noch vorher. Wie viel Alkoholkonzentration außerhalb absoluter Alkoholverbote dem Arbeitnehmer erlaubt sein mag, wird vom jeweiligen Einzelfall abhängen. Je mehr ein Mitarbeiter in sicherheitsrelevanten Bereichen tätig ist, desto geringere Mengen darf er zu sich nehmen, ohne gegen die vorgenannte Pflicht zu verstoßen. **Unter Umständen** führt dies dazu, dass er **überhaupt keinen Alkohol** zu sich nehmen bzw. genommen haben darf.[3]

b) Alkoholsucht

5 Bei einer Alkoholisierung im Betrieb und hierauf eventuell gestützter arbeitsrechtlicher Maßnahmen stellt sich regelmäßig die Frage, ob der Arbeitnehmer **alkoholkrank ist oder nicht**. Ist er **alkoholabhängig**, handelt es sich um **eine Sucht** und damit um eine **Krankheit**. Alkoholismus ist eine Krankheit. Es gibt **keinen Grundsatz, dass der Arbeitnehmer seine Sucht verschuldet hat.**[4] Eine hierauf basierende Alkoholisierung kann nicht zum Gegenstand einer verhaltensbedingten Kündigung gemacht werden. Stattdessen kommt, da der Genuss von Alkohol bei einem Alkoholkranken nicht steuerbar ist, eine **personenbedingte Kündigung** in Betracht.[5]

6 Dieser Grundsatz gilt allerdings dann nicht mehr, wenn der Arbeitnehmer nach einer Entzugskur **rückfällig** geworden ist. In diesem Fall geht die Rechtsprechung von einem **Verschulden des Arbeitnehmers gegen sich selbst** aus. Die Entziehungskur hätte nachhaltige Ermahnungen zum Gegenstand gehabt, in Zukunft jeden Alkoholgenuss zu vermeiden. Werde ein Arbeitnehmer nach erfolgreicher Beendigung einer Entwöhnungskur und längerer Zeit der Abstinenz dennoch wieder rückfällig, so spreche die **Lebenserfahrung** dafür, dass er die ihm erteilten dringenden Ratschläge missachtet und sich wieder dem Alkohol zugewandt habe. Damit verstoße er gröblich gegen die von einem verständigen Menschen **im eigenen Interesse zu erwartende Verhaltensweise.**[6] In diesem Fall kann, wenn in der Alkoholisierung ein **Pflichtverstoß** zu sehen ist, nach vorangegangener Abmahnung eine **ordentliche Kündigung** erfolgen.

---

3 BAG 26.1.1995 – 2 AZR 649/94 – Rn 29 – juris.

4 BAG 1.6.1983 – 5 AZR 536/80 – Rn 12 ff., 24 ff. – juris.

5 BAG 26.1.1995 – 2 AZR 649/94 – Rn 25 – juris.

6 BAG 11.11.1987 – 5 AZR 497/86 – Rn 16 – juris, allerdings zur Frage des Anspruchs auf Entgeltfortzahlung wegen nicht verschuldeter Arbeitsunfähigkeit.

c) Verhalten unter Alkoholeinfluss

Hat hingegen ein **Nicht-Alkoholkranker** gegen seine Verpflichtung, seine Arbeitsfähigkeit durch Alkohol nicht zu beeinträchtigen, verstoßen, kann dies **in der Regel nach vorheriger Abmahnung** eine ordentliche, im Ausnahmefall auch eine außerordentliche **Kündigung** rechtfertigen, wenn der Arbeitnehmer durch die Alkoholisierung **andere Arbeitnehmer gefährdet** oder den **Betriebsablauf schwer gestört** hat. 7

Praxisbeispiele
So hat das LAG Rheinland-Pfalz bei einem Busfahrer bei dessen einmaligem Verstoß gegen ein absolutes Alkoholverbot eine Abmahnung vor einer ordentlichen Kündigung gefordert. Dieser Fahrer hatte in einer Arbeitspause zwei Stunden vor Beginn der Personenbeförderung eine Flasche Bier (0,33 l) getrunken.[7] Dabei begründete das Gericht seine Forderung nach der Abmahnung wesentlich damit, dass keine Anhaltspunkte dafür bestanden hätten, dass die Fahrtüchtigkeit des Klägers durch den Alkoholkonsum in der Pause beeinträchtigt gewesen sei. Hingegen hat das LAG Nürnberg eine außerordentliche Kündigung ohne vorangegangene Abmahnung gegenüber einem Busfahrer bejaht, der mit 0,46 Promille Blutalkoholwert Personen im Öffentlichen Nahverkehr transportiert hatte.[8] Im Rahmen der Interessenabwägung hatte das Gericht nicht nur auf die von der Alkoholisierung ausgehenden Gefahren für die Gäste, sondern auch und besonders auf das Haftungsrisiko des Arbeitgebers abgestellt.[9] Das LAG Köln schließlich hat die außerordentliche Kündigung eines LKW-Fahrers ohne vorherige Abmahnung bejaht, der mit 0,3 Promille Gefahrgut transportiert hatte, obwohl ein gesetzliches absolutes Alkoholverbot bestand, eine jährliche Belehrung hierüber stattgefunden und der Vertrag den Hinweis enthalten hatte, dass Alkohol während der Tätigkeit die außerordentliche Kündigung ohne Abmahnung zur Folge haben würde.[10]

Im Zusammenhang mit Alkohol kann auch die **außerdienstliche Alkoholfahrt** zumindest nach erfolgter **Abmahnung** zu einer ordentlichen oder außerordentlichen **Kündigung** des Arbeitnehmers führen. 8

Praxisbeispiel
Dies hat das BAG bei einem Zugfahrer der Berliner U-Bahn diskutiert, der im Rahmen einer Privatfahrt mit 2,73 Promille Blutalkoholwert angehalten worden war. Zwar wurde bejaht, dass die hochgradige Alkoholisierung des Arbeitnehmers bei einer Privatfahrt in den dienstlichen Bereich aufgrund der Tätigkeiten des Arbeitnehmers als U-Bahn-Zugführer hineinwirkte. Trotzdem wurde die Kündigung wegen fehlender vorangegangener Abmahnung als unwirksam erachtet. Dabei stellte das Gericht nachdrücklich darauf ab, dass der Entzug des Führerscheins den weiteren Einsatz des Arbeitnehmers in seinem Betrieb mangels Notwendigkeit des Führerscheins nicht unmöglich gemacht hätte.[11]

---

7 LAG Rheinland-Pfalz 8.2.2008 – 9 Sa 759/07 – Rn 16, 18 – juris.
8 LAG Nürnberg 17.12.2002 – 6 Sa 480/01 – Rn 29 ff. – juris.
9 LAG Nürnberg 17.12.2002 – 6 Sa 480/01 – Rn 29 ff. – juris.
10 LAG Köln 19.3.2008 – 7 Sa 1369/07 – Rn 49 ff. – juris.
11 BAG 4.7.1997 – 2 AZR 526/96 – Rn 14 f., 16, 24 – juris.

9 Ist der Vorwurf gegen den (auch alkoholkranken) Arbeitnehmer nicht der Genuss von Alkohol, sondern sein Verhalten unter Einfluss von Alkohol, liegt also die **Störquelle** in seinem **Verhalten** und **nicht** in seinem **Alkoholkonsum**, kann je nach den Umständen hierauf eine ordentliche oder außerordentliche **Kündigung** gestützt werden. Grundsätzlich gelten dieselben Maßstäbe wie bei einem entsprechenden Verhalten ohne Alkoholeinfluss. Allerdings wird in diesem Zusammenhang die Frage des Verschuldens des Arbeitnehmers mit Blick auf den Alkoholkonsum im Rahmen der Interessenabwägung regelmäßig eine erhöhte Rolle spielen.[12]

d) Spielsucht

10 Die Grundsätze zur Alkoholsucht bzw. deren Auswirkungen und zum Verhalten von Arbeitnehmern unter Alkohol gelten entsprechend für den Fall der **Spielsucht**.

Praxisbeispiel
In einem diesbezüglichen Fall des LAG Hamm fehlte ein spielsüchtiger Arbeitnehmer trotz entsprechender Abmahnung wiederholt. Er litt an einer krankhaften Form der Spielsucht, war überschuldet, zudem traten zeitweise Depressionen und Alkoholmissbrauch auf. Gegenüber der verhaltensbedingten Kündigung des Arbeitgebers berief der Arbeitnehmer sich auf ein fehlendes Verschulden, wobei ein Gutachten bestätigte, dass bei ihm eine schwere psychische Erkrankung zum Zeitpunkt der Kündigung vorgelegen hätte. Das LAG Hamm kam auf dieser Basis zu dem Ergebnis, dass eine schuldhafte Pflichtverletzung nicht hätte nachgewiesen werden können. Die verhaltensbedingte Kündigung wurde insofern für sozial nicht gerechtfertigt erklärt.[13]

3. Arbeitsniederlegung/Streik

11 Ob eine Arbeitsniederlegung durch einen Arbeitnehmer im Rahmen eines gewerkschaftlich veranlassten Streiks den Arbeitgeber zur Kündigung berechtigen kann, da es sich aus seiner Sicht letztlich um eine **Arbeitsverweigerung** handelt, hängt von der Frage der **Rechtmäßigkeit des Streiks** als solchem ab.

a) Rechtswidrigkeit des Streiks

12 Der Große Senat des BAG hat schon 1955 entschieden, dass **Arbeitskampfrecht und Arbeitsvertragsrecht übereinstimmend** beurteilt werden müssten. Ist ein Arbeitskampf im kollektivrechtlichen Bereich des Arbeitsrechts legitim, so könne er, da er ein einheitlicher Akt sei, nicht im Individualrecht des Arbeitsvertrages rechtswidrig sein. Oder aber er sei wegen der Kollision mit dem Individualrecht des Ar-

---

12 Nach BAG 30.9.1993 – 2 AZR 188/93 – Rn 26 ff. – juris; LAG Baden-Württemberg 12.4.2002 – 18 Sa 5/02 – Rn 32 f. – juris.

13 LAG Hamm 3.2.2011 – 8 Sa 1373/10.

beitsvertrages rechtswidrig, dann müsse er es total, also auch für den Rechtsbereich des kollektiven Arbeitskampfrechts sein.[14] Der von einer Gewerkschaft beschlossene, von den Arbeitnehmern ohne fristgemäße Kündigung durchgeführte **legitime Streik** um die Arbeitsbedingungen berechtigt somit den bestreikten Arbeitgeber nicht zur fristlosen Entlassung des einzelnen Arbeitnehmers oder mehrerer einzelner Arbeitnehmer wegen Vertragsverletzung.[15]

Nehmen Arbeitnehmer an einem von der Gewerkschaft geführten **Streik** mit 13 Zielrichtung auf den Abschluss eines Firmentarifvertrages teil und ist dieser Streik z.B. mangels Zuständigkeit der Gewerkschaft **rechtswidrig**, stellt die Teilnahme an diesem Streik eine **rechtswidrige Arbeitsniederlegung** dar, die durchaus zu einer ordentlichen oder außerordentlichen **Kündigung** der teilnehmenden Arbeitnehmer führen kann. Der Arbeitgeber ist **nicht auf** das Arbeitskampfmittel der **Aussperrung beschränkt.**[16]

b) Erkennbarkeit der Rechtswidrigkeit

Dies gilt jedoch nicht, wenn dem **einzelnen Arbeitnehmer die Rechtswidrigkeit** 14 **des Streiks** nicht **erkennbar/bewusst** gewesen ist. Zwar gäbe es, so das BAG, eine **Vermutung** dafür, dass ein von einer **Gewerkschaft geführter Streik** um die Regelung von Arbeits- und Wirtschaftsbedingungen **rechtmäßig** sei. Das bedeute jedoch nicht, dass jeder Arbeitnehmer, der sich an einem solchen Streik beteiligt, darauf vertrauen könne, dass dieser Streik rechtmäßig sei.[17] Für das BAG ist es u.a. auch entscheidend, ob und inwieweit die **Rechtswidrigkeit** des Streiks und damit der Arbeitsverweigerung für den Arbeitnehmer **erkennbar** ist. Dies hat das BAG für so genannte **„wilde Streiks"**, also nicht von der Gewerkschaft getragene Streiks angenommen. Die Tatsache, dass ein **Streik von einer Gewerkschaft geführt** werde, rechtfertige jedoch die **Annahme**, dass unter diesen Umständen die **Rechtswidrigkeit** des Streiks für den Arbeitnehmer, sofern er sich daran beteiligt hat, **nicht erkennbar** gewesen sei.[18]

Allerdings waren die Streikenden im Falle des BAG wiederholt durch den 15 Arbeitgeber unter Nutzung detaillierter rechtlicher Ausführungen auf die Rechtswidrigkeit des Streiks hingewiesen worden. Insofern, so das BAG, sei ihnen vorzuhalten, dass sie für den Fall, dass die Ansicht des Arbeitgebers zutreffen sollte, willentlich in Kauf genommen hätten, an einem rechtswidrigen Streik teilzunehmen

14 BAG in st.Rspr., z.B. 28.1.1955 – GS 1/54 – Rn 45 – juris.
15 BAG in st.Rspr., z.B. 28.1.1955 – GS 1/54 – Rn 61 – juris.
16 BAG 29.11.1983 – 1 AZR 469/82 – Rn 131 – juris.
17 BAG 24.5.1989 – 2 AZR 285/88 – Rn 137 – juris.
18 BAG 29.11.1983 – 1 AZR 469/82 – Rn 138 – juris.

und damit ihre Arbeit rechtswidrig zu verweigern,[19] so dass sie in einem verschuldeten Rechtsirrtum gehandelt hätten.

16 Trotzdem ließ das BAG die ausgesprochenen fristlosen Kündigungen nicht zu. Den Arbeitnehmern wäre nur die Wahl geblieben, entweder dem Streikaufruf ihrer Gewerkschaft zu folgen auch auf die Gefahr hin, dass dieser Streik rechtswidrig war, oder dem Streik fernzubleiben und damit das Ziel, ihre Arbeitsbedingungen durch einen Tarifvertrag zwischen dem Arbeitgeber und der Gewerkschaft zu regeln, auf unabsehbare Dauer aufzugeben. Eine verlässliche Antwort auf die Frage, welche Seite Recht hatte, war nicht zu bekommen. Wenn unter diesen Umständen die Arbeitnehmer dem Aufruf der Gewerkschaft folgten, so könne ihnen hieraus ein Vorwurf für eine jedenfalls fristlose Kündigung nicht gemacht werden. Mit dem Streik wollten sie ihren Forderungen nach einem Tarifvertrag Nachdruck verleihen. Es sei im Arbeitsleben ein übliches und grundsätzlich berechtigtes Verlangen, dessen Rechtmäßigkeit hier nur aus für sie schwer einsehbaren und nachvollziehbaren Gründen in Frage stand. Insofern lag es für sie näher, auf die **Richtigkeit der Ansicht der Gewerkschaft zu vertrauen**, als der Ansicht des Arbeitgebers zu folgen. Da der Streik auf nur drei Tage befristet war, war eine schwere Schädigung des Arbeitgebers nicht zu befürchten. Es handelte sich eher um eine Demonstration der Entschlossenheit und eine Machtprobe und nicht in erster Linie um eine auf Schädigung des Arbeitgebers gerichtete Handlung. Ein Zurückweichen vor der Drohung des Arbeitgebers mit einer fristlosen Kündigung hätte jeden einzelnen Arbeitnehmer dem **Vorwurf** ausgesetzt, die **Solidarität der Arbeitnehmer zu brechen.**[20] Mit weitgehend gleicher Begründung verneinte das BAG zudem die Wirksamkeit der ordentlichen Kündigung.

17 Legen allerdings die Arbeitnehmer, ohne dass dies von einer Gewerkschaft getragen ist, die Arbeit mit dem **Ziel der Wiedereinstellung von Arbeitnehmern, denen aus betriebsbedingten Gründen gekündigt worden ist**, nieder, so handelt es sich hierbei um eine **rechtswidrige Arbeitsniederlegung** und nicht um einen rechtmäßigen Streik mit der Folge, dass hierauf eine auch fristlose **Kündigung** gestützt werden kann.[21]

4. Arbeitsunfähigkeit

a) Meldung und Nachweis der Arbeitsunfähigkeit

18 Nach dem Entgeltfortzahlungsgesetz ist **jeder Arbeitnehmer verpflichtet**, im Falle einer **Arbeitsunfähigkeit unverzüglich den Arbeitgeber über seine Arbeitsunfähigkeit und deren voraussichtliche Dauer zu informieren** und **spätestens am**

---

19 BAG 29.11.1983 – 1 AZR 469/82 – Rn 144 – juris.

20 BAG 29.11.1983 – 1 AZR 469/82 – Rn 146 f. – juris.

21 BAG 14.2.1978 – 1 AZR 76/76 – Rn 21 ff. – juris.

4. Tag (sofern dies ein Arbeitstag ist) dies durch ein **ärztliches Attest** zu belegen. Verletzt der Arbeitnehmer diese Verpflichtung, riskiert er eine ordentliche **Kündigung**, für die aber **regelmäßig eine Abmahnung notwendig** sein wird.

b) Informationspflicht

Diese gilt insbesondere in dem Fall, in dem der Arbeitnehmer seine Verpflichtung zur **unverzüglichen Meldung von Arbeitsunfähigkeit und deren voraussichtlicher Dauer** verletzt. Gerade diesbezüglich hat der **Arbeitgeber ein ganz besonderes Interesse**, kurzfristig über die Abwesenheit informiert zu sein, da er entsprechende **organisatorische Vorkehrungen** treffen muss, damit durch die Abwesenheit **keine Störungen der Betriebsabläufe** passieren.[22] Hierzu gehört auch die Mitteilung der vermutlichen Dauer. Dabei wird vom Arbeitnehmer nicht mehr als eine **Selbstdiagnose** verlangt.[23] Verletzt ein Arbeitnehmer diese aus Sicht des Arbeitgebers wichtigere Verpflichtung als die Beibringung des ärztlichen Attestes, ist, allerdings nach vorangegangener **Abmahnung**, eine ordentliche **Kündigung** möglich.[24] 19

Zu dieser unverzüglichen Information tritt **u.U.** auch die Verpflichtung des Arbeitnehmers hinzu, **über dringend zu erledigende Aufgaben zu informieren.** 20

Praxisbeispiel

Dies hat das BAG im Falle eines technischen Leiters bejaht, der unmittelbar vor dem Probelauf einer von ihm selbst entwickelten, für den Arbeitgeber wichtigen Maschine arbeitsunfähig erkrankt war. Dieser Arbeitnehmer hatte den Arbeitgeber nicht zusätzlich darüber informiert, wie auch ohne ihn der Probelauf sichergestellt werden konnte oder aber, dass dieser mit Blick auf seine Abwesenheit verschoben werden sollte. Es hätte, so das BAG, zu den Hauptpflichten des Arbeitnehmers gehört, hierüber den Arbeitgeber unverzüglich zu informieren,[25] da er nach seinem Anstellungsvertrag für alle Maßnahmen im Zusammenhang mit Aufbau und Ablauf der Produktionsanlagen verantwortlich war. Da es dem Kläger möglich war, die ärztliche Arbeitsunfähigkeitsbescheinigung selbst bei der Post aufzugeben, wäre es ihm auch zumutbar gewesen, den Arbeitgeber entsprechend zu informieren.[26] Wegen der Aufgabenstellung und der besonderen Bedeutung des Probelaufes anerkannte das BAG eine außerordentliche Kündigung. Da der Arbeitgeber nicht nur vor und während der Arbeitsunfähigkeit den Arbeitnehmer mehrfach aufgefordert hatte, den Probelauf zu bestimmten Daten sicherzustellen, sondern ihm bei dem letzten Hinweis hierauf auch eine Kündigung für die Nichteinhaltung der gesetzten Frist angedroht hatte, war das Erfordernis einer weiteren Abmahnung entbehrlich.

---

22 BAG 31.8.1989 – 2 AZR 13/89 – Rn 19 – juris.
23 BAG 31.8.1989 – 2 AZR 13/89 – Rn 22 – juris.
24 BAG 31.8.1989 – 2 AZR 13/89 – Rn 25 – juris.
25 BAG 30.1.1976 – 2 AZR 518/74 – Rn 17 f. – juris.
26 BAG 30.1.1976 – 2 AZR 518/74 – Rn 18 – juris.

c) Nachweispflicht

21 Da das **ärztliche Attest** für die Sicherstellung der Betriebsabläufe etc. des Arbeitgebers von **geringerer Bedeutung** ist als die unverzügliche Information über die Arbeitsunfähigkeit, führt die **Verletzung der Pflicht zur Vorlage** einer ärztlichen Arbeitsunfähigkeitsbescheinigung **allenfalls zu einer ordentlichen Kündigung nach vorangegangener Abmahnung.**[27] Jedoch ist auch hierbei wiederum auf die Bedeutung des ärztlichen Attestes im Einzelfall abzustellen. Missachtet der Arbeitnehmer diese vertragliche Nebenpflicht **beharrlich**, kann hieraus u.U. auf die fehlende Bereitschaft des Arbeitnehmers zur ordnungsgemäßen Vertragserfüllung geschlossen werden, wodurch für den Arbeitgeber die Unzumutbarkeit der Fortsetzung des Arbeitsverhältnisses entstehen kann. In diesem Fall ist sogar an eine außerordentliche **Kündigung** zu denken.[28]

d) Folgeerkrankungen

22 Vorstehendes gilt auch bei der **wiederholten Verletzung der Anzeigepflicht von Folgeerkrankungen** durch einen arbeitsunfähigen Arbeitnehmer.[29] Insbesondere gilt in diesem Zusammenhang wiederum die Pflicht zur **unverzüglichen Information** (dies unabhängig von der ärztlichen Arbeitsunfähigkeitsbescheinigung) über die Folgeerkrankung. Der Verstoß gegen diese Pflicht rechtfertigt nach vorheriger **Abmahnung** grundsätzlich eine ordentliche **Kündigung.**[30] Im Rahmen der Interessenabwägung ist zu beachten, ob es durch die Nichterfüllung dieser Pflicht zu **nachteiligen Auswirkungen im Bereich des Arbeitgebers** gekommen ist, ob der **Arbeitsablauf**, dessen **Organisation** oder der **Betriebsfrieden** nicht nur abstrakt oder konkret „gefährdet" worden ist, sondern ob es insoweit auch zu einer Störung gekommen ist. In diesem Zusammenhang ist z.B. zu prüfen, ob es tatsächlich zu Störungen der Disposition des Arbeitgebers über den Einsatz von Arbeitern im Rahmen zu erledigender Arbeiten gekommen ist.[31]

e) Vortäuschen/Androhen von Arbeitsunfähigkeit

aa) Vortäuschen von Arbeitsunfähigkeit

23 **Täuscht ein Arbeitnehmer** das Vorliegen einer **Arbeitsunfähigkeit vor** und verschafft er sich damit die **Lohnfortzahlung** trotz bestehender Arbeitsfähigkeit respektive nicht erbrachter Arbeitsleistung, stellt dies eine schwerwiegende Pflicht-

27 BAG 15.1.1986 – 7 AZR 128/83 – Rn 17 – juris.
28 BAG 15.1.1986 – 7 AZR 128/83 – Rn 17 f. – juris.
29 LAG Köln 22.6.1995 – 5 Sa 250/95 – LS 1 – juris.
30 BAG 7.12.1988 – 7 AZR 122/88 – Rn 38 – juris.
31 BAG 7.12.1988 – 7 AZR 122/88 – Rn 41 – juris.

verletzung dar, die die **außerordentliche Kündigung** grundsätzlich rechtfertigt. Eine vorherige **Abmahnung ist entbehrlich**, da kein Arbeitnehmer davon ausgehen kann, sein Arbeitgeber werde eine vorsätzliche Täuschung zur Erzielung eines Vermögensvorteils tolerieren.[32]

Praxisbeispiel

Dies hat das BAG in einem Fall anerkannt, in dem ein mit Schlosserarbeiten beschäftigter Arbeitnehmer Teile mit Hilfe eines Krans auf eine Richtbank befördern, diese ggf. dort mit Hammerschlägen bearbeiten und mit einem Schweißbrenner erhitzen musste. Trotz ärztlich attestierter Arbeitsunfähigkeit arbeitete der Arbeitnehmer in einem Zeitraum von zwei Monaten insgesamt 13 Mal nachts bei einem anderen Unternehmen und führte dort Reinigungsarbeiten aus. Das BAG sah hierin eine schwere Vertragsverletzung und das Vorliegen eines wichtigen Grundes für eine fristlose Kündigung an sich.[33]

Ein regelmäßiges Thema für den Arbeitgeber im Rahmen des Vortäuschens der Ar- 24
beitsunfähigkeit ist das der **Darlegungs- und Beweislast**. Grundsätzlich liegt die volle Darlegungs- und Beweislast für den Kündigungsgrund einschließlich seitens des Arbeitnehmers vorgebrachter **Entschuldigungsgründe** auf Seiten des **Arbeitgebers**. Dies bedeutet, dass, **solange ein ärztliches Attest fehlt**, der **Arbeitnehmer substantiiert im Einzelnen vortragen** muss, **warum sein Fehlen als entschuldigt** anzusehen ist. Dabei hat der Arbeitnehmer, der sich auf eine Arbeitsunfähigkeit beruft, vorzutragen, welche **tatsächlichen physischen oder psychischen Hintergründe** vorgelegen haben und **wo** er sich zum fraglichen Zeitpunkt **aufgehalten** hat. Dies hat der Arbeitgeber sodann zu widerlegen.[34]

Legt der Arbeitnehmer ein **ärztliches Attest** vor, so kommt diesem ein **hoher** 25
Beweiswert zu. Will der Arbeitgeber sich hiergegen wenden, d.h. den **Beweiswert des Attestes erschüttern**, muss er die **Umstände, die gegen die Arbeitsunfähigkeit sprechen**, näher darlegen und notfalls beweisen.[35] Ist ihm das **gelungen**, ist es nun wieder **Sache des Arbeitnehmers zu substantiieren, welche Krankheiten** vorgelegen haben, **welche gesundheitlichen Einschränkungen** bestanden haben, welche Verhaltensmaßregeln der Arzt gegeben hat, **welche Medikamente** z.B. bewirkt haben, dass der Arbeitnehmer zwar immer noch **nicht die geschuldete Arbeit** bei seinem Arbeitgeber verrichten konnte, **aber zu anderweitigen Tätigkeiten in der Lage** war. Erst wenn der Arbeitnehmer insoweit seiner Substantiierungspflicht nachgekommen ist und ggf. die behandelnden **Ärzte von ihrer Schweigepflicht entbunden** hat, muss der **Arbeitgeber** aufgrund der ihm obliegenden Beweislast den konkreten Sachvortrag des Arbeitnehmers **widerlegen**. Mit der Patientenkartei

---

32 LAG Rheinland-Pfalz 2.4.2008 – 8 Sa 803/07 – Rn 32f. – juris.

33 BAG 26.8.1993 – 2 AZR 154/93 – Rn 32 – juris.

34 BAG 26.8.1993 – 2 AZR 154/93 – Rn 35 – juris.

35 BAG 26.8.1993 – 2 AZR 154/93 – Rn 36 – juris.

und der Vernehmung des behandelnden Arztes kommen dabei regelmäßig Beweismittel in Betracht, die eine weitere Sachaufklärung versprechen.[36]

26 Zudem sollte geprüft werden, ob die Umstände, die den Beweiswert des ärztlichen Attestes erschüttern, nicht als so gravierend anzusehen sind, dass sie ein starkes Indiz für die Behauptung des Arbeitgebers darstellen, die Krankheit sei nur vorgetäuscht gewesen, so dass der Arbeitnehmer dieses Indiz entkräften muss.[37]

27 Im Übrigen stellte das Verhalten des Arbeitnehmers eine besonders grobe Pflichtverletzung dar, die das Vertrauen des Arbeitgebers in seine Redlichkeit zerstört, so dass dem **Arbeitnehmer bewusst** sein muss, dass er seinen **Arbeitsplatz damit aufs Spiel setzt.**[38]

28 So wie als **Tatkündigung** kann eine Kündigung wegen des Vortäuschens von Arbeitsunfähigkeit auch wegen des **Verdachtes** derselben ausgesprochen werden. Dies ergibt sich schon aus der regelmäßigen strafrechtlichen Relevanz des Verhaltens und des damit verbundenen **schweren Vertrauensbruchs** seitens des Arbeitnehmers,[39] wobei wiederum eine vorherige **Abmahnung entbehrlich** ist.[40]

bb) Androhung von Arbeitsunfähigkeit

29 Ebenso wenig wie es dem Arbeitnehmer erlaubt ist, eine **Arbeitsunfähigkeit** vorzutäuschen, darf er hiermit den **Arbeitgeber bedrohen.**

Praxisbeispiel 1

Erklärt der türkische Ehemann einer Arbeitnehmerin für diese, nachdem der Arbeitgeber eine telefonisch beantragte Urlaubsverlängerung abgelehnt hat, „entweder wird der Urlaub verlängert oder meine Frau wird krank", so rechtfertigt dies an sich die fristlose Kündigung unabhängig von einer später eventuell tatsächlich auftretenden Krankheit.[41] Durch ein solches Verhalten werde angedroht, die erstrebte Verlängerung des Urlaubs notfalls auch ohne Rücksicht darauf zu erreichen, ob eine erneute Arbeitsunfähigkeit tatsächlich vorliege oder nicht. Versucht der Arbeitnehmer auf diese Weise, einen ihm nicht zustehenden Vorteil zu erreichen, so verletzt er bereits hierdurch seine arbeitsvertragliche Rücksichtnahmepflicht, die es verbietet, den Arbeitgeber auf diese Weise unter Druck zu setzen (m.E. zu nötigen). Ein solches Verhalten lasse den berechtigten Verdacht beim Arbeitgeber aufkommen, der Arbeitnehmer missbrauche notfalls seine Rechte aus den Lohnfortzahlungsbestimmungen, um einen unberechtigten Vorteil zu erreichen. Dies stelle bereits eine konkrete Störung des Arbeitsverhältnisses dar.[42] Mit Blick auf die vorliegenden Umstände des Einzelfalles, wonach aus betrieblichen Gründen der Urlaub nur für einen begrenzten Zeitraum gewährt,

---

36 BAG 26.8.1993 – 2 AZR 154/93 – Rn 37 – juris.
37 BAG 26.8.1993 – 2 AZR 154/93 – Rn 38 – juris.
38 BAG 26.8.1993 – 2 AZR 154/93 – Rn 48 – juris.
39 LAG Berlin 1.11.2000 – 13 Sa 1746/00 – Rn 36, 40 – juris.
40 LAG Berlin 1.11.2000 – 13 Sa 1746/00 – Rn 52 – juris.
41 LAG Berlin 1.11.2000 – 13 Sa 1746/00 – Rn 46 – juris.
42 LAG Berlin 1.11.2000 – 13 Sa 1746/00 – Rn 49 – juris.

die Arbeitnehmerin vor Urlaubsantritt nachdrücklich zur pünktlichen Rückkehr ermahnt und die Urlaubsverlängerung ausdrücklich telefonisch abgelehnt worden war, betrachtete das BAG eine vorherige Abmahnung als entbehrlich.[43] Insofern diskutierte das BAG noch nicht einmal das später für die Zeit der angeblichen Arbeitsunfähigkeit seitens der Arbeitnehmerin vorgelegte, aus der Türkei stammende ärztliche Attest.
Ebenso entschied das LAG Schleswig-Holstein gegenüber einem Arbeitnehmer, der bei Verwehrung eines nur dreiwöchigen statt des geforderten fünfwöchigen Urlaubs erklärte, er würde sich nochmals vier bis sechs Wochen krankschreiben lassen, womöglich noch länger.[44]

Praxisbeispiel 2
Hingegen hat das LAG Rheinland-Pfalz in einer späteren Entscheidung die im Zusammenhang mit der Verweigerung von Samstagsarbeit durch einen Arbeitnehmer abgegebene Erklärung „Ich komme nicht oder willst Du, dass ich mich krank melde?" als für eine ordentliche Kündigung nicht ausreichend angesehen. Zwar läge grundsätzlich in der Androhung einer Arbeitsunfähigkeit sogar ein wichtiger Grund für eine fristlose Kündigung an sich. In die Interessenabwägung stellte das Gericht zugunsten des Arbeitsnehmers jedoch dessen über 30-jährige beanstandungsfreie Betriebszugehörigkeit und sein Lebensalter von 50 Jahren sowie die geringen Arbeitsmarktchancen wegen der mit seiner Tätigkeit als Gerüstbauer verbundenen körperlichen Beanspruchung ein. Da es sich zudem um eine einmalige Verfehlung gehandelt hätte, hätte eine Abmahnung ausgereicht, um das Risiko beträchtlicher Störungen mit hoher Wahrscheinlichkeit auszuschließen.[45] In dieser Entscheidung hat das Gericht ausdrücklich auf die „Emmely"-Entscheidung des BAG verwiesen.

Arbeitet hingegen ein tatsächlich arbeitsunfähiger Arbeitnehmer trotz seiner Erkrankung und kündigt er sodann unter Verweigerung der Erfüllung einer neuen Arbeitsaufgabe an, sich krank zu melden, kann hierauf keine Kündigung, m.E. noch nicht einmal eine Abmahnung gestützt werden.[46] 30

f) Verhalten des Arbeitnehmers während der Arbeitsunfähigkeit

aa) Grundsatz

Berufliche Tätigkeiten, sportliche Anstrengungen etc. während einer (ärztlich attestierten) Arbeitsunfähigkeit bedeuten nicht immer, dass die Arbeitsunfähigkeit nur vorgetäuscht ist. Die Arbeitsunfähigkeit mag durchaus bestehen. Trotzdem kann ein **Arbeitnehmer** mit den vorgenannten **Aktivitäten während der Arbeitsunfähigkeit sein Arbeitsverhältnis gefährden.** 31

Auf Basis der ihm obliegenden **Rücksichtnahmepflicht** ist ein Arbeitnehmer verpflichtet, sich während seiner Arbeitsunfähigkeit so zu verhalten, dass seine **Arbeitsfähigkeit** entsprechend seinem Krankheitsverlauf **so bald als möglich wie-** 32

43 LAG Berlin 1.11.2000 – 13 Sa 1746/00 – Rn 50 – juris.
44 LAG Schleswig-Holstein 19.10.2004 – 5 Sa 279/04 – Rn 23 – juris.
45 LAG Rheinland-Pfalz 11.3.2011 – 9 Sa 692/10.
46 LAG Rheinland-Pfalz 16.12.2010 – 10 Sa 308/10.

derhergestellt wird. Dies mag den Arbeitnehmer zwar nicht zu bestimmten therapeutischen Maßnahmen zwingen. Allerdings hat er grundsätzlich alles zu **unterlassen**, was zu einer **Verzögerung des Genesungsprozesses** führen kann.

bb) Genesungswidriges Verhalten

33 Verhält sich ein Arbeitnehmer während der Arbeitsunfähigkeit **genesungswidrig**, so zerstört er das Vertrauen des Arbeitgebers in seine Redlichkeit mit der Folge, dass dies bis hin zu einer außerordentlichen **Kündigung ohne Abmahnung** führen kann.

Praxisbeispiel 1

Dies hat das BAG in einem besonders krassen Fall so entschieden. In diesem Fall war ein beim Medizinischen Dienst der Krankenkassen angestellter ärztlicher Gutachter für Arbeitsunfähigkeitsbescheinigungen an einer Hirnhautentzündung mit Auswirkung auf die Gehirnsubstanz für über 4 Monate (September bis Januar) arbeitsunfähig erkrankt. Eine geäußerte Bitte des Arbeitgebers, an einer Weiterbildung Anfang Januar teilzunehmen, lehnte er unter Hinweis auf krankheitsbedingte Konzentrationsschwierigkeiten ab. In der Zeit vom 27.12.2003 bis zum 3.1.2004 befand er sich jedoch in einem geplanten Skiurlaub in Zermatt in der Schweiz. Während dieses Skiurlaubs stürzte der Arbeitnehmer und brach sich das Schien- und Wadenbein, was zu einer Verlängerung seiner Arbeitsunfähigkeit führte.

Das BAG sah hierin eine schwere schuldhafte Vertragspflichtverletzung, da der Arbeitnehmer nicht die ihm obliegende Pflicht, auf die Rechtsgüter und Interessen des Arbeitgebers Rücksicht zu nehmen, beachtet hätte. Dabei stellte das Gericht auf die Stellung des Arbeitnehmers in seinem Betrieb und den sich hieraus ergebenden unmittelbaren Einfluss auf die ihm obliegende vertragliche Pflichtenstruktur ab. Der Arbeitnehmer hätte alles zu unterlassen, was seine Genesung verzögern könnte, da er sich so zu verhalten hätte, dass er bald wieder gesund werde und an seinen Arbeitsplatz zurückkehren könne.[47] Diese Verletzung der Rücksichtnahmepflicht zerstöre zudem das Vertrauen des Arbeitgebers in die Redlichkeit des Arbeitnehmers.[48] Das Verhalten des Arbeitnehmers sei geeignet, den Ruf des Arbeitgebers im Geschäftsverkehr zu gefährden.[49] Bzgl. der Entbehrlichkeit der Abmahnung führte das BAG ausdrücklich aus, dass kein Arbeitgeber, der erfahre, dass ein bei ihm beschäftigter, arbeitsunfähig erkrankter Arbeitnehmer während der Arbeitsunfähigkeit einem Skikurs während eines 1-wöchigen Aufenthaltes nachginge, dies dulden werde, solange er zur Entgeltfortzahlung verpflichtet sei.[50]

Praxisbeispiel 2

Das LAG Köln verwarf zwar eine fristlose Kündigung eines Schadenssachbearbeiters einer Versicherung, der während seiner Arbeitsunfähigkeit als geschäftsführender Gesellschaft einer anderen, nicht im Wettbewerb zum Arbeitgeber stehenden Unternehmung tätig gewesen war, da es in der

47 BAG 2.3.2006 – 2 AZR 53/05 – Rn 23 – juris.
48 BAG 2.3.2006 – 2 AZR 53/05 – Rn 24 – juris.
49 BAG 2.3.2006 – 2 AZR 53/05 – Rn 21 – juris.
50 BAG 2.3.2006 – 2 AZR 53/05 – Rn 38 – juris.

Verletzung der Nebenpflicht zu gesundheitsförderndem Verhalten keinen so groben Verstoß sehen konnte, wie dies für eine außerordentliche Kündigung notwendig sei.[51] Insofern sei eher an eine fristgerechte Kündigung zu denken, über die das Gericht nicht entscheiden musste. Hinsichtlich des genesungswidrigen Verhaltens und der sich hieraus ergebenden Verzögerung des Heilungsprozesses führte es jedoch aus, dass es nicht erforderlich sei, die tatsächliche Verzögerung des Heilungsprozesses nachzuweisen, dass es vielmehr ausreiche, wenn der Arbeitnehmer während der Tageszeiten, in denen er sonst in dem Betrieb des Arbeitgebers zu arbeiten gehabt hätte, Tätigkeiten verrichtet hätte, die grundsätzlich geeignet seien, die Genesung zu verzögern.[52]

Praxisbeispiel 3
Hingegen sah das LAG Schleswig-Holstein bei einem Arbeitnehmer, der während seiner Arbeitsunfähigkeit einmalig quasi im Rahmen eines Freundschaftsdienstes bei einem anderen Unternehmen (allerdings einem Wettbewerber) tätig gewesen war, keine Möglichkeit einer außerordentlichen (Verdachts-) Kündigung. Da der Arbeitnehmer in diesem Fall weder relevanten Wettbewerb (Gefälligkeitshandlung) entfaltet, noch genesungswidrig und die Genesung verzögernd sich verhalten hätte, noch seine Leistungspflicht im Arbeitsverhältnis hätte erbringen können, wäre allenfalls eine Abmahnung als angemessene Reaktion wirksam gewesen.[53]
Diese Ausführungen des LAG, dass eine Kündigung in Betracht kommen kann, wenn ein Arbeitsunfähiger statt einer anderweitigen Tätigkeit auch seine Leistungspflichten aus dem Arbeitsverhältnis hätte erfüllen können, können sich als aus Arbeitgebersicht besonders bedeutsam darstellen, wenn nämlich der Arbeitsvertrag des betroffenen Arbeitnehmers ein (zulässiges) weitreichendes Direktionsrecht beinhaltet. Je weiter dieses ist, desto eher kann dem Arbeitnehmer, der im Rahmen seiner Arbeitsunfähigkeit einer (ohne Arbeitsunfähigkeit erlaubten) Nebentätigkeit nachgeht, der Vorwurf gemacht werden, er hätte auch seine Leistungspflichten aus dem Arbeitsvertrag erfüllen können.

5. Arbeitsverweigerung

Verweigert ein Arbeitnehmer die Ableistung **berechtigterweise angeordneter Überstunden**, kann eine ordentliche, u.U. sogar außerordentliche **Kündigung**, dies jedoch **nach vorheriger Abmahnung,** ausgesprochen werden.[54] Das gilt jedenfalls dann, wenn die Arbeitsverweigerung **geeignet** ist, den Arbeitgeber in der Vornahme seiner **Betriebsorganisation** nicht unbeträchtlich zu **behindern.** 34

Praxisbeispiel 1
Es erscheint betriebswirtschaftlich und organisatorisch wenig sinnvoll, einen Arbeitnehmer, der sich generell weigert, Überstunden zu leisten, auf eine auswärtige Baustelle zu entsenden, auf der Überstunden betrieblich notwendig werden können.[55]

51 LAG Köln 7.1.1993 – 10 Sa 632/92 – Rn 35 – juris.
52 LAG Köln 7.1.1993 – 10 Sa 632/92 – Rn 37 – juris.
53 LAG Schleswig-Holstein 19.12.2006 – 5 Sa 288/06 – Rn 43, 45 – juris.
54 LAG Köln 27.4.1999 – 13 Sa 1380/98 – Rn 26, 29 – juris.
55 LAG Köln 27.4.1999 – 13 Sa 1380/98 – Rn 26f. – juris.

35 Im Rahmen der Interessenabwägung ist allerdings zu beachten, dass Überstunden eine Sonderverpflichtung aus dem Arbeitsvertrag über das geschuldete Maß hinaus darstellen, so dass ein strengerer Maßstab anzuwenden ist. Dies gilt insbesondere dann, wenn die Anordnung von Überstunden besonders häufig erfolgt.[56]

36 Für eine **außerordentliche Kündigung** wird es regelmäßig notwendig sein, dass der Arbeitnehmer **nachhaltig, rechtswidrig und schuldhaft seine Arbeitsleistung verweigert.**[57]

37 Eine beharrliche Arbeitsverweigerung kann aber nicht nur dann vorliegen, wenn ein Arbeitnehmer seine Arbeitsleistung vollständig verweigert, sondern auch schon dann, wenn er einzelne berechtigte Arbeitsanweisungen beharrlich missachtet.

Praxisbeispiel 2

Ein in einem Callcenter beschäftigter Arbeitnehmer hatte die Aufgabe, telefonisch Warenbestellungen anzunehmen. Für diese Telefongespräche war ein Standardskript in wesentlichen Teilen vorgegeben, das auch eine Verabschiedungsformel beinhaltete. Entgegen diesen Vorgaben beendete der Arbeitnehmer jedoch seine Telefonate mit den Worten *„Jesus hat sie lieb! Vielen Dank für Ihren Einkauf bei XX und einen schönen Tag!“*. Nach erfolgter Abmahnung erklärte der Arbeitnehmer, dass er aufgrund seiner tiefen religiösen Überzeugung der Weisung hinsichtlich der Beachtung der arbeitgeberseitig vorgegebenen Verabschiedungsformel nicht nachkommen könne. Das LAG Hamm bejahte die sodann ausgesprochene fristlose Kündigung, da der Arbeitnehmer sich beharrlich geweigert hätte, die ihm aus dem Arbeitsvertrag obliegenden Vertragspflichten, wozu auch die Beachtung zulässiger Weisungen gehört, zu beachten. Der Arbeitnehmer konnte jedoch nach Auffassung des Gerichts nicht ausreichend darlegen, dass die arbeitgeberseitige Weisung ihn in einen unvermeidbaren Gewissenskonflikt stürze (und deshalb unbillig sei). Das lediglich pauschale Berufen des Arbeitnehmers, er sei gläubiger Christ und aufgrund verschiedener Bibelstellen verpflichtet, stets seinen Glauben zu bekunden und weiter zu tragen, ohne dabei die Bibelstellen zu benennen, genüge jedenfalls nicht. Zudem hatte in diesem Fall der Arbeitnehmer angeboten, für den Verlauf eines Prozessarbeitsverhältnisses auf den christlichen Zusatz im Rahmen von Telefonaten zu verzichten. Damit war ein Gewissenskonflikt nicht vorstellbar, die Arbeitgeberweisung und aufgrund deren Nichtbeachtung die Kündigung wirksam.[58]

---

6. Arbeitszeitverletzungen

a) Zuspätkommen

38 Kommt ein Arbeitnehmer **häufig zu spät** zur Arbeit (in einem Fall des BAG 104 Mal bei sechs Abmahnungen), kann dies jedenfalls nach einer **Abmahnung** sogar zu einer außerordentlichen **Kündigung** berechtigen. Voraussetzung hierfür ist, dass die Unpünktlichkeiten den **Grad und die Auswirkungen einer beharrlichen Verwei-**

56 LAG Köln 27.4.1999 – 13 Sa 1380/98 – Rn 30 f. – juris.

57 BAG 5.4.2001 – 2 AZR 580/99 – Rn 24 – juris.

58 LAG Hamm 20.4.2011 – 4 Sa 2230/10 – juris.

gerung der Arbeitspflicht erreicht haben.[59] Bei der Unpünktlichkeit liegt eine **Störung im Äquivalenzverhältnis** zwischen den Arbeitsvertragsparteien vor, was jedenfalls für eine ordentliche Kündigung grundsätzlich genügt.[60]

Fehlt es hingegen an einer konkreten Beeinträchtigung des Arbeitsverhältnis- 39
ses, genügt dies für eine **außerordentliche Kündigung** wegen Zuspätkommens nicht. Im Rahmen der Interessenabwägungen sind **zudem Störungen im Betriebsablauf oder Betriebsfrieden i.S.d. Betriebsdisziplin** (Auswirkungen auf die anderen Arbeitnehmer, wenn das Verhalten geduldet wird) zu beachten.[61]

b) Inkorrekte Arbeitszeiterfassung

Regelmäßig kommt sogar eine **außerordentliche Kündigung** in Betracht, wenn der 40
Arbeitnehmer Arbeitszeiten falsch erfasst, wobei **häufig die Abmahnung entbehrlich** sein wird.

Praxisbeispiel
Hat ein Arbeitnehmer mehrfach die Zeiterfassung durch Einreichung von Zeitausgleichsformularen dahingehend manipuliert, dass er längere Arbeitszeiten als tatsächlich absolviert angegeben hat, und leugnet er danach dies beharrlich, ist unabhängig von der strafrechtlichen Würdigung regelmäßig eine ordentliche, nach den Umständen des Einzelfalles durchaus auch eine außerordentliche Kündigung möglich.[62]

Nichts anderes gilt, wenn der Arbeitnehmer selbst in entsprechenden **Listen** seine 41
Arbeitszeit erfasst. Grundsätzlich kommt in diesem Fall eine **außerordentliche Kündigung** in Betracht.[63] Eine **Abmahnung** ist in einem solchen Fall **entbehrlich**, da es sich um ein **schwerwiegendes, das Vertrauensverhältnis zum Arbeitgeber zerstörendes Verhalten handelt. Ist die Vertragswidrigkeit des Verhaltens** wegen der **Evidenz der Pflichtverletzung** dem Arbeitnehmer bekannt bzw. muss sie ihm bekannt sein, ist eine Wiederherstellung des für die Fortsetzung des Arbeitsverhältnisses erforderlichen Vertrauens nicht möglich mit der Folge, dass eine Abmahnung entbehrlich ist. Dies gilt **umso mehr, wenn** der Arbeitgeber wie in jenem Fall dem Mitarbeiter das **Aufschreiben der Zeiten selbst überlassen** und ihm damit einen **Vertrauensvorschuss** gewährt hat.[64]

---

59 BAG 17.3.1988 – 2 AZR 576/87 – Rn 65f. – juris.
60 BAG 17.3.1988 – 2 AZR 576/87 – Rn 65 – juris.
61 BAG 17.3.1988 – 2 AZR 576/87 – Rn 41, 47, 54, 56, 60; BAG 12.8.1999 – 2 AZR 832/98 – Rn 36, 43ff. – juris.
62 BAG 27.2.1997 – 2 AZR 302/96 – Rn 25 – juris.
63 LAG Rheinland-Pfalz 29.11.2007 – 2 Sa 537/07 – Rn 40 – juris.
64 LAG Rheinland-Pfalz 29.11.2007 – 2 Sa 537/07 – Rn 40, 57 – juris.

Praxisbeispiele

Lässt der Arbeitnehmer das Zeiterfassungsgerät durch einen Dritten bedienen, rechtfertigt dies – in der Regel nach Abmahnung – zumindest eine fristgerechte Kündigung.[65]

„Verzichtet" der Arbeitnehmer auf das Ausstempeln während einer Raucherpause, obwohl diesbezüglich eine ausdrückliche Pflicht besteht, kann das Arbeitsverhältnis (u.U. auch ohne vorherige Abmahnung) außerordentlich gekündigt werden, da er auf diese Weise den Arbeitgeber veranlasst, ihm ein Entgelt zu zahlen, ohne hierfür die geschuldete Leistung erbracht zu haben.[66] In dem Falle des LAG Mainz war eine einschlägige Abmahnung vorausgegangen.

Ein Arbeitgeber warf seinem Arbeitnehmer, der arbeitsvertraglich zur Ableistung von zehn Überstunden ohne weitere Vergütung im Monat verpflichtet war und dieses Kontingent nicht ausgeschöpft hatte, vor, an vier (überwiegend aufeinander folgenden) Tagen das Betriebsgelände verlassen zu haben, ohne sich vorher an der Zeiterfassung auszuloggen. Auf diese Weise hatte der Arbeitnehmer an den vier Tagen insgesamt 60 Minuten gefehlt, ohne eine Arbeitsleistung erbracht zu haben. Sein Stundenlohn betrug EUR 9,81 brutto. Das LAG Berlin-Brandenburg ließ es offen, ob angesichts der Schadenshöhe in geringem Umfang überhaupt eine Kündigung ohne vorherige Abmahnung möglich gewesen sei (Emmely ließ grüßen). Das Gericht verneinte jedoch einen wirtschaftlichen Schaden des Arbeitgebers, da sich der Mitarbeiter um mehr als sechs Stunden über seinem arbeitstäglichen Soll befand. Mangels materiellen Schadens stellte sich für das Gericht das Vergehen des Arbeitnehmers hinsichtlich der Schwere als deutlich geringer heraus mit der Folge, dass die ausgesprochene außerordentliche, hilfsweise ordentliche Kündigung unwirksam war.[67]

42 In einem weiteren Fall erachtete das BAG eine fristlose Kündigung für wirksam, in dem ein Arbeitnehmer, der aufgrund entsprechender Einweisung zur Eingabe seiner Arbeitszeiten in ein elektronisches Zeiterfassungssystem mit Hilfe des PCs an seinem Arbeitsplatz verpflichtet war, an insgesamt sieben Arbeitstagen jeweils mindestens 13 Minuten, an einigen Tagen sogar mehr als 20 Minuten zu Unrecht als Arbeitszeit dokumentiert hatte. Eine Abmahnung sah das BAG als entbehrlich an, da der Arbeitnehmer nicht davon ausgehen durfte, dass der Arbeitgeber ein solches Verhalten hinnehmen (und insofern zuerst abmahnen) würde. Dabei betonte das Gericht das auf Heimlichkeit angelegte, vorsätzliche und systematische Fehlverhalten des Arbeitnehmers.[68]

c) Sonderfall Betriebsrat

43 Betriebsräte sind verpflichtet, sich **vor** Beginn einer **Betriebsratstätigkeit** grundsätzlich **unter Angabe des Ortes und der voraussichtlichen Dauer** der Betriebsratstätigkeit **ab- und nach ihrer Rückkehr** wieder **anzumelden.** Hierbei handelt es sich mit Blick darauf, dass der Arbeitgeber während der Abwesenheit der Betriebs-

65 LAG Berlin 6.6.1988 – 9 Sa 26/88 – LS 1 – juris.
66 LAG Mainz 6.5.2010 – 10 Sa 712/09.
67 LAG Berlin-Brandenburg 13.6.2012 – 15 Sa 407/12.
68 BAG 9.6.2011 – 2 AZR 381/10 – NZA 2011, 1027.

räte die Arbeitsabläufe sicherstellen muss, um eine **vertragliche Nebenpflicht.** Verletzt das Betriebsratsmitglied diese Pflicht, ist das Verhalten grundsätzlich **abmahnbar.**[69] Darüber hinaus ist es nach entsprechender Abmahnung abhängig von den besonderen Umständen des Einzelfalles nicht ausgeschlossen, dass bei **beharrlichem Verstoß** mit entsprechenden Auswirkungen eine **außerordentliche Kündigung** ausgesprochen werden kann. Dies wird allerdings dann nicht der Fall sein, wenn mit Blick auf die Arbeitsabläufe etc. es aus Sicht des Arbeitgebers völlig **irrelevant** ist, **ob der Betriebsrat zu jener Zeit an seinem Arbeitsplatz ist oder nicht**, es mithin keinerlei Umorganisation etc. bedurft hätte. In diesem Fall ist eine Ab-/Anmeldepflicht sogar zu verneinen.

7. Außerdienstliches Verhalten

a) Grundsatz

Was der Arbeitnehmer in seiner **Freizeit** tut, **geht den Arbeitgeber nichts an.** Insofern hat ein außerdienstliches Verhalten grundsätzlich aus Arbeitgebersicht unbeachtet zu bleiben. Die Verpflichtungen des Arbeitnehmers gegenüber seinem Arbeitgeber enden grundsätzlich dort, wo sein **privater Bereich** beginnt. Die Gestaltung des privaten Lebensbereiches steht **außerhalb der Einflusssphäre des Arbeitgebers.** 44

Dies gilt allerdings dann **nicht, wenn das außerdienstliche Verhalten in das Arbeitsverhältnis hineinwirkt und dort zu Störungen führt**. Insofern kann der private Lebensbereich des Arbeitnehmers durch arbeitsvertragliche Pflichten eingeschränkt sein.[70] Ist dies der Fall, kommt es für eine eventuelle Kündigung **weder** auf ein **Verschulden noch** auf eine vorangegangene **Abmahnung** an, da der Arbeitnehmer mit seinem außerdienstlichen Verhalten keine vertraglichen Nebenpflichten verletzt. 45

b) Einzelfälle

Wird ein Mitarbeiter in der **Probezeit wegen seiner Homosexualität** gekündigt, ist diese **Kündigung unwirksam**. Dies gilt nicht nur vor dem Hintergrund, dass es sich um den Bereich der privaten Lebenssphäre des Arbeitnehmers handelt, ohne dass auch nur im Ansatz erkennbar ist, wie sich dies auf das Arbeitsverhältnis auswirken könnte (z.B. in Bezug auf die Zusammenarbeit der Mitarbeiter, den Betriebsfrieden, Kundenbeziehungen etc.). Zudem ist eine solche Kündigung treuwidrig, da der Grundsatz von Treu und Glauben auch der Kündigung eine immanente Inhaltsbegrenzung gibt. Die Gewährleistung der **Privatautonomie**, das **Recht auf Achtung** 46

69 BAG 13.5.1997 – 1 ABR 2/97 – Rn 26f. – juris; BAG 15.3.1995 – 7 AZR 643/94 – Rn 24ff. – juris.
70 BAG 23.6.1994 – 2 AZR 617/93 – Rn 25 – juris.

der Menschenwürde und das **allgemeine Persönlichkeitsrecht** werden durch eine Kündigung allein wegen einer homosexuellen Orientierung verletzt.[71]

Weitere Praxisbeispiele

Verkauft ein Mitarbeiter auf dem Parkplatz seines Arbeitgebers einem Großkunden gestohlene Handys, indem er noch dazu während der Arbeitszeit andere Kollegen auf ein Kaufinteresse anspricht, liegt ein ausreichender Bezug zum Arbeitsverhältnis mit Blick auf das Integritätsinteresse des Arbeitgebers vor, dass sein Gelände nicht für Zwecke der Hehlerei missbraucht wird. Zudem wird die Kundenbeziehung zu dem Großkunden gestört. Schlussendlich wirkt das Ansprechen der Kollegen in die betriebliche Verbundenheit hinein. Eine außerordentliche Kündigung ist grundsätzlich möglich.[72]

Begeht ein Arbeitnehmer nicht zu Lasten seines Arbeitgebers, jedoch zu Lasten einer anderen Konzerngesellschaft einen Ladendiebstahl, wirkt dieser Diebstahl jedenfalls dann in sein Arbeitsverhältnis zu seinem Arbeitgeber hinein, wenn der Arbeitgeber ihm bei der bestohlenen Gesellschaft einen Personalrabatt eingeräumt hat.[73]

Ist einem Kraftfahrer aufgrund einer privaten Alkoholfahrt die Fahrerlaubnis entzogen worden, kommt eine außerordentliche Kündigung dann in Betracht,[74] wenn ein anderweitiger Einsatz für die Zeit der Kündigungsfrist oder für die Dauer des Entzuges der Fahrerlaubnis nicht in zumutbarer Weise möglich ist.[75] Das Gericht hat offengelassen, ob es eine Pflicht gibt, dass der Arbeitnehmer sich unverzüglich nach dem Erhalt der Kündigung zu einem solchen anderweitigen Einsatz bereit erklären muss.[76]

In einem Fall des Arbeitsgerichts Bochum befand sich ein Auszubildender bei einem Unternehmen, das als Dienstleister u.a. Facebook-Profile für seine Kunden erstellte, in einer Ausbildung zum Mediengestalter Digital und Print. In seinem privaten Facebook-Account fanden sich wörtlich folgende Eintragungen: *„Arbeitgeber: Menschenschinder und ausbeuter ... Leibeigener ... Bochum ... dämliche scheiße für mindestlohn 20% erledigen“*. Das Arbeitsgericht Bochum sah in diesen Äußerungen eine grobe Beleidigung des ausbildenden Unternehmens, die von dem Recht auf Meinungsfreiheit des Auszubildenden nicht mehr gedeckt sei. Das Arbeitsgericht Bochum kam zu diesem Ergebnis, obwohl das ausbildende Unternehmen für Außenstehende mangels Namensbenennung nicht unmittelbar identifizierbar war. Der Auszubildende hätte seine Äußerungen auch nicht im Rahmen eines Chats getätigt, so dass eine Äußerung in seinem Facebook-Account nicht als vertrauliches Gespräch unter Freunden oder Kollegen gewertet werden könne. Insofern bejahte das Arbeitsgericht Bochum die Möglichkeit einer fristlosen Kündigung an sich. Nur mit Blick auf die besondere Pflicht des Ausbildenden zur Förderung der geistigen, charakterlichen und körperlichen Entwicklung (§ 14 Abs. 1 Nr. 4 BBiG) mutete das Gericht dem ausbildenden Unternehmen die Fortbeschäftigung zu. Das Unternehmen hätte durch Abmahnung oder Kritikgespräche zunächst versuchen müssen, eine Verhaltensänderung und eine entsprechende Einsicht des Auszubildenden hinsichtlich seines Fehlverhaltens herbeizuführen.

---

71 BAG 23.6.1994 – 2 AZR 617/93 – Rn 23f. – juris.

72 Sächs. LAG 14.7.1999 – 2 Sa 34/99 – Rn 36f. – juris.

73 BAG 20.9.1984 – 2 AZR 233/83 – Rn 19 – juris.

74 BAG 30.5.1978 – 2 AZR 630/76 – Rn 14 – juris, wobei das BAG in seiner Begründung nicht diskutiert, ob es sich im vorliegenden Fall um eine verhaltens- oder personenbedingte Kündigung gehandelt hat.

75 BAG 30.5.1978 – 2 AZR 630/76 – Rn 16f., 22 – juris.

76 BAG 30.5.1978 – 2 AZR 630/76 – Rn 26 – juris.

47 Erhält ein Arbeitnehmer von einem anderen Arbeitnehmer eine **Vermittlungsgebühr** dafür, dass jener andere **Arbeitnehmer** beim gleichen Arbeitgeber **eingestellt wird**, wird dies **keinen Grund** für eine ordentliche und schon gar nicht außerordentliche **Kündigung** darstellen. Anderes würde nur dann gelten, wenn das Verhalten zu einer konkreten Beeinträchtigung des Arbeitsverhältnisses oder zu einer konkreten Gefährdung im Vertrauensbereich führte. Hierzu bedarf es aber des Vortrages konkreter Tatsachen.[77] Dies wäre z.B. denkbar, wenn der kassierende Arbeitnehmer über die Einstellung (mit) entschieden hätte.

8. Beleidigungen/Schmähkritik

a) Beleidigungen und Meinungsfreiheit

48 **Beleidigungen** des Arbeitgebers, von Vorgesetzten sowie Arbeitskollegen, die eine Ehrverletzung darstellen, können zu einer ordentlichen **Kündigung** führen. Handelt es sich um eine nach Form und Inhalt **erhebliche Ehrverletzung** für die Betroffenen, ist sogar eine **außerordentliche Kündigung** denkbar. Eine solche grobe Beleidigung liegt vor, wenn es sich um eine besonders **schwere, den Betroffenen kränkende Beleidigung**, d.h. eine **bewusste und gewollte Ehrenkränkung aus gehässigen Motiven** handelt.[78] Gleiches wie für Beleidigungen gilt für bewusst wahrheitswidrig aufgestellte Tatsachenbehauptungen, etwa wenn sie den Tatbestand der **üblen Nachrede** erfüllen.

49 In diesem Zusammenhang kann sich der Arbeitnehmer **nicht** auf das Grundrecht der **Meinungsfreiheit** berufen. Dieses schützt weder Formalbeleidigungen noch bloße Schmähungen oder unwahre Tatsachenbehauptungen. Insofern können Arbeitnehmer zwar z.B. unternehmensöffentlich **Kritik am Arbeitgeber und betrieblichen Verhältnissen**, ggf. auch überspitzt oder polemisch, äußern. **Im groben Maße unsachliche Angriffe**, die u.a. zur Untergrabung der Position eines Vorgesetzten führen können, muss der Arbeitgeber hingegen **nicht hinnehmen.**[79]

Praxisbeispiel

Der Arbeitgeber muss somit grundsätzlich hinnehmen, dass Arbeitnehmer ihn kritisieren, indem sie ihm Fehler vorwerfen. Den Arbeitgeber deswegen als Versager zu bezeichnen kann – je nach den Umständen – grenzwertig sein, der Titel „Idiot" würde die Grenze polemischer und überzogener Kritik überschreiten.

---

77 BAG 3.7.2003 – 2 AZR 235/02 – Rn 18, 24ff. – juris.

78 LAG Niedersachsen 12.2.2010 – 10 Sa 569/09.

79 BAG 10.12.2002 – 2 AZR 418/01 – Rn 23 – juris, zu einem Sachverhalt wegen der „Beschwerde wegen Verletzung des Postgeheimnisses" eines Mitarbeiters an das zuständige Vorstandsmitglied mit zum Teil drastischen Formulierungen.

50 Aber auch im Rahmen einer schwerwiegenden Beleidigung hängt die Wirksamkeit einer sodann erfolgten Kündigung vom Ausgang der notwendigen Interessenabwägung ab.

Praxisbeispiel

Ein schwerbehinderter Mitarbeiter (zum Zeitpunkt der Kündigung 51 Jahre alt und ca. 30 Jahre bei dem Arbeitgeber beschäftigt) äußerte neun Monate nach einem Personalgespräch, in dem über eine anderweitige Einsatzmöglichkeit des Mitarbeiters aufgrund längerer Arbeitsunfähigkeitszeiten gesprochen wurde, schriftlich zu Händen des Personalleiters:

> *„Des Weiteren möchte nur nun noch einmal auf unser oben genanntes Personalgespräch eingehen, insbesondere auf die von Ihnen getätigte Aussage: „Wir wollen nur gesunde und voll einsetzbare Mitarbeiter." Diese Aussage ist in meinen Augen vergleichbar mit Ansichten und Verfahrensweisen aus dem Dritten Reich und gehört eigentlich auf die Titelseiten der Tageszeitungen sowie in weitere Medien!"*

Das BAG sah in dieser Äußerung eine grobe Beleidigung des Arbeitgebers durch Gleichsetzung betrieblicher Vorgänge mit dem nationalsozialistischen Terrorsystem. Solche Äußerungen seien keine überzogene oder gar ausfällige Kritik mehr, sondern eine Schmähung, da bei dieser Äußerung nicht mehr die Auseinandersetzung in der Sache, sondern die Diffamierung des Personalleiters im Vordergrund gestanden hätte. Das BAG bejahte insofern die Möglichkeit einer fristlosen Kündigung an sich. Mit Blick auf die Dauer des Arbeitsverhältnisses und dessen störungsfreien Verlauf kam das Gericht jedoch sodann im Rahmen der notwendigen Interessenabwägung zu dem Ergebnis, dass jedenfalls eine fristlose Kündigung nicht berechtigt gewesen sei.[80] Eine Umdeutung der außerordentlichen Kündigung in eine ordentliche Kündigung war im vorliegenden Fall nicht möglich, da der Arbeitgeber das Integrationsamt mit Blick auf den Schwerbehindertenstatus des Arbeitnehmers nur zu einer außerordentlichen Kündigung beteiligt hatte.

---

51 Handelt es sich um besonders grobe Beleidigungen etc., kann eine Abmahnung zuvor entbehrlich sein.

b) Vertrauliche Äußerungen

52 Regelmäßig berufen sich Arbeitnehmer darauf, sie hätten ihre Äußerungen lediglich in einem kleinen und vertraulichen Umfeld unter Kollegen getätigt und hätten darauf vertraut, dass ihre Gesprächspartner ihre Äußerungen nicht weitergäben. Die Rechtsprechung ist der Auffassung, dass es einen **Erfahrungssatz** gibt, dass **Erklärungen über Arbeitgeber und Vorgesetzte, die im vertraulichen Umfeld getätigt werden, tatsächlich auch vertraulich bleiben.**[81] So entspricht es der ständigen Rechtsprechung des BAG, dass **diffamierende und ehrverletzende Äußerungen** über Vorgesetzte und Kollegen in **vertraulichen Gesprächen** unter Arbeitskollegen grundsätzlich eine **Kündigung** des Arbeitsverhältnisses **nicht** rechtfertigen können.

---

80 BAG 7.7.2011 – 2 AZR 355/10 – NZA 2011, 1412.

81 BAG 30.11.1972 – 2 AZR 79/72 – Rn 14 – juris.

Der Arbeitnehmer dürfe in solchen Fällen regelmäßig darauf vertrauen, seine Äußerungen würden nicht nach außen getragen und der Betriebsfrieden nicht gestört bzw. das Vertrauensverhältnis der Arbeitsvertragsparteien nicht zerstört. Zudem sei eine vertrauliche Kommunikation in der Privatsphäre als **Ausdruck der Persönlichkeit** besonders geschützt.

Diese **Vertraulichkeit** gilt, **solange** der sich äußernde **Arbeitnehmer diese** 53
Vertraulichkeit nicht selbst aufhebt. Hebt der **Gesprächspartner** gegen den Willen des Arbeitnehmers die Vertraulichkeit auf, geht dies arbeitsrechtlich **nicht zu Lasten des Arbeitnehmers.**[82] Die Rechtsprechung anerkennt in diesem Schutz der Vertraulichkeit ein Bedürfnis eines Arbeitnehmers, sich über Umstände in seinem Betrieb mit anderen Kollegen austauschen zu wollen und dabei auf die Vertraulichkeit vertrauen zu können, selbst wenn er sich in drastischer, das Zulässige überschreitender Weise äußert.[83]

Diese Vertraulichkeit gilt natürlich nicht nur im Kollegenkreise, sondern erst- 54
recht, wenn es sich um Informationen handelt, die ein Arbeitnehmer dem Betriebsrat erteilt hat.[84]

Der Schutz der **Vertraulichkeit** gilt allerdings **dann nicht mehr**, wenn der Ar- 55
beitnehmer sich **gegenüber Betriebsfremden** oder einer **größeren Anzahl von Kollegen** geäußert hat, ohne mit letzteren durch engere Zusammenarbeit besondere Kontakte zu haben.[85]

Praxisbeispiel 1
Das LAG Niedersachen hat die ordentliche, nicht hingegen die außerordentliche Kündigung eines Arbeitnehmers ohne vorherige Abmahnung als gerechtfertigt angesehen, der gegenüber einem Kunden über zwei seiner Geschäftsführer ausführte, einer habe ein Alkoholproblem, der andere sei seiner Meinung nach für die kaufmännische Leitung des Betriebes völlig ungeeignet und mehr an den äußerlichen als fachlichen Qualitäten der weiblichen Mitarbeiter interessiert.[86] Hingegen hat das LAG Schleswig-Holstein eine ordentliche wie außerordentliche Kündigung trotz grober Beleidigung mangels vorangegangener Abmahnung bei einem Kraftfahrer verneint, der einen Mitarbeiter seines Kunden, bei dem er etwas auszuliefern hatte, mit den Worten bedachte: „Ich liefere hier seit Jahren und jetzt aus dem Weg, du Arsch" und ihn mehrfach als „Arschloch" bezeichnete.[87]

Praxisbeispiel 2
In einem Fall des LAG Hessen hatte ein Mitarbeiter während eines Streiks durch Hochhalten eines Plakates den Betrieb betretende Mitarbeiter (Streikbrecher und Vorgesetzte) als „Arschkriecher"

---

82 BAG 10.12.2002 – 2 AZR 418/01 – Rn 26 – juris.
83 BAG 10.12.2009 – 2 AZR 534/08 – Rn 21 – juris.
84 LAG Köln 16.1.1998 – 11 Sa 146/97 – Rn 14 – juris.
85 BAG 30.11.1972 – 2 AZR 79/72 – Rn 16 – juris.
86 LAG Niedersachsen 12.2.2010 – 10 Sa 569/09.
87 LAG Schleswig-Holstein 8.4.2010 – 4 Sa 474/09.

bezeichnet. Auf diesem Plakat war im Übrigen eine entsprechende Zeichnung eines menschlichen Hinterteils zu sehen. Das Gericht sah hierin zwar eine Beleidigung der Vorgesetzten,[88] hatte allerdings schon Zweifel, ob es sich hierbei um eine bewusste und gewollte Ehrkränkung aus gehässigen Motiven, die für eine außerordentliche Kündigung notwendig gewesen wäre, handelte.[89] Zudem herrsche in einem Streik nicht nur ein rauer Ton, insbesondere sei eine praktische Konkordanz zwischen den konkurrierenden Grundrechten der streikenden Arbeitnehmer und der Vorgesetzten herzustellen.[90] Im Ergebnis verneinte das LAG die Möglichkeit einer Kündigung und hielt eine vorherige Abmahnung für notwendig.[91]

Praxisbeispiel 3

In einem weiteren Fall hatte das BAG sich intensiv mit dem Recht des Arbeitnehmers auf Meinungsfreiheit auseinanderzusetzen, der am Ende allerdings mit der Bejahung einer fristlosen Kündigung ohne vorherige Abmahnung endete.[92]

Nachdem der Arbeitnehmer wegen unwahrer Äußerungen in einer Betriebsversammlung eine ordentliche Kündigung erhalten hatte, bewarb er sich vor Ablauf der Kündigungsfrist im Rahmen einer Betriebsratswahl bei seinem Arbeitgeber und verteilte sodann ein Flugblatt „Programm der roten Liste“, für dessen Inhalt er im Sinne des Pressegesetzes als verantwortlich angegeben war. Hier hieß es u.a., der jetzige Betriebsrat organisiere nicht die Kollegen im Kampf gegen die „HDW-Kapitalisten“, sondern stelle sich gegen sie. Er sei dafür mitverantwortlich, dass die Direktion die Ursachen der schweren Betriebsunfälle der letzten Zeit vertuschen konnte und diese nicht bereits bekannt wurden. Der vom Betriebsrat mit eingeführte Programmprämienlohn bedeute vor allem verschärfte Arbeitshetze, verschärfte Ausbeutung und letztendlich Entlassungen. Entlassungen seien ein wirksames Mittel, die Kollegen unter Druck zu setzen. Die Folge seien verschleppte Krankheiten, Arbeitsunfälle und frühzeitiger Tod. „Deshalb: ... Kampf dem Entlassungsterror!“ Die Politik des alten Betriebsrates habe so ausgesehen, dass er in friedlicher Eintracht mit der Geschäftsführung zusammenarbeite und die Forderungen der Arbeitnehmer unter den Tisch fallen lasse. Vertrauensvolle Zusammenarbeit und Friede mit der Geschäftsführung könne aber nur der verbreiten, „der unsere Interessen nicht vertreten will.“ Das Betriebsverfassungsrecht sei gerade zum Zweck geschaffen, die Arbeitnehmer in ihrem Kampf gegen das Kapital in friedliche Bahnen zu drängen und jeden Verstoß gegen die „friedliche Zusammenarbeit“ ahnden zu können. Es sei ein Unterdrückungsinstrument gegen die Arbeiterklasse. Ein Betriebsrat, der sich hieran halte, könne die Interessen der Arbeitnehmer nicht vertreten. Der DGB-Apparat sei eine organisierte Streikbrecherzentrale. Die DGB- und IGM-Führer hätten die Gewerkschaft in eine Minderheit bestochener leitender Funktionäre und die Mehrheit der Mitglieder, die nichts zu sagen haben, aufgespalten. Innerhalb und außerhalb der Gewerkschaft müsse eine „revolutionäre Gewerkschaftsopposition“ aufgebaut werden. Diese müsse den Kampf „auf revolutionärer Grundlage“ führen, sie werde nicht wie der „DGB-Apparat“ mit den Kapitalisten lavieren und taktieren und Kapitalismus und Ausbeutung der Arbeiter aufrechterhalten, sondern für die Abschaffung der Lohnsklaverei und den Aufbau des Sozialismus eintreten etc.

88 Hessisches LAG 24.10.2000 – 9 TaBV 19/00 – Rn 29 f. – juris.
89 Hessisches LAG 24.10.2000 – 9 TaBV 19/00 – Rn 32 – juris.
90 Hessisches LAG 24.10.2000 – 9 TaBV 19/00 – Rn 34 f. – juris.
91 Hessisches LAG 24.10.2000 – 9 TaBV 19/00 – Rn 37 – juris.
92 BAG 15.12.1977 – 3 AZR 184/76 – Rn 1 ff. – juris.

Das BAG bestätigte die fristlose Kündigung und sah in diesen Äußerungen ehrenrührige Äußerungen gegenüber dem Arbeitgeber wie auch dem Betriebsrat[93] sowie einen Verstoß gegen die Pflicht des Arbeitnehmers, provozierende parteipolitische und noch dazu verfassungsfeindliche Äußerungen im Betrieb zu unterlassen,[94] da solche Äußerungen im Betrieb erfahrungsgemäß zu einer Störung des Betriebsfriedens i.S.d. vertrauensvollen Beziehung zwischen dem Arbeitgeber und den Arbeitnehmern bzw. der betrieblichen Verbundenheit der Arbeitnehmer untereinander führe. Des Weiteren würden die gewerkschaftlich organisierten Arbeitnehmer verächtlich gemacht[95] und Hetzparolen genutzt.[96] Vor diesem Hintergrund konnte der Arbeitnehmer sich nicht auf das Grundrecht der Meinungsfreiheit berufen, da dies durch die Schutzrechte des Arbeitgebers und seiner Kollegen begrenzt sei. Dass das LAG Schleswig-Holstein in der Vorinstanz diesen Fall noch anders beurteilt hatte, sei nur am Rande erwähnt.[97]

Der zivilrechtliche Ehrschutz ist allerdings eingeschränkt, wenn es sich bei den **beleidigenden Äußerungen** eines Arbeitnehmers um solche **im Rahmen eines arbeitsgerichtlichen Prozesses** handelt. 56

Maßstab für die Zulässigkeit solcher Äußerungen ist die Frage, inwiefern die aufgestellte Behauptung mit Blick auf die konkrete Prozesssituation **zur Rechtswahrung geeignet und erforderlich** erscheint und der **Rechtsgüter- und Pflichtenlage angemessen** ist. Abgesehen von bewusst unwahren Tatsachenbehauptungen sind damit **ehrverletzende Äußerungen** unzulässig, die **in keinem inneren Zusammenhang mit der Ausführung der Verteidigung** und der geltend gemachten Rechte stehen oder so **leichtfertig** gemacht werden, dass deren Unhaltbarkeit ohne Weiteres auf der Hand liegt, wobei das Merkmal der Leichtfertigkeit der Weitergabe unwahrer Äußerungen nicht über Gebühr ausgedehnt werden darf.[98] Insofern dürften **Gerichtsverfahren** nicht durch die Beschneidung der **Äußerungsfreiheit der daran Beteiligten** beeinträchtigt werden.[99] 57

Praxisbeispiel 4
Der Arbeitnehmer hatte im Rahmen eines Kündigungsschutzprozesses über eine krankheitsbedingte Kündigung zum einen ausgeführt, er sei „aufgrund der akuten Mobbingsituation im Betrieb stark belastet“. Diese Äußerung sah das Gericht als von dem Verteidigungsvorbringen gedeckt an. Darüber hinaus hatte er jedoch mitgeteilt: „Bei M. werden (systematisch und regelmäßig) die Fahrtenschreiber der Kundendienstfahrzeuge manipuliert.“ Da diese Äußerung in keinerlei Zusammenhang mit der Verteidigung gegen die streitgegenständliche Kündigung mehr stand, sah das LAG Rheinland-Pfalz hierin eine Äußerung, die zumindest eine ordentliche Kündigung rechtfertigen konnte.

93 BAG 15.12.1977 – 3 AZR 184/76 – Rn 26 ff. – juris.
94 BAG 15.12.1977 – 3 AZR 184/76 – Rn 29 – juris.
95 BAG 15.12.1977 – 3 AZR 184/76 – Rn 30 – juris.
96 BAG 15.12.1977 – 3 AZR 184/76 – Rn 31 – juris.
97 ArbG Bochum 9.2.2012 – 3 Ca 1203/11 – juris.
98 LAG Rheinland-Pfalz 31.7.2008 – 10 Sa 169/08 – Rn 38 – juris.
99 LAG Rheinland-Pfalz 31.7.2008 – 10 Sa 169/08 – Rn 40 – juris.

Gleichwohl war die Äußerung in einer öffentlichen Gerichtsverhandlung und unter Berücksichtigung des Verhältnismäßigkeitsgrundsatzes aus Sicht des Gerichtes nicht geeignet, die Kündigung zu rechtfertigen, ohne dass dieser eine Abmahnung vorangegangen war.[100]

9. Druckkündigung

58 Bei einer **Druckkündigung**, d.h. der Kündigung aufgrund des Verlangens anderer Arbeitnehmer, einer Gewerkschaft, Kunden und Lieferanten etc. ist danach zu unterscheiden, ob es **objektive Gründe** für das Verlangen der Kündigung eines bestimmten Arbeitnehmers gibt. Sind solche nicht existent, besteht nur die Möglichkeit einer betriebsbedingten Druckkündigung, die vom Arbeitgeber allerdings verlangt, dass er sich zuvor nachhaltig vor den betroffenen Arbeitnehmer stellt und den Druck zu beseitigen versucht. Zudem muss es sich, wenn dies erfolglos geblieben ist, bei der Druckkündigung um die einzige Möglichkeit zur Vermeidung erheblicher Schäden handeln.[101]

59 Bestehen hingegen **objektive Gründe für das Verlangen des Dritten**, kommt es darauf an, ob diese in der Person oder **in dem Verhalten des betroffenen Arbeitnehmers** begründet sind. Danach richtet sich die Frage, ob eine personen- oder eine **verhaltensbedingte Kündigung** im Einzelfall auszusprechen ist.

Praxisbeispiel

Ein Arbeitnehmer (Busfahrer) war in einem Zeitraum von rund drei Jahren an 19 Tagen ganz oder teilweise nicht zur Arbeit erschienen, weil er entweder angeblich krank war, verschlafen oder persönliche Angelegenheiten zu regeln hatte. Nachdem eine deswegen ausgesprochene Kündigung zurückgenommen worden war, versuchte der Arbeitgeber den Arbeitnehmer mit der Begründung zu versetzen, durch die vielen unvorhergesehenen Fehlzeiten seien anderen Kollegen erhebliche Mehrbelastungen aufgebürdet worden. Diese Versetzung scheiterte jedoch. Nachdem der Kläger sich nach der arbeitnehmerseitigen Rücknahme der Kündigung gegenüber anderen Mitarbeitern kritisch über den Arbeitgeber und dem Personal geäußert hatte, sandten 34 Mitarbeiter ein Schreiben an den Personalrat, in dem sie es ablehnten, mit dem Arbeitnehmer weiter zusammenzuarbeiten. Der Personalrat beantragte daraufhin beim Arbeitgeber, den Arbeitnehmer „vom Betriebshof zu entfernen". Der Arbeitgeber kündigte sodann außerordentlich sowie fristgemäß. Nach der Kündigung verteilte der Arbeitnehmer Flugblätter vor dem Gelände des Arbeitgebers an ehemalige Kollegen, in denen gegen seine Entlassung Stellung genommen wurde und Ausdrücke wie Gesinnungsterror, Kesseltreiber, Erpressung, Repressalien, Maulkorbpolitik u.a. gebraucht wurden. Das BAG sah in der Forderung der Arbeitnehmer offensichtlich jedoch eine solche ohne objektive Rechtfertigung mit der Folge, dass die anderen Arbeitnehmer zum einen nur die Entfernung des Arbeitnehmers vom Betriebshof verlangt hätten, zum anderen der Arbeitgeber vor Ausspruch der Kündigung ein Gespräch mit dem protestierenden Teil der Belegschaft hätte führen müssen. Der Arbeitgeber habe nichts getan, um den drohenden Teil der Belegschaft von seiner Drohung abzu-

100 LAG Rheinland-Pfalz 31.7.2008 – 10 Sa 169/08 – Rn 52 – juris.

101 BAG 19.6.1986 – 2 AZR 563/85 – Rn 29 – juris; BAG 18.9.1975 – 2 AZR 311/74 – Rn 19 – juris.

bringen.[102] Das Gericht verwies den Rechtsstreit jedoch an das LAG mit Blick auf eine im Laufe des Prozesses ausgesprochene ordentliche Kündigung wegen des früheren Verhaltens, der Flugblattaktion etc. des Arbeitnehmers zurück.

10. Eigentums-/Vermögensdelikte

a) Grundsatz

Vom Arbeitnehmer zu Lasten des Arbeitgebers begangene **Vermögensdelikte** wie 60
etwa der Diebstahl oder die Unterschlagung von Firmeneigentum rechtfertigen nach ständiger Rechtsprechung des BAG **in der Regel** eine **außerordentliche Kündigung.**[103] So bejahte das BAG die Zulässigkeit einer fristlosen Kündigung in einem Fall, in dem ein Betriebsratsvorsitzender gegen Zahlung von DM 200,00 während seiner Arbeitszeit dem Arbeitgeber gehörenden Schrott an einen Schrotthändler verkaufte, der zu dessen Ankauf mit seinem Fahrzeug auf das Betriebsgelände gefahren war. Im Rahmen des hierzu geführten Zustimmungsersetzungsverfahrens führte das BAG aus, dass ein Arbeitnehmer, der während seiner Arbeitszeit im Eigentum des Arbeitgebers stehende Sachen an einen Dritten verkaufe, eine schwerwiegende Verletzung seiner arbeitsvertraglichen Pflichten beginge und das in ihn gesetzte **Vertrauen in gravierender Weise missbrauche.**[104] Eine **Abmahnung** war **entbehrlich**, da dem Arbeitnehmer die Rechtswidrigkeit seines Tuns und die Schwere seiner Pflichtverletzung klar sein und ihm ohne Weiteres erkennbar sein musste, dass eine Hinnahme seines Fehlverhaltens durch den Arbeitgeber ausgeschlossen war.[105]

b) Geringwertige Güter

Nach der Rechtsprechung kommt es auf die Frage, welchen **Wert** z.B. das gestohle- 61
ne Gut verkörpert, **grundsätzlich nicht an.** In dem dieser ständigen Rechtsprechung des BAG zugrundeliegenden **„Grundfall"** ließ das BAG den **Verzehr eines Stückes Bienenstich** ohne Bezahlung durch eine Buffetkraft in einer Cafeteria eines Kaufhauses für eine **fristlose Kündigung ohne vorangegangene Abmahnung** grundsätzlich ausreichen.[106]

102 BAG 18.9.1975 – 2 AZR 311/74 – Rn 19ff. – juris.
103 BAG 10.2.1999 – 2 ABR 31/98 – Rn 15 m.w.N – juris.
104 BAG 10.2.1999 – 2 ABR 31/98 – Rn 15 – juris.
105 BAG 10.2.1999 – 2 ABR 31/98 – Rn 24ff. – juris.
106 BAG 17.5.1984 – 2 AZR 3/83 – Rn 23 – juris.

c) Bisherige Rechtsprechung

62 Diese Rechtsprechung ist regelmäßig in Zusammenhang mit Delikten, die geringwertige Sachen betroffen haben, bestätigt worden.

Praxisbeispiel

So z.B. bei einem Steward im Bordtreff der Deutschen Bahn, bei dem im Rahmen einer Kontrolle drei Kaffeebecher aus Porzellan (je DM 3,28) und zwei Packungen Knochenschinken (je DM 2,69) gefunden wurden und der zuvor, wenn auch unwirksam, wegen des Nichtbonierens eines Frühstücks bereits einmal gekündigt worden war.[107] Eine Abmahnung war mit Blick auf den besonders schwerwiegenden Verstoß, dessen Rechtswidrigkeit dem Arbeitnehmer ohne Weiteres erkennbar war und bei dem es offensichtlich ausgeschlossen gewesen ist, dass der Arbeitgeber dieses hinnimmt, nicht erforderlich. Das Gericht betonte in diesem Zusammenhang, dass dem Steward die Lebensmittel etc. anvertraut worden seien und nur eine geringe Überwachungsmöglichkeit des Arbeitgebers bestünde.[108]

Weitere Praxisbeispiele

Ebenso entschied das BAG bei der Wegnahme von 62 Miniflaschen mit Alkoholika durch eine Verkäuferin, obwohl die Ware nicht mehr als reguläre Ware verkauft werden konnte und abgeschrieben war. Trotzdem, so das BAG, konnte diese Ware noch einen wirtschaftlichen Wert für den Arbeitgeber verkörpern mit der Folge, dass die ausgesprochene fristlose Kündigung für wirksam erachtet wurde.[109]

Der Diebstahl eines Lippenstiftes durch eine Verkäuferin führte ebenfalls zu einer wirksamen außerordentlichen Kündigung.[110]

Das Arbeitsgericht Lörrach sah die fristlose Kündigung einer 58-jährigen Altenpflegerin wegen des Diebstahls von sechs Maultaschen als wirksam an.[111]

---

63 Allerdings ist diese Rechtsprechung bei Delikten hinsichtlich geringwertiger Sachen nicht unumstritten gewesen.

Praxisbeispiel

So hat das LAG Köln die Mitnahme von zwei Stücken gebratenen Fisches im Wert von DM 10,00 durch eine Küchenhilfe zum Eigenverbrauch ohne notwendige Genehmigung des Küchenleiters zwar als an sich für eine fristlose Kündigung geeignet angesehen. Da die Essensreste jedoch nicht weiter verwendbar und damit wirtschaftlich wertlos gewesen seien, hat das Gericht die Einhaltung der Kündigungsfrist für zumutbar erachtet.[112]

---

107 BAG 11.12.2003 – 2 AZR 36/03 – Rn 25 f. – juris.
108 BAG 12.1.2006 – 2 AZR 21/05 – Rn 40 f. – juris.
109 BAG 11.12.2003 – 2 AZR 36/03 – Rn 16 ff. – juris.
110 BAG 13.12.2007 – 2 AZR 537/06 – Rn 16 – juris.
111 LAG Stuttgart 10.2.2010 – 13 Sa 59/09.
112 LAG Köln 24.8.1995 – 5 Sa 504/95 – LS 1, 2 – juris.

Weitere Praxisbeispiele

Das LAG Stuttgart hat weder eine ordentliche noch gar eine außerordentliche Kündigung für möglich angesehen in einem Fall, in dem ein in einer Müllsortieranlage beschäftigter Arbeitnehmer trotz entgegenstehender Weisungen ein von der Müllabfuhr aufgesammeltes Kinderreisebett an sich genommen hatte.[113]

Ebenso hat das LAG Hamm beim Verzehr eines Brotaufstrichs im Wert von weniger als EUR 0,10 wegen des äußerst geringen Wertes der zum Eigenverzehr entwendeten Ware die Möglichkeit einer außerordentlichen Kündigung verneint.[114]

d) „Emmely" und die Folgen

Die Aufsehen erregende Entscheidung „Emmely" des BAG vom 10.6.2010[115] hat entgegen vielfältiger Stimmen diese Rechtsprechung nicht grundlegend geändert. 64

aa) Die „Emmely"-Entscheidung

Die Verkäuferin Emmely hatte entgegen bestehender Weisungen Leergutbons im Werte von EUR 0,48 und EUR 0,82 im Rahmen eines Personaleinkaufs für sich verwendet. Diese wohl von einem Kunden vergessenen Leergutbons hatte sie zuvor dem Filialleiter vorgelegt. Im Rahmen des Personalkaufs löste sie diese Bons in Anwesenheit der Kassenleiterin sowie ihres eigenen Vorgesetzten an der Kasse ein. 65

In seiner Entscheidung **bestätigt das BAG seine Rechtsprechung**, dass **rechtswidrige Handlungen gegen das Vermögen** des Arbeitgebers in schwerwiegender Weise die Rücksichtnahmepflichten des Arbeitnehmers verletzen und einen **Missbrauch des** in den Arbeitnehmer gesetzten **Vertrauens** darstellen. **Selbst** wenn es sich hierbei nur um Sachen von **geringem Wert** handele, könne dies **grundsätzlich einen wichtigen Grund für eine fristlose Kündigung** darstellen.[116] Das **Gericht verneint** ausdrücklich die Festlegung einer nach einem Wert bestimmten **Relevanzschwelle.**[117] 66

Erst im Rahmen der **Interessenabwägungen** kommt das Gericht unter Betonung der **besonderen Umstände** des Emmely-Falles dazu, dass vorliegend eine **Abmahnung statt einer Kündigung** ausgereicht hätte. Zwar hätte Emmely nicht von einer mutmaßlichen Einwilligung des Arbeitgebers mit Blick auf die entgegenstehende Weisung des Filialleiters ausgehen dürfen. Es hätte auch eine **objek-** 67

---

113 LAG Stuttgart 10.2.2010 – 13 Sa 59/09.

114 LAG Hamm 18.9.2009 – 13 Sa 640/09, hierbei ging es allerdings um das Zustimmungsersetzungsverfahren für die außerordentliche Kündigung eines Betriebsratsmitglieds, so dass das LAG sich nicht mit der Frage der Möglichkeit einer ordentlichen Kündigung auseinandersetzen musste, diese vermutlich aber auch verneint hätte.

115 BAG Urt. v. 10.6.2010 – 2 AZR 541/09 – „Emmely".

116 BAG Urt. v. 10.6.2010 – 2 AZR 541/09 – „Emmely" – Rn 26ff. – juris.

117 BAG Urt. v. 10.6.2010 – 2 AZR 541/09 – „Emmely" – Rn 27 – juris.

tiv schwerwiegende, das Vertrauensverhältnis der Parteien erheblich belastende **Pflichtverletzung** vorgelegen.[118] Jedoch hätte Emmely **nicht heimlich**, sondern in unmittelbarer Anwesenheit des Vorgesetzten und der Kassenleiterin gehandelt, für die die fehlende Abzeichnung des Leergutbons offenkundig gewesen wäre.

> *„Das wusste auch die Klägerin, die deshalb aus ihrer Sicht unweigerlich würde Aufmerksamkeit erregen und Nachfragen auslösen müsse. Das zeigt, dass sie ihr Verhalten – fälschlich – als notfalls tolerabel oder jedenfalls korrigierbar eingeschätzt haben mag und sich eines gravierenden Unrechts offenbar nicht bewusst war. Für den Grad des Verschuldens und die Möglichkeit einer Wiederherstellung des Vertrauens macht es objektiv einen Unterschied, ob es sich bei einer Pflichtverletzung um ein Verhalten handelt, das insgesamt – wie etwa der vermeintlich unbeobachtete Griff in die Kasse – auf Heimlichkeit angelegt ist oder nicht.“*[119]

68 Darüber hinaus hat das Gericht maßgeblich auf über eine **dreißigjährige beanstandungsfreie Betriebszugehörigkeit in einer Vertrauensstellung** abgestellt.

> *„Eine für lange Jahre ungestörte Vertrauensbeziehung zweier Vertragspartner wird nicht notwendig schon durch eine erstmalige Vertrauensenttäuschung vollständig und unwiederbringlich zerstört. Je länger eine Vertragsbeziehung ungestört bestanden hat, desto eher kann die Prognose berechtigt sein, dass der dadurch erarbeitete Vorrat an Vertrauen durch einen erstmaligen Vorfall nicht vollständig aufgezehrt wird ... Entscheidend ist ein objektiver Maßstab. Maßgeblich ist nicht, ob der Arbeitgeber hinreichendes Vertrauen in den Arbeitnehmer tatsächlich noch hat. Maßgeblich ist, ob er es aus der Sicht eines objektiven Betrachters haben müsste. Im Arbeitsverhältnis geht es nicht um ein umfassendes wechselseitiges Vertrauen in die moralischen Qualitäten der je anderen Vertragspartei. Es geht allein um die von einem objektiven Standpunkt aus zu beantwortende Frage, ob mit einer korrekten Erfüllung der Vertragspflichten zu rechnen ist.“*[120]

69 Durch das **erworbene Maß an Vertrauen** in die Korrektheit der Aufgabenerfüllung und die Achtung der Vermögensinteressen des Arbeitgebers durch die Arbeitnehmerin sei trotz des Pflichtenverstoßes eine künftige Zusammenarbeit nicht unzumutbar.[121]

---

118 BAG Urt. v. 10.6.2010 – 2 AZR 541/09 – „Emmely“ – Rn 40 f. – juris.
119 BAG Urt. v. 10.6.2010 – 2 AZR 541/09 – „Emmely“ – Rn 45 – juris.
120 BAG Urt. v. 10.6.2010 – 2 AZR 541/09 – „Emmely“ – Rn 47 – juris.
121 BAG Urt. v. 10.6.2010 – 2 AZR 541/09 – „Emmely“ – Rn 50 – juris.

Die Arbeitnehmerin hatte noch vor der Kündigung und im Prozess selbst die ihr zur Last gelegte Tat nachhaltig bestritten und erklärt, es bestünde zum einen die Möglichkeit, dass ihr entsprechende Bons durch eine ihrer Töchter oder durch Dritte zugesteckt worden seien. Beispielhaft habe sie einige Tage vorher einer Arbeitskollegin ihre Geldbörse ausgehändigt mit der Bitte, diese in ihren Spind zu legen (was jene Mitarbeiterin allerdings auf Befragen bestritten hat). Das BAG war der Auffassung, dass dieses **Verteidigungsvorbringen** der Klägerin im Rahmen der Beurteilung der Kündigung nicht zu berücksichtigen sei. **Nachträglich**, d.h. nach Zugang der Kündigung **eingetretene Umstände** könnten nur dann für die Kündigung von Bedeutung sein, wenn sie die Vorgänge, die zur Kündigung geführt haben, in einem neuen Licht erscheinen ließen. Dazu müssten zwischen den **neuen Vorgängen und den eigentlichen Gründen** so **enge innere Beziehungen** bestehen, dass jene nicht außer Acht gelassen werden können, ohne dass ein **einheitlicher Lebensvorgang** zerrissen würde. Es sei genau zu prüfen, welche konkreten Rückschlüsse auf den Kündigungsgrund späteres Verhaltens wirklich erlaubt.[122] Nach Auffassung des BAG war dem Verhalten der Klägerin keine ihre Pflichtverletzung verstärkende Bedeutung zuzumessen. Es sei nicht geeignet gewesen, den Kündigungssachverhalt als solchen zu erhellen. Dieser hätte darin bestanden, dass die Arbeitnehmerin unberechtigter Weise ihr nicht gehörende Leergutbons zweier Kunden zum eigenen Vorteil eingelöst habe.[123] 70

bb) Rechtsprechung nach „Emmely"

Diese Rechtsprechung hat in der Zwischenzeit durchaus Auswirkungen im Rahmen anderer Kündigungsschutzverfahren gezeigt. 71

Praxisbeispiel 1

So ist eine außerordentliche Kündigung wegen Stromdiebstahls durch das LAG Hamm für unwirksam erklärt worden. In diesem Fall hatte ein Arbeitnehmer seinen Elektroroller in der Steckdose des Arbeitgebers wieder aufgeladen und hierdurch Kosten in Höhe von ca. 1,8 Cent verursacht.[124] Ebenso hat das LAG Schleswig-Holstein eine fristlose Kündigung ohne vorherige Abmahnung für unwirksam erklärt, bei der der Arbeitnehmer vom übriggebliebenen Patientengulasch gegessen und eine Ecke von einer Patientenpizza abgerissen und verzehrt haben sollte.[125] Allerdings stellt man sich bei beiden vorstehenden Fällen die Frage, was der wahre Kündigungsgrund gewesen sein mag.

Das LAG Berlin-Brandenburg hat die außerordentliche Kündigung einer ordentlich unkündbaren Arbeitnehmerin trotz Betruges zum Nachteil des Arbeitgebers durch Erstellen einer Scheinrechnung verneint. Der Arbeitnehmerin stand für die Feier eines Dienstjubiläums für getätigte Aufwendungen

---

122 BAG Urt. v. 10.6.2010 – 2 AZR 541/09 – „Emmely" – Rn 53 – juris.

123 BAG Urt. v. 10.6.2010 – 2 AZR 541/09 – „Emmely" – Rn 52f. – juris.

124 LAG Hamm 2.9.2010 – 16 Sa 260/10.

125 LAG Schleswig-Holstein 29.9.2010 – 3 Sa 233/10.

ein Betrag von bis zu EUR 250,00 zur Verfügung. Die Arbeitnehmerin verbrauchte nur knapp EUR 85,00, legte jedoch eine Scheinrechnung über EUR 250,00 für Speisen und Getränke vor und veranlasste so die Arbeitgeberin, diesen gesamten Betrag an den Rechnungsaussteller zu zahlen. Da das Verhalten der Arbeitnehmerin außerhalb des Kernbereichs ihrer Tätigkeit (Zugansagerin in einem Bahnhof) gelegen und der Betrug in einer besonderen Ausnahmesituation stattgefunden hätte, wäre mit Blick auf die 40-jährige beanstandungsfreie Betriebszugehörigkeit wegen des „Erstfalles" eine Abmahnung erforderlich gewesen.[126]

Praxisbeispiel 2

Andererseits hat das Arbeitsgericht Berlin trotz 17-jähriger beanstandungsfreier Betriebszugehörigkeit die außerordentliche Kündigung eines Kassierers ohne vorherige Abmahnung bejaht, der manuell Pfandbons erstellt und den Gegenwert an sich genommen hatte, ohne dass dem ein tatsächlicher Kassiervorgang gegenübergestanden hatte. Der Wert der Pfandbons betrug EUR 6,06.[127] Ebenso hat das LAG Berlin-Brandenburg die Wirksamkeit einer fristlosen Kündigung gegenüber einer Verkäuferin bejaht, die (gemeinsam mit einer anderen Arbeitnehmerin) im Rahmen des Verkaufes von Ware einen Kaufpreis von EUR 58,00 einkassiert, jedoch nur EUR 8,00 in der Kasse eingebucht und die verbliebenen EUR 50,00 in einen Briefumschlag mit der Aufschrift „Weihnachtsfeier" eingelegt hatte. Ein Kaufvertrag über den Verkauf der Ware wurde nicht geschrieben. Der Kunde erhielt nur eine handschriftliche Quittung über die gezahlten EUR 58,00. Da es sich nicht um eine geringfügige Schädigung gehandelt hätte, zudem das Verhalten den Kernbereich der Arbeitsaufgaben der Arbeitnehmerin als Verkäuferin berührt hätte, wurde die fristlose Kündigung als wirksam angesehen.[128]

e) „Datenklau"

72 Dem Fall des Diebstahls geringwertiger Sachen gleichgestellt hat das Sächsische LAG das **arbeitsvertragswidrige und schuldhafte Kopieren von Daten aus dem Bestand des Arbeitgebers auf private Datenträger**. Auf einen solchen „Datenklau" seien die Grundsätze zum Diebstahl geringwertiger Sachen anwendbar, so dass ein **wichtiger Grund für eine fristlose Kündigung** an sich anzunehmen sei.[129] Auf ein **vorheriges eindeutiges Verbot** käme es nicht an, da der Arbeitgeber in der Regel jegliche Kontrolle über Daten, die sich auf privaten Datenträgern des Arbeitnehmers befinden, verlöre. Er könne in der Regel nicht mehr feststellen, wann, wer und wie Daten in welcher Form und für welche Zwecke verwendet würden. Diese Situation verschärfe sich noch dadurch, wenn der Arbeitgeber nicht einmal mit Sicherheit weiß, welche Daten kopiert worden seien. Aus all diesen Gründen gehörten dienstliche Daten auf **private Datenträger nur dann, wenn** dies, in welcher Form auch immer, **erlaubt** worden sei.[130]

126 LAG Berlin-Brandenburg 16.9.2010 – 2 Sa 509/10.
127 ArbG Berlin 28.9.2010 – 1 Ca 5421/10.
128 LAG Berlin-Brandenburg 16.9.2010 – 25 Sa 1080/10.
129 Sächsisches LAG 14.7.1999 – 2 Sa 34/99 – Rn 50f. – juris.
130 Sächsisches LAG 14.7.1999 – 2 Sa 34/99 – Rn 53 – juris.

f) Nichtherausgabe von Firmeneigentum

Nicht nur der Fall eines typischen (meist strafrechtsrelevanten) Delikts des Arbeitsnehmers gegen den Arbeitgeber kann zu einer ggf. fristlosen Kündigung führen. Selbiges mag auch gelten, wenn ein Arbeitnehmer sein **Firmenfahrzeug** nach erfolgter fristloser, hilfsweiser ordentlicher Kündigung **nicht herausgibt**, obwohl er hierzu nach der vertraglichen Regelung verpflichtet ist. Das LAG Nürnberg hat in diesem Zusammenhang den wichtigen Grund für eine fristlose **Kündigung** an sich bejaht. Da der Arbeitnehmer sich jedoch nach Auffassung des LAG Nürnberg in einem Irrtum hinsichtlich der Herausgabepflicht befunden hätte und damit die Vorsätzlichkeit seines Tuns zu verneinen gewesen wäre, verlangte das LAG vor der außerordentlichen Kündigung eine Abmahnung.[131] 73

11. Lohnpfändungen

Wird der **Lohn eines Arbeitnehmers gepfändet**, handelt es sich hierbei nicht um eine vertragliche Nebenpflichtverletzung, da sich dieser Sachverhalt, d.h. sowohl die Lohnpfändung wie auch die hierzu führenden Ursachen im außerdienstlichen Bereich abspielen. Andererseits **wirkt** dieses **außerdienstliche Verhalten in das Arbeitsverhältnis hinein**, da jede Lohnpfändung für den Arbeitgeber einen **administrativen Aufwand** im Zusammenhang mit der Lohnabrechnung darstellt, ihn zudem einem **Haftungsrisiko** gegenüber dem Gläubiger aussetzt, wenn er nach erfolgter Lohnpfändung zuviel Lohn an den Arbeitnehmer auskehrt. 74

Eine solche Lohnpfändung kann nur dann zu einer ordentlichen (nicht hingegen außerordentlichen) **Kündigung** führen, wenn es sich um zahlreiche **Lohnpfändungen** handelt, die einen **unverhältnismäßigen Arbeitsaufwand** für den Arbeitgeber bedeuten. Das BAG führt diesbezüglich aus: 75

> *„Häufige Lohnpfändungen berühren wegen der damit verbundenen Kosten und arbeitsmäßigen Belastungen die unternehmerischen und betrieblichen Interessen des Arbeitgebers. Mit der Bearbeitung von Lohnpfändungen erfüllt der Arbeitgeber zwar eine Pflicht, die ihm der Gesetzgeber (§§ 828ff. ZPO) im Interesse des Gläubigerschutzes auferlegt hat. Die Einbeziehung des Arbeitgebers als Drittschuldner und die vollstreckungsrechtliche Abwicklung besagt aber noch nicht, dass die mit zahlreichen Lohnpfändungen verbundenen Kosten und der arbeitsmäßige Aufwand kündigungsrechtlich unerheblich sind. Dabei ist auch zu berücksichtigen, dass der Arbeitgeber bei der Bearbeitung von Pfändungen haftungsrechtlichen Risiken ausgesetzt ist. Aufgrund der gesetzlichen Grundentscheidungen in den §§ 828ff. ZPO sowie unter Beachtung des das Kündigungsschutzrecht*

---

131 LAG Nürnberg 25.1.2011 – 7 Sa 521/10.

beherrschenden Grundsatzes der Verhältnismäßigkeit ist davon auszugehen, dass der Arbeitgeber erst dann eine ordentliche Kündigung aussprechen kann, wenn im Einzelfall zahlreiche Lohnpfändungen einen derartigen (kosten- und arbeitsmäßigen) Aufwand verursachen, dass dies – nach objektiver Beurteilung – zu wesentlichen Störungen im Arbeitsablauf oder in der betrieblichen Organisation führt. Da der (kosten- und arbeitsmäßige) Aufwand nicht allein von der Anzahl der Pfändungen, sondern vielmehr von einer Vielzahl weiterer Faktoren (z.B. Aufeinandertreffen von Forderungen mit verschiedener Rangfolge; Zusammentreffen von Pfändungen mit Abtretungen; Höhe der einzelnen Verbindlichkeiten; zeitliche Abfolge der Pfändungen; Einbeziehung des Arbeitgebers an Drittschuldnerprozesse, Vorhandensein einer Rechtsabteilung, Notwendigkeit der Inanspruchnahme von betriebsexternen Personen oder Institutionen – etwa Rechtsanwälte, Verbände) abhängt, ist jegliche schematische – allein auf die Anzahl der Lohnpfändungen abstellende Betrachtungsweise – verfehlt. Eine einzelfallbezogene Betrachtungsweise ist auch deshalb geboten, weil die personellen und organisatorischen Verhältnisse in Klein-, Mittel- und Großbetrieben unterschiedlich sind mit der Folge, dass die Bearbeitung von Pfändungen je nach der Größe und Struktur des Betriebes einen unterschiedlichen (kosten- und arbeitsmäßigen) Aufwand verursachen kann. Auch die Frage, ob und ggf. in welchem Ausmaß und in welcher Art durch die Bearbeitung von Pfändungen wesentliche Störungen des betrieblichen Ablaufs oder der betrieblichen Organisation eintreten, hängt ebenfalls von den jeweiligen betrieblichen Gegebenheiten ab.“[132]

76 In jenem Fall ließ das BAG 20 Abtretungen und Pfändungen über einen Zeitraum von fünf Jahren und die Ankündigung einer weiteren Pfändungs- und Überweisungsverfügung am Ende dieser Zeit für eine ordentliche Kündigung nicht genügen, obwohl nach dem Vortrag des Arbeitgebers die Bearbeitung jedes Vorganges mindestens einen halben Tag in Anspruch genommen hätte.[133] Da es sich um ein **außerdienstliches Verhalten** handelte, verlangte das BAG **weder Verschuldensmomente noch eine vorherige Abmahnung.**[134]

12. Minder-/Schlechtleistung

77 Dass ein **Arbeitnehmer** im Rahmen der Vertragserfüllung **verpflichtet** ist, seine **Arbeitsleistung unter angemessener Ausschöpfung seiner Arbeitskraft zu erbringen** („so gut er kann“), bedarf keiner besonderen Darstellung. Die Frage ist jedoch, ob der Arbeitgeber von seinem Arbeitnehmer wenn schon nicht einen Erfolg,

---

132 BAG 4.11.1981 – 7 AZR 264/79 – Rn 28 – juris.
133 BAG 4.11.1981 – 7 AZR 264/79 – Rn 34 – juris.
134 BAG 4.11.1981 – 7 AZR 264/79 – Rn 29 f. – juris.

so doch zumindest ein bestimmtes quantitatives Niveau hinsichtlich der erledigten Arbeitsmengen bzw. qualitatives Niveau hinsichtlich der Vermeidung von Fehlern etc. verlangen kann.

Keine Frage ist es, dass der Arbeitnehmer **keinen bestimmten Leistungserfolg** schuldet. 78

Trotzdem sind jedenfalls auf Pflichtverletzungen beruhende **Schlechtleistungen** grundsätzlich geeignet, eine ordentliche **Kündigung** sozial zu rechtfertigen. Dabei kommt es im Rahmen der zu prüfenden Schlechtleistung darauf an, ob es sich um eine **quantitative oder eine qualitative Schlechtleistung** handelt. Der maßgebliche diesbezügliche Unterschied liegt in den Anforderungen, die an den Vortrag des Arbeitgebers für die Begründung der Kündigung gestellt werden. 79

a) Quantitative Schlechtleistung

aa) Die Grundsätze des BAG

(1) Ausschöpfung der Leistungsfähigkeit

Bei einer **quantitativen Schlechtleistung** gilt nach dem BAG Folgendes: 80

> *„Ob eine Leistung als Schlechtleistung anzusehen ist, beurteilt sich nach den vertraglichen Vereinbarungen der Parteien. Ist die Arbeitsleistung im Vertrag, wie meistens, der Menge und der Qualität nach nicht oder nicht näher beschrieben, so richtet sich der Inhalt des Leistungsversprechens zum einen nach dem vom Arbeitgeber durch Ausübung des Direktionsrechts festzulegenden Arbeitsinhalt und zum anderen nach dem persönlichen, subjektiven Leistungsvermögen des Arbeitnehmers. Der Arbeitnehmer muss tun, was er soll, und zwar so gut, wie er kann. Die Leistungspflicht ist nicht starr, sondern dynamisch und orientiert sich an der Leistungsfähigkeit des Arbeitnehmers. Ein objektiver Maßstab ist nicht anzusetzen (...). Der gegenteiligen Auffassung (...), der Arbeitnehmer schuldet in Anlehnung an § 243 BGB a.F. eine „objektive Normalleistung“, folgt der Senat nicht. Sie berücksichtigt nicht ausreichend, dass der Arbeitsvertrag als Dienstvertrag keine „Erfolgshaftung“ des Arbeitnehmers kennt. Der Dienstverpflichtete schuldet das Wirken, nicht das Werk.*
> *Daraus ist allerdings, (...) nicht zu folgern, dass der Arbeitnehmer seine Leistungspflicht selbst willkürlich bestimmen kann. Dem Arbeitnehmer ist es nicht gestattet, das Verhältnis von Leistung und Gegenleistung einseitig nach freiem Belieben zu bestimmen (...). Man muss vielmehr unter angemessener Ausschöpfung seiner persönlichen Leistungsfähigkeit arbeiten. Ob der Arbeitnehmer dieser Verpflichtung nachkommt, ist für den Arbeitgeber anhand objektivierbarer Kriterien nicht immer erkennbar. Der bloße Umstand, dass der Arbeitnehmer unterdurchschnittliche Leistungen erbringt, muss nicht zwangsläufig bedeuten, dass der Arbeitnehmer seine persönliche Leistungsfähigkeit nicht ausschöpft (...). In einer Vergleichsgruppe ist stets ein Angehöriger der Gruppe das „Schlusslicht“. Das*

kann seine Ursache auch darin haben, dass die übrigen Gruppenangehörigen besonders leistungsstark sind, sich überfordern oder dass umgekehrt der gruppenschwächste Arbeitnehmer besonders leistungsschwach ist. Andererseits ist das deutliche und längerfristige Unterschreiten des von vergleichbaren Arbeitnehmern erreichten Mittelwerts oft der einzige, für den Arbeitgeber erkennbare Hinweis darauf, dass der schwache Ergebnisse erzielende Arbeitnehmer Reserven nicht ausschöpft, die mit zumutbaren Anstrengungen nutzbar wären. Hier muss auch im Rahmen des Kündigungsschutzrechts Rechnung getragen werden, weil sonst einer Vertragspartei die Möglichkeit genommen würde, einen vertragswidrigen Zustand mit Rechtsmitteln zu beseitigen.“[135]

(2) Nachweis der Nicht-Ausschöpfung der Leistungsfähigkeit

81 Ist damit abstrakt eine verhaltensbedingte Kündigung wegen quantitativer Schlechtleistung grundsätzlich möglich, stellt sich im konkreten Fall für den Arbeitgeber die Frage, wie er zur Überzeugung des Gerichtes nicht nur die quantitative **Schlechtleistung als solche**, sondern auch **darlegen und beweisen** kann, dass der **Arbeitnehmer im Konkreten nicht so leistet, wie er es bei angemessener Ausschöpfung seiner Leistungskraft könnte.** Das BAG löst dies durch eine **abgestufte Darlegungslast** auf:

„Es ist zunächst Sache des Arbeitgebers, zu den Leistungsmängeln das vorzutragen, was er wissen kann. Kennt er, (...) lediglich die objektiv messbaren Arbeitsergebnisse, so genügt er seiner Darlegungslast, wenn er Tatsachen vorträgt, aus denen ersichtlich ist, dass die Leistungen des betreffenden Arbeitnehmers deutlich hinter denen vergleichbarer Arbeitnehmer zurückbleiben, also die Durchschnittsleistung erheblich unterschreiten. Von Leistung kann dann nicht gesprochen werden, wenn, gemessen an der durchschnittlichen Leistung der vergleichbaren Arbeitnehmer, das Verhältnis von Leistung und Gegenleistung stark beeinträchtigt ist. Das ist bei der hier gegebenen langfristigen Unterschreitung der Durchschnittsleistung um deutlich mehr als einem Drittel ersichtlich der Fall. Dem entspricht es, wenn das Bundesarbeitsgericht in anderen Fällen innerhalb einer Grenze von etwa einem Drittel liegende Vergütungseinbußen als noch hinnehmbar und nicht als eine grundlegende Störung des Leistungsgleichgewichts im kündigungsrechtlich geschützten Kernbereich angesehen hat (...). Hat der Arbeitgeber dazu vorgetragen, dass die Leistungen des Arbeitnehmers über einen längeren Zeitraum den Durchschnitt im vorgenannten Sinne unterschritten haben, ist es Sache des Arbeitnehmers, hierauf zu entgegnen, ggf. das Zahlenwerk und seine Aussagefähigkeit im Einzelnen zu bestreiten und/

135 BAG 11.12.2003 – 2 AZR 667/02 – Rn 90 f. – juris.

oder darzulegen, warum er mit seiner deutlich unterdurchschnittlichen Leistung dennoch seine persönliche Leistungsfähigkeit ausschöpft. Hier können altersbedingte Leistungsdefizite, Beeinträchtigungen durch Krankheit, aber auch betriebliche Umstände eine Rolle spielen. Legt der Arbeitnehmer derartige Umstände plausibel dar, so ist es erst dann Sache des Arbeitgebers, sie zu widerlegen. Trägt der Arbeitnehmer hingegen derartige Umstände nicht vor, gilt das schlüssige Vorbringen des Arbeitgebers als zugestanden (§ 138 Abs. 3 ZPO). Es ist dann davon auszugehen, dass der Arbeitnehmer seine Leistungsfähigkeit nicht ausschöpft.“[136]

Praxisbeispiel

Im entschiedenen Fall des BAG hatte der Arbeitnehmer als Kommissionierer die Aufgabe, mit Hilfe eines Flurfahrzeugs Warengebinde aus Regalen herauszuziehen und in Behälter zu verladen. Das Entgelt des Arbeitnehmers ebenso wie der anderen beschäftigten Kommissionierer setzte sich aus seiner Grundvergütung und einer Prämie zusammen. Im Rahmen einer Betriebsvereinbarung war vereinbart, dass die Prämie zu zahlen sei, wenn der Arbeitnehmer die mit dem Zahlenwert 1,0 versehene so genannte Normalleistung überschreitet. Die Leistung wurde nach einem Planzeiten- und Prämienabrechnungssystem gemessen, das auf einem Planzeitenkatalog aufbaute. Der Arbeitnehmer erreichte in der Folgezeit Prämienstufen durchschnittlich zwischen 0,52 und 0,62, wohingegen der Durchschnitt seiner Kollegen zwischen 1,01 und 1,14 (in zwei Monaten allerdings auch nur 0,98 und 0,96) lag. Nachdem hierüber mit dem Arbeitnehmer Gespräche geführt und ihm zudem zwei Abmahnungen erteilt worden waren, ohne dass sich die Leistung verbesserte, kündigte der Arbeitgeber das Arbeitsverhältnis ordentlich fristgerecht.

Das BAG bestätigte grundsätzlich die Kündigung (wenn es auch am Ende hierüber abschließend nicht entscheiden konnte). Dabei setzte es sich mit der Bedeutung des Prämiensystems auseinander und stellte fest, dass der im Prämiensystem als Normalleistung ausgewiesene Leistungsgrad „1,0“ nicht ohne Weiteres das arbeitgeberseitig durch Ausübung des Direktionsrechts festgelegte verbindliche Leistungsmaß darstelle, bei dessen Unterschreitung den betreffenden Arbeitnehmer ohne Weiteres „Minderleistung“ angelastet werden könnte. Eine rein objektive und starre Bestimmung der Vertragspflicht eines Arbeitnehmers sei nicht möglich. Zudem, so das BAG, diente das Prämiensystem nicht dazu, Leistungspflichten zu bestimmen, sondern sollte einen Anreiz zu überobligatorischen Leistungen bilden.[137]

Das BAG stellte jedoch fest, dass die Kündigung nicht wegen Unterschreitung der Normalleistung 1,0 erfolgt war, sondern deshalb, weil der Arbeitnehmer massiv unterdurchschnittliche Leistungen (im Vergleich zu seinen Kollegen) erbracht hatte. Der Arbeitgeber hatte entsprechende Zahlen vorgelegt, aus denen deutlich wurde, dass die Leistung des Klägers den Abteilungsdurchschnitt um mehr als 40, teilweise mehr als 50% unterschritt. Dass die Leistungen im Rahmen des Prämienabrechnungssystems gemessen worden seien, ändere hieran nichts. Zwar ergäbe ein festgesetzter Zahlenwert nicht automatisch eine objektiv zu fordernde Normalleistung und diene das System zur Motivierung der Arbeitnehmer zu besonderen Leistungen. Dies ändere aber nichts daran, dass die Zahlenwerte das Verhältnis der Leistungen des gekündigten Arbeitnehmers zum Durchschnitt seiner Kollegen zutref-

---

136 BAG 11.12.2003 – 2 AZR 667/02 – Rn 92 – juris, stellt sich im Rahmen des Prozesses heraus, dass die Leistungsfähigkeit des Mitarbeiters ausgeschöpft wird, kommt eine verhaltensbedingte Kündigung zwar nicht in Betracht. In diesem Fall sind aber die Voraussetzungen einer personenbedingten Kündigung zu prüfen.

137 BAG 11.12.2003 – 2 AZR 667/02 – Rn 94 – juris.

fend wiedergäben. Die einzelnen Arbeitsschritte seien unabhängig von den sie ausführenden Personen mit Langzeitwerten versehen, so dass das Verhältnis der in Minuten ausgedrückten monatlichen Arbeitsleistung zu der ebenfalls in Minuten ausgedrückten monatlichen Arbeitszeit eine objektive Aussage über die erledigte Arbeitsmenge ergäbe und einen Vergleich ermögliche. Im Übrigen spreche die Tatsache, dass der erreichte Durchschnittswert nur geringfügig vom festgesetzten Normalwert 1,0 abweiche, dafür, dass der Normalwert nicht willkürlich gegriffen sei.[138]

bb) Weitere Fälle quantitativer Schlechtleistung

82 Nachfolgend werden weitere Fälle quantitativer Schlechtleistung angeführt.

Praxisbeispiel 1

Bleibt ein ärztlicher Gutachter hinter den durchschnittlichen täglichen Arbeitsleistungen anderer bei seinem Arbeitgeber als Gutachter angestellter Ärzte um mehr als die Hälfte zurück, rechtfertigt dies nach vorangegangener Abmahnung eine ordentliche Kündigung. In diesem Fall des BAG blieb der zu kündigende Arbeitnehmer zwischen zwei Drittel und der Hälfte der durchschnittlichen täglichen Arbeitsleistung der anderen angestellten Ärzte zurück. Mit dem über mehrere Jahre eingearbeiteten Arbeitnehmer waren zahlreiche Einzelgespräche mit Ermahnungen geführt, aber auch eine Abmahnung ausgesprochen worden. In den vor den Abmahnungen mit ihm geführten Gesprächen ließ er sich dahingehend ein, dass er sich durchaus Mühe gäbe, seine Leistung bisher aber nicht habe wesentlich steigern können, was mit einer gewissen Gedankenträgheit und der Schwierigkeit zusammenhinge, sich umfassend in die Fälle einzuarbeiten. Als der Arbeitnehmer eine Weisung hinsichtlich des Erledigungszeitpunkts für ein bestimmtes Gutachten mit der Begründung missachtete, er müsse zuerst zwei weitere Gutachten, die er für dringlich erachte, fertigstellen, kündigte der Arbeitgeber ordentlich fristgerecht.

Das BAG kam zu dem Ergebnis, dass die Leistungen des Arbeitnehmers so krass hinter den quantitativen Leistungen seiner Kollegen zurückgeblieben seien, dass dies mit einem Schwierigkeitsgrad der vom Arbeitnehmer zu fertigenden Gutachten und mit einem besonders gründlichen Arbeitsstil nicht zu begründen sei. Im Übrigen hatte der Arbeitnehmer diesbezüglich im Prozess nicht substantiiert vorgetragen. Das Leistungsdefizit des Arbeitnehmers liege im Verhältnis zu seinen Kollegen angesichts der seitens des Arbeitgebers vorgelegten Gegenüberstellungen nicht mehr am unteren Rand einer breitfächerigen Arbeitsleistungsskala, vielmehr habe sie im Schnitt etwa bei der Hälfte der sonst im unteren Bereich des Durchschnitts angesiedelten Kollegen des Klägers gelegen.[139]

Das BAG betonte zudem, dass der Arbeitnehmer sich im Laufe des Prozesses nicht dahingehend geäußert hätte, warum seine Leistung in den letzten Jahren sogar noch laufend zurückgegangen sei. Es werfe auf das Arbeitsverhältnis aber schon ein bezeichnendes Licht, wenn er nach der unstreitigen Erklärung anlässlich der mündlichen Verhandlung vor dem LAG von seinem Arbeitsstil sprach, den der Arbeitgeber ihm „versuchte abzugewöhnen“. Das Gericht kam zu dem Schluss, dass bei dem Arbeitnehmer tatsächlich eine Bereitschaft zur Kooperation und gutwilligen Zusammenarbeit gefehlt hätte.[140]

---

138 BAG 11.12.2003 – 2 AZR 667/02 – Rn 95 – juris.

139 BAG 11.12.2003 – 2 AZR 667/02 – Rn 20 – juris.

140 BAG 21.5.1992 – 2 AZR 551/91 – Rn 28 – juris; ebenso zuvor BAG 18.11.1986 – 7 AZR 674 – Rn 28 f. – juris, in einem Fall, in dem der Arbeitgeber gegenüber einer als Fleischbeschauerin ange-

Praxisbeispiel 2

Konsequent hat das BAG bei einem für die Geschäftsentwicklung angestellten Arbeitnehmer mit einem Festgehalt von EUR 150.000,00 nebst Provisionseinkommen in gleicher Höhe, der in den eineinviertel Jahren seiner Anstellung keinen einzigen Auftrag akquiriert hatte, die Kündigungen bestätigt. Bis zu einer sechs Monate später hilfsweise ausgesprochenen weiteren Kündigung hatte der Kläger im Übrigen wiederum kein einziges Projekt akquiriert. Bei einer völligen Erfolglosigkeit im Akquisitionsgeschäft, wie sie bei dem Arbeitnehmer seit Beginn des Arbeitsverhältnisses zu verzeichnen gewesen sei, wäre allerdings von vornherein davon auszugehen, dass in dem Arbeitsverhältnis der Parteien das Verhältnis von Leistung und Gegenleistung nachhaltig gestört wäre. Das Gericht berücksichtigte ergänzend, dass nach der Lebenserfahrung eine erfolglose Werbung bei einem Kunden den zusätzlichen Nachteil gehabt hätte, dass für einen gewissen Zeitraum nicht einmal ein anderer Mitarbeiter des Arbeitgebers bei diesem Kunden erfolgversprechend hätte vorstellig werden können.[141] Soweit sich der Arbeitnehmer im Prozess dahingehend einließ, er hätte sich ausreichend bemüht, durch zahlreiche Kundenbesuche zu Geschäftsabschlüssen zu gelangen, ließ das BAG die Frage einer wirksamen verhaltensbedingten Kündigung dahingestellt und bejahte jedenfalls die Kündigung aus personenbedingten Gründen. Im Verlauf des Arbeitsverhältnisses hätte der Arbeitgeber davon ausgehen dürfen, dass der Arbeitnehmer persönlich ungeeignet gewesen sei, Geschäfte in einem Umfang zu akquirieren, der die gezahlten Bezüge auch nur annähernd rechtfertigen konnte. Aufgabe des Arbeitnehmers wäre es gewesen, als einer der beiden Außendienstler in Deutschland bei Kunden die Geschäftsabschlüsse zu tätigen, die von den gleichfalls angestellten Unternehmensberatern abzuwickeln waren. Wenn der Arbeitnehmer über einen längeren Zeitpunkt hinweg völlig erfolglos geblieben sei, so hätte dies notwendigerweise nicht nur die Auswirkung gehabt, dass seinem Gehalt kein entsprechender Geschäftserfolg gegenübergestanden hätte. Weitere nachteilige Entwicklungen hinsichtlich der Beschäftigungsmöglichkeiten für die anderen Arbeitnehmer etc. wären abzusehen gewesen. Aus dem Vorbringen des Arbeitnehmers ergäbe sich kein stichhaltiger Gesichtspunkt, der seine Erfolglosigkeit anders als durch eine fehlende persönliche Eignung erklären ließe.[142] Da der Arbeitgeber lange genug mit der Kündigung zugewartet hatte, zudem dem Arbeitnehmer mit zwei Mails entsprechende Leistungsvorgaben gemacht und damit verdeutlicht hatte, dass der Arbeitnehmer mit einer Beendigung seines Arbeitsverhältnisses zu rechnen hatte, wenn er weiter völlig erfolglos blieb, bejahte das BAG die Wirksamkeit der ordentlichen Kündigung.[143]

Praxisbeispiel 3

Das LAG Mainz verneinte hingegen die ordentliche verhaltensbedingte Kündigung eines Versicherungsmitarbeiters im Außendienst, da der Arbeitgeber im Rahmen des Kündigungsschutzprozesses der ihm obliegenden Darlegungslast nicht ausreichend gerecht geworden war. Die Leistungen der Außendienstmitarbeiter bei einem Vertrieb der Versicherungsprodukte des Arbeitgebers wurden

---

stellten Tierärztin eine Änderungskündigung aussprach, da diese das von ihr beschaute Fleisch nicht nur unzulänglich untersucht, sondern die für die einzelne Untersuchung geforderte Mindestzeit von acht Minuten erheblich unterschritten hätte. Da die Arbeitnehmerin zuvor abgemahnt worden war, anerkannte das Gericht die Änderungskündigung, mit der der Arbeitnehmerin ein kleinerer und in der Aufgabenstellung weniger bedeutsamer Arbeitsbereich angeboten wurde.

141 BAG 3.6.2004 – 2 AZR 386/03 – Rn 43 – juris.

142 BAG 3.6.2004 – 2 AZR 386/03 – Rn 44 – juris.

143 BAG 3.6.2004 – 2 AZR 386/03 – Rn 45 – juris.

nach so genannten Netto-Wert-Einheiten (NWE) bemessen. Dabei variierte die NWE hinsichtlich der einzelnen Produkte und ergab sich aus dem jeweiligen wirtschaftlichen Wert für den Arbeitgeber. In diese NWE flossen nicht nur die Leistungen des jeweiligen Außendienstmitarbeiters, sondern auch der diesen Mitarbeitern regelmäßig zugeteilten so genannten Partnerverkäufer im Zweitberuf ein. Eine Abmahnung war erteilt worden.
Im Rahmen des Prozesses legte der Arbeitgeber über einen Zeitraum von 34 Monaten die Vergleichswerte, d.h. die NWE anderer Außendienstmitarbeiter vor, nach denen sich ergab, dass die Leistung des Arbeitnehmers zwischen 56 und 22% der durchschnittlich erwirtschafteten NWE lag. Jedoch hatte der Arbeitgeber nicht für den gesamten Zeitraum von 34 Monaten, sondern lediglich für 23 Monate die Vergleichswerte vorgelegt, ohne zu begründen, warum er 11 Monate ausgelassen hätte. Das LAG führte aus, dass im Extremfall es sich gerade bei diesen 11 Monaten um die umsatzstärksten Monate des Arbeitnehmers oder die umsatzschwächsten Monate anderer Arbeitnehmer gehandelt haben könnte. Schon hieran scheiterte die Kündigung.
Darüber hinaus hatte der Arbeitgeber die Bildung der Vergleichsgruppen nicht nachvollziehbar dargestellt. Zum einen wurden von den 70 vergleichbaren Mitarbeitern lediglich 38 bzw. 32 zum Vergleich herangezogen. Hier hätte der Arbeitgeber, so das Gericht, darlegen müssen, welche Verkäufer aus welchen Gründen nicht in die jeweilige Vergleichsgruppe aufgenommen worden seien. Zudem waren in die Darstellung nicht die Leistungen der Mitarbeiter im Zweitberuf eingeflossen, so dass nicht nachvollziehbar gewesen sei, wie weit jene Verkäufer die NWE der angeführten Verkäufer erwirtschaftet hätten.[144]

b) Qualitative Schlechtleistungen

aa) Die Grundsätze des BAG

83 Hinsichtlich der Frage, dass eine auch **qualitative Schlechtleistung grundsätzlich geeignet** sein kann, eine ordentliche **Kündigung** zu begründen, und zu der insofern im Prozess geltenden **abgestuften Darlegungs- und Beweislast** gelten nach dem BAG die gleichen Grundsätze, wie sie das BAG zur quantitativen Schlechtleistung aufgestellt hat.

84 Der **entscheidende Unterschied** zwischen diesen beiden Formen der Schlechtleistung liegt für das BAG bei den **zugrundezulegenden Bezugsgrößen:**

„Bei quantitativen Minderleistungen hat sich der Senat an den Werten orientiert, die für die Annahme einer grundlegenden Störung des Leistungsgleichgewichts herangezogen worden sind.
Für den Fall qualitativer Minderleistungen sind solche auf die bloße Fehlerhäufigkeit abstellenden Grenzen, auch wenn sie für eine rechtssichere Handhabung durch die Tatsacheninstanzen wünschenswert wären, für sich nicht geeignet, die Kündigungsrelevanz der dem Arbeitnehmer konkret vorgeworfenen Pflichtverletzungen hinreichend sicher einzugrenzen. Absolute Bezugsgrößen, etwa dergestalt, dass bei einer doppelten oder ... dreifachen Fehlerquote ein verhaltensbedingter

144 LAG Mainz 22.1.2009 – 10 Sa 535/08.

Kündigungsgrund angenommen wird, berücksichtige nicht hinreichend, dass je nach Art der Tätigkeit und der dabei möglicherweise auftretenden Fehler diesen ein sehr unterschiedliches kündigungsrelevantes Gewicht beizumessen ist. Es sind Tätigkeiten denkbar, bei denen bereits ein einmaliger Fehler derart weitreichende Konsequenzen hat, dass eine vorwerfbare Pflichtverletzung erheblich eher anzunehmen ist als bei anderen Fehlern (z.B. Sorgfaltspflichten eines Piloten). Andererseits gibt es Tätigkeiten, bei denen Fehler nach der Art der Tätigkeit vom Arbeitnehmer kaum zu vermeiden und vom Arbeitgeber eher hinzunehmen sind, weil ihre Folgen das Arbeitsverhältnis nicht allzu stark belasten. Deshalb ist in derartigen Fällen über die bloße Betrachtung der Fehlerhäufigkeit hinaus eine einzelfallbezogene Betrachtungsweise unter Berücksichtigung der konkreten Arbeitsanforderungen und der konkreten Gegebenheiten des Arbeitsplatzes geboten. Die Prüfung hat sich auch hier an dem Maßstab zu orientieren, ob und ggf. in welchem Umfang das Verhältnis von Leistungen und Gegenleistungen beeinträchtigt ist.

Bei einer Kündigung wegen qualitativer Minderleistung des Arbeitnehmers ist es danach zumindest Sache des Arbeitgebers, zu den aufgetretenen Leistungsmängeln das vorzutragen, was er über die Fehlerzahl, die Art und Schwere sowie Folgen der fehlerhaften Arbeitsleistung des Arbeitnehmers wissen kann. Kann der Arbeitgeber darlegen, dass der Arbeitnehmer längerfristig die durchschnittliche Fehlerhäufigkeit aller mit vergleichbaren Arbeiten beschäftigter Arbeitnehmer erheblich überschreitet, so kann dies ein Anhaltspunkt dafür sein, dass der Arbeitnehmer vorwerfbar seine vertraglichen Pflichten verletzt. Da jedoch der Vergleich durchschnittlicher Fehlerquoten für sich noch keinen hinreichenden Aufschluss darüber gibt, ob durch die fehlerhafte Arbeit des gekündigten Arbeitnehmers das Verhältnis von Leistung und Gegenleistung stark beeinträchtigt ist, muss der Arbeitgeber hier weitere Umstände darlegen. Anhand der tatsächlichen Fehlerzahl, der Art, Schwere und Folgen der fehlerhaften Arbeitsleistung des betreffenden Arbeitnehmers ist näher darzulegen, dass die längerfristige deutliche Überschreitung der durchschnittlichen Fehlerquoten nach den Gesamtumständen darauf hinweist, dass der Arbeitnehmer vorwerfbar seine vertraglichen Pflichten verletzt. Legt der Arbeitgeber dies im Prozess dar, so muss der Arbeitnehmer erläutern, warum er trotz erheblich unterdurchschnittlicher Leistungen seine Leistungsfähigkeit ausschöpft. Hierbei ist insbesondere darzulegen, welche betrieblichen Beeinträchtigungen durch die konkret darzulegenden Fehler verursacht werden und dass es sich insoweit nicht lediglich um Fehler handelt, die trotz einer gewissen Häufigkeit angesichts der konkreten Umstände der Arbeitsleistung vom Arbeitgeber hinzunehmen sind.“[145]

145 BAG 17.1.2008 – 2 AZR 536/06 – Rn 20 ff. – juris.

bb) Einzelfälle zur Darlegungspflicht

Praxisbeispiel 1
Im Falle des BAG war der Arbeitnehmer als Lager- und Versandarbeiter im so genannten „Sorter-Versand" eingesetzt. Dort wurden die Warensendungen auf der Grundlage der Kundenbestellungen fertiggestellt. Nachdem die mittels elektronischer Fehlerdokumentation festgestellte Fehlerquote des Arbeitnehmers in zwei Jahren bei 4,01 bzw. 5,44 Promille im Vergleich zu einer durchschnittlichen Fehlerquote seiner 209 eingesetzten Kollegen von nur 1,34 Promille gelegen hatte und der Arbeitnehmer zudem abgemahnt worden war, kündigte der Arbeitgeber das Arbeitsverhältnis ordentlich fristgerecht.
Keine ausreichende Begründung sah das Gericht in den Regeln einer bestehenden Prämienbetriebsvereinbarung, in der u.a. eine durchschnittliche Fehlerquote von zwei Promille festgelegt war. Dies spräche lediglich dafür, dass in einer Fehlerhäufigkeit bis zu zwei Promille keine Vertragspflichtverletzung zu sehen sei. Dies rechtfertige es jedoch nicht, bei einer Fehlerhäufigkeit, die zwei Promille erheblich überschreite, ohne Weiteres ebenfalls entscheidend auf die Betriebsvereinbarung abzustellen und abstrakte Grenzwerte festzulegen, ab deren Erreichen eine Vertragspflichtverletzung schon oder noch nicht anzunehmen sei. Die Betriebsvereinbarung lege keine Prämie für eine qualitativ gute Leistung fest, prämiert werde vielmehr allein der erreichte Leistungsgrad, also die in einer bestimmten Zeit geleistete Arbeitsmenge. Der Prämienabzug solle nach dem Gesamtinhalt der Betriebsvereinbarung lediglich die Arbeitnehmer dazu anhalten, nicht pflichtwidrig zu versuchen, die Arbeitsmenge dadurch zu steigern, dass sie qualitativ schlechte Arbeit leisteten. Es stelle damit keinen tauglichen Maßstab für den Grad der Vertragswidrigkeit einer fehlerhaften Arbeitsleistung dar, wie die Betriebspartner in einem völlig anderen Zusammenhang einer auf die Arbeitsmenge abstellenden Prämie den Prämienbezug für fehlerhafte Arbeit regelten.[146] Das Gericht verwies das Verfahren an das LAG zurück, um anhand der Gesamtumstände zu beurteilen, ob im konkreten Fall eine pflichtwidrige Schlechtleistung vorlag.

85 Das LAG München[147] hat verlangt, dass der **Arbeitgeber zur Fehlerzahl, Art und Schwere sowie den Folgen der fehlerhaften Arbeitsleistung im Vergleich zu anderen Arbeitnehmern vortragen** müsse. Zudem müsse der Arbeitgeber vortragen, dass die **längerfristig deutliche Überschreitung der durchschnittlichen Fehlerquote** darauf hinweise, dass der Arbeitnehmer vorwerfbar seinen vertraglichen Pflichten nicht nachkomme. Erst **dann** müsse der **Arbeitnehmer** darlegen, dass er dort trotz dieses **Leistungsdefizits seine Leistungsfähigkeit ausschöpfe**. Er solle darlegen, ob die betrieblichen Beeinträchtigungen durch die Fehler verursacht worden seien und ob es sich insoweit nicht lediglich um **Fehler** handele, die trotz einer gewissen Häufigkeit angesichts der konkreten Umstände der Arbeitsleistung vom Arbeitgeber **hinzunehmen** seien.

146 BAG 17.1.2008 – 2 AZR 536/06 – Rn 24 – juris.
147 LAG München 3.3.2011 – 3 Sa 764/10.

Praxisbeispiel 2
In diesem Fall waren der Arbeitnehmerin nach vorangegangener Abmahnung vier Fehler im Rahmen der Datenerfassung vorgeworfen worden, u.a., dass sie bei einer Sendung nach Irland nicht das korrekte Länderkennzeichen „IRL", sondern „IR" (Iran) verwendet und bei einem anderen Vertrag als Verpackungsmittel „5 Europaletten" erfasst hätte, obwohl im Auftrag von „5 Sperrholzkisten" die Rede gewesen sei. Das Gericht bezeichnete diese Fehler zwar als „eindrucksvoll". Diese ließen jedoch nicht erkennen, inwiefern sie über das Maß der Fehler vergleichbarer Arbeitnehmer deutlich hinausgingen. Zudem fehlte es dem Gericht an negativen Abweichungen bei der Arbeitnehmerin über einen längeren Zeitraum hinweg.

Praxisbeispiel 3
Mit vergleichbarer Begründung hielt das LAG Schleswig-Holstein eine ordentliche verhaltensbedingte Kündigung für unwirksam. Eine als Verkäuferin und Kassiererin seit mehr als fünf Jahren angestellte Arbeitnehmerin war dreimal von ihrem Arbeitgeber wegen Kassendifferenzen abgemahnt worden. In jeder Abmahnung wurden zwei bzw. drei negative Kassendifferenzen aufgeführt, wobei sich die gerügten Differenzen zwischen EUR 5,00 und EUR 89,58 bewegten. Grundsätzlich sah der Arbeitgeber Kassendifferenzen von EUR 5,00 im Jahr als relevant an. Im entsprechenden Zeitraum traten jedoch bei anderen Kassenkräften im Markt des Arbeitgebers Kassendifferenzen in entsprechender Höhe auf. Nachdem die Arbeitnehmerin eine im Wagen eines Testkunden liegende Ware übersehen und vergessen hatte, diese abzukassieren, wurde sie erneut zu einer Kassenschulung geschickt. Zwei weitere Kassendifferenzen ca. 9 Monate später in Höhe von EUR 20,00 bzw. EUR 99,99 sowie eine Plusdifferenz in Höhe von EUR 39,39 nahm der Arbeitgeber sodann zum Anlass der ordentlichen Kündigung.
Das LAG Schleswig-Holstein hielt die Kündigung deshalb für unwirksam, da der Arbeitgeber schon auf der ersten Stufe seiner Darlegungslast dieser nicht hinreichend nachgekommen sei. Selbst wenn als richtig unterstellt würde, dass die Kassendifferenzen tatsächlich vorgelegen hätten, so hätte der Arbeitgeber nicht dabei stehen bleiben dürfen, nur diese einzelnen Fehler vorzutragen. Vielmehr hätte er die Zahl der bei der Arbeitnehmerin durchschnittlich aufgetretenen Kassendifferenzen ins Verhältnis zur durchschnittlichen Beanstandungsquote setzen müssen. Gerade bei der Arbeitstätigkeit einer Kassiererin sei es möglich und für die Darlegung notwendig, einen Vergleich der Arbeitsleistung der Arbeitnehmerin mit den Leistungen anderer Kassierer anzustellen und die Leistungen in ein entsprechendes Verhältnis zueinander zu setzen. Zudem sei auch nicht feststellbar gewesen, ob die Arbeitnehmerin längerfristig die Fehlerhaftigkeit der übrigen vergleichbaren Arbeitnehmer erheblich überschritten hätte.[148]

Praxisbeispiel 4
Ebenso scheiterte ein Arbeitgeber mit seiner ordentlichen verhaltensbedingten Kündigung vor dem LAG Hamm. In diesem Fall hatte der als Einrichter in der Verpackungsabteilung eines Pharma-Unternehmens beschäftigte Arbeitnehmer nach vier Abmahnungen (Einrichtung falscher Verfallsdaten für die Arzneimittel, nicht ordnungsgemäße Durchführung erforderlicher Qualitätskontrollen, keine ordnungsgemäße Erfüllung der Dokumentationspflichten) zwei weitere vergleichbare Fehler begangen, so dass der Arbeitgeber kündigte. Im Prozess berief der Arbeitgeber sich darauf, dass die Fehlerquote des Arbeitnehmers „weitaus höher" als bei anderen Mitarbeitern sei. Zudem würde es sich bei der Arzneimittelproduktion um einen hochsensiblen Bereich handeln, in dem Fehler

148 LAG Kiel 24.2.2010 – 6 Sa 399/09.

nicht hinnehmbar seien. Das LAG hielt dem jedoch entgegen, dass auch dann, wenn der Arbeitgeber dem Arbeitnehmer nicht in erster Linie die Häufigkeit, sondern mehr die Schwere seiner – angeblichen – Fehler zur Last legen wolle, es darauf ankomme, ob vergleichbare Arbeitnehmer vergleichbare Fehler durchschnittlich seltener machten. Im Übrigen hätte der Arbeitgeber die streitige Fehlerquote des Arbeitnehmers nicht nur pauschal behaupten, sondern zudem konkret hinsichtlich der Häufigkeit, der Art und der Schwere der Fehler (dies auch im Vergleich zu vergleichbaren Arbeitnehmer) vortragen müssen.[149]

c) Weitere Fälle von „Schlechtleistungen“

86 **Verletzt ein Arbeitnehmer seine Arbeitspflichten** und **dokumentiert** er dies zusätzlich auch noch in **unzutreffender Art und Weise**, kann dies eine ggf. auch fristlose **Kündigung** rechtfertigen.

Praxisbeispiel 1

In einem Fall des LAG Schleswig-Holstein war eine Pflegekraft in einem Altenheim für die Grundversorgung von Patienten im Rahmen des Frühdienstes verantwortlich. Diese Aufgaben vernachlässigte sie gegenüber einer Patientin mit der Folge, dass diese an Hautdefekten an mehreren Körperteilen litt. Trotzdem erfasste sie in der zu führenden Krankenakte, die bei der Patientin erforderlichen Umlagerungen durchgeführt zu haben. Andererseits erfasste sie die Hautdefekte in der Akte nicht. Das LAG Schleswig-Holstein bejahte, dass in dem Verhalten der Arbeitnehmerin ein wichtiger Grund für eine fristlose Kündigung an sich gegeben sei.[150] In dem vorsätzlich falschen Ausstellen von Dokumentationen liege ein grober Vertrauensbruch des Arbeitnehmers, der ebenso wie sonstige unrichtige Angaben in Tätigkeitsberichten grundsätzlich eine Kündigung rechtfertigen könne. Handelte der Arbeitnehmer dabei vorsätzlich und erfolge die Schlechtleistung absichtlich, könne dies auch eine außerordentliche Kündigung rechtfertigen. Bei einem Arbeitnehmer mit besonderer Verantwortung könne dies sogar bei einem einmaligen fahrlässigen Verhalten der Fall sein, wenn nämlich das Verhalten des Arbeitnehmers geeignet sei, einen besonders schweren Schaden herbeizuführen und bei Fortsetzung des Arbeitsverhältnisses ähnliche Fehlleistungen durch den Arbeitnehmer zu befürchten seien.[151]

Trotzdem kam das LAG Schleswig-Holstein im konkreten Fall zu dem Ergebnis, dass mangels vorangegangener Abmahnung die Kündigung unwirksam war. Dabei stellte das Gericht auf die mehr als sechsjährige beanstandungsfreie Tätigkeit der Arbeitnehmerin ab, ihren bis dahin überobligatorischen Einsatz, der deutlich mache, dass sie ihre Aufgaben ernst nehme, und dass sie keinen Zweifel daran gelassen hätte, dass Lagerungen von bettlägerigen Patienten zwingend erforderlich seien und eine konkrete Pflegedokumentation unabdingbar sei. Vor diesem Hintergrund hätte jedenfalls nach Ausspruch einer Abmahnung mit weiteren erheblichen Pflichtverletzungen seitens der Arbeitnehmerin nicht gerechnet werden müssen.[152]

149 LAG Hamm 20.11.2009 – 10 Sa 875/09.
150 LAG Schleswig-Holstein 16.5.2007 – 6 Sa 441/06 – Rn 27 – juris.
151 LAG Schleswig-Holstein 16.5.2007 – 6 Sa 441/06 – Rn 27 – juris.
152 LAG Schleswig-Holstein 16.5.2007 – 6 Sa 441/06 – Rn 31 – juris.

Praxisbeispiel 2
Begeht ein LKW-Fahrer von Gefahrgut im Rahmen seiner Tätigkeit erhebliche Verkehrsverstöße (58 km/h statt 30 km/h Geschwindigkeit), fährt er zudem mit verkehrsunsicherer Bereifung, weil er die vorgeschriebene tägliche Reisekontrolle unterlassen hat, und ist er zuvor bereits wegen Missachtens einer roten Ampel und wegen nicht ordnungsgemäßer Entleerung des Tankes abgemahnt worden, kann auf die zuletzt geschehenen Vorfälle eine ordentliche Kündigung gestützt werden. Die Pflichtverletzungen stellen gravierende Vertragsverstöße dar, da es zu den wesentlichen Aufgaben eines Berufskraftfahrers gehört, den verkehrssicheren Zustand der Reifen eines LKW zu überprüfen wie auch Geschwindigkeitsvorgaben jedenfalls nicht um beinahe 100% zu überschreiten.[153] Ist zudem zuvor eine einschlägige Abmahnung erfolgt, ist die Kündigung wirksam.[154]

Praxisbeispiel 3
Greift ein angestellter Systemadministrator auf ein betriebsinternes EDV-Laufwerk „Personal" zu und verschafft er sich dadurch Kenntnis von E-Mails, die ein Geschäftsführungsmitglied seines Arbeitgebers verfasst hat (die er dann noch während dessen Urlaubsabwesenheit einem anderen Geschäftsführungsmitglied vorlegt), ist dieses Verhalten geeignet, eine fristlose Kündigung zu rechtfertigen. Das LAG München sah hierin einen schwerwiegenden Verstoß, der einen wichtigen Grund für eine fristlose Kündigung an sich darstellte. Da der Arbeitnehmer seine Zugriffsrechte missbraucht hatte, war eine Abmahnung entbehrlich. Zudem wertete das Gericht zu Lasten des Arbeitnehmers sein Verhalten im Kündigungsschutzprozess, in dem er ständig den ihm vorgeworfenen Sachverhalt bestritt, dass er nämlich hierdurch bestätigt hätte, dass ihm seine besondere Vertrauensstellung als Administrator nicht bewusst gewesen sei.[155]

13. Nebentätigkeiten

Grundsätzlich ist einem Arbeitnehmer die **Gestaltung seiner Freizeit** selbst überlassen. Dies bedeutet, dass er außerhalb seines Arbeitsvertrages **Nebentätigkeiten** nachgehen kann, soweit diese sich nicht im Wettbewerbsfeld des Arbeitgebers abspielen oder im Übrigen die schützenswerten **Interessen des Arbeitgebers beeinträchtigen.** Ob eine solche Beeinträchtigung im konkreten Fall vorliegt, ist nicht immer einfach zu beurteilen. 87

So ist die formelle Geschäftsführerstellung eines Arbeitnehmers in einem Unternehmen außerhalb des Wettbewerbs zu seinem Arbeitgeber grundsätzlich erlaubt. Eine Beeinträchtigung der Arbeitgeberinteressen kann hierin nicht gesehen werden.[156] Andererseits stellt das BAG in dieser Entscheidung fest, dass die Ausübung einer nicht genehmigten Tätigkeit eine Kündigung, auch als fristlose allerdings dann rechtfertigen könne, wenn dadurch die **vertraglich geschuldeten Leistungen beeinträchtigt** würden. 88

153 LAG Köln 9.4.2006 – 14 Sa 635/06 – Rn 37 – juris.
154 LAG Köln 9.4.2006 – 14 Sa 635/06 – Rn 46ff. – juris.
155 LAG München 8.7.2009 – 11 Sa 54/09.
156 BAG 26.8.1976 – 2 AZR 377/75 – Rn 13 – juris.

Praxisbeispiel 1
Verweigert eine Klinik einem bei ihr angestellten Oberarzt die Zustimmung zur Nebentätigkeit als niedergelassener Arzt wegen tatsächlich bestehender Interessenkollision und wird der Arzt trotzdem entsprechend tätig, ist eine Kündigung nach Abmahnung, u.U. sogar als außerordentliche möglich.[157]

89 Die Übernahme von **Ehrenämtern** stellt grundsätzlich keine Vertragsverletzung dar. Anderes mag sich dann ergeben, wenn das Ehrenamt **während der Arbeitszeit** ausgeübt wird. In diesem Fall kommt eine Kündigung in Betracht, was umso mehr gilt, wenn der Arbeitnehmer z.B. ihm unterstellte Arbeitnehmer ebenfalls während der Arbeitszeit in nicht unerheblichem Umfang mit ehrenamtlichen Tätigkeiten betreut und sachliche Ressourcen des Arbeitgebers in Anspruch nimmt.[158]

90 Erledigt ein Mitarbeiter **während der Arbeitszeit** einmalig und in geringem Umfang **private Dinge**, rechtfertigt dies **keine Kündigung**, erst recht nicht ohne vorangegangene **Abmahnung.**[159]

Praxisbeispiel 2
In diesem Fall hatte ein als Kraftfahrer tätiger Arbeitnehmer auf einer Baustelle, von der er Erdaushub abzuholen hatte, ein 300 kg schweres Erdkabel auf den LKW aufladen lassen, das er später bei seinem Arbeitgeber mit dessen Schneidemaschine schneiden und verkaufen wollte. Für das LAG war von besonderer Bedeutung, dass es sich vorliegend nur um eine kurzfristige Nichterbringung der geschuldeten Arbeitsleistung gehandelt hatte ohne längere Dauer und ohne Beleg einer folgenschweren Vernachlässigung der Arbeitspflicht.

14. Nötigung des Arbeitgebers

91 Selbstverständlich darf ein Arbeitnehmer gegenüber seinem Arbeitgeber seine Rechte durchsetzen bzw. durchzusetzen versuchen, ohne dass ihm dadurch Nachteile entstehen dürfen – § 612a BGB. Eine Grenze eines solchen **berechtigten Rechtsverfolgungsinteresses** besteht jedoch, wenn der Arbeitnehmer zur Durchsetzung seiner Interessen **zu unlauteren Mitteln** wie z.B. der Nötigung des Arbeitgebers greift.

Praxisbeispiel 1
Diesen Grundsatz hat das BAG in einem Fall bestätigt, in dem ein Arbeitnehmer im Rahmen eines Gespräches über eine andere, geringerwertige Tätigkeit oder ein durch Abfindung unterstütztes Ausscheiden den Arbeitgeber dahingehend bedrohte, dass er sich für den Fall des Festhaltens des Arbeitgebers an der Versetzung oder dem Wunsch zur Trennung an die Presse wenden würde. Im

157 BAG 19.4.2007 – 2 AZR 180/06 – Rn 46 ff. – juris.
158 BAG 19.4.2007 – 2 AZR 180/06 – Rn 1 bis 3 – juris.
159 LAG Rheinland-Pfalz 10.7.2008 – 10 Sa 209/08 – Rn 33 – juris.

Übrigen, so der Arbeitnehmer, seien da noch „Dinge im Zusammenhang mit Luxemburg“, die der Arbeitnehmer ggf. in die Waagschale werfen würde. Außerdem verfüge er über gute Kundenverbindungen, die der Arbeitgeber „sicherlich auch nicht an andere Häuser verlieren wollte“.
Das BAG führte aus, dass der Arbeitnehmer durch diese Äußerungen in seiner Führungsposition die unverzichtbare Loyalität zur Kooperation mit seinem Arbeitgeber hätte vermissen lassen. Gerade für Arbeitnehmer in leitender Position sei das eingeräumte Vertrauen besonders störungsempfindlich. Mit seinen Äußerungen habe der Arbeitnehmer seine Bereitschaft dokumentiert, gegen die ihm obliegende Interessenwahrungspflicht zu verstoßen, ohne dass er hierfür einen Rechtfertigungsgrund gehabt hätte. Dies gelte zunächst hinsichtlich der angeblichen Drohung des Arbeitgebers, den Arbeitnehmer zu versetzen bzw. ihm zu kündigen, denn einem Grundsatz, wonach Unrecht mit Unrecht zu vergelten sei, gäbe es nicht. Vor allem aber habe der Arbeitnehmer nicht etwa spontan auf eine angebliche Provokation hinsichtlich der Änderung seiner Arbeitsbedingungen reagiert, sondern habe nach dem Gespräch mit dem Arbeitgeber ausreichend Zeit gehabt, sich nach Einholung von Rechtsrat auf die Situation einzustellen.[160] Eine Abmahnung sah das BAG als entbehrlich an, da dem Arbeitnehmer aufgrund seines nötigenden Verhaltens die Pflichtwidrigkeit seines Verhaltens ohne Weiteres erkennbar gewesen sei und der Mitarbeiter mit einer Hinnahme durch den Arbeitgeber nicht hätte rechnen können. Diese gelte umso mehr mit Blick auf die herausragende Position des Arbeitnehmers und den seinem Verhalten zugrunde liegenden schweren Vertragsverstoß.[161] Mit Blick auf die Gesamtsituation und insbesondere das Alter, die Unterhaltsverpflichtungen und die Auswirkungen einer fristlosen Kündigung bejahte das Gericht nur eine ordentliche, nicht jedoch die ausgesprochene außerordentliche Kündigung.

Praxisbeispiel 2
In einem durch das Sächsische LAG entschiedenen Fall behauptete eine schwerbehinderte Arbeitnehmerin im Rahmen eines Personalgespräches, das ihre Arbeitsleistung und ihr Verhalten zum Gegenstand hatte, ihr Vorgesetzter habe sie angeblich vor einigen Monaten mit beiden Händen in den Armbeugen ergriffen, festgehalten und in den Stuhl zurückgedrückt. Aufgrund dieser von dem Vorgesetzten begangenen Handgreiflichkeiten, körperlichen Übergriffe und Nötigungen wolle sie Anzeige erstatten (was sie allerdings später nicht tat). Nachdem sich sodann herausstellte, dass diese Vorwürfe nicht den Tatsachen entsprachen, kündigte der Arbeitgeber das Arbeitsverhältnis außerordentlich, hilfsweise ordentlich. Das LAG hielt beide Kündigungen für unwirksam. Zwar würde das Verhalten der Arbeitnehmerin einen Grund für eine fristlose Kündigung an sich darstellen können. Das Personalgespräch, an dem fünf Teilnehmer seitens des Arbeitgebers und drei Teilnehmer auf Seiten der Arbeitnehmerin teilgenommen hatten, hätte jedoch eine immense Drucksituation für die Mitarbeiterin bedeutet, zudem hätte der Arbeitgeber nicht versucht, den behaupteten Vorfall in dem Personalgespräch sofort aufzuklären, was möglicherweise zu einer Beruhigung der Gesprächssituation beigetragen hätte. Zudem hielt das LAG Sachsen der Arbeitnehmerin ihre Schwerbehinderung und die daraus resultierende größere Angreifbarkeit entlastend zugute. Schließlich sprach ihre Einsichtsfähigkeit im Prozess für sie. Vor diesem Hintergrund kam das Gericht zu dem Ergebnis, dass eine Abmahnung genügt hätte, zumal es im Vorfeld keine einschlägigen Abmahnungen gegeben hatte.[162]

160 BAG 11.3.1999 – 2 AZR 507/98 – Rn 16 – juris.
161 BAG 11.3.1999 – 2 AZR 507/98 – Rn 19 f. – juris.
162 Sächsisches LAG 21.1.2011 – 3 Sa 181/10.

15. Politische Äußerungen im Betrieb

92 Der **Betrieb** ist sicherlich **kein völlig politikfreier Raum**. Auch hier gilt der **Grundsatz der Meinungsfreiheit**, d.h. es besteht kein grundsätzliches Gebot für Arbeitnehmer, in einem Betrieb sich jeglicher politischer Außerungen oder Kundgabe ihrer politischen Meinung zu enthalten. Allerdings sind dem gewisse **Grenzen** gesetzt. So hat ein Arbeitnehmer jedenfalls **provozierende parteipolitische** Betätigungen im Betrieb grundsätzlich zu unterlassen, will er nicht das Risiko einer ggf. sogar fristlosen **Kündigung** eingehen.

Praxisbeispiel

Im Jahre 1979 erschien ein Arbeitnehmer mit einer 12–15 cm großen Plakette mit einer Karikatur des damaligen bayerischen Ministerpräsidenten und Kanzlerkandidaten Franz-Josef Strauß von zwei Querstrichen durchkreuzt und mit der Aufschrift „Strauß – nein danke" angeheftet an seinem Arbeitsanzug zur Arbeit. Der Arbeitgeber forderte daraufhin den Kläger auf, die Plakette abzunehmen, nachdem sich u.a. der Betriebsratsvorsitzende über das Tragen dieser Plakette beschwert hatte. Weitere Arbeitnehmer versuchten den Arbeitnehmer dazu zu bewegen, die Plakette zu entfernen. Dasselbe tat der technische Direktor. Nach weiteren sieben- bis achtmaligen erfolglosen Aufforderungen forderte der technische Direktor den Arbeitnehmer auf, das Betriebsgelände zu verlassen. Der Arbeitnehmer weigerte sich wiederum und erklärte, nicht er, sondern der technische Direktor störe den Betriebsfrieden. Daraufhin wurde der Arbeitnehmer freigestellt. Der Arbeitgeber erklärte die fristlose Kündigung. In der Folgezeit erschien der Kläger mehrfach zum Schichtwechsel vor den Werkstoren und stellte dort einen großen roten Sonnenschirm mit DKP-Aufschriften und Plakaten u.a. mit folgendem Inhalt auf: „Herr A hat mich wegen dieser Aufkleber verlassen." „Kollegen, Ihr betretet den Betrieb – Ihr verlasst den demokratischen Sektor." „Arbeit adelt, umgekehrter Fall ist nicht bekannt." „Der Boss, der macht die Krise groß, darum sind wir arbeitslos." Darüber hinaus verkündete der Arbeitnehmer bei diesen Gelegenheiten durch ein Megafon: „Herr A, haben Sie gut geschlafen? Ich komme morgen wieder." „Herr A behauptet, ich störe den Betriebsfrieden, in Wirklichkeit stört Herr A den Betriebsfrieden." „Herr A wollte die Polizei einschalten, die Polizei erklärte sich jedoch solidarisch."

Das BAG erkannte, dass angesichts der Meinungsfreiheit und der Betriebsgemeinschaft für die soziale Kommunikation der Betriebsangehörigen auch eine parteipolitische Diskussion im Betrieb nicht schlichthin unzulässig sei. Andererseits dürfte dies weder den Arbeitsablauf noch den Betriebsfrieden gefährden oder gar stören.

> *„Aus diesem Grundsatz folgt im Wege der Interessenabwägung jedenfalls die Pflicht des Arbeitnehmers, im Betrieb eine provozierende, parteipolitische Betätigung zu unterlassen, durch die sich andere Belegschaftsangehörige belästigt fühlen, durch die der Betriebsfriede oder der Betriebsablauf in sonstiger Weise konkret gestört oder die Erfüllung der Arbeitspflicht beeinträchtigt wird (...). Die Verletzung dieser Pflicht führt dann zu einer konkreten Beeinträchtigung des Arbeitsverhältnisses und kann – je nach der Intensität und der Auswirkung der Pflichtverletzung – nach einer vergeblichen Abmahnung an sich einen wichtigen Grund zur außerordentlichen Kündigung gemäß § 626 Abs. 1 BGB bilden, wenn der Grundsatz der Verhältnismäßigkeit gewahrt ist. Eine bloße Gefährdung des Betriebsfriedens durch eine politische oder parteipolitische Betätigung reicht allerdings in der Regel nicht aus, eine fristlose Kündigung zu rechtfertigen; erforderlich ist vielmehr eine konkrete Störung des Arbeitsverhältnisses im Leistungsbereich, im Bereich der betrieblichen Verbundenheit (...).“*[163]

---

163 BAG 9.12.1982 – 2 AZR 620/80 – Rn 44 – juris.

Das Gericht sah in der Plakette eine parteipolitische Agitation gegen den Kanzlerkandidaten der CDU/CSU und seine Anhänger, einen provokativen Charakter wegen der vom flüchtigen Betrachter nicht zu übersehenden Plakette, was über die Kundgabe der politischen Überzeugung in einem privaten Gespräch deutlich hinausginge. Andersdenkende, die sich dem Anblick der Plakette nicht entziehen könnten, müssten sich provoziert und zur Stellungnahme herausgefordert fühlen. Das Zurschaustellen einer solchen auffälligen, provokativen Plakette griffe auch in das Recht der anderen Arbeitnehmer ein, mit politischer Agitation im Betrieb in Ruhe gelassen zu werden. Das Verhalten enthalte einerseits den Versuch einer plumpen parteipolitischen Beeinflussung und einer aufdringlichen Aufforderung zur Solidarisierung von Straußgegnern und andererseits eine dauernde Herausforderung von Straußanhängern. Die vom Arbeitnehmer gewählte Form der Agitation sei nicht anders zu bewerten als das ständige verbale Bestreben eines Arbeitgebers, die Kollegen und den Arbeitgeber gegen ihren Willen mit seinen politischen Vorstellungen zu verfolgen.[164]
Da der Arbeitnehmer schon zuvor einschlägig abgemahnt worden war, war die außerordentliche Kündigung für das BAG wirksam. Das Verhalten des Arbeitnehmers nach Erhalt der Kündigung war für das Gericht berücksichtigenswert, da aufschlussreich für sein bisheriges Verhalten. Durch einen Teil seiner Parolen hätte der Arbeitnehmer bestätigt, dass es ihm von Anfang an darum ging, politische Auseinandersetzungen in den Betrieb hineinzutragen. Dies hätte der Arbeitgeber nicht zu dulden brauchen, und zwar unabhängig davon, gegen welchen Kandidaten der im Wahlkampf auftretenden politischen Parteien sich die Agitation gerichtet hätte.[165]

16. Privatnutzung von Telefon, Internet und E-Mail des Arbeitgebers

a) Grundsatz

Viele Arbeitnehmer erledigen ihre Aufgaben in der heutigen Kommunikationsgesellschaft nicht nur mit Hilfe des Telefons, sondern auch und insbesondere mit E-Mail und Internet. Insofern besteht sehr schnell das Risiko, dass diese **Betriebsmittel** mehr oder weniger „zufällig“ nicht nur für betriebliche, sondern auch **zu privaten Zwecken** genutzt werden. 93

Damit riskieren Arbeitnehmer abhängig von den Umständen des Einzelfalles durchaus ihr Arbeitsverhältnis. Es gilt der **Grundsatz**, dass die **private Nutzung von Betriebsmitteln grundsätzlich verboten ist, solange diese nicht** (zumindest konkludent) **gestattet ist.** 94

b) Private Telefonate

Die Führung **privater**, jedoch fälschlicherweise als vom Arbeitgeber zu zahlende Dienstgespräche deklarierter **Telefonate** verletzt den Vertrauensbereich und berührt die **Loyalität und Ehrlichkeit** des Arbeitnehmers. Ein solches Verhalten rechtfertigt an sich eine **außerordentliche Kündigung,**[166] die durchaus auch **ohne Abmah-** 95

---

164 BAG 9.12.1982 – 2 AZR 620/80 – Rn 45 – juris.
165 BAG 9.12.1982 – 2 AZR 620/80 – Rn 50 – juris.
166 LAG Hamm 25.1.2008 – 10 Sa 169/07 – Rn 95 – juris.

nung ausgesprochen werden kann.[167] Allerdings ist nach dem LAG Hamm Voraussetzung für die Wirksamkeit einer fristlosen Kündigung, dass der Arbeitgeber mit einer **klaren betrieblichen Regelung** unmissverständlich zum Ausdruck gebracht hat, dass Privatgespräche zu kennzeichnen und ihre Kosten vom Arbeitnehmer zu tragen sind.[168]

Praxisbeispiel 1

Das LAG Niedersachsen hat vor Ausspruch einer fristlosen Kündigung eine Abmahnung gegenüber einem Arbeitnehmer verlangt, der im Wert von DM 174,34 während der Arbeitszeit private Telefonate geführt hatte. Da es eine Regelung über Privattelefonate nicht gegeben hatte, zudem das private Telefonieren am Arbeitsplatz in diesem Betrieb durchaus üblich war und es keine Anzeichen dafür gegeben hätte, das der Arbeitgeber sich einem ausdrücklichen Verbot des Privattelefonierens nicht gefügt hätte, verlangte das LAG Niedersachsen vor der fristlosen Kündigung eine Abmahnung.[169]

Praxisbeispiel 2

Das Hessische LAG hielt eine fristlose Kündigung wegen übermäßiger privater Nutzung des Diensthandys mangels Abmahnung für unwirksam. Der betroffene Arbeitnehmer hatte Verbindungskosten in Höhe von EUR 2.000,00 (!) innerhalb von ca. 10 Monaten verursacht. Innerbetrieblich gab es eine Regelung, die der Kläger als „Nutzungserklärung Mobiltelefon" unterzeichnet hatte:

> *„Mir wurde aus dienstlichen Gründen ein Mobiltelefon überlassen. Hiermit erkläre ich, dass ich die gelegentliche Nutzung des Mobiltelefons zu privaten Zwecken (...) beantrage. Ich bin damit einverstanden, dass die Gebühr in Höhe von EUR 10,00 im Rahmen meiner monatlichen Entgeltabrechnung einbehalten wird. Mir ist bekannt, dass die Erlaubnis der privaten Nutzung bei einer missbräuchlichen Ausweitung der Nutzung jederzeit durch das Unternehmen widerrufen werden kann."*

Das Gericht sah zwar Gründe für die außerordentliche Kündigung als an sich gegeben an. Im Rahmen der Interessenabwägung (Alter, Unterhaltspflichten, 20 Jahre beanstandungsfreie Betriebszugehörigkeit, Reue, Bereitschaft, Schaden auszugleichen etc.) verneinte das Gericht zum einen eine Wiederholungsgefahr, zum anderen und insbesondere stellte es auf die „Nutzungserklärung" ab. Mit dieser hätte der Arbeitgeber keine klaren Grenzen gezogen. Vor allem wäre als Sanktion für übermäßiges privates Telefonieren lediglich der Widerruf der Nutzungserlaubnis angedroht worden. Aus diesem Grunde hätte der Kündigung eine Abmahnung vorangehen müssen.[170]

c) Private Internetnutzung

96 Bei der Privatnutzung des betrieblichen Internets kommen als **kündigungsrelevante Verletzungen der arbeitsvertraglichen Pflichten** nach dem BAG insbesondere in Betracht:

---

167 LAG Hamm 25.1.2008 – 10 Sa 169/07 – Rn 95 – juris.
168 LAG Hamm 25.1.2008 – 10 Sa 169/07 – Rn 95 – juris.
169 LAG Niedersachsen 13.1.1998 – 13 Sa 1235/97 – Rn 31 f. – juris.
170 Hessisches LAG 7.4.2009 – 13 Sa 1166/08.

- Das Herunterladen einer erheblichen Menge von Daten aus dem Internet auf betriebliche Datensysteme („**unbefugter Download**"), insbesondere, wenn damit einerseits die **Gefahr möglicher Vireninfizierungen** oder anderer **Störungen des – betrieblichen – Systems** verbunden sein können oder andererseits von solchen Daten, bei deren Rückverfolgung es zu möglichen **Rufschädigungen** des Arbeitgebers kommen kann, beispielsweise, weil strafbare oder pornographische Darstellungen heruntergeladen werden;
- die private Nutzung des vom Arbeitgeber zur Verfügung gestellten Internetanschlusses als solche, weil durch sie dem Arbeitgeber möglicherweise – zusätzliche – **Kosten** entstehen können und der Arbeitnehmer jedenfalls die **Betriebsmittel – unberechtigterweise – in Anspruch** genommen hat;
- die private Nutzung des vom Arbeitgeber zur Verfügung gestellten Internets und anderer Arbeitsmittel während der **Arbeitszeit**, weil der Arbeitnehmer während des Surfens im Internet oder einer intensiven Betrachtung von Videofilmen oder -spielen **zu privaten Zwecken seine arbeitsvertraglich geschuldete Arbeitsleistung nicht erbringt** und dadurch seiner Arbeitspflicht nicht nachkommt und sie verletzt.

Ob bei Pflichtverletzungen dieser Art eine ordentliche oder gar außerordentliche **Kündigung ohne Abmahnung** in Betracht kommt, hängt insbesondere vom **zeitlichen und/oder inhaltlichen Umfang** der privaten Internetnutzung ab. 97

Praxisbeispiel 1

So ließ das BAG das Herunterladen von Dateien mit teilweise erotischem Inhalt bzw. das Aufsuchen entsprechender Erotikseiten für eine Kündigung ohne Abmahnung nicht genügen, da es sich hier nicht um eine exzessive Nutzung und damit schwere Vertragsverletzung gehandelt hätte.[171]

Ebenso entschied das LAG Köln bei einer Nutzung des Internets an fünf Tagen in einem Gesamtumfang von 11,25 Stunden (wobei der Umfang strittig geblieben war), da die internen Regelungen die Zulässigkeit der Privatnutzung des Internets vorgesehen, jedoch keine ausdrückliche Verbotsregelung hinsichtlich des Umfangs etc. beinhaltet hätten. Da im Übrigen keine anderen schwerwiegenden Interessen des Arbeitgebers durch die Nutzung beeinträchtigt worden seien, insbesondere nicht nachgewiesen sei, dass der Arbeitnehmer in Folge der Nutzung des Internets während der Arbeitszeit ihm obliegende Aufgaben vernachlässigt oder ihm übertragene Aufgaben nicht zeitgerecht verrichtet hätte, wäre eine Abmahnung vor einer Kündigung notwendig gewesen.[172]

Das LAG Rheinland-Pfalz hat bestätigt, dass eine nicht ausschweifende und nicht Pornographie zum Inhalt habende private Internetnutzung nur nach entsprechender Abmahnung eine Kündigung rechtfertigen kann. Dies gelte erstrecht innerhalb eines innerbetrieblichen Sanktionensystems, wonach bei Privatnutzung des betrieblichen Internetsystems Abmahnungen und je nach Schwere und Dauer auch verhaltensbedingte Kündigungen folgen würden. Bei einem solchen Sanktionen-

---

171 BAG 31.5.2007 – 2 AZR 200/06 – Rn 28 – juris.

172 LAG Köln 17.2.2004 – 5 Sa 1049/03 – Rn 35 – juris.

system müsse der Arbeitnehmer bei geringem Umfang der privaten Nutzung nicht mit einer Kündigung, sondern allenfalls mit einer Abmahnung rechnen.[173]

Praxisbeispiel 2
Vorstehendes gilt allerdings selbst bei einer Gestattung privater Internetnutzung dann nicht mehr, wenn ein Arbeitnehmer während der Arbeitszeit dies in erheblichem zeitlichem Umfang und damit „ausschweifend" tut. In jenem Fall des BAG hatte der Arbeitnehmer in knapp 3 Monaten fast 19 Stunden zu privaten Zwecken auf das Internet zugegriffen, davon fast fünf Stunden auf Seiten mit pornographischem Inhalt. Selbst wenn eine Gestattung oder Duldung der privaten Nutzung vorgelegen hätte, hätte sich diese allenfalls auf eine private Nutzung im normalen bzw. angemessenen zeitlichem Umfang erstreckt (es sei denn, es hätte in jener Zeit keinen Arbeitsanfall gegeben).[174] Eine Abmahnung war für das BAG entbehrlich, da ein Arbeitnehmer bei ausschweifender Nutzung des Internets während der Arbeitszeit nicht darauf vertrauen dürfe, der Arbeitgeber werde dies tolerieren. Dies gelte selbst dann, wenn der Arbeitgeber keine klarstellende Nutzungsregelung für den Betrieb aufgestellt hätte. Bei einer fehlenden ausdrücklichen Gestattung oder Duldung des Arbeitgebers sei eine private Nutzung des Internets grundsätzlich nicht erlaubt![175] Dies würde erst recht für das Herunterladen pornographischer Dateien aus dem Internet gelten.[176]
Spielt ein Arbeitnehmer im Rahmen der privaten Internetnutzung so genannte Anonymisierungssoftware auf, mit deren Hilfe die Nutzung des Internets nicht zurückverfolgt werden kann, rechtfertigt dies auch ohne vorherige Abmahnung eine fristlose Kündigung.[177]

d) Private E-Mails

98 Die vorstehenden Grundsätze zum Umfang der Nutzung des Internets können letztendlich auch auf den privaten E-Mail-Verkehr übertragen werden. Nicht jede private E-Mail kann zu einer Kündigung führen. Dies gilt erst bei ausuferndem privaten E-Mail-Verkehr.

Praxisbeispiel
Obwohl es eine ausdrückliche Regelung zur Privatnutzung der E-Mail-Funktionen nicht gegeben hätte und private E-Mails durchaus geduldet worden waren, handelte es sich um einen exzessiven privaten E-Mail-Verkehr, der auch ohne vorherige Abmahnung zu einer außerordentlichen Kündigung berechtigte. Das Gericht stellte vor allem auf die außerordentliche Intensität der Verletzung der Arbeitspflicht über etwa 2 Monate ab. Es hatte nämlich errechnet, dass bei Zugrundelegung einer wechselseitigen Kommunikation und einem Zeitaufwand von Lesen und Beantworten jeder E-Mail von nur drei Minuten der tarifliche Arbeitstag des Arbeitnehmers mit der „Bearbeitung" von

173 LAG Rheinland-Pfalz 14.12.2007 – 9 Sa 234/07 – Rn 28 ff., 33 – juris.
174 BAG 7.7.2005 – 2 AZR 581/04 – Rn 30 – juris.
175 BAG 7.7.2005 – 2 AZR 581/04 – Rn 36 – juris.
176 BAG 7.7.2005 – 2 AZR 581/04 – Rn 37 – juris; ebenso BAG 27.4.2006 – 2 AZR 386/05 – Rn 24 ff. – juris, Nutzung des Internets über mehr als 2 Monate fast täglich im Umfang von 15 Minuten bis drei Stunden.
177 BAG 12.1.2006 – 2 AZR 179/05 – Rn 51 ff., 55 ff., 62 f. – juris.

156 E-Mails komplett ausgefüllt gewesen sei, so dass an mindestens drei Tagen ihm überhaupt keine Zeit mehr für Dienstaufgaben verblieben wären. Das Bild wurde im Rahmen der Interessenabwägung durch das offenbar fehlende Unrechtsbewusstsein des Arbeitnehmers gerundet, der sein Handeln durch das Löschen der E-Mails vertuschen wollte.

Hingegen hat das LAG Hessen eine **Abmahnung vor einer Kündigung** einer Sekretärin eines Rechtsanwaltsbüros verlangt, die trotz eines ausdrücklichen Verbotes privater E-Mails einen privaten Kettenbrief erhalten und sodann innerhalb des Betriebes an ihre Kolleginnen, aber auch an eine Anzahl von Adressaten außerhalb des Datennetzes des Arbeitgebers versandt hatte. Zwar hätte eine Pflichtverletzung vorgelegen, diese sei jedoch nicht so schwer gewesen, dass deren Rechtswidrigkeit für den Arbeitnehmer ohne Weiteres erkennbar gewesen und bei der die Hinnahme des Verhaltens durch den Arbeitgeber offensichtlich ausgeschlossen gewesen sei.[178] Etwas anderes hätte gegolten, wenn der Arbeitgeber „die Bedeutung und Ernsthaftigkeit des betroffenen **Verbotes unmissverständlich“ zuvor im Rahmen des Verbotes** hervorgehoben hätte.[179] 99

Praxistipp

Die unzulässige Privatnutzung betrieblicher Kommunikationsmittel wird nur sanktionierbar sein, wenn arbeitgeberseitig klare (in der Regel mitbestimmungspflichtige) Regeln über die erlaubte Privatnutzung aufgestellt werden. Arbeitgebern ist dies dringend zu empfehlen!

17. Prozessbetrug

Grundsätzlich können **falsche Erklärungen**, die **in einem Prozess** abgegeben werden, an sich geeignet sein, eine fristlose **Kündigung** zu rechtfertigen. 100

Ein **Arbeitnehmer verletzt** seine vertragliche **Nebenpflicht** bzgl. der dem Vertragspartner geschuldeten Rücksichtnahme auf dessen Interessen, wenn er **im Rechtsstreit um eine Kündigung bewusst wahrheitswidrig vorträgt**, weil er befürchtet, mit wahrheitsgemäßen Angaben den Prozess nicht gewinnen zu können.[180] 101

Praxisbeispiel

Im vorliegendem Fall hatte der Arbeitgeber im Prozess wegen einer Kündigung wegen exzessiver Internetnutzung inklusive des Aufrufens pornographischer Inhalte erklärt, dass er bei seinem Vorbringen bliebe, er habe keine pornographischen Internetseiten aufgerufen. Der auf diese Erklärung und den damit verbundenen Prozessbetrug gestützten weiteren Kündigung versagte das Gericht schon deshalb den Erfolg, da der Arbeitgeber mit der rechtskräftig zu seinen Lasten gegen die erste Kündigung ergangenen Entscheidung präkludiert sei, da mit der Äußerung der Arbeitnehmer letzt-

178 Hessisches LAG 13.12.2001 – 5 Sa 987/2001 – Rn 23ff. – juris.
179 Hessisches LAG 13.12.2001 – 5 Sa 987/2001 – Rn 25 – juris.
180 BAG 8.11.2007 – 2 AZR 528/06 – Rn 17 – juris.

lich nur den Vorwurf bestritten hätte, der der ersten rechtskräftig „abgewiesenen“ Kündigung zugrundegelegen hätte.

18. Rassistisches Verhalten

Praxisbeispiel
Befestigt ein Auszubildender nach der Probezeit ein von ihm gefertigtes Schild mit der Aufschrift „Arbeit macht frei – Türkei schönes Land“, auf dem auf beiden Seiten das Wort „Döner“ geschrieben steht, an der Werkbank eines türkischen Auszubildenden und hat er darüber hinaus im betrieblichen Zusammenhang ein Nazilied mit dem Titel „Auschwitz, wir kommen“ gesungen, stellt dies eine grobe Beleidigung der türkischen Auszubildenden dar, ohne dass sich der Auszubildende hierbei auf eine ihm zustehenden Meinungsfreiheit oder fehlende Geschichtsbildung berufen kann.[181]

102 Wegen der sich hieraus ergebenden Störungen der innerbetrieblichen Verbundenheit ist die **außerordentliche Kündigung** möglich.[182] Eine **vorherige Abmahnung** ist mit Blick auf die besondere Schwere des Verstoßes und die sich hieraus ergebende dauerhafte Zerstörung des Vertrauens **entbehrlich.**[183]

103 Nichts anderes gilt, wenn ein Arbeitnehmer im Betrieb die **Zahl der ermordeten Juden in Frage** stellt. Wiederum ist eine Abmahnung zumindest dann entbehrlich, wenn der Mitarbeiter sich zuvor im Rahmen eines Personalgesprächs uneinsichtig gezeigt hat.[184]

104 Ebenso wurde die **fristlose Kündigung** einer türkischen Arbeitnehmerin **ohne vorangegangene** Abmahnung und ohne nähere Prüfung eines eventuell fehlenden Verschuldens bejaht. Diese Arbeitnehmerin hatte in einem jüdischen Altersheim eine religiöse Feier mit dem „**Hitlergruß**“ und den Worten „**Heil Hitler**“ gestört. Ihre Berufung darauf, als Analphabetin sei ihr die gesamte Thematik nicht bekannt gewesen, wurde seitens des Gerichts nicht beachtet (vermutlich aber auch nicht geglaubt).[185]

19. Schädigung der Vermögensinteressen des Arbeitgebers

105 Dass ein **Arbeitnehmer auf die Vermögensinteressen des Arbeitgebers Rücksicht zu nehmen und Schaden von diesem abzuwenden** hat, versteht sich von

181 BAG 1.7.1999 – 2 AZR 676/98 – Rn 22 – juris.
182 BAG 1.7.1999 – 2 AZR 676/98 – Rn 20 – juris.
183 BAG 1.7.1999 – 2 AZR 676/98 – Rn 28 – juris.
184 LAG Köln 11.8.1995 – 12 Sa 426/95 – LS 1, 2 – juris.
185 LAG Baden-Württemberg 15.10.1999 – 7 Sa 2639/98 – Rn 40, 44, 53 – juris.

selbst. Hierzu gehört auch, die ihm **überlassenen Betriebsmittel** des Arbeitgebers **nicht zu schädigen.**

Praxisbeispiel 1
Führt ein Arbeitnehmer während seiner Tätigkeit mit einem Fahrzeug des Arbeitgebers einen Unfall im kollusiven Zusammenwirken mit Dritten herbei, um die Haftpflichtversicherung des Arbeitgebers zu schädigen, so stellt dies eine schwerwiegende Vertragsverletzung dar, die eine fristlose Kündigung ohne vorherige Abmahnung rechtfertigen kann. Besteht nur der schwerwiegende Verdacht eines solchen Verhaltens, ist eine entsprechende Verdachtskündigung möglich.[186]

Unterliegt der Arbeitnehmer der Rücksichtnahme- und Loyalitätspflicht, den Arbeit- 106
geber nicht zu schädigen, bedeutet dies auch, dass er **Gehaltsüberzahlungen**, wenn er sie bemerkt, **nicht einfach verschweigen** darf. Schweigt er zu einer solchen erkannten Überzahlung, stellt dies eine **schwere Pflichtverletzung** dar, die den Arbeitgeber ggf. zur fristlosen, zumindest aber ordentlichen verhaltensbedingten **Kündigung** berechtigen kann. Diese Anzeigepflicht gilt umso mehr, je höher der Arbeitnehmer in der **Hierarchie** positioniert ist. Nicht hängt sie allerdings davon ab, ob der Arbeitnehmer die überzahlte Vergütung noch in seinem Vermögen oder das Geld bereits ausgegeben hat.

Praxisbeispiel 2
In einem besonders krassen Fall des BAG war ein schwerbehinderter Arbeitnehmer über drei Jahre nicht mehr zu Einsätzen auf Baustellen eingeteilt worden, hatte aber trotzdem über die gesamte Zeit hinweg seine Vergütung erhalten. Nach Entdecken dieses Umstandes wurde sein Arbeitsverhältnis fristlos, hilfsweise fristgerecht gekündigt.
Das BAG stellte zwar fest, dass zu einer wesentlichen Pflicht des Arbeitnehmers im Arbeitsverhältnis die Schadensabwendungspflicht gehöre, wonach er gehalten sei, drohende Schäden vom Arbeitgeber abzuwenden bzw. zu beseitigen, soweit ihm dies möglich und zumutbar sei. Hierzu würde z.B. die Pflicht gehören, bemerkbare oder voraussehbare Schäden oder Gefahren dem Arbeitgeber unverzüglich anzuzeigen. Diese gelte nicht nur für Schäden und Gefahren von dritter Seite, sondern auch dann, wenn es um Eigenschädigungen des Arbeitgebers ginge. Insofern würde der Arbeitnehmer offenkundige Lohnüberzahlungen zu melden haben, eine Unterlassung eine entsprechende Pflichtverletzung darstellen.[187]
Der Arbeitnehmer berief sich in dem Kündigungsschutzprozess jedoch in substantiierter Form darauf, er habe dem Personalleiter immer wieder seine Arbeitsleistung angeboten, dieser hätte ihm jedoch keine Arbeit zugewiesen. Das BAG sah in dem Personalleiter den für den Arbeitnehmer maßgeblichen Ansprechpartner bei seinem Arbeitgeber, so dass der Arbeitnehmer angesichts der erfolgten Zahlungen des Gehaltes davon ausgehen durfte, das seinerseits Erforderliche zur Erhaltung des Lohnanspruches getan zu haben. Allein die Tatsache der Dauer der Gehaltszahlungen ohne Gegenleistung würde nicht zu einer Verletzung der Anzeigepflicht führen. Ebenso wenig war der Ar-

---

186 BAG 29.11.2007 – 2 AZR 724/06 – Rn 28 ff. – juris.
187 BAG 28.8.2008 – 2 AZR 15/07 – Rn 21 – juris.

beitnehmer angesichts der Stellung des Personalleiters im Betrieb des Arbeitgebers gehalten, zusätzlich die Geschäftsführung über den Sachverhalt zu unterrichten. Insofern dürfe ein Arbeitnehmer grundsätzlich darauf vertrauen, dass sich der Arbeitgeber das Wissen eines mit umfangreichen Personalbefugnissen ausgestatteten Personalleiters und die von diesem abgegebenen Erklärungen und veranlassten Maßnahmen zurechnen lässt. In Fragen des Personaleinsatzes gelte dies jedenfalls dann, wenn der Personalleiter hierfür zuständig sei.
Da keine massiven Verdachtsmomente eines eventuellen Missbrauchs der Vertretungsmacht des Personalleiters vorlagen, erachtete das BAG die ausgesprochene fristlose aber auch fristgerechte Kündigung als unwirksam.

107 Zur Wahrung der Vermögensinteressen des Arbeitgebers gehört es auch, dass der Arbeitnehmer nicht die Erledigung von Arbeitsaufgaben vortäuscht, die er in Wirklichkeit nicht ausgeführt hat. Die hierin liegende Verletzung der Vermögensinteressen des Arbeitgebers kann sich einerseits verwirklichen in der Leistung unberechtigter Lohnzahlung, andererseits aber auch in der hierin liegenden Nichterfüllung von Pflichten, die dem Arbeitgeber selbst gegenüber Dritten obliegen.

Praxisbeispiel 3
Ein als Sacharbeiter im Ordnungsamt beschäftigter Mitarbeiter hatte u.a. die Arbeitspflicht, Einsatzfahrzeuge des DRK und deren Ausstattung einmal jährlich auf ihre Funktionstauglichkeit zu überprüfen. Über diese Prüfung hatte er Protokolle zu führen. Der Arbeitnehmer unterließ diese Aufgabenerfüllung in einem Jahr vollständig, im Folgejahr erfüllte er sie nur zur Hälfte. Zudem hatte der Arbeitnehmer dem auftraggebenden DRK ausgefüllte und abgestempelte Protokollvordrucke übersandt, in denen er die Prüfung als durchgeführt und mit Ergebnis bestätigte. Die Mitarbeiter des DRK vervollständigten die Protokolle und sandten sie an den Arbeitnehmer zurück, der sie sodann weiterleitete. Das BAG sah bei diesem Verhalten die grundsätzliche Möglichkeit einer fristlosen Kündigung als gegeben an, verneinte diese jedoch im vorliegenden Fall, da es sich bei den vorgetäuschten Arbeitsaufgaben um solche handelte, die nur einen Teil der geschuldeten Tätigkeit des Arbeitnehmers ausmachten und nur sporadisch anfielen. Vor diesem Hintergrund nahm das BAG eine Zumutbarkeit der Beschäftigung des Arbeitnehmers bis zum Ablauf der ordentlichen Kündigungsfrist an und verneinte die außerordentliche Kündigung, bejahte jedoch die Wirksamkeit der hilfsweise ausgesprochenen ordentlichen Kündigung. Eine Abmahnung wurde für entbehrlich erachtet.[188]

20. Schlechtes Benehmen

108 Es ist immer wieder überraschend, zu welch schrecklichen aber auch skurrilen Verhaltensweisen sich Arbeitnehmer hinreißen lassen.

109 So sehr man es nicht glauben mag, dass ein Arbeitnehmer in seinem Büroraum ein Bild von Hitler aufhängt, so wenig überrascht es, dass das Arbeitsgericht Frankfurt hierin ein **geschäftsschädigendes Verhalten** und eine **Störung des Betriebs-**

188 BAG 9.6.2011 – 2 AZR 284/10 – NZA-RR 2012, 12.

friedens mit der Folge einer fristlosen **Kündigung ohne vorherige Abmahnung** gesehen hat.[189]

21. Schmiergeldannahme

Nimmt ein Arbeitnehmer **Schmiergeld** an, tritt hierdurch seine Einstellung zu Tage, dass er bei der Erfüllung von Aufgaben unbedenklich **eigene Vorteile** wahrnimmt. Durch dieses Verhalten **zerstört** er regelmäßig das **Vertrauen in seine Zuverlässigkeit und Redlichkeit.**[190] 110

Praxisbeispiel
Insofern bejahte das BAG die grundsätzliche Möglichkeit einer außerordentlichen Verdachtskündigung gegenüber einem Pförtner am Universitätsklinikum Eppendorf zu Hamburg, der in einem dringenden Verdacht stand, von Taxifahrern für die Vermittlung von Taxifahrten für Patienten des Klinikums Geld entgegengenommen zu haben.

22. Sexuelle Belästigung

Die **sexuelle Belästigung** eines Arbeitnehmers am Arbeitsplatz durch einen anderen Arbeitnehmer, insbesondere einen Vorgesetzten, stellt an sich einen wichtigen Grund zur außerordentlichen **Kündigung** dar. Dies gilt jedenfalls (nach altem Beschäftigtenschutzgesetz ebenso wie nach dem heutigen AGG), wenn es sich um ein **nicht erwünschtes sexuelles Verhalten** handelt, wobei diese Unerwünschtheit nach altem Recht nach außen in Erscheinung getreten sein musste.[191] Nach § 3 Abs. 4 AGG wird es hierauf nicht mehr ankommen, da § 3 Abs. 4 AGG, der eine sexuelle Belästigung als unerwünschtes, sexuell bestimmtes Verhalten definiert, auf die Sicht des objektiven Beobachters abstellt. Hierzu ist es nicht erforderlich, dass der belästigte Arbeitnehmer die Unerwünschtheit des Verhaltens des Dritten zum Ausdruck gebracht haben muss. 111

Praxisbeispiel 1
So hat das LAG Rheinland-Pfalz in dem wiederholten Berühren von Knie, Po, Bein und Hüften einer Arbeitnehmerin trotz deren sich hiergegen Wehrens, der hierauf folgenden Frage des Belästigers: „Sind wir zickig?“ oder „Haben wir unsere Tage?“ sowie der Frage, „welche Stellung die Arbeitnehmerin denn bevorzuge“, den Grund für eine fristlose Kündigung an sich gesehen.[192] Die Intensität des Verhaltens, das sich über zwei Jahre erstreckende Verhalten, die Stellung des vorgesetzten

189 ArbG Frankfurt 28.1.1993 – 2 Ca 238/92 – LS 1 – juris.
190 BAG 26.9.2002 – 2 AZR 424/01 – Rn 40 – juris.
191 BAG 25.3.2004 – 2 AZR 341/03 – Rn 18, 25 – juris; BAG 9.6.2011 – 2 AZR 323/10 – NJW 2012, 407.
192 LAG Rheinland-Pfalz 24.10.2007 – 8 Sa 125/07 – Rn 29 ff. – juris.

Belästigers als Mentor bzw. Coach führte das Gericht zu diesem Ergebnis.[193] Eine Abmahnung hielt das Gericht für entbehrlich, da der Gekündigte zu keinem Zeitpunkt davon ausgehen konnte, dass der Arbeitgeber die sexuelle Belästigung nicht zum Anlass nehmen werde, das Arbeitsverhältnis mittels einer Kündigung zu beenden.[194]

Praxisbeispiel 2

Zu dem selben Ergebnis kam das LAG Berlin wegen der Äußerung eines Arbeitnehmers (Banker) gegenüber einer Kollegin auf einer Geburtstagsfeier nach Dienstschluss in einem Restaurant, die lautete: „I can imagine many or thousand ways to humiliate you.“ Auf diese Äußerung hin wurde der Arbeitnehmer durch einen anderen Kollegen des Lokales verwiesen. Der Arbeitnehmer entschuldigte sich erst Wochen später.

Das Gericht sah zum einen in dem Verhalten des Arbeitnehmers kein außerdienstliches Verhalten, sondern eine Belästigung der Kollegin im betrieblichen Umfeld (Feier unter Kollegen, zeitnah nach Dienstschluss, Einstandsfeier). Einen Witz, wie von dem gekündigten Arbeitnehmer behauptet, konnte das Gericht in der Äußerung nicht sehen. Nach Auffassung des Gerichtes konnte diese Äußerung nur als Drohung interpretiert werden, die Arbeitnehmerin auf viele oder gar tausend Arten zu erniedrigen und zu demütigen. Gesprochen von einem Mann zu einer Frau könnte in diesem Zusammenhang die Äußerung nur sexuell gemeint sein. Damit sah das Gericht nicht nur in der Äußerung den Grund für eine fristlose Kündigung an sich,[195] sondern ließ auch die Erst- und Einmaligkeit des Vorfalls und den Anlass einer Feierlichkeit mit Alkoholkonsum im Rahmen der Interessenabwägung nicht zugunsten des Arbeitnehmers ausreichen. Im Gegenteil stellte es heraus, dass Banken wie der Arbeitgeber einen hohen Wert auf einen zivilisierten und seriösen Umgang nicht nur mit den Kunden, sondern auch intern zwischen den Angestellten legten, insofern Verbalentgleisungen für einen „Banker“ unakzeptabel seien. Hätte der Kläger tatsächlich seine Äußerungen für so übertrieben gehalten, so hätte es ihm am Tag nach der Feier oblegen, sich sofort bei der Kollegin in aller Form zu entschuldigen. Da er dies nicht tat, folgerte das Gericht, dass er sich wohl im Wesentlichen im Recht wähnte.[196]

Praxisbeispiele 3

Berührt ein Arbeitnehmer eine Auszubildende monatelang und immer wieder am Gesäß und macht er ihr gegenüber entsprechende sexuelle Bemerkungen und setzt er dies auch noch nach einer wegen dieser Belästigungen erfolgten Umsetzung fort, ist eine außerordentliche Kündigung ohne vorherige Abmahnung möglich und wirksam.[197]

Das LAG Sachsen kam in einem vergleichbaren Fall gegenüber einem Praktikanten zu dem gleichen Ergebnis und bezeichnete bei der Diskussion der Entbehrlichkeit einer Abmahnung den Arbeitnehmer als „tickende Zeitbombe“.[198]

193 LAG Rheinland-Pfalz 24.10.2007 – 8 Sa 125/07 – Rn 34 – juris.
194 LAG Rheinland-Pfalz 24.10.2007 – 8 Sa 125/07 – Rn 35 – juris.
195 LAG Berlin 3.3.2006 – 13 Sa 1906/05 – Rn 23 f. – juris.
196 LAG Berlin 3.3.2006 – 13 Sa 1906/05 – Rn 34 – juris.
197 BAG 13.5.1997 – 1 ABR 2/97 – Rn 35, 37 f. – juris.
198 Sächsisches LAG 10.3.2000 – 2 Sa 635/99 – Rn 97 ff., 109 f. – juris.

23. Spesenbetrug

Begeht ein Mitarbeiter einen **Spesenbetrug**, stellt dies grundsätzlich einen Grund für eine fristlose **Kündigung** an sich dar.[199] Das Hessische LAG kam allerdings in dem von ihm entschiedenen Fall zu dem Ergebnis, dass selbst eine ordentliche Kündigung unverhältnismäßig gewesen sei, die gegen einen 56-jährigen, für zwei Personen unterhaltspflichtigen, seit 17 Jahren beanstandungsfrei beschäftigten Arbeitnehmer ausgesprochen wurde, der den einmaligen Verstoß zugegeben und wieder gut gemacht hatte und aus dessen gesamten Verhalten hervorgegangen wäre, dass eine weitere Verfehlung nicht wieder vorkommen würde. 112

24. Stalking

Eine weitere Form, wenn auch nicht zwingend sexuell motivierter Belästigungen insbesondere von Kollegen ist das so genannte Stalking. 113

In einem durch das BAG entschiedenen Fall hatte ein Mitarbeiter sowohl dienstlichen wie auch privaten Kontakt mit zwei Leiharbeitnehmerinnen gesucht und diese Versuche nachhaltig betrieben, obwohl beide Arbeitnehmerinnen ihn ausdrücklich darauf hingewiesen hatten, dass sie jeglichen Kontakt seinerseits nicht wünschten. Darüber hinaus ordnete der Arbeitgeber an, dass der Arbeitnehmer jeden dienstlichen und privaten Verkehr mit den Leiharbeitnehmern zu unterlassen hätte und nur in dienstlichen Dingen über Dritte Kontakt zu den Leiharbeitnehmerinnen aufnehmen dürfe. 114

Nachdem das Verhalten des Arbeitnehmers abgemahnt worden war, kündigte der Arbeitgeber das Arbeitsverhältnis außerordentlich fristlos. Das BAG sah die Kündigung als berechtigt an, da aufgrund des wiederholten Fehlverhaltens des Arbeitnehmers nicht ausgeschlossen sei, dass der Arbeitnehmer den Wunsch anderer Mitarbeiter, ihre Privatsphäre zu respektieren, künftig wiederum solange missachten werde, wie ihn der Arbeitgeber nicht auffordere, dem Verlangen auf Unterlassung solcher Kontakte nachzukommen. Eine Abmahnung hielt das BAG aufgrund der Erkennbarkeit des Fehlverhaltens für den Arbeitnehmer für entbehrlich.[200] 115

25. Strafhaft

Befindet sich ein Arbeitnehmer in **Straf- oder Untersuchungshaft**, kann im Regelfall angenommen werden, dass er dies durch ein strafrechtsrelevantes Verhalten selbst verschuldet hat. Die **Verunmöglichung seiner Arbeitsleistung** liegt jedoch nicht in der begangenen Straftat, sondern in der Strafhaft als solcher, die seiner Steuerbarkeit entzogen ist. 116

---

199 Hessisches LAG 15.10.1999 – 7 Sa 2639/98 – LS 1 – juris.
200 BAG 19.4.2012 – 2 AZR 258/11 – NZA RR 2012, 568.

117 Vor diesem Hintergrund wird **im Falle der Strafhaft keine verhaltensbedingte, sondern eine personenbedingte Kündigung** in Betracht kommen.[201] In diesem Zusammenhang, das nur am Rande bemerkt, verlangt die Rechtsprechung für eine personenbedingte Kündigung, dass durch die Strafhaft **konkrete Nachteile im Arbeitsverhältnis zumindest zu befürchten** sind (z.B. Verweigerung von Kunden zur Zusammenarbeit, wenn diese von der Inhaftierung wissen) und **keine zumutbaren Überbrückungsmaßnahmen** bestehen.[202] Darüber hinaus ist der Arbeitgeber u.U. sogar verpflichtet, an einem **Freigängerstatus** des Inhaftierten unter Fürsorgegesichtspunkten **mitzuwirken**, dies jedenfalls dann, wenn der Arbeitnehmer über seine Inhaftierung den Arbeitgeber offen informiert hat.[203]

26. Tätlichkeiten

118 **Tätlichkeiten** eines Arbeitnehmers gegen den Arbeitgeber, Vorgesetzte, Kollegen, Kunden etc. können eine ordentliche oder auch außerordentliche **Kündigung** rechtfertigen.

119 **Ohrfeigt ein** Vorgesetzter eine Mitarbeiterin, rechtfertigt dies zumindest eine ordentliche Kündigung.[204] Zum einen stelle ein tätlicher Angriff auf einen Arbeitskollegen eine **schwere Verletzung der arbeitsvertraglichen Pflichten** zur **Rücksichtnahme auf die Rechte und Interessen des anderen Arbeitnehmers** dar. Zum anderen sei der **Arbeitgeber** nicht nur allen Arbeitnehmern gegenüber verpflichtet, dafür zu sorgen, dass sie keinen Tätlichkeiten ausgesetzt sind. Er habe darüber hinaus ein **eigenes Interesse** daran, dass die betriebliche Zusammenarbeit nicht durch tätliche Auseinandersetzungen beeinträchtigt wird und Mitarbeiter verletzt werden und ggf. ausfallen. Der Arbeitgeber könne auch berücksichtigen, wie sich ein solches **Verhalten auf die übrigen Arbeitnehmer und den Betrieb auswirkt**, insbesondere wenn er keine personellen Maßnahmen ergriffe.[205] Vermutlich wegen der Schwere der Vertragsverletzungen diskutierte das BAG noch nicht einmal die Notwendigkeit einer **Abmahnung.**

120 Interessant an dieser Entscheidung ist, dass sich das BAG damit auseinandersetzt, dass auch im Rahmen einer verhaltensbedingten Kündigung grundsätzlich **Umsetzungs- und Versetzungsmöglichkeiten als milderes Mittel** vor der Kündigung zu prüfen seien. Dies könne nur in Betracht kommen, wenn es sich nicht um einen arbeitgeberbezogenen, sondern um einen **arbeitsplatzbezogenen Pflichtenverstoß** handele. Allerdings müsse dem Arbeitgeber die **Weiterbeschäftigung**

---

201 BAG 9.3.1995 – 2 AZR 497/94 – Rn 15 ff. – juris; LAG Mainz 20.10.2008 – 5 Sa 416/08.
202 BAG 9.3.1995 – 2 AZR 497/94 – Rn 15 – juris.
203 BAG 9.3.1995 – 2 AZR 497/94 – Rn 17 f., 20, 22 – juris.
204 BAG 6.10.2005 – 2 AZR 280/04 – Rn 19 – juris.
205 BAG 6.10.2005 – 2 AZR 280/04 – Rn 19 – juris.

auf einem anderen Arbeitsplatz möglich und zumutbar sein. Im Falle einer **erheblich verschuldeten Vertragspflichtverletzung** wie einer Tätlichkeit sei eine **Versetzung bzw. Umsetzung** dem Arbeitgeber jedoch grundsätzlich nicht zumutbar, weshalb die Frage der Versetzung sowohl von den **Ursachen des Fehlverhaltens** und dem am neuen Arbeitsplatz zu **erwartenden Verhalten** als auch von der **Schwere des Pflichtenverstoßes** abhinge, insbesondere also von der Intensität und den Folgen des tätlichen Angriffs.[206] Da die Ohrfeige zudem mit sexuellen Belästigungen einhergegangen war und sich gegen eine besonders schutzlose, nämlich gehörlose und schwerbehinderte Arbeitnehmerin gerichtet hatte, bejahte das BAG die Unzumutbarkeit einer eventuellen Versetzung und bestätigte die fristgerechte Kündigung.

Praxistipp
Auch im Rahmen einer verhaltensbedingten Kündigung ist zu prüfen, ob als milderes Mittel eine dem Arbeitgeber mögliche und zumutbare Um-/Versetzung des Mitarbeiters in Betracht kommt.

Praxisbeispiel 1
Ebenso bestätigte das LAG Berlin die außerordentliche und erst recht ordentliche Kündigung in einem Fall, in dem ein Arbeitnehmer einem Kollegen zum Dienstschluss gegen 3:00 Uhr morgens „unmotiviert von hinten einen kräftigen Stoß“ versetzt hatte, worauf dieser Kollege gegen einen gusseisernen Türrahmen prallte und sich erheblich verletzte. Mit Blick auf die Schwere der Pflichtverletzung verneinte das LAG die Notwendigkeit einer vorherigen Abmahnung.[207]

Praxisbeispiel 2
Tritt ein Arbeitnehmer im Rahmen eines heftigen wechselseitigen Streits gegen den Brustkorb seines Kollegen und hat er am Ende der Auseinandersetzung ein eigentlich an einem von ihm gefahrenen Gabelstapler fixiertes Messer in der Hand, mit dem er zuvor von jenem Kollegen bedroht worden war, der nach der Auseinandersetzung eine zweimal zwei Millimeter große Schnittwunde am Oberschenkel hat, ist eine ordentliche Kündigung begründet.[208] Das Gericht sah hierin eine erhebliche Pflichtverletzung, die regelmäßig zu einer erheblichen Störung des Betriebsfriedens führe, die es dem Arbeitgeber unzumutbar mache, das Arbeitsverhältnis fortzusetzen. Eine außerordentliche Kündigung wurde jedoch wegen der Umstände des Einzelfalles verneint.[209]

Praxisbeispiel 3
Schlägt ein Altenpfleger während einer Nachtwache einen ihm in Obhut gegebenen hilfs- und pflegebedürftigen alten Menschen, rechtfertigt dies an sich eine fristlose Kündigung aus wichtigem Grund. Allerdings verneinte das Hessische LAG diese im Rahmen der durchzuführenden Interessenabwägung. Dabei berücksichtigte es, dass der Arbeitnehmer mehr als 13,5 Jahre in einem „außeror-

206 BAG 6.10.2005 – 2 AZR 280/04 – Rn 33 – juris.
207 LAG Berlin 25.10.2005 – 12 Sa 817/05 – Rn 23 f. – juris.
208 LAG Hamm 7.1.2005 – 10 Sa 1392/04 – Rn 59 ff. – juris.
209 LAG Hamm 7.1.2005 – 10 Sa 1392/04 – Rn 70 ff. – juris.

dentlich aufreibenden Beruf, nämlich als Dauernachtwache im Altenpflegedienst" beschäftigt gewesen sei. Es sei davon auszugehen, dass während einer so langjährigen nächtlichen Tätigkeit die erforderliche Sensibilität im Umgang mit den berechtigten Interessen der Pflegebefohlenen Schaden nehme. Dies würde das Verhalten zwar nicht rechtfertigen, sei aber im Rahmen der Interessenabwägung zu berücksichtigen. Zudem stellte das Gericht auf das Alter und die Unterhaltsverpflichtung des Arbeitnehmers und die besonderen Auswirkungen des sofortigen Verlustes des Arbeitsplatzes ab. Es sah eine mildere Möglichkeit jedenfalls bis zum Ende des Ablaufs der Kündigungsfrist darin, dass es denkbar gewesen sei, den Mitarbeiter für die Dauer der Kündigungsfrist gemeinsam mit einer anderen Nachtwache oder überhaupt in einer anderen Einrichtung des Arbeitgebers zu beschäftigen.[210]
Das Gericht bejahte allerdings die ebenfalls ausgesprochene ordentliche Kündigung aufgrund der schwerwiegenden Vertragsverletzung. Eine Abmahnung war für das Gericht entbehrlich, da aufgrund des vorliegenden Sachverhalts mit einer Wiederherstellung des erforderlichen Vertrauens zwischen den Parteien nicht zu rechnen gewesen sei. Das Gericht berücksichtigte bei dieser Gelegenheit auch, dass der Arbeitnehmer vier Jahre zuvor wegen einer Beleidigung eines anderen Patienten bereits einmal abgemahnt worden war.[211]

Praxisbeispiel 4
Zu dem grundsätzlich gleichen Ergebnis mit der Maßgabe, dass es sogar die außerordentliche Kündigung bejahte, kam das LAG Schleswig-Holstein in einem Fall eines Krankenpflegehelfers, der einen Bewohner eines psychiatrischen Krankenhauses geohrfeigt hatte. Das LAG Schleswig-Holstein hielt eine vorherige Abmahnung für entbehrlich. Eine Wiederherstellung des Vertrauens hierdurch hätte nicht erwartet werden können. Es hätte sich um eine besonders schwerwiegende Vertragsverletzung gehandelt, die das Vertrauen des Arbeitgebers in die Fortführung des Arbeitsverhältnisses zerstört hätte. Dabei stellte das Gericht auf die besondere Hilflosigkeit und Fürsorgebedürftigkeit psychisch erkrankter Menschen ab, bei denen der Arbeitgeber darauf vertrauen müsse und dürfe, dass sich seine Mitarbeiter entsprechend verhielten. Ein solches Vertrauen könne der Arbeitgeber in diesen Arbeitnehmer in der Zukunft nicht mehr haben.[212]

27. Unentschuldigtes Fehlen

a) Grundsatz

121 **Bleibt ein Arbeitnehmer ohne Entschuldigungsgrund** wie Urlaub, Krankheit etc. **von der Arbeit fern**, verletzt er hierdurch die ihm obliegende **Hauptleistungspflicht**, seine **Arbeitsleistung** zu erbringen. Unabhängig davon, ob er in dieser Zeit Lohn erhält, geht er durch ein solches Verhalten das **Risiko** einer ordentlichen **Kündigung in der Regel nach Abmahnung**, aber u.U. auch einer außerordentlichen Kündigung ein.

---

210 Hessisches LAG 30.3.2000 – 5/8 Sa 1230/99 – Rn 31 – juris.
211 Hessisches LAG 30.3.2000 – 5/8 Sa 1230/99 – Rn 28 – juris.
212 LAG Schleswig-Holstein 13.7.2000 – 5 Sa 240/00 – Rn 33 – juris.

Praxisbeispiel 1
Fehlt ein Arbeitnehmer innerhalb von vier Monaten insgesamt vier volle Tage, wird er hierfür dreimal abgemahnt und fehlt er in der Folgezeit (drei Monate später) in kurzem Abstand an zwei weiteren Tagen unentschuldigt, ist eine hierauf erfolgte ordentliche Kündigung wirksam.
In dem unentschuldigten Fernbleiben von der Arbeit liegt eine **Beeinträchtigung** des Arbeitsverhältnisses, hier insbesondere **im Leistungsbereich**. Hierdurch verstößt der Arbeitnehmer nicht nur gegen seine arbeitsvertragliche **Verpflichtung zur Erbringung der geschuldeten Arbeitsleistung**. Dieses Verhalten wirkt sich zugleich unmittelbar als **Störung des Arbeitsverhältnisses im Leistungsbereich** und als Beeinträchtigung des Verhältnisses von Leistung und Gegenleistung (**Äquivalenzstörung**) aus.[213] Ob darüber hinaus konkrete Störungen z.B. im Betriebsablauf eingetreten sind oder sich das Verhalten auf den Betriebsfrieden ausgewirkt hat, spielt im Zusammenhang mit der Prüfung des Kündigungsgrundes als solchen keine Rolle, ist jedoch im Rahmen der **Interessenabwägung** als wesentliche Auswirkung der Pflichtverletzung zu Lasten des Arbeitnehmers zu berücksichtigen.[214] Die Verteidigung des Arbeitnehmers, seine Fehlzeiten seien durch den Einsatz von Springern überbrückt worden, ließ das BAG letztlich nicht gelten, da nicht davon ausgegangen werden könnte, dass derartige Arbeitskräfte tatenlos und für den Arbeitgeber unproduktiv herumgesessen hätten. Vielmehr wäre der Einsatz des jeweils für den Arbeitnehmer eingesprungenen Mitarbeiters an anderer Stelle nicht möglich, so dass jedenfalls dort ein Produktionsausfall etc. deutlich würde.[215]

Praxisbeispiel 2
Hat eine Arbeitnehmerin ohne Einhaltung der notwendigen Schriftform dem Arbeitgeber mitgeteilt, dass sie nach Ablauf des Mutterschutzes Elternzeit beanspruche und erscheint sie daraufhin nicht zur Arbeit, so fehlt sie zwar unentschuldigt. Eine ordentliche oder gar außerordentliche Kündigung kann hierauf jedoch nur gestützt werden, wenn zuvor eine Abmahnung erteilt worden ist.[216] Das Gericht sah in dem Verhalten keine beharrliche Arbeitsverweigerung, sondern hielt der Arbeitnehmerin zugute, dass sie sich offensichtlich in einem Rechtsirrtum über die Anforderungen an den Antrag auf Inanspruchnahme von Elternzeit befunden hätte. Das Arbeitsgericht verneinte auf dieser Grundlage das Risiko zukünftiger Vertragsverletzungen, wenn die Arbeitnehmerin zuvor eine ausreichende Abmahnung erhalten hätte, und wies zugleich darauf hin, dass die Geltendmachung der Elternzeit auch mit Wirkung für die Zukunft formwirksam nachgeholt werden könne.

b) Selbstbeurlaubung/Urlaubsüberziehung

Nach der Regelung des § 7 BUrlG **gewährt der Arbeitgeber den Erholungsurlaub,** 122
wobei er die **Urlaubswünsche des Arbeitnehmers zu berücksichtigen** hat. Ein Recht des Arbeitnehmers zur **Selbstbeurlaubung** besteht somit **nicht**, wird im Gegenteil sogar ausdrücklich durch die gesetzliche Regelung ausgeschlossen.

213 BAG 17.1.1991 – 2 AZR 375/90 – Rn 13 – juris.
214 BAG 17.1.1991 – 2 AZR 375/90 – Rn 13, 20 – juris.
215 BAG 17.1.1991 – 2 AZR 375/90 – Rn 32 – juris.
216 ArbG Nürnberg 28.1.2009 – 8 Ca 5071/08.

Praxisbeispiel 1

Beantragt ein Arbeitnehmer nach längerer Arbeitsunfähigkeit, und einer hierauf gestützten zwischenzeitlich arbeitgeberseitig ausgesprochenen, dann jedoch zurückgenommenen Kündigung, mit dem Argument, mit der Kündigungsrücknahme hätte er nicht rechnen können und deshalb Urlaubsdispositionen getroffen, für einen bestimmten Zeitraum Urlaub und wird ihm dieser nicht bzw. nur teilweise aus betrieblichen Gründen (Hochsaison etc.) gewährt, nimmt er dann jedoch eigenmächtig Urlaub, kann dies sogar eine außerordentliche Kündigung begründen. Grundsätzlich ist unentschuldigtes Fehlen ebenso wie eigenmächtige Urlaubsnahme eines Arbeitnehmers an sich geeignet, eine außerordentliche Kündigung zu begründen. Die Berufung auf die angeblichen Urlaubsdispositionen ließ das BAG nicht ausreichen, da der Arbeitnehmer diesbezüglich nicht substantiiert vorgetragen hatte.[217] Aus der im Zusammenhang mit dem Urlaubsantrag gewechselten Korrespondenz entnahm das Gericht zudem, dass der Arbeitnehmer sich von vorn herein nicht vertragsgerecht verhalten wollte und insofern seinen Arbeitsplatz durch ein sich fast über zwei Monate hinstreckendes unentschuldigtes Fehlen bewusst aufs Spiel setzte, so dass es einer vorherigen Abmahnung nicht bedurfte.[218]

Praxisbeispiel 2

Ebenso hielt das LAG Köln eine fristlose Kündigung gegenüber einem Arbeitnehmer für wirksam, der ohne Genehmigung des Arbeitgebers im Anschluss an eine Arbeitsunfähigkeit einen Urlaub angetreten und trotz sodann erteilter Abmahnung die Arbeit nicht wieder aufgenommen hatte. Da dem Arbeitnehmer aus der gewechselten Vorkorrespondenz bewusst war, dass der Arbeitgeber nicht zur Urlaubsgewährung bereit sei, hätte er in bewusster Opposition zum Arbeitgeber gehandelt. Da eine Abmahnung erteilt worden war, musste das Gericht deren eventuelle Entbehrlichkeit nicht weiter erörtern. Soweit sich der Arbeitnehmer darauf berief, er hätte diese Abmahnung gar nicht zur Kenntnis erhalten, weil er sich zum Zeitpunkt der Einlegung der Abmahnung in seinem Briefkasten im Urlaub befunden hatte, folgte das Gericht dem mit Verweis auf den Grundsatz von Treu und Glauben nicht. Der Arbeitnehmer hätte ja gerade die Kenntnisnahme durch seine unberechtigte Urlaubsnahme vereitelt, so dass er sich auf die fehlende Kenntnis nicht berufen könne.[219] Soweit der Arbeitnehmer sich des Weiteren darauf berief, es hätte der Verfall ihm noch zustehender Urlaubsansprüche gedroht, genügte dies für das Gericht ebenfalls nicht, das Verhalten zu entschuldigen. Zum einen hätte der Arbeitnehmer seine Ansprüche rechtzeitig geltend gemacht, so dass der Arbeitgeber bei Nichtgewährung des Urlaubs in Schuldnerverzug geraten wäre. Zudem hätte der Arbeitnehmer die Möglichkeit des einstweiligen Rechtsschutzes nutzen müssen. Es sei gerade dieses umfassende System gerichtlichen Rechtsschutzes, das der Rechtsprechung des BAG zugrunde liegt, ein Recht des Arbeitnehmers sich selbst zu beurlauben, grundsätzlich abzulehnen, dies auch für den Fall, dass sich Urlaubsjahr und Übertragungszeitpunkt dem Ende näherten.[220]

Das BAG führt insofern aus:

> *„Die Urlaubsgewährung erfolgt nach § 7 BUrlG durch den Arbeitgeber. Lehnt dieser die Urlaubserteilung ohne ausreichende Gründe ab, so kann der Arbeitnehmer durch eine Leistungsklage oder ggf. einen Antrag auf Erlass einer einstweiligen Verfügung seine Ansprüche durch-*

---

217 BAG 16.3.2000 – 2 AZR 75/99 – Rn 36, 38 – juris.
218 BAG 16.3.2000 – 2 AZR 75/99 – Rn 42 – juris.
219 LAG Köln 11.3.2001 – 11 Sa 1479/00 – Rn 10 f., 13 – juris.
220 LAG Köln 11.3.2001 – 11 Sa 1479/00 – Rn 15 – juris; BAG 20.1.1994 – 2 AZR 521/93 – Rn 24 – juris.

setzen. Ein Recht des Arbeitnehmers, sich selbst zu beurlauben, ist angesichts des umfassenden Systems gerichtlichen Rechtsschutzes grundsätzlich abzulehnen (...). Hat der Arbeitgeber dem Arbeitnehmer keinen Urlaub erteilt, so verletzt dieser seine Arbeitspflicht, wenn er eigenmächtig einen Urlaub antritt. Hatte der Arbeitgeber die Urlaubsgewährung ausdrücklich abgelehnt, so wird regelmäßig sogar eine beharrliche Arbeitsverweigerung vorliegen. Ein solches Verhalten ist an sich geeignet, einen wichtigen Grund zur fristlosen Kündigung darzustellen."[221]

Allerdings weist das BAG in diesem Zusammenhang auch darauf hin, dass im Rahmen der notwendigen Interessenabwägung zu prüfen sei, ob der Arbeitgeber dem Urlaubsverlangen des Arbeitnehmers hätte entsprechen müssen.[222]

Praxisbeispiel 3

Eine andere Ansicht hat insofern das LAG Rheinland-Pfalz vertreten, nach dessen Auffassung bei unberechtigter Ablehnung des Urlaubsantrags und dem drohenden Verfall des Urlaubsanspruchs dem Arbeitnehmer ausnahmsweise ein Selbstbeurlaubungsrecht zustehen müsste, wenn jedenfalls der Arbeitnehmer keine Erfolg versprechende Möglichkeit hat, auf andere Weise als durch Selbstbeurlaubung seinen Urlaubsanspruch zu verwirklichen.[223] Dies mag dann dazu führen, dass statt einer außerordentlichen Kündigung nur eine ordentliche Kündigung ausgesprochen werden kann.

Praxisbeispiel 4

Beurlaubt sich ein Arbeitnehmer in unmittelbarem Anschluss an eine Arbeitsunfähigkeit vor dem Hintergrund eines entsprechenden Anratens seines Hausarztes trotz Verweigerung einer Urlaubsgewährung durch den Arbeitgeber selbst, kann dies zwar eine außerordentliche Kündigung an sich rechtfertigen. Das LAG Berlin-Brandenburg ließ bei der ordentlich unkündbaren Arbeitnehmerin aufgrund der Interessenabwägung jedoch die außerordentliche Kündigung nicht durchgehen, da die 51-jährige Arbeitnehmerin 31 Jahre beanstandungsfrei beschäftigt und sie zudem der subjektiven Auffassung gewesen sei, der Urlaub im Anschluss an die Arbeitsfähigkeit sei für sie mit Blick auf die Stabilisierung ihres Gesundheitszustandes notwendig gewesen.[224]

Praxisbeispiel 5

Ebenso verneinte im Rahmen eines Zustimmungsersetzungsverfahrens das LAG Köln die Möglichkeit einer fristlosen Kündigung eines Betriebsratsmitglieds, dass sich nach entsprechender Ablehnung durch den Arbeitgeber selbst beurlaubt hatte, um seine an Krebs erkrankte Mutter in die Türkei zu Behandlungen zu begleiten. Der Vater jenes Mitarbeiters war kurz zuvor an Krebs verstorben. Zwar läge in diesem Verhalten grundsätzlich eine schwere Vertragspflichtverletzung. Das Gericht bezog in die Interessenabwägung ein, ob der Arbeitgeber den Urlaub böswillig und diskriminierend verweigert hatte, ob eine besondere Belastungssituation für den Betrieb aus dem ungeplanten Fehlen des Arbeitnehmers entstanden sei, welchem Zweck die Urlaubsabwesenheit diente und ob der Arbeitgeber eine Mitverantwortung dafür trüge, dass eine frühzeitige gerichtliche Klärung durch den Arbeitnehmer unterbleibe. Da der Arbeitgeber nicht ausreichend dargelegt hatte, dass die

221 BAG 9.3.1995 – 2 AZR 497/94 – Rn 24 – juris.
222 BAG 20.1.1994 – 2 AZR 521/93 – Rn 26 – juris.
223 LAG Rheinland-Pfalz 25.1.1991 – 6 Sa 829/90 – Rn 2 – juris.
224 LAG Berlin-Brandenburg 26.11.2010 – 10 Sa 1823/10.

Dienstplangestaltung den Urlaubswunsch unmöglich gemacht hatte, ließ das Gericht die Interessenabwägung zugunsten des Arbeitnehmers ausgehen, wobei es zusätzlich auf den Rechtsgedanken des Pflegezeitgesetzes abstellte, schlussendlich auch eine Wiederholungsgefahr verneinte.[225]

Praxisbeispiel 6
Überzieht ein Arbeitnehmer den ihm gewährten Urlaub, kommt es für die Frage der Möglichkeit einer Kündigung darauf an, ob der Arbeitnehmer dies zu vertreten hat oder nicht. Ist dies der Fall, handelt es sich um eine gewichtige Arbeitsvertragsverletzung, eine unerlaubte Arbeitsversäumnis, die je nach dem Umstand des Einzelfalles nach vorheriger fruchtloser Abmahnung als Grund für eine außerordentliche oder ordentliche Kündigung an sich geeignet ist.[226] Beruft sich der Arbeitnehmer darauf, er sei z.B. durch eine Autopanne an einer rechtzeitigen Rückkehr aus dem Urlaub gehindert gewesen, sind an die Substantiierungslast des Arbeitnehmers erhebliche Anforderungen zu stellen. So hat der Arbeitnehmer substantiiert hinsichtlich des Zeitpunktes, des Ortes und des Anlasses der behaupteten Arbeitsverhinderung vorzutragen, z.B. von welchem Ort auf welche Route er zu einer für den vorliegenden Fall maßgeblichen Fährverbindung gefahren sei, wie viele Kilometer dies seien, und wann er losgefahren sei. Weiter müsse er mitteilen, in welchem Ort und zu welcher Uhrzeit er die behauptete Panne gehabt hätte, welcher Art der behauptete Autoschaden gewesen sei, in welcher Werkstatt die Reparatur stattgefunden hätte, wie lange der Werkstattaufenthalt gewesen wäre etc. Nur auf dieser Grundlage sei es dem Arbeitgeber möglich, das Verteidigungsvorbringen zu widerlegen. Gelingt dem Arbeitnehmer ein solcher Entschuldigungsvortrag nicht, ist nach erfolgter Abmahnung zumindest eine ordentliche Kündigung wegen der Urlaubsüberziehung möglich.

c) Kein Rückruf aus dem Urlaub

123 Ist dem Arbeitnehmer **Urlaub gewährt**, kann der Arbeitgeber hierin **nicht mehr einseitig eingreifen.** Er muss sich vor der Urlaubserteilung entscheiden, ob er dem Arbeitnehmer den Urlaub gewährt oder z.B. wegen dringender betrieblicher Belange ablehnt.

124 Hat er den Arbeitnehmer freigestellt und ihm dies auch mitgeteilt, ist er hieran gebunden und kann den Arbeitnehmer **nicht** mehr **aus dem Urlaub zurückrufen.** Eine **vertragliche Vereinbarung**, die dem Arbeitgeber ein solches Recht einräumt, verstößt gegen § 13 Abs. 1 BurlG (Unabdingbarkeit der hier maßgeblichen Vorschriften des Bundesurlaubsgesetzes) und ist **rechtsunwirksam.**[227]

28. Wettbewerbstätigkeit

a) Grundsatz

125 Jedem Arbeitnehmer obliegt während des gesamten Verlaufs des Arbeitsverhältnisses die (ggf. **ungeschriebene) Rücksichtnahme- und Treuepflicht, jeden Wett-**

---

225 LAG Köln 6.12.2010 – 2 TaBV 23/10.
226 Hessisches LAG 9.7.1999 – 2 Sa 2096/98 – Rn 22 – juris.
227 BAG 20.6.2000 – 9 AZR 405/99 – Rn 29 f. – juris.

bewerb zu Lasten seines Arbeitgebers zu unterlassen bzw. solchen Wettbewerb nicht zu fördern.

Die für Handlungsgehilfen vorgesehene Regelung des § 60 Abs. 1 HGB konkretisiert einen allgemeinen Rechtsgedanken, der seine Grundlage bereits in der Treuepflicht des Arbeitnehmers hat. **Der Arbeitgeber soll vor Wettbewerbshandlungen seines Arbeitnehmers geschützt sein.** Deshalb schließt der Arbeitsvertrag für die Dauer seines Bestehens ein **umfassendes Wettbewerbsverbot** ein. Die dem Arbeitnehmer danach obliegende Treuepflicht gebietet es, alles zu unterlassen, was dem Arbeitgeber oder dem Betrieb abträglich ist. Der Arbeitnehmer darf deshalb insbesondere im **„Marktbereich" seines Arbeitgebers** Dienste oder Leistungen nicht erbringen oder anbieten. Dem Arbeitgeber soll sein Geschäftsbereich voll und ohne Gefahr nachteiliger, zweifelhafter oder zwielichtiger Beeinflussung durch den Arbeitnehmer offenstehen. Für die Dauer des Arbeitsverhältnisses ist dem Arbeitnehmer **jede Tätigkeit** verboten, **die für seinen Arbeitgeber Konkurrenz bedeutet.**[228] 126

b) Eventuell Einschränkung

Ob dieses Wettbewerbsverbot uneingeschränkt gilt, d.h. jedem Arbeitnehmer unabhängig von seiner Stellung und Tätigkeit jegliche Form einer Tätigkeit für einen Wettbewerber seines Arbeitgebers verboten ist, lässt sich allerdings bezweifeln. So hat das BAG entschieden, dass bei der Bestimmung der **Reichweite des Wettbewerbsverbotes** die **Berufsfreiheit des Arbeitnehmers** berücksichtigt werden muss. Insofern sei im Rahmen einer Gesamtwürdigung aller Umstände des Einzelfalles festzustellen, ob die anderweitige Tätigkeit zu einer **Gefährdung oder Beeinträchtigung der Interessen des Arbeitgebers** führt. Insofern spräche viel dafür, dass bloße **Hilfstätigkeiten ohne Wettbewerbsbezug** nicht erfasst würden.[229] 127

In diesem Fall beantragte eine als Sortiererin in einem Briefzentrum der Deutschen Post AG beschäftigte Arbeitnehmerin eine Nebentätigkeit als Zeitungszusteller in einem Unternehmen, das in der Zeitungs- und Briefzustellung tätig ist. Das BAG gestand ihr das Recht zur Nebentätigkeit zu. Zwar bestünde zwischen den Unternehmen zumindest in Teilbereichen eine Wettbewerbssituation. Es fehlte für das BAG jedoch an einem **konkreten Wettbewerbsbezug**. Die Arbeitnehmerin hätte eine **bloße Hilfstätigkeit mit untergeordneter wirtschaftlicher Bedeutung** ausgeübt und könne im Rahmen dieser Hilfstätigkeit bei dem Wettbewerber auch **keine spezifischen Fähigkeiten, Kenntnisse oder Erfahrungen zum Vorteil des Wettbewerbers** einsetzen. Insbesondere gäbe es keine erheblichen Überschneidungen zwischen der Tätigkeit als Sortierer und als Mitarbeiter im Bereich der Zeitungszu- 128

228 BAG 26.1.1995 – 2 AZR 355/94 – Rn 21 – juris.
229 BAG 24.3.2010 – 10 AZR 66/09.

stellung. Eine bloße mittelbare, untergeordnete Förderung des Wettbewerbes berechtige jedenfalls auf der Grundlage einer Tarifbestimmung, die einen unmittelbaren Wettbewerb zur Untersagung einer Nebentätigkeit fordere, nicht zu einer Untersagung der Nebentätigkeit.

129 Ob diese Entscheidung auch im Falle des **unmittelbaren Wettbewerbs** Anwendung finden wird, bleibt abzuwarten. Es muss aber durchaus damit gerechnet werden, dass wettbewerbsrelevante Tätigkeiten nach der Rechtsprechung in Zukunft nur dann vorliegen, wenn die Tätigkeit über die Grenzen der bloßen Hilfstätigkeit ohne wirtschaftliche Bedeutung hinausgeht und/oder z.B. auf Fähigkeiten und Kenntnissen aufbaut, die der Arbeitnehmer beim Arbeitgeber erworben hat.[230]

Praxistipp
Nicht jede Form von Wettbewerb zum Arbeitgeber stellt zwingend einen (schweren) Pflichtverstoß des Arbeitnehmers dar. Dies ist insbesondere bei Wettbewerb in Form bloßer Hilfstätigkeiten ohne wirtschaftliche Bedeutung und ohne Nutzung spezifischer Fähigkeiten und Kenntnissen zu beachten.

---

c) Vorbereitungshandlungen

130 Das **Wettbewerbsverbot** erfasst auch **nach außen tretende Vorbereitungshandlungen von Wettbewerb.**

131 Während der bloße Kauf einer Firma zur Vorbereitung von Wettbewerb noch keinen Wettbewerbsverstoß darstellt,[231] auch sonstige Vorbereitungshandlungen, mit denen der Arbeitnehmer **nicht nach außen tritt, keinen Wettbewerbsverstoß** beinhalten, gilt **anderes beim Vorfühlen bei potentiellen Kunden**. Selbst dann, wenn der Arbeitnehmer sich darauf beschränkt, **Kontakte herzustellen**, und noch davon absieht, bereits Geschäfte abzuschließen, handelt es sich hierbei um eine unzulässigen Wettbewerb darstellende Vorbereitungshandlung.[232]

Praxisbeispiel 1
In einem Falle des BAG hatte der Arbeitnehmer verbindlich einem Kunden des Arbeitgebers seine volle Arbeitskraft mit dem Hinweis angeboten, er wolle den Arbeitgeber verlassen. Er hatte dem Dritten angeboten, dort die Arbeiten zu verrichten, die er bisher bei seinem Arbeitgeber und auf dessen Rechnung für den Kunden verrichtet hatte, dies nunmehr in eigenem Namen und auf eigene Rechnung. Das Gericht sah zwar die Nähe des Verhaltens des Arbeitnehmers zu einer zulässigen Vorbereitungshandlung. Es betonte jedoch, dass dieser eine konkurrierende Tätigkeit während

230 BAG 24.3.2010 – 10 AZR 66/09.

231 BAG 26.6.2008 – 2 AZR 190/07 – Rn 20 – juris.

232 BAG 26.1.1995 – 2 AZR 355/94 – Rn 21 – juris, mit Verweis auf das gleiche Ergebnis, wenn ein Arbeitnehmer an einer Ausschreibung teilnimmt, die der Tätigkeit seines Arbeitgebers den Boden (teilweise) entzieht.

seiner Bindung an den bisherigen Arbeitgeber nicht durch Handlungen vorbereiten durfte, die gegen die Interessen des Arbeitgebers gerichtet und möglicherweise sogar geeignet wären, die Fortsetzung des Gewerbebetriebes des Arbeitgebers zumindest in der bisherigen Form erheblich einzuschränken.[233] Auf dieser Grundlage bejahte das BAG einen Grund für eine fristlose Kündigung an sich.

Praxisbeispiel 2
Zum gleichen Ergebnis kam das BAG in einer Situation, in der ein Arbeitnehmer, angestellt in einem ambulanten Pflegedienst, nach erhaltener Kündigung persönliche Daten von Patienten an einen Wettbewerber weitergegeben hatte. Auf diese Weise hatte der Arbeitnehmer nicht lediglich die Arbeitskraft verwertet, sondern die berechtigten wirtschaftlichen Interessen des Arbeitgebers unmittelbar gefährdet.[234] Trotzdem akzeptierte das BAG die Auffassung der Vorinstanz, die im Rahmen der Interessenabwägung nur eine ordentliche Kündigung für angemessen erachtet hatte.[235]

d) Wettbewerb nach angegriffener Kündigung

Eine besondere Situation ergibt sich immer dann, wenn ein Arbeitnehmer eine fristlose oder auch ordentliche **Kündigung** erhalten hat, **gegen die er sich gerichtlich zur Wehr setzt**, nach Ablauf der Kündigungsfrist aber eine **Wettbewerbstätigkeit** zu seinem aus seiner Sicht noch bestehenden Arbeitgeber ausübt. In dieser Situation besteht eine für den Arbeitnehmer nicht zu übersehende **Zwangslage**. Zur Vermeidung einer weiteren Kündigung muss er sich einerseits jeglicher Tätigkeit enthalten, die als Wettbewerbsverstoß aufgrund des möglicherweise noch fortbestehenden Vertrages gewertet werden könnte. Andererseits wäre er für den Fall der Wirksamkeit der Kündigung an einer möglichen anderweitigen Sicherung seiner Existenzgrundlage gehindert.[236] 132

Das **Wettbewerbsverbot entfällt nicht allein durch** die ausgesprochene **Kündigung**, wenn der Arbeitnehmer diese für unwirksam hält und sie gerichtlich angreift. Eine solche Rechtsfolge ergibt sich weder aus der **Widersprüchlichkeit des Arbeitgebers (Kündigung und trotzdem Festhalten am Wettbewerbsverbot)** noch **des Arbeitnehmers (Wettbewerb trotz Vorgehens gegen die Kündigung)** noch aus der Verpflichtung des Arbeitnehmers, anderweitig Einkommen zu erzielen.[237] 133

Insofern bejaht das BAG zwar einen **wichtigen Grund** zur fristlosen Kündigung **an sich**, berücksichtigt sodann aber den Grad des **Verschuldens** sowie die **Art und** 134

233 BAG 26.1.1995 – 2 AZR 355/94 – Rn 24 – juris.
234 BAG 28.1.2010 – 2 AZR 1008/08 – Rn 24 – juris.
235 BAG 28.1.2010 – 2 AZR 1008/08 – Rn 25 ff. – juris.
236 BAG 25.4.1991 – 2 AZR 624/90 – Rn 51 – juris.
237 BAG 25.4.1991 – 2 AZR 624/90 – Rn 59 ff. – juris.

Auswirkung der Konkurrenztätigkeit im Rahmen der weiter erforderlichen Interessenabwägung.[238] Im entschiedenen Fall sah das BAG die **besondere Vorwerfbarkeit** darin, dass der Arbeitnehmer offensichtlich **nicht nur eine Übergangslösung** durch Tätigkeit bei einem Konkurrenzunternehmen gesucht, sondern **stattdessen eine eigene Konkurrenzfirma** gegründet und damit eine regelmäßig **auf Dauer angelegte** Konkurrenztätigkeit begonnen hatte. Zudem hätte der Arbeitnehmer nicht von der ihm zustehenden Möglichkeit Gebrauch gemacht, seinerseits das Arbeitsverhältnis fristlos zu kündigen.[239]

29. Whistle Blowing

135 Durch eine nachfolgend anzusprechende Entscheidung des Europäischen Gerichtshofs für Menschenrechte hat die Diskussion, ob und wie weit ein Arbeitnehmer ohne das Risiko einer nachfolgenden Kündigung seinen **Arbeitgeber bei Behörden oder Polizei/Staatsanwaltschaft anzeigen** darf, eine neue Belebung erfahren.

a) Grundsätze des Bundesverfassungsgerichtes

136 Als **Ausgangspunkt** mag eine Entscheidung des Bundesverfassungsgerichtes dienen. In dem dieser Entscheidung zugrundeliegenden Fall hatte ein Arbeitnehmer sich im Zuge von staatsanwaltschaftlichen Ermittlungen gegen seinen Arbeitgeber der Staatsanwaltschaft als Zeuge angedient und ihr umfangreiche Unterlagen übergeben, die er nach seinen Angaben in einem persönlichen Ordner aus seiner Zeit als Betriebsrat gesammelt hatte. Das Ermittlungsverfahren wurde später gem. § 170 Abs. 2 StPO eingestellt.

137 Nachdem der Arbeitgeber von dem Verhalten des Arbeitnehmers Kenntnis erlangt hatte, kündigte er das Arbeitsverhältnis fristlos. Gegen das zweitinstanzliche, seine Kündigungsschutzklage abweisende Urteil legte er mangels Zulassung der Revision Verfassungsbeschwerde ein, der das Bundesverfassungsgericht stattgab. Das Gericht führte aus, dass die **Zeugenpflicht eine allgemeine Staatsbürgerpflicht** sei, zudem die Staatsanwaltschaft die Herausgabe von Unterlagen durchaus verlangen könne. Mit diesen Pflichten in einem Rechtsstreit sei es nicht vereinbar, wenn derjenige, der diese ihm gesetzlich auferlegten Pflichten erfüllt und **nicht** wissentlich unwahre oder leichtfertig falsche Angaben macht, **dadurch zivilrechtliche Nachteile** erleidet. Nur so könne die verfassungsrechtliche Pflicht des Staates, eine **funktionsfähige Strafrechtspflege** im Interesse der Allgemeinheit zu gewährleisten, erfüllt werden.[240] Hieran würde auch die Tatsache nichts ändern, wenn der

---

238 BAG 25.4.1991 – 2 AZR 624/90 – Rn 62ff. – juris.
239 BAG 25.4.1991 – 2 AZR 624/90 – Rn 65f. – juris.
240 BVerfG 2.7.2001 – 1 BvR 2049/00 – Rn 11 – juris.

Arbeitnehmer „freiwillig“ zur Staatsanwaltschaft gegangen sei und aus eigenem Antrieb Unterlagen übergeben hätte.[241]

b) Die Rechtsprechung des BAG

Diesen Grundsatz des Bundesverfassungsgerichtes hat das BAG mehrfach bestätigt, 138
wonach eine **arbeitsvertragliche Pflichtverletzung** dann vorliege, wenn ein Arbeitnehmer in einer **Strafanzeige** gegen den Arbeitgeber oder einer seiner Repräsentanten **wissentlich oder leichtfertig falsche Angaben** mache.[242] Allerdings hat das Bundesarbeitsgericht diese Möglichkeit der (außerordentlichen) Kündigung nicht nur hierauf beschränkt, sondern festgestellt, dass auch **weitere Umstände** im Zusammenhang mit der Erstattung einer Strafanzeige eine kündigungsrechtlich erhebliche Verletzung arbeitsvertraglicher Nebenpflichten darstellen könnten.

Praxisbeispiel 1

In jenem Fall hatte der Arbeitnehmer den Sektionsleiter seines auf öffentliche Gelder angewiesenen Arbeitgebers (freier Träger der Jugend-, Sozial- und Bildungsarbeit) wegen der Veruntreuung von Geldern unter Beifügung von Kopien von Rechnungsbelegen angezeigt. Da dieser Arbeitgeber auf die öffentlichen Zuwendungen besonders angewiesen war und insofern die Strafanzeige mit erheblichen Schäden für ihn einhergehen konnte, maß das BAG einem innerbetrieblichen Abhilfeversuch, d.h. einen Versuch des Arbeitnehmers, vor Strafanzeige die entdeckten Missstände durch Rücksprache mit dem Arbeitgeber etc. zu beseitigen, eine besondere Bedeutung zu. Aus der Rücksichtnahmepflicht des Arbeitnehmers ergäbe sich, dass dieser auf die geschäftlichen Interessen des Arbeitgebers Rücksicht nehmen und sie in zumutbarem Umfang wahren müsse, wozu insbesondere die Verhinderung von Schäden gehöre.[243]

Mit Blick auf die Wahrnehmung eines staatsbürgerlichen Rechtes durch die Erstattung der Anzeige und aus dem Verbot der Privatgewalt zur Durchsetzung vermeintlicher Rechte kam das BAG zwar zu dem Zwischenergebnis, dass dem Arbeitnehmer durch die Erstattung der Strafanzeige keine Nachteile entstehen dürften. Dies gelte auch dann, wenn sich die Strafanzeige nach behördlicher Prüfung als unrichtig oder nicht aufklärbar erweise.[244] Andererseits, so das BAG, dürfe sich die Anzeige nicht als unverhältnismäßige Reaktion des Arbeitnehmers darstellen, wofür sowohl die Berechtigung der Anzeige als auch die Motivation des Anzeigenden oder ein fehlender innerbetrieblicher Hinweis auf die angezeigten Missstände sprechen könne. Dies gelte umso mehr, als die vertragliche Verpflichtung des Arbeitnehmers, den Arbeitgeber vor drohenden Schäden durch andere Arbeitnehmer zu bewahren, im Raum stehe. Erfolge die Anzeige ausschließlich, um den Arbeitgeber zu schädigen bzw. „fertigzumachen“, könne eine unverhältnismäßige Reaktion vorliegen, so dass sich der Arbeitnehmer gegenüber dem Arbeitgeber rechtsmissbräuchlich verhalte.[245] Zudem sei im Einzelfall zu bestimmen, wann dem Arbeitnehmer eine vorherige innerbetriebliche Anzeige ohne Weiteres zumutbar sei und ein Unterlassen ein pflichtwidriges Verhalten darstelle. Dies

---

241 BVerfG 2.7.2001 – 1 BvR 2049/00 – Rn 20 – juris.
242 BAG 3.7.2003 – 2 AZR 235/02 – Rn 26 – juris.
243 BAG 3.7.2003 – 2 AZR 235/02 – Rn 29 f. – juris.
244 BAG 3.7.2003 – 2 AZR 235/02 – Rn 33 – juris.
245 BAG 3.7.2003 – 2 AZR 235/02 – Rn 39 juris.

gelte allerdings nicht, wenn er Kenntnis von Straftaten erhalte, durch deren Nichtanzeige er sich selbst einer Strafverfolgung aussetzen würde, bzw. bei schwerwiegenden oder vom Arbeitgeber selbst begangenen Straftaten, bei denen regelmäßig die Pflicht des Arbeitnehmers zur Rücksichtnahme auf die Interessen des Arbeitgebers zurücktreten müsse.

139 Dass der Versuch einer **innerbetrieblichen Klärung entbehrlich** ist, **wenn Abhilfe berechtigterweise nicht zu erwarten** ist, versteht sich von selbst. Hat der Arbeitnehmer den Arbeitgeber auf eine gesetzeswidrige Praxis im Unternehmen hingewiesen, sorgt dieser jedoch nicht für Abhilfe, besteht auch keine weitere vertragliche Rücksichtnahmepflicht mehr.[246]

Praxisbeispiel 2

Grundsätzlich ebenso entschied das BAG im Falle eines Krankenwagenfahrers, der, nachdem Löhne und Gehälter nicht pünktlich gezahlt worden waren, von der damaligen Schatzmeisterin des Arbeitgebers erfuhr, es seien Unregelmäßigkeiten des Vorstands bei der Verwaltung der Geschäftsgelder vorgekommen, und einige Zeit später gegen die Vereinsvorsitzende und deren Ehemann Strafanzeige wegen Veruntreuung erstattete, die nach zwischenzeitlicher Einstellung des Ermittlungsverfahrens schlussendlich zu einer Verurteilung führte. Unter Betonung der Wahrnehmung des Staatsbürgerrechtes durch Erstattung einer Anzeige verneinte das BAG eine innerbetriebliche Klärungspflicht aufgrund der schwerwiegenden Vorfälle, die noch dazu von einem gesetzlichen Vertreter des Arbeitgebers selbst angeblich begangen worden waren.[247] Die Strafanzeige sei auch nicht leichtfertig erstattet worden. So stelle bereits die erfolgte Verurteilung ein Indiz gegen eine solche Leichtfertigkeit dar. Zudem sei eine Strafanzeige leichtfertig und damit nicht mehr als berechtigt anzusehen, wenn der Arbeitnehmer schon bei Erstattung der Anzeige weiß, dass der erhobene Vorwurf nicht zutrifft oder dies jedenfalls leicht erkennen kann oder einen unverhältnismäßigen Gebrauch von seinem Recht macht.[248]

140 Stellt die Zeugenrolle in einem arbeitsgerichtlichen Verfahren ebenfalls eine Staatsbürgerpflicht dar, berechtigt dies jedoch keinen Arbeitnehmer, in einem solchen Verfahren **falsche Aussagen** zu machen oder **falsche eidesstattliche Versicherungen** abzugeben. Das BAG anerkannte in diesem Zusammenhang sogar die grundsätzliche Möglichkeit einer **fristlosen Kündigung** eines Betriebsratsmitglieds, das eine falsche eidesstattliche Versicherung im Rahmen eines Beschlussverfahrens abgegeben hatte, in dem es darum ging, dem Arbeitgeber zu untersagen, Informationsmaterial

246 BAG 3.7.2003 – 2 AZR 235/02 – Rn 40 – juris.

247 BAG 7.12.2006 – 2 AZR 400/05 – Rn 17 – juris.

248 BAG 7.12.2006 – 2 AZR 400/05 – Rn 18 – juris; ebenso LAG Frankfurt 12.2.1987 – 12 Sa 1249/86 – LS 1 – juris, wonach die Anzeige eines Arbeitnehmers gegen seinen objektiv rechtmäßig handelnden Arbeitgeber eine außerordentliche Kündigung allenfalls dann rechtfertigen kann, wenn völlig haltlose und unfundierte Vorwürfe in einer zudem nach Art und Inhalt erheblich zu missbilligenden Beschwerde aus einer verwerflichen Motivation (Rache, Schädigungsabsicht) erhoben werden.

des Betriebsrates für die Belegschaft über betriebliche Belange vom Schwarzen Brett des Betriebsrates zu entfernen.[249]

c) Weitere Entscheidungen

Nachfolgend werden weitere Entscheidungen zum Whistle Blowing dargestellt. 141

Praxisbeispiel 1
Hat ein LKW-Fahrer vergeblich versucht, seinen Arbeitgeber zur Herstellung der Verkehrstüchtigkeit seines LKW durch Abstellung von Reifenmängeln zu veranlassen, ist es keine eine Kündigung rechtfertigende Anschwärzung des Arbeitgebers, wenn der Arbeitnehmer den ihm zugeteilten LKW der Polizei zur Überprüfung der Verkehrstüchtigkeit vorstellt und dabei keinen sachlich begründeten Anlass zu Zweifeln hat. Von letzterem sei auszugehen, wenn die Polizei bei dieser Gelegenheit tatsächlich die Verkehrsuntüchtigkeit des Fahrzeugs wegen Reifenmängeln feststellt und deswegen sogar die Weiterfahrt verbietet.[250]

Praxisbeispiel 2
Hat ein Arbeitgeber in rechtswidriger Weise und ohne Zustimmung des Betriebsrats einen Schichtbeginn an einem Sonntagabend vorverlegt, kann ein Betriebsratsmitglied mit Billigung des Gremiums die zuständige Aufsichtsbehörde hierüber unter Darlegung eines tatsächlich oder vermeintlich vorliegenden Arbeitszeitverstoßes informieren. Dies stellt weder einen Grund für eine fristlose Kündigung noch eine Amtsenthebung des Betriebsratsmitglieds dar.[251]

Praxisbeispiel 3
Das LAG München verneinte in einer m.E. wenig überzeugenden Entscheidung eine Kündigung wegen „Anschwärzen" des Arbeitgebers, wenn ein Arbeitnehmer nachvollziehbare Sicherheitsbedenken hätte. In diesem Fall wandte sich ein bei einem privaten Bahnunternehmen angestellter Lokomotivführer an einen ihm bekannten Polizeibeamten und teilte diesem mit der Bitte um Vertraulichkeit mit, bei den Zügen seines Arbeitgebers funktionierten die Bremsen nicht richtig. Mitteilungen hierüber würden ignoriert. Außerdem käme es auffallend oft zu Bränden. Ein Zug mit Bremsproblemen, die er dem Arbeitgeber mitgeteilt hatte, sei trotzdem am Folgetag eingesetzt und prompt in einen Unfall mit tödlichen Folgen verwickelt worden. Hätten die Bremsen richtig funktioniert, hätte der Unfall verhindert werden können. Trotz der Bitte des Arbeitnehmers leitete der Polizist die Anschuldigungen pflichtgemäß weiter, worauf es zu entsprechenden Ermittlungen kam. Der Arbeitgeber kündigte das Arbeitsverhältnis daraufhin außerordentlich fristlos.
Im Gegensatz zur ersten Instanz hielt das LAG München die Kündigung für unwirksam. Zwar seien die erhobenen Anschuldigungen im Wesentlichen unbegründet oder jedenfalls überzogen gewesen. Zudem würde der Lokführer zu Dramatisierungen neigen. Er hätte sich auch vor der Weitergabe der

---

249 BAG 20.11.1987 – 2 AZR 266/87 – Rn 30 – juris.
250 LAG Köln 23.2.1996 – 11 (13) Sa 976/95 – LS 1 – juris, wobei das LAG Köln offenlässt, ob sich ein solcher Sachverhalt anders darstellen würde, wenn der Arbeitnehmer bei dieser Gelegenheit weitergehende Vorwürfe gegen den Arbeitgeber erhebt oder gar droht, Öffentlichkeit und Presse einzuschalten.
251 ArbG Marburg 12.11.2010 – 2 BV 4/10.

Informationen an einen Polizeibeamten intensiver um eine innerbetriebliche Aufklärung seiner Sicherheitsbedenken bemühen müssen. Das LAG ging jedoch anders als der Arbeitgeber nicht davon aus, dass es sich um ein wissentliches „Anschwärzen" gehandelt hätte. Das vertrauliche Ansprechen des Polizeibeamten hätte zudem deutlich gemacht, dass es dem Lokführer in erster Linie darum gegangen sei, subjektiv ernsthafte Sorgen wegen möglicher Sicherheitsmängel mit einem kompetenten Ansprechpartner zu erörtern. Ein solches Verhalten sei jedoch nicht ausreichend für eine fristlose Kündigung.[252]

d) Die Entscheidung des Europäischen Gerichtshofs für Menschenrechte

142 Ob und inwieweit die oben dargestellten **Grundsätze des BAG** zur Rücksichtnahmepflicht des Arbeitnehmers, sich vor einer Strafanzeige um innerbetriebliche Klärung zu bemühen, auch **in Zukunft** aufrechtzuerhalten sind, ist vor dem Hintergrund des jungen Urteils des Europäischen Gerichtshofs für Menschenrechte **zumindest unklar.**[253]

Praxisbeispiel

In diesem Fall hatte eine Altenpflegerin mehrfach ihren Arbeitgeber, einen Pflegeheimbetreiber, in den Jahren 2003 und 2004 schriftlich darauf hingewiesen, dass erheblicher Personalmangel bestünde, weshalb die Versorgung der Patienten nicht mehr ordnungsgemäß gewährleistet werden könnte. Eine Inspektion des Medizinischen Dienstes kam Ende 2003 zu einem ähnlichen Ergebnis. Danach erfolgte unstreitig eine Umstrukturierung der Einrichtung. Im November 2004 überprüfte der Medizinische Dienst das Wohnheim erneut ohne Vorankündigung. Im Kündigungsrechtsstreit blieb streitig, ob die Personalausstattung als schwierig, aber nicht kritisch bewertet wurde, oder ob es eine Beanstandung gab. Nach weiteren diversen Mitteilungen an die Geschäftsführung wegen angeblicher Überlastung des Personals durch die Arbeitnehmerin und andere Mitarbeiter erstattete die Arbeitnehmerin sodann Anzeige gegen den Arbeitgeber wegen schweren Betruges, die wie folgt wörtlich lautete:

> *„Die (...) hat (...) über ihr Leistungsvermögen (...) getäuscht. Für die Unterbringung in der genannten Einrichtung aufgebrachten Kosten steht keine auch nur annähernd adäquate Gegenleistung gegenüber. Die (...) bereichere sich somit auf Kosten von Bewohnern und Angehörigen und nimmt bei dem herrschenden Pflegemangel die (...) Unterversorgung der Bewohner in Kauf (...). Die Pflegekräfte werden angehalten, Leistungen zu dokumentieren, welche so gar nicht erbracht worden sind. (...), dass nach diesseitiger Kenntnis auch in anderen Einrichtungen, der (...) ähnliche Probleme bestehen, so dass ein Schaden in Millionenhöhe in Rede steht."*

In der Folgezeit verteilte die Arbeitnehmerin mit Unterstützung von Verdi Flugblätter, mit denen sie auf die genannten Mängel sowie die erstattete Strafanzeige hinwies. Der Staatsanwalt stellte das Verfahren (zweimal) ein.

Die sodann erfolgte fristlose Kündigung hielten sowohl das Arbeitsgericht Berlin als auch das LAG Berlin-Brandenburg für wirksam. Trotz der verfassungsrechtlich geschützten Position der Arbeitnehmerin zur Erstattung von Strafanzeigen erlaube die arbeitsvertragliche Rücksichtnahmepflicht nicht, die Strafanzeige auf wissentlich oder ungerechtfertigt falsche Angaben zu stützen. Da die

252 LAG München 1.4.2010 – 4 Sa 391/09.

253 EGMR 21.7.2011 – Application no. 28174/08.

Arbeitnehmerin jedoch trotz entsprechender Auflage des LAG keine Tatsachengrundlagen für den behaupteten Abrechnungsbetrug einlassungsfähig darlegen konnte, bewertete das LAG die Anzeige als „ins Blaue hinein" gestellt. Hinzu kam nach Auffassung des LAG, dass die Arbeitnehmerin es sich nach einer Gesamtbetrachtung des Sachverhalts und des Verfahrensablaufs zum Ziel gemacht hätte, die Arbeitgeberin unter Druck zu setzen. Der überraschende Betrugsvorwurf sei zudem nicht einer innerbetrieblichen Klärung zugeführt worden. Des Weiteren hätte die Klägerin eine Bestätigung der angeblichen Missstände durch den Medizinischen Dienst nach der ärztlichen Überprüfung nicht abgewartet, sondern stattdessen die schweren Vorwürfe erhoben.
Die hiergegen gerichtete Nichtzulassungsbeschwerde wies das BAG zurück, das Bundesverfassungsgericht nahm die Verfassungsbeschwerde nicht zur Entscheidung an.

Anderer Auffassung hingegen ist der **Europäische Gerichtshof für Menschenrechte**, der sechs Jahre nach Ausspruch der Kündigung der Beschwerde der Arbeitnehmerin entsprach, da die erstattete fristlose Ankündigung nicht dem **Recht auf Meinungsfreiheit aus Art. 10 EMRK** der Arbeitnehmerin entsprochen hätte. Die deutschen Gerichte hätten zwischen dem **legitimen Interesse des Arbeitgebers an der Wahrung seines Rufes und dem Recht der Arbeitnehmerin auf freie Meinungsäußerung** keinen **angemessenen Ausgleich** geschaffen. Zwar bestätigt der EGMR die **grundsätzliche Loyalitätsverpflichtung** des Arbeitnehmers ebenso wie, dass eine Strafanzeige, welche auf **wissentlich oder leichtfertig falsche Angaben** gestützt ist, einen wichtigen Grund für eine **Kündigung** begründen könne. Der EGMR betont aber, dass es stets einer **Abwägung** zwischen den **Interessen des Arbeitgebers** und den **Interessen des Arbeitnehmers** sowie der **Interessen der Öffentlichkeit** bedürfe. 143

Aus Sicht der deutschen Rechtsprechung ist insofern **neu die Einbeziehung der Interessen der Öffentlichkeit**, überraschend sodann das Ergebnis der Abwägung durch den EGMR im konkreten Fall. Dieser führt aus, dass die Arbeitnehmerin vor allem den **Schutz pflegebedürftiger Menschen** im Sinn gehabt hätte und **es ihr nicht zumutbar** gewesen wäre, **weiter auf eine interne Klärung der vermeintlichen Missstände hinzuwirken.** Es habe sich bei dem **Unternehmen** um ein solches **mit staatlicher Beteiligung** gehandelt. Zudem hätte **das Interesse der Öffentlichkeit an Informationen** über Mängel in der Altenpflege das Interesse des Unternehmens am Schutz seines Rufs und seiner Geschäftsinteressen überwogen. 144

Welche Auswirkungen dieser Beschluss haben wird, bleibt abzuwarten. Die Grundsätze der deutschen Rechtsprechung sind hierdurch wohl nicht in Frage gestellt worden. Der Fall des EGMR hat ein Geschäftsfeld mit einem sehr sensiblen Arbeitsbereich betroffen. In diesem Umfeld, aber auch grundsätzlich wird es in Zukunft notwendig sein, bei der Interessenabwägung auch die Interessen der Öffentlichkeit (anders als bisher) mit einzubeziehen. 145

Kapitel 8
Die Beteiligung des Betriebsrates

A. Allgemeines

1 In Betrieben mit Betriebsrat muss **vor jeder arbeitgeberseitigen Kündigung** der **Betriebsrat angehört** werden. Erfolgt dies nicht oder fehlerhaft, ist die **Kündigung** schon aus diesem Grunde unwirksam – § 102 Abs. 1 BetrVG. **Einer korrekten Betriebsratsanhörung kommt deshalb hohe Bedeutung zu.**

I. Sinn und Zweck des § 102 BetrVG

2 Die **Einschaltung des Betriebsrates** im Rahmen des Anhörungsverfahrens vor einer Kündigung hat den **Sinn**, ihm Gelegenheit zu geben, **seine Überlegungen zu der Kündigungsabsicht aus Sicht der Arbeitnehmervertretung dem Arbeitgeber zur Kenntnis** zu bringen. Der Betriebsrat soll die Möglichkeit haben, auf die Entscheidung des Arbeitgebers noch **Einfluss** zu nehmen, so dass es möglicherweise überhaupt nicht zu einer Kündigung kommt. Dazu hat der Arbeitgeber den **Betriebsrat so zu informieren**, dass er sich **über die Person des Arbeitnehmers und über die Kündigungsgründe für seine Stellungnahme ein eigenes Bild machen kann.** Darüber hinaus soll auf diese Art und Weise der **Einfluss** des Betriebsrates **auf die Zusammensetzung der Belegschaft** gewährleistet werden.[1]

3 Um dieses Beteiligungsrecht des Betriebsrates zu gewährleisten, hat der Gesetzgeber als **Sanktion die Unwirksamkeit der Kündigung bei fehlender Anhörung des Betriebsrates** gem. § 102 Abs. 1 Satz 3 BetrVG vorgesehen.[2]

II. Kurzüberblick über den Inhalt des § 102 BetrVG

4 Die **wesentlichen Inhalte** des § 102 BetrVG lassen sich wie folgt kurz zusammenfassen (bezogen auf die ordentliche Kündigung):
- Der Arbeitgeber ist verpflichtet, den Betriebsrat vor jeder Kündigung **anzuhören.**
- Dem Betriebsrat steht **kein Zustimmungsrecht** zu. Es besteht nur eine Anhörungspflicht des Arbeitgebers.

---

1 BAG 22.9.1994 – 2 AZR 31/94, AP Nr. 68 zu § 102 BetrVG 1972; BAG, 27.11.2003 – 2 AZR 654/02, AP Nr. 136 zu § 102 BetrVG 1972.

2 BAG 22.9.1994 – 2 AZR 31/94, AP Nr. 68 zu § 102 BetrVG 1972.

- Wird der Betriebsrat vor einer Kündigung **nicht (ordnungsgemäß) angehört**, führt dies zur **Unwirksamkeit der Kündigung**.
- Die **Reaktionsmöglichkeiten** des Betriebsrates gehen von Schweigen über das Äußern von Bedenken bis zum Erheben eines ausdrücklichen Widerspruchs.
- Die **Reaktion** des Betriebsrates **berührt die Kündigung grundsätzlich nicht.**

B. Voraussetzungen für die Anhörungspflicht

I. Existenter, funktionsfähiger und zuständiger Betriebsrat

Eine Anhörungspflicht vor einer Kündigung besteht nur dann, wenn ein **Betriebsrat** im Betrieb, dem der betroffene Arbeitnehmer zugeordnet ist, **existiert** bzw. für diesen zuständig ist. 5

1. Ordnungsgemäß (ggf. anfechtbar) gewählter, fortexistierender Betriebsrat

Für den Betrieb, dem der zu kündigenden Arbeitnehmer zugeordnet ist, muss ein **Betriebsrat** gewählt und im Moment des Kündigungsentschlusses des Arbeitgebers **existent** sein. 6

2. Funktions- und beschlussfähiger Betriebsrat

Der Betriebsrat muss, um angehört zu werden, **funktions- und beschlussfähig sein.** 7

So verneint das BAG[3] die Funktionsfähigkeit des Betriebsrates **vor** seiner **Konstituierung**, da der Betriebsrat nur durch seinen Vorsitzenden oder dessen Stellvertreter aufgrund von Beschlüssen, die der Betriebsrat unter dem Vorsitz des Vorsitzenden oder dessen Stellvertreter gefasst hat, handeln könne. 8

Gleiches gilt, wenn der Betriebsrat **vollständig verhindert** ist. Dies kann durch Dienstreisen, Urlaub/Betriebsferien oder Krankheit der Betriebsratsmitglieder einschließlich sämtlicher Ersatzmitglieder eintreten. Steht die Verhinderung des gesamten Betriebsrates einschließlich seiner Ersatzmitglieder fest, muss der Arbeitgeber vor einer Kündigung den Betriebsrat nicht anhören.[4] 9

---

3 BAG 23.8.1984 – 6 AZR 520/82, AP Nr. 36 zu § 102 BetrVG 1972.

4 BAG 15.11.1984 – 2 AZR 341/83, AP Nr. 2 zu § 25 BetrVG 1972; dabei ist dem vorsichtigen Arbeitgeber zu raten, vorsorglich eine Anhörung z.B. über das Postfach des verhinderten Betriebsrates zu versuchen, da wohl eine Anhörung nur dann vollständig entbehrlich ist, wenn fest steht, dass der Betriebsrat nicht nur im Moment der Einleitung des Anhörungsverfahrens, sondern für das gesamte

10 Ist der Betriebsrat **lediglich nicht beschlussfähig** (§ 33 Abs. 2 BetrVG), ändert dies an der **Anhörungspflicht** vor einer Kündigung nichts. In diesem Fall führen die noch vorhandenen Betriebsratsmitglieder entsprechend § 22 BetrVG die Amtsgeschäfte und sind im Rahmen der Anhörung zu beteiligen.[5]

Praxistipp
Allein die fehlende Beschlussfähigkeit des Betriebsrates mangels ausreichender Anzahl von Betriebsratsmitgliedern berührt die Anhörungspflicht nicht.

II. Kündigung eines Arbeitsverhältnisses

11 Die Anhörungspflicht besteht bei **jeder Kündigung** eines Arbeitsverhältnisses, sei es eine **ordentliche**, eine **außerordentliche** oder eine **Änderungskündigung**. Andere Beendigungstatbestände wie z.B. die Anfechtung von Arbeitsverträgen sind jedoch nicht erfasst.

Achtung!
Der Betriebsrat ist auch vor einer Änderungskündigung anzuhören.

12 Im **Arbeitskampf** ist hinsichtlich der Anhörungspflicht für eine Kündigung zu differenzieren. Will der Arbeitgeber Arbeitnehmer wegen der Teilnahme an Arbeitskampfmaßnahmen kündigen (so genannte **Kampfkündigung**), bedarf eine solche Kündigung **keiner Anhörung des Betriebsrates.**[6] Will der Arbeitgeber hingegen während eines Arbeitskampfes aus Gründen **kündigen**, die **nicht arbeitskampfbedingt** sind, bedarf die während des Streiks ausgesprochene arbeitgeberseitige Kündigung zu ihrer Wirksamkeit der **Anhörung des Betriebsrates.**[7]

Verfahren selbst (Wochen-/3-Tagesfrist) an der Ausübung seines Amtes verhindert sein wird; so wohl auch BAG, 18.8.1982 – 7 AZR 437/80, AP Nr. 24 zu § 102 BetrVG 1972.

5 BAG 18.8.1982 – 7 AZR 437/80, AP Nr. 24 zu § 102 BetrVG 1972.

6 BAG 14.2.1978 – 1 AZR 54/76, AP Nr. 57 zu Art 9 GG – Arbeitskampf.

7 BAG 6.3.1979 – 1 AZR 866/77, AP Nr. 20 zu § 102 BetrVG 1972.

C. Anhörung des Betriebsrates durch den Arbeitgeber

I. Empfang der Anhörung

1. Betriebsrat/Ausschuss

Die Anhörung ist durch den Arbeitgeber an den Betriebsrat zu richten. In Betrieben 13
mit mehr als 200 Arbeitnehmern kann der Betriebsrat gem. § 27 BetrVG einem gebildeten Betriebsausschuss oder einem von diesem gebildeten Personalausschuss die Aufgabenerledigung im Rahmen des Anhörungsverfahrens nach § 102 BetrVG zur selbstständigen Wahrnehmung übertragen. In diesem Fall ist die Anhörung an den beauftragten Ausschuss zu richten.

2. Empfangsberechtigung für die Anhörung

Empfangsberechtigt für die Anhörung ist ausschließlich der **Betriebsratsvorsit-** 14
zende bzw. **im Falle von dessen Verhinderung sein Stellvertreter.** Entsprechendes gilt für den Ausschussvorsitzenden bzw. dessen Stellvertreter. Es ist die **Aufgabe des Vorsitzenden/Stellvertreters**, die **ihm erteilten Informationen des Arbeitgebers in den Betriebsrat zu transportieren.**[8]

Darüber hinaus besteht die Möglichkeit, dass der Betriebsrat ein **benanntes Be-** 15
triebsratsmitglied zur Entgegennahme der Informationen im Rahmen des Anhörungsverfahrens (ausdrücklich) **ermächtigt.** Dann darf der Arbeitgeber an diesen die Anhörungsinformationen leiten.[9]

Unterrichtet hingegen der Arbeitgeber ein hierfür **nicht zuständiges Betriebs-** 16
ratsmitglied (z.B. auch den stellvertretenden Betriebsratsvorsitzenden, ohne dass der Vorsitzende selbst verhindert ist), wird dieses Betriebsratsmitglied lediglich als **Bote des Arbeitgebers** tätig. Trägt dieser Bote die ihm erteilten Informationen nicht oder nicht vollständig in den Betriebsrat weiter, geht dies **zu Lasten des Arbeitgebers**, die Anhörung ist ggf. nicht ordnungsgemäß und die Kündigung damit unwirksam.[10]

Achtung! !

Einem nicht ausdrücklich zum Empfang der Anhörung zur Kündigung durch den Betriebsrat ermächtigtem Mitglied sollte die Anhörung nicht übergeben werden.

---

8 BAG 6.2.1997 – 2 AZR 265/96, AP Nr. 85 zu § 102 BetrVG 1972.

9 BAG 26.9.1991 – 2 AZR 132/91, AP Nr. 28 zu § 1 KSchG 1969 – Krankheit.

10 BAG 27.6.1985 – 2 AZR 412/84, AP Nr. 37 zu § 102 BetrVG 1972; Hessisches LAG, 15.9.1998 – 4 Sa 2349/97 – NZA 1999, 269.

17 Eine **Ausnahme** gilt dann, wenn **keines der vorstehend angesprochenen empfangsberechtigten Betriebsratsmitglieder anwesend ist**. In diesem Fall ist **jedes Mitglied des Betriebsrates verpflichtet**, die Anhörung des Arbeitgebers entgegenzunehmen.[11]

18 Die **Anhörung** des Betriebsrates hat grundsätzlich **während der Arbeitszeit** und **in den Betriebsräumen** zu erfolgen. Nimmt allerdings der Betriebsratsvorsitzende außerhalb der Arbeitszeit und außerhalb der Betriebsräume eine Anhörungsinformation entgegen, ist die Anhörung insofern ordnungsgemäß.

II. Zeitpunkt der Anhörung

19 Wenn es auch in § 102 Abs. 1 Satz 3 BetrVG heißt, dass eine ohne Anhörung des Betriebsrates ausgesprochene Kündigung unwirksam ist, so bedeutet dies zugleich, dass eine **vor Abschluss des Anhörungsverfahrens ausgesprochene Kündigung** ebenfalls **unwirksam** ist.

1. Abschluss des Anhörungsverfahrens vor Kündigungsausspruch

20 Eine vor Abschluss des Anhörungsverfahrens ausgesprochene Kündigung ist gem. § 102 Abs. 1 Satz 3 BetrVG unwirksam. Allerdings bedeutet dies nicht, dass der Arbeitgeber erst nach Abschluss des Anhörungsverfahrens seinen Kündigungswillen abschließend bilden darf.[12]

21 Der Arbeitgeber darf die **Kündigung erst** erklären, d.h. aus seinem Machtbereich herausgeben, **wenn das Anhörungsverfahren abgeschlossen ist.**[13]

2. Keine Anerkennung von Eilfällen

22 Der Grundsatz, dass eine **Kündigung erst nach Abschluss** des Anhörungsverfahrens ausgesprochen werden darf, gilt auch in solchen Situationen, die der Arbeitgeber als **besonders eilbedürftig** betrachtet, z.B. weil er ansonsten einen bestimmten

---

11 BAG 27.6.1985 – 2 AZR 412/84, AP Nr. 37 zu § 102 BetrVG 1972.

12 BAG 27.11.2003 – 2 AZR 654/02, AP Nr. 136 zu § 102 BetrVG 1972; BAG 28.2.1974 – 2 AZR 455/73, AP Nr. 2 zu § 102 BetrVG 1972.

13 Das BAG 8.4.2003 – 2 AZR 515/02, AP Nr. 133 zu § 102 BetrVG 1972, hat eine Ausnahme in dem Sonderfall zugelassen, dass der Arbeitgeber am letzten Tag der Äußerungsfrist bei Dienstschluss das Kündigungsschreiben einem Kurierdienst übergeben und gleichzeitig dafür gesorgt hatte, dass eine Zustellung erst so spät erfolgte, dass er sie noch verhindern konnte, hätte der Betriebsrat wider Erwarten doch noch zu der Kündigungsabsicht Stellung genommen. Diese Rechtsprechung basiert aber ersichtlich auf der Ausnahmesituation, dass wegen weitgehenden Zeitablaufes nicht mehr damit zu rechnen war, dass der Betriebsrat noch eine Stellungnahme abgeben würde.

Kündigungstermin (z.B. Quartalsende) nicht mehr einhalten könnte. Auch in Eilfällen hat der Arbeitgeber vor der Kündigung die Anhörungsfrist des § 102 Abs. 2 BetrVG einzuhalten.[14]

3. Zeitlicher Zusammenhang mit der nachfolgenden Kündigung

In der Regel wird die **Kündigung in einem zeitlichen Zusammenhang mit** der 23
vorangegangenen **Anhörung** erfolgen. Dies ist jedoch **nicht zwingend**. Hat sich der Kündigungssachverhalt zwischenzeitlich nicht verändert, kann die Kündigung durchaus **auch erst geraume Zeit nach Anhörung** des Betriebsrates erfolgen.[15]

Dies wird insbesondere deutlich in Zusammenhang mit **notwendigen Behör-** 24
denzustimmungen zu Kündigungen. Leitet der Arbeitgeber das Anhörungsverfahren zur Kündigung eines Schwerbehinderten parallel zum Zustimmungsverfahren beim Integrationsamt ein, kann die Kündigung auch noch nach einem jahrelangen gerichtlichen Verfahren ohne eine erneute Anhörung ausgesprochen werden.

4. Neue Anhörung vor jeder neuen bzw. anderen Kündigung

Es ist Sinn und Zweck des Anhörungsverfahrens, dem Betriebsrat Gelegenheit zu 25
geben, **auf den Kündigungsentschluss des Arbeitgebers Einfluss zu nehmen. Aus diesem Grunde kann ein Anhörungsverfahren nur für die Kündigung Wirksamkeit entfalten, für die es eingeleitet ist.**[16]

Dies bedeutet, dass **mit Ausspruch der auf eine Anhörung folgenden Kündi-** 26
gung die vorangegangene Ankündigung **„verbraucht"** ist. **Ohne eine erneute Anhörung** kann der Arbeitgeber **keine weitere Kündigung** aussprechen. Dies gilt selbst dann, wenn für die erneute Kündigung der **gleiche Kündigungssachverhalt wie zuvor** zugrunde liegt, da nach der Rechtsprechung des BAG auch bei gleicher Besetzung des Betriebsrates ein anderes Votum zur Kündigung aufgrund neuer im kollektiv- oder individualrechtlichen Schutzbereich liegender Überlegungen nicht ausgeschlossen ist.[17]

---

14 BAG 29.3.1977 – 1 AZR 46/75, AP Nr. 11 zu § 102 BetrVG 1972. Eine andere Frage ist es, ob der Arbeitgeber einen Anspruch auf Verkürzung des Anhörungsverfahrens hat. Dies ist eher zu verneinen, allenfalls dann vorstellbar, wenn bei Einhaltung des zeitlichen Ablaufs des Verfahrens die Existenz des Unternehmens nachhaltig gefährdet würde.

15 BAG 26.5.1977 – 2 AZR 201/76, AP Nr. 14 zu § 102 BetrVG 1972. Hat sich allerdings der Kündigungssachverhalt verändert, ist eine erneute Anhörung erforderlich.

16 BAG 31.1.1996 – 2 AZR 273/95, AP Nr. 80 zu § 102 BetrVG 1972; BAG 15.12.1994 – 2 AZR 327/94, AP Nr. 67 zu § 1 KSchG 1969 – Betriebsbedingte Kündigung.

17 BAG 31.1.1996 – 2 AZR 273/95, AP Nr. 80 zu § 102 BetrVG 1972; BAG 10.11.2005 – 2 AZR 623/04, NZA 2006, 491 ff.

Praxistipp
Will der Arbeitgeber nach erfolgter Anhörung und Kündigung eine weitere (in der Regel vorsorgliche) Kündigung aus gleichen oder anderen Gründen aussprechen, bedarf es hierfür einer erneuten vorherigen Anhörung des Betriebsrates.

III. Folgen mangelhafter Anhörung

1. Unwirksamkeit der Kündigung bei nicht erfolgter/nicht ordnungsgemäßer Anhörung

27 **Unterlässt der Arbeitgeber** vor Ausspruch der Kündigung die **Anhörung** des Betriebsrates, ist die **Kündigung** nach dem eindeutigen Wortlaut des § 102 Abs. 1 Satz 3 BetrVG („ohne Anhörung") **unwirksam.**

28 Der Wortlaut des § 102 Abs. 1 Satz 3 BetrVG regelt insofern nur den Fall, dass **überhaupt keine Anhörung** des Betriebsrates erfolgt ist.

29 Das BAG interpretiert jedoch nach dem oben dargestellten Sinn und Zweck der Norm den Begriff „Anhörung" mit der Folge ausdehnend, dass **auch eine nicht ordnungsgemäße Anhörung** des Betriebsrates vor einer Kündigung zur Unwirksamkeit derselben führt.[18]

2. Grundsatz der subjektiven Determination

30 Bzgl. der **Mitteilung der Kündigungsgründe** macht die Rechtsprechung jedoch eine entscheidende **Einschränkung.** Da es nicht Aufgabe des Anhörungsverfahrens sei, die Wirksamkeit der beabsichtigten Kündigung insgesamt und objektiv zu beurteilen, muss der **Arbeitgeber dem Betriebsrat nur die Kündigungsgründe mitteilen, die aus seiner Sicht subjektiv für ihn entscheidend sind**, d.h., die er aus seiner subjektiven Sicht der Kündigung zugrunde legen will. Teilt der Arbeitgeber dem Betriebsrat objektiv kündigungsrechtlich erhebliche Tatbestände nicht mit, weil er die Kündigung darauf (zunächst) nicht stützen will oder weil er sie bei seinem Kündigungsentschluss für unerheblich oder entbehrlich hält, dann ist die Anhörung selbst ordnungsgemäß.[19] Allerdings kann die in objektiver Hinsicht unvollständige Unterrichtung „mittelbar" die Unwirksamkeit der Kündigung zur Folge haben, wenn der mitgeteilte Sachverhalt zur sozialen Rechtfertigung der Kündigung nicht ausreicht. Dem **Arbeitgeber** ist es nämlich **verwehrt, im Kündigungs-**

---

18 BAG 16.9.1993 – 2 AZR 267/93, AP Nr. 62 zu § 102 BetrVG 1972.

19 BAG 16.9.2004 – 2 AZR 511/03, AP Nr. 142 zu § 102 BetrVG 1972; BAG 6.2.1997 – 2 AZR 265/96, AP Nr. 85 zu § 102 BetrVG 1972; BAG 15.7.2004 – 2 AZR 376/03 – NZA 2005, 523ff.

schutzprozess zur Begründung seiner Kündigung Gründe nachzuschieben, die nicht Gegenstand der Betriebsratsanhörung gewesen sind.[20]

Nach diesem so genannten **Grundsatz der subjektiven Determination** kommt es für die Ordnungsgemäßheit der Betriebsratsanhörung hinsichtlich der Kündigungsgründe somit **nicht** darauf an, dass der Arbeitgeber dem Betriebsrat **sämtliche objektiv erheblichen Kündigungsgründe** mitteilt, **solange er nur die für ihn tragenden Kündigungsgründe in die Anhörung einschließt**. Insofern ist es auch ohne Weiteres möglich, gegenüber dem Betriebsrat die Kündigung mit rein subjektiven Einschätzungen (auch während der Geltung des Kündigungsschutzgesetzes) zu begründen, wenn auch Kündigungen nach den Regeln des Kündigungsschutzgesetzes dann regelmäßig unwirksam sein werden. 31

Dieser Grundsatz der **subjektiven Determination** gilt allerdings dann **nicht, wenn eine bewusst und gewollt unrichtige oder unvollständige Mitteilung** der für den Kündigungsentschluss des Arbeitgebers maßgebenden **Kündigungsgründe** vorliegt. Diese Situation ist wie eine Nichtinformation des Betriebsrates zu behandeln.[21] Eine solche kann nicht nur in der Aufbereitung **mitgeteilter Tatsachen**, sondern auch im **Weglassen** gegen die Kündigung sprechender, den Arbeitnehmer entlastender Informationen bestehen und führt zur **Unwirksamkeit der Kündigung**, wenn jedenfalls die bewusst irreführend dargestellten bzw. weggelassenen Tatsachen nicht nur eine unzutreffende Ergänzung oder Konkretisierung des mitgeteilten Sachverhalts bewirken. In einer solchen Situation nämlich kann sich der Betriebsrat kein ausreichendes Bild von der Kündigung (auf einer Augenhöhe mit dem Arbeitgeber) machen.[22] 32

Ist es somit dem Arbeitgeber erlaubt, für eine ordnungsgemäße Betriebsratsanhörung dem Betriebsrat lediglich die für ihn subjektiv tragenden Kündigungsgründe mitzuteilen, bedeutet dies nicht, dass der Arbeitgeber sodann nicht mitgeteilte, für die Wirksamkeit der Kündigung jedoch objektiv notwendige Gründe, die er dem Betriebsrat nicht mitgeteilt hat, nachträglich in den Kündigungsschutzprozess einführen („nachschieben") kann.[23] **Der Arbeitgeber kann solche Kündigungsgründe, die ihm im Zeitpunkt der Unterrichtung des Betriebsrates bereits bekannt waren, die er aber dem Betriebsrat nicht mitgeteilt hatte, im Prozess nicht nachschieben und damit nicht verwerten.** Ist der Arbeitgeber aber gehindert, Kündigungsgründe im Prozess nachzuschieben, führt dies **ggf.** zur Unwirksamkeit der Kündigung nach dem Kündigungsschutzgesetz, **wenn** nämlich die **dem Betriebs-** 33

---

20 BAG 22.9.1994 – 2 AZR 31/94, AP Nr. 68 zu § 102 BetrVG 1972.

21 BAG 22.9.1994 – 2 AZR 31/94, AP Nr. 68 zu § 102 BetrVG 1972.

22 Liegt im Rahmen der Betriebsratsanhörung eine Fehlinformation vor, ist es Aufgabe des Arbeitgebers darzulegen und zu beweisen, dass diese Fehlinformation unbewusst erfolgt ist.

23 BAG 27.2.1997 – 2 AZR 302/96, AP Nr. 36 zu § 1 KSchG 1969 – Verhaltensbedingte Kündigung.

rat mitgeteilten Gründe die ausgesprochene Kündigung nicht zu tragen vermögen.[24]

Praxistipp
Solange nicht bewusst dem Betriebsrat gegen die Kündigung sprechende Umstände wie Entlastungsmomente vorenthalten werden, führt allein eine hinsichtlich der Kündigungsgründe nicht vollständige Information nicht zur Fehlerhaftigkeit der Anhörung und damit zur Unwirksamkeit der Kündigung.

Achtung!
Was der Arbeitgeber hinsichtlich der Kündigungsgründe bei Information des Betriebsrates bekannt gewesen, jedoch dem Betriebsrat nicht mitgeteilt worden ist, darf der Arbeitgeber nicht in den Kündigungsschutzprozess einführen.

---

3. Keine Heilung von Mängeln durch die Betriebsratsstellungnahme

34 Ist eine **Anhörung** des Betriebsrates nach den vorstehend dargestellten Grundsätzen **nicht ordnungsgemäß**, ist die **Kündigung unheilbar unwirksam**. Die Mängel der Anhörung werden auch **nicht dadurch geheilt**, dass der **Betriebsrat** zur beabsichtigten Kündigung **„abschließend" Stellung nimmt.**[25]

35 **Ebenso wenig** ist es möglich, **nachträglich die Anhörung durchzuführen.** Dies gilt auch, wenn der Betriebsrat nachträglich der Kündigung zustimmt.[26]

---

24 Soweit also entweder nach § 102 BetrVG oder dem Kündigungsschutzgesetz die Kündigung unwirksam sein sollte, ist die praktische Bedeutung der Unterscheidung, woraus sich die Unwirksamkeit herleitet, nur noch von geringer Bedeutung. Bis zum Inkrafttreten des neuen § 4 KSchG am 1.1.2005 konnte die nicht ordnungsgemäße Betriebsratsanhörung auch noch nach Ablauf der 3-wöchigen Klagerhebungsfrist nach dem Kündigungsschutzgesetz durch eine entsprechende Klage gerichtlich geltend gemacht werden. Da nach dem neuen § 4 KSchG sämtliche Kündigungsgründe innerhalb der Frist geltend gemacht werden müssen, ist die Bedeutung der Unterscheidung in diesem Punkt entfallen. Insofern dürfte die Frage nur noch eine Rolle im Rahmen gerichtlicher Auflösungsanträge nach §§ 9, 10 KSchG spielen, da eine Auflösung des Arbeitsverhältnisses nur in Betracht kommt, wenn die Kündigung sozial nicht gerechtfertigt und nicht aus anderen Gründen unwirksam ist.

25 BAG 28.9.1978 – 2 AZR 2/77, AP Nr. 19 zu § 102 BetrVG 1972. Nach dem BAG kann allenfalls dann etwas anderes gelten, wenn der Betriebsrat ausdrücklich und vorbehaltlos einer Kündigung zugestimmt hat: BAG 5.2.1981 – 2 AZR 1135/78, AP Nr. 1 zu § 72 LPVG NW.

26 BAG 28.2.1974 – 2 AZR 455/73, AP Nr. 2 zu § 102 BetrVG 1972.

4. Darlegungs- und Beweislast für die Ordnungsgemäßheit der Anhörung im Kündigungsschutzprozess

Grundsätzlich ist der **Arbeitgeber** verpflichtet, eine **ordnungsgemäße Anhörung im Kündigungsschutzprozess darzulegen und zu beweisen**, wenn der Arbeitnehmer die Anhörung des Betriebsrates (mit Nichtwissen) bestritten hat.[27] 36

Praxistipp

Um den Arbeitgeber zur Darlegung und zum Beweis der Betriebsratsanhörung zu zwingen, genügt ein einfaches diesbezügliches Bestreiten mit Nichtwissen durch den Arbeitnehmer. !

D. Inhalt der Anhörung

Nach § 102 Abs. 1 BetrVG ist der Betriebsrat vor jeder Kündigung zu hören. Der Arbeitgeber hat ihm die Gründe für die Kündigung mitzuteilen. 37

Dies bedeutet, dass der Arbeitgeber **schriftlich oder mündlich** dem Betriebsrat neben den näheren **Informationen über die Person** des betroffenen Arbeitnehmers, die **Art und den Zeitpunkt der Kündigung** und vor allem die seiner Ansicht nach **maßgeblichen Gründe** für die beabsichtigte Kündigung mitteilen muss. Hierfür genügt es in der Regel nicht, die Kündigungsgründe nur pauschal, schlagwort- oder stichwortartig zu bezeichnen oder bloße Werturteile ohne Angaben der für die Bewertung maßgebenden Tatsachen anzugeben. Die Informationspflicht gegenüber dem Betriebsrat geht zwar nicht so weit, wie die Darlegungspflicht im Kündigungsrechtsstreit. Der Arbeitgeber ist daher auch nicht verpflichtet, dem Betriebsrat Unterlagen oder Beweismaterial zur Verfügung zu stellen oder Einsicht in die Personalakten des betreffenden Arbeitnehmers zu gewähren. Gleichwohl ist der für den Arbeitgeber **maßgebende Sachverhalt unter Angabe der Tatsachen**, aus denen der Kündigungsentschluss hergeleitet wird, näher **so zu umschreiben**, dass der **Betriebsrat ohne zusätzliche eigene Nachforschungen in die Lage** versetzt wird, die **Stichhaltigkeit der Kündigungsgründe zu prüfen und über eine Stellungnahme schlüssig zu werden**. Kommt der Arbeitgeber diesen **Anforderungen** an seine Mitteilungspflicht **nicht oder nicht richtig** nach, unterlaufen ihm insoweit bei der Anhörung Fehler, dann ist die **Kündigung unwirksam**, und zwar unabhängig davon, ob und wie der Betriebsrat zu der mangelhaften Anhörung Stellung genommen hat. Die Stellungnahme des Betriebsrates ist nicht geeignet, Fehler des Arbeitgebers bei der Anhörung, die in zwei Verfahrensabschnitten abläuft, zu heilen.[28] 38

---

27 BAG 16.3.2000 – 2 AZR 75/99, AP Nr. 114 zu § 102 BetrVG 1972.

28 BAG 27.6.1985 – 2 AZR 412/84, AP Nr. 37 zu § 102 BetrVG 1972.

Praxistipp
- Der Arbeitnehmer sollte im Rahmen des Kündigungsrechtsstreits die Betriebsratsanhörung sehr genau prüfen, da hierüber häufig die Kündigung zu Fall gebracht werden kann.
- Der Arbeitgeber sollte besondere Sorgfalt auf die Anhörung legen. Bezüglich der Darstellung der Kündigungsgründe empfiehlt es sich, diese so ausführlich wie eine spätere Klagerwiderung auf die Kündigungsschutzklage zu gestalten.

Angewandt auf die wesentlichen Inhalte einer Betriebsratsanhörung bedeutet der vorstehende Obersatz der Rechtsprechung Folgendes:

I. Personalien des Arbeitnehmers

39 Der Betriebsrat muss darüber informiert werden, wen der Arbeitgeber zu kündigen beabsichtigt. Hierzu gehören regelmäßig folgende Informationen: **Name, Adresse/ Telefon, Alter, Familienstand, unterhaltsberechtigte Kinder, Eintrittsdatum, besonderer Kündigungsschutz (und u.U. aktuelle Tätigkeit des Arbeitnehmers), Gehalt.**[29]

Praxistipp
Die Angaben zur Person müssen nicht nur vollständig, sondern auch richtig sein. Will der Arbeitgeber, wie i.d.R., den Arbeitnehmer nicht im Vorfeld diesbezüglich befragen, muss in der Betriebsratsanhörung vorsorglich angegeben werden, worauf die Angaben zur Person basieren (z.B. „2 Kinder laut Lohnsteuerkarte"), da die Lohnsteuerkarte nicht zwingend die tatsächliche Kinderzahl des Arbeitnehmers wiedergibt.

40 Grundsätzlich ist somit eine Anhörung, die die vorstehenden Angaben vermissen lässt, nicht ordnungsgemäß. Andererseits lässt die Rechtsprechung einige Ausnahmen zu:

41 Nach dem Grundsatz der subjektiven Determination darf der Arbeitgeber jene auf die Person des Arbeitnehmers bezogenen Daten weglassen, wenn es wegen der Schwere des Kündigungsvorwurfes (Vorwurf der Bestechlichkeit) auf die genauen Sozialdaten des zu kündigenden Arbeitnehmers ersichtlich nicht ankommt,[30] wobei das BAG in seinem Fall davon ausgehen konnte, dass der Betriebsrat die ungefähren Daten des betroffenen Arbeitnehmers kannte.

---

29 BAG 26.9.2002 – 2 AZR 424/01, AP Nr. 37 zu § 626 BGB – Verdacht strafbarer Handlung; BAG, 15.11.2001 – 2 AZR 380/00, AP Nr. 45 zu § 626 BGB – Ausschlussfrist.

30 BAG 26.9.2002 – 2 AZR 424/01, AP Nr. 37 zu § 626 BGB – Verdacht strafbarer Handlung; BAG, 6.10.2005 – 2 AZR 280/04 – NZA 2006, 431ff.

Achtung!
Die Argumentation im Prozess, dass es auf fehlende Angaben zur Person des Arbeitnehmers wegen der Schwere des Tatvorwurfes nicht ankommt, wird höchst selten erfolgreich sein. Die Angaben zur Person müssen deshalb stets vollständig erfolgen.

II. Kündigungsart

Da eine Anhörung des Betriebsrates nur für jene Kündigung Wirkung entfalten kann, für die sie eingeleitet worden ist, muss die Kündigungsart bezeichnet werden. Es muss angegeben werden, ob eine **ordentliche** oder eine **außerordentliche**, eine **Beendigungs**- oder eine **Änderungskündigung** beabsichtigt ist. Bei Arbeitnehmern, die nicht mehr ordentlich gekündigt werden dürfen, ist die Absicht einer **außerordentlichen Kündigung mit sozialer Auslauffrist** anzugeben. Im Falle einer **Verdachtskündigung** ist diese als solche zu kennzeichnen. 42

Folgt der Arbeitgeber dieser Verpflichtung nicht, hört er den **Betriebsrat z.B. lediglich zu einer außerordentlichen Kündigung** an, ist es ihm **nicht möglich**, sich auf eine **Umdeutung** der außerordentlichen Kündigung **in eine ordentliche Kündigung** (weil z.B. die 14-Tagesfrist des § 626 BGB nicht beachtet worden ist) zu berufen, da der Betriebsrat zu einer solchen Kündigung nicht angehört worden ist. Insofern muss der Arbeitgeber dafür Sorge tragen, dass der Betriebsrat im Rahmen der Anhörung nicht nur zu einer außerordentlichen, sondern hilfsweise auch zu einer ordentlichen Kündigung angehört wird. Dies gilt für **alle Arten von Kündigungen, die in ein hilfsweises Verhältnis zueinander** aus Sicht des Arbeitgebers **gestellt werden sollten/könnten.**[31] 43

Praxistipp
Der Betriebsrat muss (hilfsweise) zu allen Kündigungsarten angehört werden, auf die sich der Arbeitgeber im Prozess evtl. berufen will.

Praxisbeispiel
Will der Arbeitgeber eine fristlose Kündigung wegen eines Diebstahls aussprechen, ist der Betriebsrat nicht nur hierzu anzuhören. Die Anhörung muss erfolgen zur fristlosen, hilfsweise fristge-

31 BAG 29.8.1991 – 2 AZR 59/91, AP Nr. 58 zu § 102 BetrVG 1972. Selbst im Falle einer Betriebsstilllegung verlangt die Rechtsprechung die Angabe, dass bei einem entsprechenden Arbeitnehmer eine außerordentliche Kündigung mit sozialer Auslauffrist geplant ist, BAG 26.9.1991 – 2 AZR 132/91, AP Nr. 28 zu § 1 KSchG 1969 – Krankheit, wobei die Rechtsprechung eine Umdeutung einer außerordentlichen Kündigung in eine ordentliche Kündigung ausnahmsweise zulässt, wenn der Betriebsrat der außerordentlichen Kündigung ausdrücklich und vorbehaltlos zugestimmt hat – BAG 20.9.1984 – 2 AZR 633/82, AP Nr. 80 zu § 626 BGB.

rechten Kündigung wegen Diebstahls sowie hilfsweise zur fristlosen, hilfsweise fristgerechten Kündigung wegen des Verdachts des Diebstahls.

---

44 Außerdem verlangt die Rechtsprechung eine Klarstellung des Kündigungsgrunds, d.h. eine **grobe rechtliche Einordnung** desselben.[32] Der Arbeitgeber muss also eindeutig klarstellen, ob er sich zur Kündigung aus **betriebsbedingten, verhaltens- oder personenbedingten Gründen** veranlasst sieht oder ob er seine Kündigung auf **mehrere dieser Gründe** (z.B. betriebs- und verhaltens-/leistungsbedingt) stützen will.

III. Kündigungsfrist/Kündigungstermin

45 Damit der Betriebsrat die Reichweite der beabsichtigten Kündigung einschätzen kann, ist im Rahmen der Anhörung zumindest die **Kündigungsfrist, ggf.** auch der **Kündigungstermin** anzugeben.[33]

46 § 102 Abs. 1 BetrVG verlangt eine zeitliche Konkretisierung der beabsichtigten Kündigung, so dass es zu einer **ordnungsgemäßen Anhörung** gehört, dass der Betriebsrat das **ungefähre Vertragsende** und die **zwischen Ausspruch der Kündigung und Entlassungstermin liegende Zeitdauer** in etwa abschätzen kann.

47 Die Rechtsprechung verlangt aber **nicht grundsätzlich die genaue Angabe des Entlassungstermins**, da das genaue Ende der Kündigungsfrist abhängig ist vom Zugang der Kündigungserklärung und insofern im Moment der Anhörung in der Regel nicht zwingend feststeht. Insofern ist die Angabe des Kündigungstermins unter Umständen entbehrlich, wobei es sich **empfiehlt, dem Betriebsrat, so dies zutreffend ist, mitzuteilen, dass die Kündigung zum nächstmöglichen Termin erfolgen soll.**[34] **Genauere Angaben** sind in diesem Zusammenhang allerdings dann zu empfehlen, **wenn** der Arbeitgeber einen besonderen Grund hat, die **Kündigung nicht zeitnah** auszusprechen.

48 In jedem Fall ist die **arbeitgeberseitig zugrundezulegende Kündigungsfrist mitzuteilen**. Allerdings erlaubt es die Rechtsprechung dem Arbeitgeber, sich bei der Ermittlung der Kündigungsfrist oder des Kündigungstermins zu verrechnen, da der Arbeitgeber nur seine subjektiven Vorstellungen hinsichtlich der beabsichtigten Kündigungsmaßnahme mitteilen muss. Entsprechen diese Angaben nicht der objektiven Rechtslage, so mag die beabsichtigte Kündigungsmaßnahme aus anderen

---

32 BAG 5.2.1981 – 2 AZR 1135/78, AP Nr. 1 zu § 72 LPVG NW.

33 BAG 24.10.1996 – 2 AZR 895/95, AP Nr. 8 zu § 17 KSchG 1969; BAG 15.12.1994 – 2 AZR 327/94, AP Nr. 67 zu § 1 KSchG 1969 – Betriebsbedingte Kündigung.

34 BAG 24.10.1996 – 2 AZR 895/95, AP Nr. 8 zu § 17 KSchG 1969.

rechtlichen Gründen nicht in der vorgesehenen Form durchführbar sein, zur Fehlerhaftigkeit des Anhörungsverfahrens führt dies jedoch nicht.[35]

Praxistipp

Dem Betriebsrat sollte neben der arbeitgeberseitig ermittelten Kündigungsfrist (z.B. 3 Monate zum Monatsende) mitgeteilt werden, dass die Kündigung zum nächstmöglichen Zeitpunkt erfolgen soll (so dies zutreffend ist).

IV. Die Angabe der Kündigungsgründe

Die wesentlichen Grundsätze für die Mitteilung der Kündigungsgründe sind bereits dargestellt worden. 49

Hinsichtlich der **Genauigkeit der anzugebenden Gründe** ist noch einmal zu betonen, dass die Gründe so dargestellt werden müssen, dass der **Betriebsrat ohne zusätzliche eigene Nachforschungen die Stichhaltigkeit der Kündigungsgründe prüfen** und sich über seine Stellungnahme schlüssig werden kann. Dabei darf der Arbeitgeber dem Betriebsrat die Gründe in der Regel nicht nur pauschal, schlag- oder stichwortartig bezeichnen.[36] 50

Im Rahmen einer verhaltensbedingten Kündigung ist zum einen der Kündigungssachverhalt als solcher durch Angaben von **Tatsachen mitzuteilen** (z.B. die Anzahl und der Umfang von Verspätungen, wobei die genaue datumsmäßige Benennung der Verspätungstage von der Rechtsprechung als nachträgliche Konkretisierung angesehen wird). Zudem sind die **nachteiligen Auswirkungen aufgrund des Verhaltens** des Arbeitnehmers mitzuteilen, wenn es sich nicht um typische Auswirkungen handelt, die im Allgemeinen dem Betriebsrat bekannt sind.[37] Des Weiteren ist darzulegen, warum für die Zukunft eine **Wiederholungsgefahr** besteht (soweit es auf eine solche ankommt). Hierzu wird vor allem die Information über bereits erfolgte **Abmahnungen** nach Inhalt und Zeitpunkt (sinnvollerweise durch Beifügen von Kopien der Abmahnungen) gehören. Auch im Rahmen einer verhaltensbedingten Kündigung ist darüber zu informieren, ob **anderweitige Beschäftigungsmöglichkeiten** für den Mitarbeiter bestehen, die eine verhaltensbedingte Beendigungskündigung entbehrlich machen könnten.[38] Allerdings sieht die Recht- 51

---

35 BAG 29.1.1986 – 7 AZR 257/84, AP Nr. 42 zu § 102 BetrVG 1972.

36 BAG 11.7.1991 – 2 AZR 119/91, AP Nr. 57 zu § 102 BetrVG 1972; BAG 22.9.1994 – 2 AZR 31/94, AP Nr. 68 zu § 102 BetrVG 1972.

37 BAG 27.2.1997 – 2 AZR 302/96, AP Nr. 36 zu § 1 KSchG 1969 – Verhaltensbedingte Kündigung; BAG 26.9.2002 – AZR 424/01, AP Nr. 37 zu § 626 BGB – Verdacht strafbarer Handlung.

38 BAG 26.1.1995 – 2 AZR 649/94, AP Nr. 34 zu § 1 KSchG 1969 – Verhaltensbedingte Kündigung.

sprechung in der Regel in der Mitteilung der Kündigungsabsicht bereits die konkludente Verneinung einer Weiterbeschäftigungsmöglichkeit.

52 Schlussendlich sind im Rahmen einer verhaltensbedingten Kündigung evtl. **entlastende Umstände**, die dem Arbeitgeber bekannt sind, dem Betriebsrat mitzuteilen.[39] Solche Umstände können **Entlastungszeugen, Gegendarstellungen** oder **Einwendungen des Arbeitnehmers** gegen eine Abmahnung etc. sein. Hier kann sich der Arbeitgeber **in der Regel nicht** nach dem **Grundsatz der subjektiven Determination** darauf berufen, er hätte diesen entlastenden Umständen aus seiner Sicht keine Bedeutung für den Kündigungsentschluss beigemessen, da er z.B. einem Entlastungszeugen nicht geglaubt hätte. Im Rahmen einer beabsichtigten **Verdachtskündigung** ist der Betriebsrat zudem über die erfolgte **Anhörung des Arbeitnehmers einschließlich dessen Einlassungen** zu informieren.

V. Änderungskündigung

53 Die **Änderungskündigung** verlangt zum einen nach den vorstehenden Grundsätzen die Mitteilung der dem Kündigungsentschluss zugrunde liegenden Tatsachen. Darüber hinaus ist dem Betriebsrat das **konkrete Änderungsangebot** mitzuteilen, d.h. welche vertraglichen Bedingungen im Einzelnen wie geändert werden.[40]

VI. Außerordentliche Kündigung

54 Bei einer **außerordentlichen Kündigung** sind dem Betriebsrat die Kündigungsgründe darzulegen. Hinzu tritt die Information über den **Zeitpunkt, zu dem der Arbeitgeber Kenntnis von den zur Kündigung berechtigenden Tatsachen erlangt hat** (§ 626 Abs. 2 BGB).

---

39 BAG 22.9.1994 – 2 AZR 31/94, AP Nr. 68 zu § 102 BetrVG 1972.

40 BAG 30.11.1989 – 2 AZR 197/89, AP Nr. 53 zu § 102 BetrVG 1972; Wenn es in dieser Entscheidung zunächst heißt, dass der Arbeitgeber den Betriebsrat auch anhören muss, wenn er sich für den Fall der Ablehnung des Änderungsangebotes die Beendigungskündigung vorbehalten will, ist dies missverständlich. Die Rechtsprechung passt nur auf die Situation, dass der Arbeitgeber den Betriebsrat zur Änderungskündigung anhört und dann vor Ausspruch der Kündigung dem Arbeitnehmer ein entsprechendes Angebot zur Änderung der Arbeitsvertragsbedingungen unterbreitet. Lehnt der Arbeitnehmer sodann dieses Angebot ab, darf der Arbeitgeber nicht einfach ohne erneute Anhörung des Betriebsrates zur Beendigungskündigung schreiten. In einer solchen Situation empfiehlt sich notfalls schlicht der Ausspruch der Änderungskündigung, zumal die Anforderungen der Rechtsprechung an eine Beendigungskündigung nach Ablehnung eines Änderungsangebotes durch den Arbeitnehmer äußerst streng sind.

VII. Eigene Kenntnisse des Betriebsrates

Grundsätzlich ist es **Aufgabe des Arbeitgebers**, den Betriebsrat im Rahmen der Anhörung über die beabsichtigte Kündigung zu informieren. 55

Andererseits verfolgt § 102 Abs. 1 Satz 2 BetrVG keinen Selbstzweck. Sinn und Zweck dieser primär dem kollektiven Interessenschutz dienenden Bestimmung ist es allein, den Betriebsrat in die Lage zu versetzen, sein Mitbestimmungsrecht (Anhörungsrecht) ordnungsgemäß auszuüben, d.h. die Stichhaltigkeit und die Wichtigkeit der Kündigungsgründe zu überprüfen und sich hierüber eine eigene Meinung bilden zu können. Allein darauf kommt es an. **Hat der Betriebsrat den erforderlichen Kenntnisstand**, um sich über die Stichhaltigkeit der Kündigungsgründe ein Bild zu machen und eine Stellungnahme hierzu abgeben zu können, und **weiß dies der Arbeitgeber oder kann er dies nach den gegebenen Umständen als sicher annehmen**, so würde es dem Grundsatz der vertrauensvollen Zusammenarbeit gem. § 2 Abs. 1 BetrVG widersprechen und es wäre eine kaum verständliche **reine Förmelei**, vom Arbeitgeber dann gleichwohl noch eine **detaillierte Begründung zu verlangen**. Allerdings muss es sich hierbei um den aktuellen, d.h. um den mit der konkret beabsichtigten Kündigung sachlich und zeitlich in Zusammenhang stehenden Kenntnisstand handeln.[41] 56

Gleichwohl liegt das Risiko eindeutig beim Arbeitgeber, wenn er in der irrigen Annahme, der Betriebsrat hätte den erforderlichen und aktuellen Kenntnisstand, seiner Mitteilungspflicht nicht ordnungsgemäß nachkommt.[42] 57

Praxistipp !
Ein Arbeitgeber sollte sich grundsätzlich nicht auf bei seinem Betriebsrat bereits vorhandene Kenntnisse verlassen.

VIII. Kein Formzwang, keine Verpflichtung zur Vorlage von Unterlagen

Die Anhörung des Betriebsrates bedarf **weder einer** bestimmten **Form**, insbesondere der **Schriftform noch der zwingenden Vorlage von Unterlagen**. 58

§ 102 Abs. 1 BetrVG enthält für das Anhörungsverfahren keine Formvorschrift, so dass die Anhörung **auch vollständig mündlich** erfolgen kann. Dies gilt auch dann, wenn ein Sachverhalt besonders komplex ist. Eine andere Frage ist es in diesem Zusammenhang, ob es dem Arbeitgeber bei rein mündlich erteilten Informatio- 59

---

41 BAG 20.5.1999 – 2 AZR 532/98, AP Nr. 5 zu § 1 KSchG 1969 – Namensliste; BAG 19.5.1993 – 2 AZR 584/92, AP Nr. 31 zu § 2 KSchG 1969.

42 BAG 27.6.1985 – 2 AZR 412/84, AP Nr. 37 zu § 102 BetrVG 1972.

nen gelingt, im **späteren Prozess die ordnungsgemäße Anhörung darzulegen und zu beweisen.**[43]

60 Im Übrigen bedarf es nach der Rechtsprechung **nicht der Vorlage von Unterlagen.** Dies ergibt sich nach der Rechtsprechung auch nicht aus dem Grundsatz der vertrauensvollen Zusammenarbeit.[44]

! **Praxistipp**
Die Anhörung des Betriebsrates sollte aus Beweisgründen möglichst vollständig schriftlich erfolgen. Zudem ist die Beifügung von Unterlagen in der Regel sinnvoller als der Versuch, deren Inhalt mit eigenen Worten wiederzugeben.

E. Beschlussfassung des Betriebsrates, Reaktionsmöglichkeiten des Betriebsrates

I. Beschlussfassung des Betriebsrates

1. Anhörung des betroffenen Arbeitnehmers

61 Nach § 102 Abs. 2 Satz 4 BetrVG **soll der Betriebsrat**, so dies erforderlich erscheint, **vor seiner Stellungnahme den betroffenen Arbeitnehmer hören.** Die Entscheidung, ob der Betriebsrat dies tut, liegt in seinem **pflichtgemäßen Ermessen.** Allerdings hat eine unterlassene Anhörung des Arbeitnehmers selbst dann, wenn eine Erforderlichkeit zu bejahen gewesen wäre, **keinen Einfluss auf die Ordnungsgemäßheit des Anhörungsverfahrens.**[45]

2. Keine Pflicht zu eigenen Nachforschungen durch den Betriebsrat

62 Es ist die Aufgabe des Arbeitgebers, den Betriebsrat vollständig und ordnungsgemäß über die beabsichtigte Kündigung zu informieren. Dies bedeutet zugleich, dass der **Betriebsrat nicht verpflichtet** ist, **eigene Nachforschungen anzustellen,** wenn ihm die Informationen des Arbeitgebers nicht als ausreichend erscheinen.[46]

---

43 BAG 6.2.1997 – 2 AZR 265/96, AP Nr. 85 zu § 102 BetrVG 1972.

44 BAG 10.11.2005 – 2 AZR 44/05 – NZA 2006, 655 ff.

45 Da Fehler im Rahmen der internen Befassung des Betriebsrates mit der Anhörung nicht zu Lasten des Arbeitgebers gehen und damit die Wirksamkeit der Kündigung nicht berühren. Dass eine wiederholte Verletzung der Anhörungspflicht durch den Betriebsrat zu einem Auflösungsantrag gem. § 23 Abs. 1 BetrVG führen kann, sei als theoretische Möglichkeit erwähnt.

46 BAG 27.6.1985 – 2 AZR 412/84, AP Nr. 37 zu § 102 BetrVG 1972.

3. Ordnungsgemäße Beratung und Beschlussfassung

Damit der **Beschluss des Betriebsrates** die ihm möglicherweise zukommenden Wirkungen tatsächlich entfalten kann, muss er **wirksam zustande gekommen** sein. Dies bedeutet, dass die Beschlussfassung in einer ordnungsgemäß einberufenen Sitzung und in ordnungsgemäßer Form nach den Regeln des BetrVG erfolgt sein muss. 63

4. Schweigepflicht des Betriebsrats

Nach § 102 Abs. 2 Satz 5 i.V.m. § 99 Abs. 1 Satz 3 BetrVG sind die **Mitglieder des Betriebsrates verpflichtet**, über die ihnen im Rahmen des Anhörungsverfahrens bekannt gewordenen **persönlichen Verhältnisse und Angelegenheiten des betroffenen Arbeitnehmers**, die ihrer Bedeutung oder ihrem Inhalt nach einer vertraulichen Behandlung bedürfen, **Stillschweigen** zu bewahren. Diese Geheimhaltungspflicht besteht auch über das Amtsende des Betriebsrates hinaus. 64

Anders als im Rahmen des § 79 Abs. 1 BetrVG besteht die **Geheimhaltungsverpflichtung** automatisch, **ohne** dass es eines **ausdrücklichen Hinweises** des Arbeitgebers hierauf (formelles Geheimnis) bedarf. 65

5. Auswirkungen von Fehlern in der Beschlussfassung des Betriebsrates

Ob **Fehler** im Rahmen des Anhörungsverfahrens, wozu auch die Beschlussfassung durch den Betriebsrat gehört, die Wirksamkeit der Kündigung berühren können, hängt letztlich davon ab, wessen **Sphäre der Fehler** zuzurechnen ist. 66

Nach dem BAG vollzieht sich die **Anhörung** des Betriebsrates in **zwei** aufeinander folgenden **Verfahrensabschnitten.** Diese sind nach ihrem Zuständigkeits- und Verantwortungsbereich voneinander abzugrenzen. **Zunächst** hat der **Arbeitgeber** unter Beachtung der in § 102 Abs. 1 BetrVG umschriebenen Erfordernisse das Anhörungsverfahren einzuleiten. Im Anschluss daran ist es **Aufgabe des Betriebsrates, sich mit der beabsichtigten Kündigung zu befassen** und darüber zu entscheiden, ob und wie er Stellung nehmen will. Die Trennung dieser beiden Verantwortungsbereiche ist wesentlich für die Entscheidung der Frage, wann eine Kündigung i.S.d. § 102 Abs. 1 Satz 2 BetrVG „ohne Anhörung des Betriebsrates ausgesprochen" und deswegen unwirksam ist. Da im Regelungsbereich des § 102 Abs. 1 BetrVG sowohl dem Arbeitgeber als auch dem Betriebsrat Fehler unterlaufen können, ermöglicht diese Abgrenzung eine sachgerechte Lösung, wem im Einzelnen ein Fehler zuzurechnen ist. Nur **wenn dem Arbeitgeber** bei der ihm obliegenden Einleitung des Anhörungsverfahrens ein Fehler unterläuft, liegt darin eine Verletzung des § 102 Abs. 1 BetrVG mit der Folge der **Unwirksamkeit der Kündigung. Mängel**, die **im Verantwortungsbereich des Betriebsrates** entstehen, führen hingegen grundsätzlich **nicht zur Unwirksamkeit der Kündigung** wegen fehlerhafter Anhörung, **auch wenn der Arbeitgeber im Zeitpunkt der Kündigung weiß oder erkennen kann,** dass der Betriebsrat die Angelegenheit nicht fehlerfrei behandelt hat. Solche Fehler 67 gehen schon deshalb nicht zu Lasten des Arbeitgebers, weil der **Arbeitgeber keine wirksamen rechtlichen Einflussmöglichkeiten auf die Beschlussfassung des Betriebsrates hat.**[47]

68 Allerdings macht die Rechtsprechung hier verschiedene **Ausnahmen**. Zum einen in dem Fall, dass der Arbeitgeber gegenüber dem Betriebsratsvorsitzenden eines beschlussfähigen Betriebsrates seine beabsichtigte Kündigung mitteilt und **spontan die Zustimmung des Betriebsratsvorsitzenden** erhält. In diesem Fall könne und müsse der Arbeitgeber erkennen, dass eine Beratung und Beschlussfassung des Betriebsrates nicht stattgefunden habe mit der Folge, dass ein solcher Fehler trotz Verantwortungsbereichs des Betriebsrates das Anhörungsverfahren und damit die Wirksamkeit der Kündigung berührt.[48] Vergleichbares gilt, wenn der **Arbeitgeber die Fehler in der Beschlussfassung des Betriebsrates selbst (mit-) verursacht hat.** Hat der Arbeitgeber selbst den Fehler des Betriebsrates durch eigenes unsachgemäßes Verhalten veranlasst, indem er dem Betriebsrat z.B. eingeredet hat, dieser könne in einem Umlaufverfahren seinen Beschluss ordnungsgemäß fassen, oder hat er den Betriebsrat zu einer übereilten Stellungnahme und Beschlussfassung z.B. im Umlaufverfahren gedrängt, berührt dies die Ordnungsgemäßheit des Anhörungsverfahrens und damit der Kündigung.[49]

II. Reaktionsmöglichkeiten des Betriebsrates

1. Von Betriebsrat und Arbeitgeber zu beachtende Fristen

69 Im Rahmen des Anhörungsverfahrens haben sowohl der **Betriebsrat wie auch der Arbeitgeber Fristen zu beachten**, um nicht durch verspätete Reaktion die Rechte als Betriebsrat zu verlieren bzw. durch verfrühte Kündigung diese unwirksam werden zu lassen.

a) Ordentliche Kündigung

70 Bei einer **ordentlichen Kündigung** hat der **Betriebsrat eine Frist zur Stellungnahme** gem. § 102 Abs. 2 Satz 1 BetrVG **von einer Woche**. Diese Frist endet mit Ablauf des **letzten Tages der Frist um 24 Uhr** und nicht zu einem Zeitpunkt, zu dem der Arbeitgeber typischerweise noch Erklärungen entgegennimmt. Nach Fristablauf kann der Betriebsrat keine rechtlich bedeutsame Reaktion mehr zeigen. Der Arbeit-

---

47 BAG 16.1.2003 – AZR 707/01, AP Nr. 129 zu § 102 BetrVG 1972; BAG 11.12.2003 – 2 AZR 536/02, AP Nr. 65 zu § 1 KSchG 1969 – Soziale Auswahl.

48 BAG 18.8.1982 – 7 AZR 437/80, AP Nr. 24 zu § 102 BetrVG 1972.

49 BAG 16.1.2003 – 2 AZR 707/01, AP Nr. 129 zu § 102 BetrVG 1972; BAG 24.6.2004 – 2 AZR 461/03, AP Nr. 22 zu § 620 BGB – Kündigungserklärung.

geber kann nur in einem der nachfolgenden Ausnahmefälle vor Ablauf dieser Frist kündigen.

b) Außerordentliche Kündigung

Im Rahmen der **außerordentlichen Kündigung** hat der **Betriebsrat eine Frist von drei Tagen**, wobei das **Fristende wiederum um 24 Uhr** liegt. Danach ist keine relevante Reaktion des Betriebsrates mehr möglich, der Arbeitgeber darf nur im Ausnahmefall vor Fristablauf kündigen. Auf Arbeitgeberseite ist zudem zu beachten, dass die **14-Tagesfrist** des § 626 Abs. 2 Satz 1 BGB **bei Kündigung aus wichtigem Grund** eingehalten wird. **Weder hemmt noch verlängert die Anhörung des Betriebsrates diese 14-Tagesfrist**, d.h. **dem Betriebsrat muss spätestens am zehnten Tag nach Kenntnis von den Kündigungsgründen die Anhörung übergeben werden**, damit der Arbeitgeber am **vierzehnten Tag** noch die Möglichkeit zur Zustellung der **Kündigung** hat. 71

c) Außerordentliche Kündigung mit sozialer Auslauffrist

In Fällen insbesondere tariflich unkündbarer älterer Mitarbeiter erlaubt die Recht- 72
sprechung in bestimmten Situationen (z.B. Betriebsstilllegung) eine **außerordentliche Kündigung mit sozialer Auslauffrist**, die sozusagen an die Stelle der ordentlichen Kündigung tritt. In diesem Fall gilt für die Stellungnahme des Betriebsrates die **Ein-Wochen-Frist des § 102 Abs. 2 Satz 1 BGB**, da ansonsten der besonders kündigungsgeschützte Arbeitnehmer im Rahmen der Anhörung benachteiligt würde.[50]

d) Verlängerung der Fristen

Wie vorstehend dargestellt, kann der **Betriebsrat nur innerhalb der Fristen** in 73
rechtlich relevanter Weise auf die Kündigungsanhörung reagieren. Der Betriebsrat hat **keinen Anspruch** gegenüber dem Arbeitgeber auf **Verlängerung der gesetzlichen Fristen** des § 102 Abs. 2 BetrVG.[51]

Ebenso wenig anerkennt die Rechtsprechung einen **Anspruch des Betriebsra-** 74
tes auf Abschluss einer Fristverlängerungsvereinbarung mit dem Arbeitgeber, wobei die grundsätzliche Möglichkeit einer solchen Verlängerungsvereinbarung allerdings bejaht wird.[52] Allerdings kann der Arbeitgeber rechtsmissbräuchlich handeln, wenn er auf der Einhaltung der Wochenfrist besteht, obwohl der Betriebsrat

---

50 BAG 15.3.2001 – 2 AZR 141/00, AP Nr. 46 zu § 4 KSchG 1969; BAG 5.2.1998 – 2 AZR 227/97, AP Nr. 143 zu § 626 BGB.
51 BAG 14.8.1986 – 2 AZR 561/85, AP Nr. 43 zu § 102 BetrVG 1972.
52 BAG 14.8.1986 – 2 AZR 561/85, AP Nr. 43 zu § 102 BetrVG 1972.

dadurch erkennbar in der Wahrnehmung seines Beteiligungsrechtes beeinträchtigt wird, ohne dass ein berechtigtes Interesse des Arbeitgebers an dieser zeitlichen Abwicklung des Anhörungsverfahrens ersichtlich ist.

75 Im Ergebnis bedeutet dies, dass die dargestellten **Fristen für den Betriebsrat** letztendlich **zwingend** sind, soweit er nicht mit dem Arbeitgeber eine entsprechende Vereinbarung trifft.

e) Verkürzung der Fristen

76 Umgekehrt hat der **Arbeitgeber** seinerseits **keinen Anspruch auf Verkürzung der dem Betriebsrat zur Verfügung stehenden Fristen.** Auch in **Eilfällen** ist eine vom Arbeitgeber einseitig veranlasste Verkürzung der gesetzlichen Anhörungsfrist grundsätzlich **nicht** möglich. Etwas anderes kann bei betriebsbedingten Kündigungen allenfalls dann gelten, wenn sich die wirtschaftliche Lage des Betriebes plötzlich und unvorhergesehen derart verschlechtert, dass der sofortige Ausspruch von Kündigungen unabweisbar notwendig sei.[53] Andererseits können verspätete Unternehmerentscheidungen nicht dazu führen, den gesetzlichen Handlungsspielraum des Betriebsrates in zeitlicher Hinsicht zu beschränken.[54]

77 Eine **Vereinbarung über die Verkürzung der Fristen** ist nach dem Wortlaut des § 102 Abs. 2 Satz 1 BetrVG „spätestens" **grundsätzlich möglich**, wenn auch nur im Einzelfall. Dies ergibt sich zudem daraus, dass der Betriebsrat nach dem Gesetz eindeutig nicht verpflichtet ist, die Anhörungsfrist auszuschöpfen.

f) Abschließende Stellungnahme des Betriebsrates

78 Grundsätzlich ist eine **vor Ablauf der genannten Fristen ausgesprochene Kündigung unwirksam**, da in diesem Fall die Anhörungsrechte des Betriebsrates nicht ausreichend beachtet worden sind. **Anderes** gilt jedoch dann, **wenn der Betriebsrat sich abschließend mit der Anhörung befasst und dem Arbeitgeber dies mitgeteilt hat.**

79 Dies liegt auf der Hand, wenn der Betriebsrat – noch dazu schriftlich – der Kündigung **zugestimmt, Bedenken mitgeteilt** oder gar **Widerspruch erhoben** hat. In diesem Fall wird in der Regel davon ausgegangen werden können, dass für den Betriebsrat das Anhörungsverfahren abgeschlossen ist. Ab diesem Zeitpunkt darf der Arbeitgeber die Kündigung aussprechen.

80 Darüber hinaus ist es auch **möglich, dass der Betriebsrat zu der beabsichtigten Kündigung nicht inhaltlich Stellung** nimmt, es dem Arbeitgeber aber trotzdem möglich ist, vor Ablauf der jeweiligen Frist bereits die Kündigung auszuspre-

53 BAG 13.11.1975 – 2 AZR 610/74, AP Nr. 7 zu § 102 BetrVG 1972.
54 BAG 14.8.1986 – 2 AZR 561/85, AP Nr. 43 zu § 102 BetrVG 1972.

chen. Dies liegt dann vor, wenn der Betriebsrat eine **endgültige Stellungnahme** abgegeben hat. So kann der Betriebsrat einerseits, wenn er nicht inhaltlich Stellung nehmen will, **schlicht schweigen**. In diesem Fall muss der Arbeitgeber die jeweilige **Frist abwarten**. Andererseits ist es dem Betriebsrat auch möglich, dadurch **abschließend Stellung zu nehmen**, dass er mitteilt, ***„Gegen die Kündigung bestehen keine Bedenken.“***, was allerdings nicht zwingend einer Zustimmung gleichzusetzen ist, oder dass er mitteilt, dass der Betriebsrat **nicht beabsichtigt, eine Stellungnahme zur beabsichtigten Kündigung abzugeben** oder *„Er wünsche keine weitere Erörterung des Falles.“*[55] Erklärt der Betriebsrat z.B. sich nicht äußern zu wollen, so gibt er damit zu erkennen, dass er von der Möglichkeit, den Entschluss des Arbeitgebers zu beeinflussen, keinen Gebrauch machen will. Darin liegt ebenfalls eine Stellungnahme, die sich auf die Kündigungsabsicht des Arbeitgebers bezieht und im Gegensatz zum bloßen Schweigen den Erklärungsinhalt besitzt, dass der Betriebsrat der beabsichtigten Kündigung weder zustimmen noch widersprechen oder Bedenken anmelden will.[56] In diesem Fall besteht ebenso wie nach einer **abschließenden** inhaltlichen Stellungnahme **kein Bedürfnis, die Fristen des § 102 Abs. 2 BetrVG auszuschöpfen** (überflüssiger Formalismus).

Praxistipp !

In jedem Fall einer Stellungnahme des Betriebsrates im Rahmen des Anhörungsverfahrens ist durch den Arbeitgeber zu prüfen, ob es sich tatsächlich um eine abschließende Stellungnahme handelt. Dies gilt insbesondere dann, wenn der Betriebsrat nicht ausdrücklich zustimmt, Bedenken oder Widerspruch erhebt. Wenn der Betriebsrat nicht ausdrücklich erklärt, dass es sich bei seiner Stellungnahme um eine endgültige, das Anhörungsverfahren abschließende handelt, muss ggf. durch Auslegung der Umstände bzw. der Usancen im Betrieb ermittelt werden, ob die Stellungnahme abschließend ist. So liegt z.B. keine abschließende Stellungnahme vor, wenn der Betriebsratsvorsitzende telefonisch mitteilt, der Betriebsrat stimme der Kündigungsabsicht nicht zu und darüber hinaus ankündigt, eine schriftliche Mitteilung der Bedenken des Betriebsrates werde folgen. In einer solchen Situation ist dem Arbeitgeber erkennbar, dass der Betriebsrat erst mit der Mitteilung seiner Bedenken unter Beachtung der gesetzlich vorgeschriebenen Schriftlichkeit die Anhörung beenden will.[57]

2. Nachfragen des Betriebsrates wegen weiterer Informationen

Ohne rechtlich hierzu verpflichtet zu sein, kann der **Betriebsrat** nach Erteilung der Anhörungsinformationen beim Arbeitgeber nach ergänzenden Informationen **nachfragen**. Handelt es sich bei der **Nachfrage um die Korrektur einer Falschinfor-** 81

55 BAG 16.1.2003 – 2 AZR 707/01, AP Nr. 129 zu § 102 BetrVG 1972; BAG 24.6.2004 – 2 AZR 461/03, AP Nr. 22 zu § 620 BGB – Kündigungserklärung.

56 BAG 12.3.1987 – 2 AZR 176/86, AP Nr. 47 zu § 102 BetrVG 1972.

57 BAG 28.7.1982 – 7 AZR 1181/79, nicht veröffentlicht.

mation und **unterlässt der Arbeitgeber** eine ergänzende Information des Betriebsrates, lässt er also die Beanstandung des Betriebsrates auf sich beruhen und kündigt einfach, so fehlt es an einer ausreichenden Mitteilung über die Kündigungsgründe und die **Kündigung** ist **unwirksam.**[58] Handelt es sich um eine objektiv **für die Kündigung wesentliche Information und erteilt der Arbeitgeber diese auf Nachfrage** nicht, berührt dies die Wirksamkeit der Anhörung nach den Grundsätzen der **subjektiven Determination** nicht. Im Hinblick auf die Auswirkungen der Nichtinformation nach dem Kündigungsschutzgesetz ist dem Arbeitgeber jedoch dringend die **Information zu empfehlen.** Handelt es sich um eine die Anhörung lediglich konkretisierende Information, mag zwar der Grundsatz der vertrauensvollen Zusammenarbeit für eine Informationspflicht des Arbeitgebers sprechen, das Anhörungsverfahren wird damit jedoch nicht fehlerhaft.

82 **Reicht der Arbeitgeber auf Nachfragen des Betriebsrates Informationen nach, kann** dies dazu führen, dass die **Frist** für die Stellungnahme des Betriebsrates gem. § 102 Abs. 2 BetrVG **neu zu laufen beginnt.**[59] Dies wird regelmäßig dann der Fall sein, **wenn** es sich bei der nachgereichten Information entweder um **eine unverzichtbare Information im Rahmen der Personalien, Kündigungsart und Kündigungsfrist** handelt oder aber die nachgereichte **Information** den bisher dem Betriebsrat **mitgeteilten Kündigungsgrund erst wirklich zu einem solchen macht.**

3. Ausdrückliche Nichtstellungnahme

83 Der **Betriebsrat** kann den Arbeitgeber **ausdrücklich mitteilen**, dass er **nicht beabsichtigt**, zu der beabsichtigten **Kündigung Stellung zu nehmen**. Auch hierfür bedarf es eines entsprechenden Betriebsratsbeschlusses. Ist diese Stellungnahme eindeutig abschließend, kann der **Arbeitgeber daraufhin sofort die Kündigung** aussprechen.

4. Verstreichenlassen der Fristen

84 Der Betriebsrat kann die **Fristen** des § 102 BetrVG **verstreichen lassen**, indem er schlicht auf die Anhörung **schweigt**. Bei ordentlichen Kündigungen gilt das Schweigen des Betriebsrates innerhalb der **Wochenfrist** als **Zustimmung** zur Kündigung – § 102 Abs. 2 Satz 2 BetrVG,[60] wobei dieser „Zustimmung" keinerlei rechtliche Bedeutung für die Wirksamkeit der Kündigung zukommt.

---

58 BAG 17.2.2000 – 2 AZR 913/98, AP Nr. 113 zu § 102 BetrVG 1972.

59 BAG 6.2.1997 – 2 AZR 265/96, AP Nr. 85 zu § 102 BetrVG 1972.

60 Diese gesetzliche Fiktion ist letztlich widersinnig, da es sich bei dem Anhörungsverfahren nach § 102 BetrVG nicht um ein Zustimmungsrecht des Betriebsrates, sondern ausschließlich um ein An-

Bei Schweigen auf die Anhörung zu einer **außerordentlichen Kündigung** sieht das Gesetz keine Rechtsfolge vor. Insofern ist schlicht davon auszugehen, dass damit das **Anhörungsverfahren durch Fristablauf abgeschlossen** ist. 85

5. Zustimmung zur Kündigung

Der Betriebsrat kann der beabsichtigten Kündigung **zustimmen.** 86

6. Geltendmachung von Bedenken

Sowohl bei ordentlichen wie außerordentlichen Kündigungen kann der Betriebsrat innerhalb der jeweiligen Fristen gem. § 102 Abs. 2 Satz 1 und 3 BetrVG dem Arbeitgeber **Bedenken gegen die Kündigung** mitteilen. 87

Die Bedenken müssen **schriftlich** geltend gemacht werden. Jede Begründung für die Geltendmachung von Bedenken ist denkbar. 88

Rechtsfolgen existieren allerdings bei Geltendmachung von Bedenken **nicht.** 89

7. Einlegung eines Widerspruchs (Formales)

Die Möglichkeit zum **Widerspruch** räumt § 102 Abs. 3 BetrVG dem Betriebsrat nur im Falle einer ordentlichen Kündigung ein. 90

Der Widerspruch muss innerhalb der **Wochenfrist schriftlich** gegenüber dem Arbeitgeber erklärt werden. Schriftlichkeit bedeutet in diesem Zusammenhang keine Schriftform i.S.d. § 126 BGB.[61] Damit kann der Widerspruch auch per **Telefax**, das nur Kopien der für eine Schriftform erforderlichen Originalunterschriften enthält, dem Arbeitgeber in rechtlich wirksamer Form mitgeteilt werden. 91

Der Widerspruch nach § 102 Abs. 3 BetrVG bedarf der **schriftlichen Begründung**, wobei dem Betriebsrat lediglich die **abschließend in § 102 Abs. 3 BetrVG aufgezählten Widerspruchsgründe** zur Verfügung stehen. 92

Achtung! !

Die einzelne Kündigung darf erst ausgesprochen werden, wenn das diesbezügliche Anhörungsverfahren abgeschlossen ist. Wird der Betriebsrat zur fristlosen, hilfsweise fristgerechten Kündigung angehört und schweigt er hierzu insgesamt, darf nach Ablauf der 3-tägigen Stellungnahmefrist zur außerordentlichen Kündigung nur diese ausgesprochen werden. Die hilfsweise ordentliche Kündi-

---

hörungsrecht handelt. Vor diesem Hintergrund macht die Fiktion der Zustimmung des Betriebsrates durch Schweigen schlicht keinen Sinn.

61 BAG 16.1.2003 – 2 AZR 707/01, AP Nr. 129 zu § 102 BetrVG 1972; in dieser Entscheidung hatte der Betriebsrat per Telefax rechtswirksam zugestimmt; BAG 11.6.2002 AP Nr. 118 zu § 99 BetrVG 1992, die dortigen Ausführungen gelten auch für den Widerspruch des Betriebsrates nach § 102 BetrVG.

gung darf erst nach Ablauf der diesbezüglichen einwöchigen Stellungnahmefrist ausgesprochen werden.

8. Keine Rücknahme der Betriebsratsentscheidung nach Abschluss der Anhörung/ nach Kündigung

93 Sobald der Betriebsrat dem Arbeitgeber seine **abschließende Stellungnahme** hat zukommen lassen, kann diese **nicht mehr zurückgenommen** werden, da mit der endgültigen Stellungnahme das Anhörungsverfahren ordnungsgemäß abgeschlossen ist.[62] Betrachtet man die Stellungnahme des Betriebsrates als eine rechtsgeschäftsähnliche Willenserklärung, kann dies aus dem Rechtsgedanken des § 130 BGB begründet werden. Zudem ist das **Vertrauen des Arbeitgebers** nach Erhalt der Stellungnahme des Betriebsrates zu schützen. Dies gilt umso mehr, wenn der Arbeitgeber die Kündigung ausgesprochen hat. In diesem Fall wird zudem auch der Arbeitnehmer geschützt, indem der Betriebsrat einen einmal erklärten Widerspruch nach Ausspruch der Kündigung nicht mehr zurücknehmen kann.[63]

F. Kündigung

94 Ist das **Anhörungsverfahren** mit dem Betriebsrat **abgeschlossen**, kann der Arbeitgeber das Arbeitsverhältnis **kündigen. Dies gilt völlig unabhängig von der Reaktion des Betriebsrates.** Lediglich sieht § 102 Abs. 4 BetrVG vor, dass im Falle eines Widerspruchs des Betriebsrates der Arbeitgeber dem Arbeitnehmer mit der Kündigung eine Abschrift der Stellungnahme des Betriebsrates zuzuleiten hat, wobei die Nichterfüllung dieser Pflicht nicht zur Unwirksamkeit der Kündigung führt.[64]

! **Praxistipp**
Wie auch immer der Betriebsrat auf die Anhörung reagiert, berührt dies nicht die Wirksamkeit oder Unwirksamkeit der Kündigung.

62 BAG 3.2.1982 – 7 AZR 907/79, AP Nr. 1 zu § 72 BPersVG.

63 Eine solche Rücknahme ließe den Anspruch auf vorläufige Weiterbeschäftigung nach § 102 Abs. 5 BetrVG unberührt.

64 LAG Köln 19.10.2000 – 10 Sa 342/00 – Rn 21 – juris.

Kapitel 9
Personalgespräch und Auflösungsverträge im Zusammenhang mit einer verhaltensbedingten Kündigung

Obwohl eine verhaltensbedingte Kündigung gegenüber dem Arbeitnehmer erhobene **Vorwürfe** beinhaltet, bedeutet dies nicht, dass sich die Rolle des Arbeitgebers allein auf die Übergabe der Kündigung und die Durchführung des nachfolgenden Kündigungsschutzprozesses beschränkt. Wenn es sich nicht gerade um eine außerordentlich fristlose verhaltensbedingte Kündigung handelt, sollte regelmäßig versucht werden, die verhaltensbedingte **Kündigung dem Arbeitnehmer persönlich** durch einen entsprechenden Personalverantwortlichen **zu übergeben** und bei dieser Gelegenheit ein **kurzes Gespräch** zu führen, dass sich allerdings in keinem Fall auf eine detaillierte Darlegung oder gar Rechtfertigung der Kündigung erstrecken sollte. 1

Regelmäßig werden in Zusammenhang mit einer (beabsichtigten) verhaltensbedingten Kündigung jedoch Personalgespräche einen weitergehenden Zweck haben. Jedem Arbeitgeber ist das **Risiko eines Kündigungsschutzprozesses** im Rahmen einer verhaltensbedingten Kündigung bewusst. Deshalb liegt es regelmäßig in seinem **Interesse**, mit dem betroffenen Arbeitnehmer eine Lösung zu finden, die die Durchführung eines **Kündigungsschutzprozesses** mit allen damit verbundenen arbeitgeberseitigen **Risiken vermeidet**. Insofern befasst sich dieses Kapitel mit dem Inhalt solcher, über eine Übergabe der Kündigung hinausgehenden Gespräche. 2

A. Vorbereitung des Personalgespräches

I. Aufbereitung des Kündigungssachverhaltes

Es versteht sich von selbst, dass in **Vorbereitung eines Personalgespräches** in Zusammenhang mit einer verhaltensbedingten Kündigung der **Kündigungssachverhalt sorgfältig aufbereitet** werden muss. Der Arbeitgeber muss sich ein klares Bild von dem Sachverhalt und seinen hierauf basierenden Chancen hinsichtlich der Wirksamkeit der beabsichtigten Kündigung verschaffen. Von Sachverhalt und Erfolgsaussichten der Kündigung hängen unmittelbar Inhalt des Gespräches wie auch eine evtl. einvernehmliche Lösung ab. 3

II. Festlegung des Teilnehmerkreises

4 Der Arbeitgeber muss den **Teilnehmerkreis** für das beabsichtigte Gespräch auf seiner Seite bestimmen. Auf der Seite des Arbeitgebers wird sich dies letztlich nach der **hierarischen Stellung des Arbeitnehmers** richten. Es sollte darauf geachtet werden, dass mit diesen Aufgabenstellungen nicht nur „niedere Chargen" beauftragt werden. Mit Blick auf die Auswirkungen einer verhaltensbedingten Kündigung sollte neben dem **Fachvorgesetzten** ein kompetenter, hierarchisch entsprechend hoch angesiedelter **Vertreter der Personalabteilung** anwesend sein. Ob darüber hinaus der Arbeitgeber selbst oder seine Organe teilnehmen, wird vom Einzelfall abhängen.

5 Darüber hinaus ist zu überlegen, ob zu dem beabsichtigten Gespräch ein **Vertreter des Betriebsrates** eingeladen werden soll. Mit Blick auf die vor der Kündigung notwendige Anhörung des Betriebsrates wird sich dies **sehr häufig anbieten**, zumal auf diesem Wege dem **Arbeitnehmer eine gewisse Unterstützung durch seine Interessenvertretung** verschafft werden kann. Letztendlich wird die Entscheidung, den Betriebsrat zu dem Gespräch hinzuzuziehen, stark davon beeinflusst werden, welche Auffassung der Betriebsrat zu der Kündigung vertritt bzw. nach Auffassung des Arbeitgebers vertreten wird.

6 Schlussendlich ist zu überlegen, ob der Arbeitgeber seinerseits das Gespräch in **Begleitung juristischen Sachverstandes** (Rechtsabteilung, externer Anwalt, Arbeitgebervertreter) führt. Dies wird insbesondere im Rahmen eines ersten Gespräches eher nicht der Fall sein.

III. Prüfung von Arbeitsvertrag und Personalakte

7 Vor Durchführung des Gespräches ist der **Arbeitsvertrag** und insgesamt der **Inhalt der Personalakte zu überprüfen**, um auf diesem Wege festzustellen, welche **Einzelpunkte** im Rahmen einer evtl. einvernehmlichen Lösung **regelungsbedürftig** sind. Hierzu gehört nicht nur die Feststellung der anwendbaren **Kündigungsfrist**, sondern **alle** in Betracht kommenden rechtlichen und tatsächlichen **Gesichtspunkte, wie Bestehen nachvertraglicher Wettbewerbsverbote, Darlehensrückzahlungsansprüche gegen den Arbeitnehmer etc.**

IV. Gesprächsleitfaden

8 Auf dieser Grundlage ist sodann ein **Leitfaden für das Gespräch** mit dem Arbeitnehmer zu entwickeln. Hierbei sollte darauf verzichtet werden, den eigentlichen Kündigungsgrund zum Gegenstand einer ausführlichen Diskussion zu machen. Arbeitgeberseits sollte das Gespräch sehr **schnell** und ohne Ausschweife **auf den Punkt** gebracht werden. Der Standpunkt hinsichtlich der Kündigung sollte kurz

dargestellt, auf eine **Diskussion** mit dem Arbeitnehmer sodann jedoch **weitgehend verzichtet** werden. Darüber hinaus gehört zum Inhalt des Gesprächsleitfadens auch die **vorherige Definition der Ziele**, die arbeitgeberseitig erreicht werden sollen. Hierzu gehören u.a. und insbesondere der **Beendigungszeitpunkt**, das **(Nicht-) Interesse an einer Beschäftigung bis zum Beendigungszeitpunkt** sowie die **Bereitschaft zur Gewährung einer Abfindung** inklusive deren Höhe. Diese Ziele müssen/sollten auf Basis der dem Arbeitgeber über den Arbeitnehmer vorliegenden Informationen dahingehend geprüft werden, wie weit sie unter Berücksichtigung der **persönlichen Situation des Arbeitnehmers** diese Ziele erreichbar sind.

V. Vorabinformation des Arbeitnehmers

Letzte im Vorfeld zu klärende Frage ist die, ob **dem Arbeitnehmer vor dem Personalgespräch der Inhalt** (beabsichtigte Kündigung oder gar Kündigungsgründe) **mitgeteilt** und ihm offensiv **angeboten** werden soll, zu diesem Gespräch einen **Beistand**, sei es in Form eines Betriebsratsmitglieds, sei es in Form eines Rechtsanwaltes, **mitzubringen.** Da nach aller Erfahrung nicht davon ausgegangen werden kann, dass ein Arbeitnehmer im Rahmen eines ersten Gespräches sofort eine verbindliche Lösung akzeptiert, ohne sich diesbezüglich insbesondere anwaltlich beraten zu lassen, mag ein entsprechendes **Angebot durchaus sinnvoll** sein. Letztendlich wird man dies aber immer nur im Einzelfall entscheiden können. Andererseits sollte arbeitgeberseitig kein Einwand dagegen erhoben werden, wenn der **Arbeitnehmer** zu dem Gespräch in **Begleitung eines Betriebsratsmitgliedes oder eines Rechtsanwaltes** erscheint, dies unabhängig von einem hierauf bestehenden rechtlichen Anspruch.[1] 9

Praxistipp !
Wenn auch die Vorbereitung des Personalgesprächs erheblichen Aufwand bedeuten mag, wird sich dieser Aufwand regelmäßig positiv im Rahmen der Verhandlungen über eine einvernehmliche Lösung auswirken.

B. Personalgespräch vor Ausspruch der verhaltensbedingten Kündigung

Im Rahmen des mit dem Arbeitnehmer zu führenden Gespräches sind seitens des 10
Arbeitgebers einige wichtige Punkte zu beachten, um im Rahmen dieses Gespräches

---

1 LAG Berlin-Brandenburg 6.11.2009 – 6 Sa 1121/09 – Rn 17 f. – juris.

nicht ungewollten Schaden anzurichten. Das gilt insbesondere, wenn zum Zeitpunkt des Gesprächs noch keine Kündigung ausgesprochen worden ist.

I. Druck/Drohung

11 Ist noch keine Kündigung ausgesprochen, wird Gegenstand des Gespräches mit dem Arbeitnehmer sein, dass der Arbeitgeber diesen darüber **informiert**, dass er **beabsichtige, das Arbeitsverhältnis verhaltensbedingt**, u.U. sogar außerordentlich fristlos **zu kündigen**. Selbstverständlich ist eine solche **„Androhung" zulässig und berechtigt, wenn die beabsichtigte Kündigung bei ihrem Ausspruch tatsächlich wirksam wäre.**

12 **In der Regel** wird eine solche **Vorhersage** jedoch **nicht möglich** sein. Insofern droht der Arbeitgeber eine Maßnahme an, deren Wirksamkeit nicht feststeht. Da es sich bei der Kündigung ohne jede Frage um ein massives Übel für den Arbeitnehmer durch Verlust des Arbeitsplatzes handelt, ist im Rahmen solcher Personalgespräche mit entsprechenden **Androhungen Vorsicht** geboten. Insofern hat die Rechtsprechung wiederholt entschieden, dass ein **Arbeitnehmer berechtigt** ist, wegen widerrechtlicher Drohung gem. § 123 Abs. 1 BGB einen von ihm mit dem Arbeitgeber geschlossenen **Auflösungsvertrag anzufechten, wenn der Arbeitgeber** im Rahmen des Personalgespräches den Ausspruch einer – **unwirksamen – Kündigung angedroht** hat.[2] Allerdings anerkennt die Rechtsprechung in diesem Zusammenhang, dass es auch dem Arbeitgeber nicht möglich ist, sicher den Ausgang eines Kündigungsschutzprozesses vorherzusagen. Vor diesem Hintergrund prüft die Rechtsprechung, ob in der gegebenen Situation ein **objektiver verständiger Arbeitgeber auf der Grundlage der ihm bekannten Umstände berechtigterweise von der Wirksamkeit einer Kündigung ausgehen und diese dementsprechend androhen durfte.**[3] Ist dies der Fall, kann der Arbeitnehmer einen auf der Basis dieser Androhung abgeschlossenen Auflösungsvertrag nicht anfechten.

! **Achtung!**
Die Androhung einer unberechtigten Kündigung kann den Arbeitnehmer u.U. berechtigen, einen danach abgeschlossenen Aufhebungsvertrag anzufechten.

---

2 BAG 28.11.2007 – 6 AZR 1108/06 – Rn 46 – juris.
3 LAG Köln 11.7.2011 – 2 Sa 358/11 – juris.

II. Auskünfte des Arbeitgebers

Der Arbeitgeber sollte sehr vorsichtig im Rahmen des Personalgespräches sein, welche Auskünfte er dem Arbeitnehmer über die Auswirkungen der Kündigung/eines Auflösungsvertrages erteilt. Erteilt er **unzutreffende Auskünfte** und durfte der Arbeitnehmer hierauf vertrauen, setzt sich der Arbeitgeber hierauf basierender **Schadensersatzansprüche des Arbeitnehmers** aus. 13

Vorsicht ist insbesondere hinsichtlich folgender Gesichtspunkte geboten:

1. Sozialversicherungsrechtliche Auswirkungen

Arbeitgeberseitig sollten möglichst keine Auskünfte über die **Auswirkungen der Kündigung/eines Auflösungsvertrages auf die Sozialversicherung**, insbesondere auf den Bezug nachfolgenden Arbeitslosengeldes I erteilt werden, weder hinsichtlich des grundsätzlichen Anspruches, noch hinsichtlich der Höhe. Gerade in Zusammenhang mit einer verhaltensbedingten Kündigung können dem Arbeitnehmer **erhebliche sozialversicherungsrechtliche Nachteile** entstehen (s. hierzu Kapitel 10). 14

2. Abfindung

Ebenso wenig sollten Auskünfte über die **steuerliche Behandlung einer zu zahlenden Abfindung** erteilt werden. Dies ist dem Arbeitgeber schon deshalb nicht möglich, da er die steuerlichen Verhältnisse des Arbeitnehmers nicht wirklich kennt. Zudem kann der Arbeitgeber nicht verlässlich vorhersagen, ob die zu zahlende Abfindung durch das Finanzamt als steuerlich begünstigt im Sinne der so genannten Fünftel-Regelung gem. §§ 24, 34 EStG anerkannt wird. Gerade im Zusammenhang mit einer verhaltensbedingten Kündigung als Beendigungstatbestand wird eine solche steuerliche Privilegierung eher nicht in Betracht kommen. 15

3. Betriebliche Altersversorgung

Zwar ist der **Arbeitgeber verpflichtet**, dem Arbeitnehmer nach Ende des Vertrages eine **Auskunft über evtl. bestehende Ansprüche auf betriebliche Altersversorgung zu erteilen.** Dies kann selbstverständlich auch im Rahmen des Personalgespräches erfolgen. Allerdings muss dies sehr genau vorbereitet werden. Dabei wird sich in der Regel weniger die Frage nach der **Höhe** der betrieblichen Rentenansprüche stellen, als danach, **ob bestehende Anwartschaften durch die Kündigung/ den Auflösungsvertrag entfallen oder dem Arbeitnehmer erhalten bleiben.** 16

4. Urlaubsabgeltung

17 Besteht **zum Beendigungszeitpunkt noch offener Urlaub**, ist dieser gem. § 7 Abs. 4 BUrlG abzugelten. Diese **unverzichtbare Abgeltungsverpflichtung** gilt jedenfalls in Höhe des noch offenen **gesetzlichen Urlaubs** (24 Werktage Montag bis Samstag). Darüber hinaus individualrechtlich vereinbarter Urlaub unterliegt nicht dem unverzichtbaren Abgeltungszwang.

18 Die Abgeltung hat jedoch zur Folge, dass gem. § 157 Abs. 2 SGB III der **Anspruch auf Arbeitslosengeld für die Zeit ruht**, für die der ausscheidende Arbeitnehmer **Urlaubsabgeltung** gezahlt bekommen hat. Ruhen des Anspruchs auf Arbeitslosengeld bedeutet in diesem Zusammenhang aber nicht, dass damit der auf die Urlaubsabgeltung entfallende Zeitraum auf die Gesamtanspruchsdauer für den Bezug von Arbeitslosengeld angerechnet wird. Letztendlich führt das **Ruhen** dazu, dass der **Anspruch auf Bezug von Arbeitslosengeld** schlicht **zu einem späteren Zeitpunkt**, dann aber für die gesetzliche Gesamtdauer **beginnt**. Mit dieser sozialrechtlichen Regelung wird lediglich das Nebeneinander von zwei Leistungen (sozialversicherungspflichtige Urlaubsabgeltung einerseits, Arbeitslosengeld I andererseits) ausgeschlossen.

19 Mit Blick auf diese Ruhensthematik ist somit auch bei der Auskunft über die Auswirkungen einer Urlaubsabgeltung gegenüber dem Arbeitnehmer Vorsicht geboten.

5. Fehlende Beteiligung notwendiger Dritter, Abkürzung von Kündigungsfristen

20 Es ist schon darauf hingewiesen worden,[4] dass nach Möglichkeit Abstand genommen werden sollte von jeglicher Auskunft hinsichtlich der Auswirkung der Kündigung/Auflösungsvereinbarung auf den Bezug von Arbeitslosengeld I. Dies gilt umso mehr, wenn das **Arbeitsverhältnis ohne Beteiligung notwendiger Dritter**, wie des **Betriebsrates** (Anhörung) oder z.B. des **Integrationsamtes** oder anderer zustimmungspflichtiger Behörden bei sondergeschützten Arbeitsverhältnissen, beendet werden soll. Diese Tatbestände werden regelmäßig, so sie zur Kenntnis der Agentur für Arbeit gelangen, zu **Sperrzeiten beim Bezug von Arbeitslosgeld I** führen. Es darf also in einem solchen Zusammenhang unter keinen Umständen der Eindruck erweckt werden, dass eine Beendigung des Arbeitsverhältnisses ohne Einhaltung der Kündigungsfrist oder ohne Beteiligung notwendiger Dritter ohne Auswirkung beim Bezug von Arbeitslosengeld I bleibt.

21 Regelmäßig wird dies zu einer **Sperrzeit** gem. § 159 Abs. 1 Ziff. 1 SGB III für die Dauer von zwölf Wochen (§ 159 Abs. 3 Satz 1 SGB III) mit der Folge führen, dass der Arbeitnehmer für diese **zwölf Wochen keinen Anspruch auf Arbeitslosengeld I**

---

4 Siehe oben Rn 14.

hat. In diesem Fall bedeutet Sperrzeit zugleich eine **Minderung der Anspruchsdauer** auf Bezug von Arbeitslosengeld I, § 148 Abs. 1 Ziff. 4. SGB III. Die Sperrzeit als solche führt zu einer **Verkürzung der Anspruchsdauer um 25%.**

Praxisbeispiel

Beträgt z.B. bei einem Mitarbeiter, der zum Zeitpunkt der Vertragsbeendigung älter als 58 Jahre und zuvor vier Jahre lang sozialversicherungspflichtig beschäftigt gewesen ist, die eigentliche Anspruchsdauer auf Arbeitslosengeld I 24 Monate (§ 147 Abs. 2 SGB III), würde der Eintritt einer Sperrzeit dazu führen, dass der Arbeitnehmer für die ersten 12 Wochen überhaupt keinen Anspruch auf Arbeitslosengeld I hätte, darüber hinaus die Dauer seines Anspruchs nicht gut 21, sondern nur noch 18 Monate betrüge.

Erhält der Mitarbeiter zudem bei **Nichteinhaltung der Kündigungsfrist** eine Abfindung (nachfolgendes gilt nur in dem Fall der abgekürzten Kündigungsfrist), so **ruht der Anspruch auf Arbeitslosengeld** vom Ende des Arbeitsverhältnisses an **bis zu dem Tag, an dem das Arbeitsverhältnis bei Einhaltung der ordentlichen Kündigungsfrist geendet hätte,** § 158 Abs. 1 Satz 1 SGB III. Die **Maximaldauer** dieses Ruhens beträgt **ein Jahr.** Der Ruhenszeitraum ist jedoch **nicht länger als bis zu dem Tag,** bis zu dem der ehemalige Arbeitnehmer bei Weiterzahlung seiner zuvor verdienten Bezüge **60% der ihm gezahlten Abfindung als Arbeitsentgelt verdient hätte,** § 158 Abs. 2 Ziff. 1. SGB III.[5] 22

Praxistipp

Der Arbeitgeber sollte grundsätzlich sehr vorsichtig bei der Erteilung von Auskünften über die Auswirkung der Kündigung auf Rechtspositionen des Arbeitnehmers sein.

III. Einräumung einer Bedenkzeit

Soweit in dem, was selten sein wird, ersten Personalgespräch bereits eine Einigung über eine einvernehmliche Lösung gefunden sein sollte, ist der Arbeitgeber **nicht verpflichtet**, dem **Arbeitnehmer vor Unterzeichnung einer entsprechenden Vereinbarung eine Bedenkzeit einzuräumen.** Der Arbeitnehmer kann sich, falls ihm eine solche Bedenkzeit nicht eingeräumt worden ist, **nicht** auf eine **„Überrumpelung“** durch den Arbeitgeber berufen. Die Rechtsprechung hat dies mittlerweile mit der überzeugenden Begründung entschieden, dass der **Arbeitnehmer** in einer 23

---

5 Weitere Begrenzungen des Ruhenszeitraums von Arbeitslosengeld I im Falle der Nichteinhaltung der Kündigungsfrist oder in Zusammenhang mit der Kündigung eines Mitarbeiters, dessen ordentliche Kündigung zeitlich begrenzt oder unbegrenzt ausgeschlossen ist, sind im Einzelnen in § 158 SGB III geregelt. Auf eine nähere Darstellung wird an dieser Stelle verzichtet.

solchen Situation regelmäßig nicht von einer Überrumpelung reden kann, sei es ihm doch mit einem **einfachen „Nein!“** möglich, den Abschluss einer entsprechenden Vereinbarung zu verhindern.[6]

! **Praxistipp**
Dem Arbeitnehmer muss grundsätzlich keine Bedenkzeit durch den Arbeitgeber vor Abschluss eines Auflösungsvertrages eingeräumt werden.

C. Personalgespräch nach Ausspruch der Kündigung

24 Die Hinweise zum Personalgespräch vor Ausspruch der Kündigung finden unmittelbar auch Anwendung bei einem Gespräch nach bereits erfolgter Kündigung. In diesem Fall stellt sich allerdings nicht mehr die Problematik der Drohung mit einer Kündigung, da diese zu diesem Zeitpunkt bereits ausgesprochen sein wird.

25 Darüber hinaus wird in dieser Situation regelmäßig zwischen den Parteien, wenn sie eine Lösung finden, ein Abwicklungsvertrag abgeschlossen werden, wohingegen bei einer Vereinbarung vor Ausspruch der Kündigung auch ein Aufhebungsvertrag abgeschlossen werden könnte (mit allen darin liegenden sozialversicherungsrechtlichen Risiken).

D. Auflösungsvertrag

I. Aufhebungs- oder Abwicklungsvertrag

26 Der **Unterschied zwischen einem Aufhebungs- und Abwicklungsvertrag** liegt in dem **maßgeblichen Tatbestand, der das Ende des Arbeitsvertrages herbeiführt.** Beim **Abwicklungsvertrag endet das Arbeitsverhältnis aufgrund** der vorausgegangenen **arbeitgeberseitigen Kündigung. Inhalt** des Abwicklungsvertrages ist damit lediglich die **Abwicklung des wirksam gekündigten Arbeitsverhältnisses.** Beim **Aufhebungsvertrag** hingegen **endet das Arbeitsverhältnis aufgrund** der im Aufhebungsvertrag getroffenen **Vereinbarung** zwischen den Parteien, dass aufgrund dieser Vereinbarung das Arbeitsverhältnis zu einem geregelten Datum endet. Darüber hinaus ist der Aufhebungsvertrag inhaltlich mit einem Abwicklungsvertrag identisch.

---

6 BAG 27.11.2003 – 2 AZR 135/03 – Rn 16 – juris.

Praxistipp
Aus Arbeitnehmersicht wird wegen der sozialrechtlichen Auswirkungen der Abschluss eines Abwicklungsvertrages (auf Basis der vorangegangenen Kündigung) zu bevorzugen sein.

Diese unterschiedlichen Beendigungstatbestände führen zugleich dazu, dass der **Aufhebungsvertrag** jedenfalls hinsichtlich der Einigung über die Beendigung des Arbeitsverhältnisses der **Schriftform** bedarf. Gemäß § 623 BGB bedarf nicht nur die Kündigung, sondern auch der Auflösungsvertrag zu seiner Wirksamkeit der Schriftform. Hingegen könnte ein **Abwicklungsvertrag** vollständig **mündlich** getroffen werden. 27

Praxistipp
Ein nur mündlich geschlossener Aufhebungsvertrag kann ein Arbeitsverhältnis nicht beenden. Es ist Schriftform nötig.

II. Inhalte eines Auflösungsvertrages

Wie bereits ausgeführt, sind mit Ausnahme des Beendigungstatbestandes die Inhalte eines Abwicklungs- und eines Aufhebungsvertrages identisch. Die **wesentlichsten Regelungspunkte eines Auflösungsvertrages** sind in systematischer Reihenfolge jedoch ohne Anspruch auf Vollständigkeit folgende: 28

- Beendigung des Arbeitsverhältnisses/Beendigungszeitpunkt
- Abwicklung des Arbeitsverhältnisses durch Arbeits- und Vergütungsleistung
- ggf. Freistellung (widerruflich/unwiderruflich) unter Anrechnung auf Urlaub etc.
- Abfindung
- Rückgabeverpflichtungen (inkl. Dienst-Kfz)
- Geheimhaltungsverpflichtungen
- Zeugnis
- ggf. Regelung zum nachvertraglichen Wettbewerbsverbot
- u.U. Regelung zur betrieblichen Altersversorgung
- Arbeitsplatzübergabe
- evtl. Recht zum vorzeitigen Ausscheiden
- evtl. Outplacementregelung
- ggf. Regelungen zur Rücknahme einer Kündigungsschutzklage
- vorsorglicher sozialversicherungsrechtlicher Hinweis auf unverzügliche Arbeitslosmeldung
- Hinweis auf sozialversicherungsrechtliche Belehrungen allein durch die Agentur für Arbeit
- u.U. Generalklausel zur Erledigung aller Ansprüche

Kapitel 10
Sozialversicherungsrechtliche Auswirkungen einer verhaltensbedingten Kündigung

A. Anspruch auf Arbeitslosengeld I

1 Grundsätzlich hat ein Arbeitnehmer, der nach sozialversicherungspflichtiger Beschäftigung arbeitslos geworden ist, **Anspruch auf Arbeitslosengeld I,** § 147 SGB III. Dabei muss die versicherungspflichtige Beschäftigung in der Rahmenfrist von zwei Jahren (§ 143 Abs. 1 SGB III) mindestens zwölf Monate betragen haben, § 142 Abs. 1 SGB III.

2 Die **Dauer des Anspruches auf Arbeitslosengeld I** richtet sich gem. § 147 Abs. 2 SGB III nach der Dauer der Versicherungspflichtverhältnisse sowie dem Lebensalter des betroffenen Arbeitnehmers.

B. Einschränkungen des Anspruchs auf Arbeitslosengeld I

I. Sperrzeit

3 Bei der **Arbeitslosenversicherung**, die dem Anspruch auf Arbeitslosengeld I zugrunde liegt, handelt es sich um eine klassische Versicherung, die das **Lebensrisiko eines jeden Arbeitnehmers**, seinen Arbeitsplatz zu verlieren, abdeckt. Andererseits ist diese Versicherung, wie für Versicherungen typisch, auf den „normalen" Versicherungsfall beschränkt, den die Versichertengemeinschaft abdecken will. Hingegen will die Versichertengemeinschaft **Risikofälle nicht** abdecken, die der Versicherte, d.h. der arbeitslos werdende **Arbeitnehmer selbst zu vertreten** hat.

4 Vor diesem Hintergrund sieht § 159 Abs. 1 Satz 1 und 2 Ziff. 1 SGB III[1] eine so genannte **Sperrzeit für den Bezug von Arbeitslosengeld I** vor, wenn der Arbeitnehmer *„durch ein arbeitsvertragswidriges Verhalten Anlass für die Lösung des Beschäftigungsverhältnisses gegeben ... hat"*.

! **Achtung!**
Hat der Arbeitnehmer – wie im Rahmen der verhaltensbedingten Kündigung typischerweise der Fall – die Kündigung des Arbeitgebers verursacht, droht eine 12-wöchige Sperrzeit beim Bezug von Arbeitslosengeld I.

---

1 Zum 1.1.2013 wurde § 144 SGB III in § 159 SGB III geändert.

II. Voraussetzungen einer Sperrzeit

Erste Voraussetzung für eine Sperrzeit ist ein **vertragswidriges Verhalten** des Arbeitnehmers. Dies wird **regelmäßig** bei einer wirksamen verhaltensbedingten Kündigung **zu bejahen** sein, da eine verhaltensbedingte Kündigung grundsätzlich die Verletzung einer arbeitsvertraglichen Haupt- oder Nebenpflicht verlangt. Eine **Ausnahme** mag allenfalls bei einem in das Arbeitsverhältnis hineinwirkenden und damit eine verhaltensbedingte Kündigung rechtfertigenden **außerdienstlichen Verhalten** liegen.[2] Bei einem außerdienstlichen Verhalten wird gerade nicht eine arbeitsvertragliche Pflicht durch den Arbeitnehmer verletzt, weshalb regelmäßig auch eine Abmahnung entbehrlich ist. Andererseits wird eine unmittelbare Beeinträchtigung des Arbeitsverhältnisses durch das außerdienstliche Verhalten für eine verhaltensbedingte Kündigung verlangt. 5

Nächste Voraussetzung für eine Sperrzeit beim Bezug von Arbeitslosengeld I ist die **Kausalität**, d.h. das **arbeitsvertragswidrige Verhalten des Arbeitnehmers** muss **entscheidende Grundlage für die Kündigung des Arbeitgebers** gewesen sein. Dies wird regelmäßig bei einer verhaltensbedingten Kündigung vorliegen. Lediglich wenn im Rahmen einer Kündigung mehrere Kündigungsgründe zusammentreffen, ist zu ermitteln, welches der maßgebliche Kündigungsgrund gewesen ist. 6

Letzte Voraussetzung ist das **Verschulden des Arbeitnehmers in Bezug auf den Eintritt der Arbeitslosigkeit**. Schuldmaßstab ist dabei **Vorsatz oder grobe Fahrlässigkeit**. Danach muss dem Arbeitnehmer im Sinne grober Fahrlässigkeit der Vorwurf gemacht werden können, dass er anders hätte handeln müssen und können und die Folgen hätte **voraussehen** können. Dieser Vorwurf umfasst somit, dass der Arbeitnehmer nicht vorausgesehen hat, dass seine Vertragsverletzung zur **Kündigung** führt und zudem grob fahrlässig nicht damit gerechnet zu haben, nach Verlust des Arbeitsplatzes **keinen Anschlussarbeitsplatz** zu erhalten. 7

Mit Blick auf die Notwendigkeit einer Abmahnung vor Ausspruch einer verhaltensbedingten Kündigung bzw. deren Entbehrlichkeit nur im Ausnahmefall wird regelmäßig der Vorwurf der grob fahrlässigen Vertragsverletzung zu bejahen sein. Wiederum kann eine Ausnahme bei außerdienstlichem Verhalten, das zu einer Kündigung führt, vorliegen. Ebenso wird regelmäßig für den Arbeitnehmer voraussehbar sein, dass keine hinreichende Aussicht auf einen Anschlussarbeitsplatz besteht. Eine Ausnahme mag dann gelten, wenn es konkrete Anhaltspunkte dafür gegeben hat, dass nach Beendigung des Arbeitsverhältnisses in naher Zukunft ein Anschlussarbeitsplatz zur Verfügung stehen würde. 8

---

2 Siehe oben Kapitel 7 „Außerdienstliches Verhalten" Rn 44 ff.

Praxistipp
Betrachtet man die vorgenannten drei Voraussetzungen für eine Sperrzeit nach § 159 Abs. 1 Satz 1 und 2 Ziff. 1 SGB III, kann in aller Regel gesagt werden, dass es sich bei einer verhaltensbedingten Kündigung um den klassischen Fall eines den Sperrzeittatbestand auslösenden Sachverhaltes handelt.

C. Sperrzeit

I. Beginn der Sperrzeit

9 Die Sperrzeit beginnt gem. § 159 Abs. 2 SGB III „*mit dem Tag nach dem Ereignis, das die Sperrzeit begründet*". Ein die Sperrzeit begründendes Ereignis ist der Eintritt der Arbeitslosigkeit. Danach **beginnt die Sperrzeit mit Ende des Arbeitsverhältnisses.**

II. Dauer der Sperrzeit

10 **Grundsätzlich** beträgt die im vorliegenden Zusammenhang maßgebliche Sperrzeit **zwölf Wochen**, § 159 Abs. 3 Satz 2 Ziff. 1 SGB III.

11 Ausnahmsweise kann die Sperrzeit jedoch auch kürzer sein.

- So beträgt sie **drei Wochen**, wenn das Arbeitsverhältnis innerhalb von sechs Wochen nach dem für die verhaltensbedingte Kündigung maßgeblichen Arbeitsvertragsende ohne Sperrzeit geendet hätte, § 159 Abs. 3 Satz 2 Ziff. 1 SGB III;
- Sie beträgt **sechs Wochen**, wenn das Arbeitsverhältnis innerhalb von zwölf Wochen nach dem für die verhaltensbedingte Kündigung maßgeblichen Arbeitsvertragsende ohne Sperrzeit geendet hätte, § 159 Abs. 3 Satz 2 Ziff. 2a SGB III;
- Schlussendlich verkürzt sich die Sperrzeit auf **sechs Wochen** wenn eine Sperrzeit von zwölf Wochen für den Arbeitnehmer nach dem für den Eintritt der Sperrzeit maßgebenden Tatsachen eine **besondere Härte** bedeuten würde, § 159 Abs. 3 Ziff. 2b SGB III.
- Eine solche **Härte** kann sich aus verschiedensten Gründen ergeben, solange sie in irgendeiner Form mit dem Sperrzeittatbestand in einem Zusammenhang steht. Allerdings bedeutet das Tatbestandsmerkmal „*nach den für den Eintritt der Sperrzeit maßgebenden Tatsachen*", dass die soziale oder wirtschaftliche Situation des Arbeitnehmers für die Beurteilung des Vorliegens einer Härte irrelevant ist. Ein **Zusammenhang mit dem Sperrzeittatbestand**, d.h. vorliegend der verhaltensbedingten Kündigung ist der entscheidende Gesichtspunkt.[3] In

3 BSG 21.7.1988 – 7 Rar 41/86 – Rn 9 – juris.

Betracht kommt z.B. ein unverschuldeter Irrtum des Arbeitnehmers durch Falschinformationen, auf die sich der Arbeitnehmer verlassen durfte. Ebenso ist denkbar ein entschuldbarer Irrtum über Verhaltenspflichten des Arbeitnehmers, deren Verletzung sodann zur verhaltensbedingten Kündigung geführt hat.

III. Auswirkungen der Sperrzeit

Die 12-wöchige Sperrzeit führt dazu, dass der Anspruch auf Arbeitslosengeld I für 12
die Dauer der Sperrzeit, d.h. regelmäßig für die Dauer von zwölf Wochen ruht, § 159 Abs. 1 Satz 1 SGB III. Das Ruhen des Anspruchs auf Arbeitslosengeld I an sich führt nicht dazu, dass die Bezugsdauer für das Arbeitslosengeld I verkürzt wird. Letztlich führt das Ruhen für sich allein lediglich zu einem späteren Beginn des Anspruchs auf den Bezug von Arbeitslosengeld I.

Allerdings sieht § 148 Abs. 1 Ziff. 4 SGB III vor, dass sich die **Dauer des An-** 13
spruchs auf Arbeitslosengeld I um die Anzahl von Tagen einer Sperrzeit wegen Arbeitsaufgabe verkürzt. Beträgt die Sperrzeit somit nach den oben genannten Ausnahmetatbeständen lediglich drei bzw. sechs Wochen, verkürzt sich die Anspruchsdauer um 21 bzw. 42 Tage.

Beträgt die Sperrzeit zwölf Wochen (84 Tage), verkürzt sich die Dauer des An- 14
spruchs auf Arbeitslosengeld I um diese zwölf Wochen (84 Tage), **mindestens jedoch um ein Viertel der Anspruchsdauer**, die dem arbeitslos gewordenen Arbeitnehmer zusteht, § 148 Abs. 1 Ziff. 4 SGB III.

Achtung!
Die 12-wöchige Sperrzeit beim Bezug von Arbeitslosengeld I führt automatisch zu einer Kürzung der Anspruchsdauer um ein Viertel.

Praxisbeispiel
Hat also ein Arbeitnehmer z.B. Anspruch auf Bezug von Arbeitslosengeld für sechs Monate, entfällt dieser Anspruch aufgrund der Sperrzeit für die Dauer von zwölf Wochen (84 Tagen). Hat ein Arbeitnehmer Anspruch auf zwölf Monate Arbeitslosengeld I, entfällt der Anspruch im Umfang von drei Monaten (d.h. 90 Tagen), d.h. die Anspruchsdauer wird um ein Viertel gekürzt. Hat ein Arbeitnehmer einen Anspruch auf Arbeitslosengeld I von 24 Monaten, verkürzt sich die Anspruchsdauer aufgrund der Sperrzeit auf 18 Monate. Im letzteren Fall würde dies bedeuten, dass ein Arbeitsloser mit 24 Monaten Anspruchsdauer, gegen den eine 12-wöchige Sperrzeit verhängt wird, für die ersten 12 Wochen (84 Tage) keinen Anspruch auf Arbeitslosengeld I hat, und danach für die Dauer von 18 Monaten Arbeitslosengeld I beanspruchen kann.

IV. Sonderfall – Vollständiges Erlöschen des Anspruchs auf Arbeitslosengeld

15 Im **Ausnahmefall** kann das Verhalten des Arbeitnehmers dazu führen, dass ein **Anspruch auf Arbeitslosengeld I** vollständig erlischt. Dies ist dann der Fall, wenn der Arbeitnehmer innerhalb von zwölf Monaten vor dem durch die verhaltensbedingte Kündigung begründeten Eintritt eines Sperrzeittatbestandes bereits einen Sperrzeittatbestand in entsprechend zeitlichem Umfang verwirklicht hatte, § 161 Abs. 1 Ziff. 2 SGB III.

D. Krankenversicherungsschutz

I. Grundsätzlicher Schutz

16 Während der Zeit des Bezuges von **Arbeitslosengeld I** ist der Arbeitslose **versicherungspflichtig in der gesetzlichen Krankenversicherung**, § 5 Abs. 2 Ziff. 2 SGB V. Das bedeutet, auch ein arbeitslos gewordener, vorher freiwillig versicherter Arbeitnehmer unterfällt während des Bezugs von Arbeitslosgeld I der gesetzlichen Krankenversicherungspflicht. Die Beiträge zur Krankenversicherung trägt die Agentur für Arbeit.

II. Auswirkungen einer Sperrzeit

17 Anders stellt sich jedoch die Situation für den Fall der Verhängung einer Sperrzeit dar. **Während des ersten Monats der Sperrzeit** besteht **keine Pflicht zur gesetzlichen Krankenversicherung.** In dieser Zeit hat jedoch der Arbeitslose unabhängig hiervon gem. **§ 19 Abs. 2 Satz 1 SGB V Anspruch auf Leistungen aus der gesetzlichen Krankenversicherung.** Insofern steht dem Arbeitslosen im ersten Monat der Sperrzeit kraft Gesetzes der Anspruch auf Leistung aus der gesetzlichen Krankenversicherung zu, ohne dass er selbst krankenversichert ist.

18 Der nachgehende Versicherungsschutz gem. § 19 Abs. 2 SGB V gilt allerdings nur für Arbeitslose, die zuvor versicherungspflichtig in der gesetzlichen Krankenversicherung gewesen sind. Hingegen gilt er nicht für freiwillig in der gesetzlichen Krankenversicherung Versicherte. Diese müssen im ersten Monat einer Sperrzeit ihren Krankenversicherungsschutz selber sicherstellen.

19 **Ab dem zweiten Monat bis zur zwölften Woche der Sperrzeit** ist der Arbeitslose **versicherungspflichtig in der gesetzlichen Krankenversicherung**, § 5 Abs. 1 Ziff. 2 SGB V.

20 Diese Versicherungspflicht gilt auch für Privatversicherte. Diese müssen sich allerdings während des ersten Monats der Sperrzeit selbst versichern, da der nachwir-

kende Versicherungsschutz des § 19 Abs. 2 SGB V nur für vor Beginn der Arbeitslosigkeit pflichtversicherte Arbeitnehmer gilt.

Praxistipp

Eine Sperrzeit beeinträchtigt den Krankenversicherungsschutz bei gesetzlich Versicherten im Ergebnis nicht. Privat und freiwillig Versicherte hingegen müssen im ersten Monat der Sperrzeit selbst und auf eigene Kosten für ihren Krankenversicherungsschutz sorgen.

Kapitel 11
Prozessuale Aspekte im Rahmen der verhaltensbedingten Kündigung

A. Rechtzeitige Erhebung der Kündigungsschutzklage

1 **Der wichtigste** formale, im Ergebnis aber auch materielle **Gesichtspunkt**, der zwingend zu beachten ist, will sich ein Arbeitnehmer gegen eine – auch verhaltensbedingte – Kündigung wehren, ist die **Einhaltung der für die Erhebung einer Kündigungsschutzklage vorgesehenen gesetzlichen Frist.**

! **Achtung!**
Eine Kündigung muss zwingend innerhalb von drei Wochen nach ihrem Zugang durch den Arbeitnehmer mittels Kündigungsschutzklage beim Arbeitsgericht angegriffen werden. Ansonsten ist sie (in aller Regel) unabänderlich wirksam.

I. Drei-Wochen-Frist des § 4 KSchG

2 Laut § 4 Satz 1 KSchG muss ein Arbeitnehmer **innerhalb von drei Wochen nach Zugang der schriftlichen Kündigung Klage beim Arbeitsgericht** auf Feststellung erheben, dass das Arbeitsverhältnis durch die Kündigung nicht aufgelöst ist, wenn er geltend machen will, dass eine Kündigung sozial ungerechtfertigt oder aus anderen Gründen rechtsunwirksam ist.

1. Bedeutung der Drei-Wochen-Frist

a) Grundsatz

3 Bei der **Drei-Wochen-Frist des § 4 Satz 1 KSchG** handelt es sich nicht nur um eine Frist, innerhalb derer eine Kündigungsschutzklage erhoben werden muss, sondern im Ergebnis zugleich um eine **materielle Ausschlussfrist**, nach deren Versäumung der Arbeitnehmer sich gegen die ihm gegenüber ausgesprochene Kündigung nicht mehr wehren kann. Durch diese Frist soll möglichst **schnell Klarheit** geschaffen werden, ob eine Kündigung durch den Arbeitnehmer akzeptiert wird oder hierüber ein Gerichtsverfahren geführt werden soll.

4 Die Drei-Wochen-Frist des § 4 Satz 1 KSchG **erfasst** nicht nur die **ordentliche Kündigung**. Sie gilt **ebenfalls** für die **außerordentliche Kündigung**, § 13 Abs. 1 Satz 2 KSchG.

5 Zudem ist es **irrelevant, mit welcher Begründung** sich der Arbeitnehmer gegen eine ausgesprochene Kündigung wehren möchte. § 4 Satz 1 KSchG erwähnt nicht nur den **Unwirksamkeitsgrund der sozial ungerechtfertigten**, d.h. gegen

§ 1 KSchG verstoßenden **Kündigung**, sondern ausdrücklich **auch die Rechtsunwirksamkeit *„aus anderen Gründen"***. Dies umfasst letztlich **alle denkbaren Unwirksamkeitsgründe**, die gegen eine Kündigung auch außerhalb des Kündigungsschutzgesetzes geltend gemacht werden können.[1]

Praxistipp
Die Drei-Wochen-Frist gilt unabhängig davon, aus welchem Rechtsgrund die anzugreifende Kündigung unwirksam ist.

b) Ausnahmen

Ausnahmen gelten lediglich in zwei Fällen. Zum einen gilt die **Drei-Wochen-Frist nicht** in dem Fall, dass die **Kündigung nicht in der gesetzlich vorgesehenen Schriftform gem. § 623 BGB** erfolgt ist. § 4 Satz 1 KSchG knüpft mit dem Fristbeginn[2] an den Zugang der schriftlichen Kündigung an. Insofern gibt es nach dem Wortlaut des Gesetzes keinen Fristbeginn für eine nicht der Schriftform genügende Kündigung, so dass insgesamt die Drei-Wochen-Frist des § 4 KSchG keine Anwendung findet. Die Kündigungsschutzklage gegen eine nicht in Schriftform erfolgte Kündigung kann somit bis zu den Grenzen der Verwirkung **auch noch Monate und Jahre später** erhoben werden. 6

Weiterer Fall der Nichtanwendbarkeit der Drei-Wochen-Frist ist der Fall, dass eine **Kündigung dem Arbeitgeber nicht zugerechnet** werden kann. Hauptfall ist die Unterzeichnung einer Kündigung durch einen Vertreter ohne Vertretungsmacht, bei der der Arbeitgeber auch in der Folgezeit die Kündigung nicht genehmigt. In diesem Fall ist die Kündigung dem Arbeitgeber nicht zurechenbar, die Drei-Wochen-Frist des § 4 KSchG findet keine Anwendung.[3] 7

Strittig zwischen den Senaten des BAG ist die Frage, ob die **Drei-Wochen-Frist** gilt, wenn sich ein Arbeitnehmer gegen die Kündigung ausschließlich mit der Begründung wenden will, **dass die richtige Kündigungsfrist nicht eingehalten** worden sei. Nach richtiger Ansicht ist es mit dem 2. Senat möglich, allein die Nichteinhaltung der Kündigungsfrist auch **außerhalb der Drei-Wochen-Frist** des § 4 KSchG geltend zu machen.[4] 8

---

1 LAG Niedersachsen 6.4.2009 – 9 Sa 1297/08 – Rn 19 – juris.

2 Siehe unten Rn 9.

3 BAG 26.3.2009 – 2 AZR 403/07 – NZA 2009, 1146.

4 BAG 6.7.2009 – 2 AZR 215/05 – NZA 2006, 1405; a.A. allerdings der 5. Senat des BAG, BAG 1.9. 2010 – 5 AZR 700/09 – NZA 2010, 1409, der die Beachtung der Drei-Wochen-Frist auch für die Geltendmachung der richtigen Kündigungsfrist jedenfalls in dem Fall verlangt, wenn die Auslegung der Kündigungserklärung zu dem Ergebnis führt, dass der Arbeitgeber das Arbeitsverhältnis nur zu dem ausdrücklich genannten Datum beenden wollte.

2. Beginn der Drei-Wochen-Frist

a) Zugang der Kündigung

9 Die **Drei-Wochen-Frist** des § 4 Satz 1 KSchG **beginnt mit dem Zugang der schriftlichen Kündigung beim Arbeitnehmer**, d.h. mit dem Zeitpunkt, in dem die Kündigung so in den Empfangs-/Machtbereich des Arbeitnehmers gelangt, dass dieser unter normalen Umständen in der Lage ist, von der Kündigung Kenntnis zu nehmen. Der Zugang hängt also nicht davon ab, dass der Arbeitnehmer tatsächlich von der Kündigung Kenntnis nimmt. Er wird somit nicht dadurch verhindert, dass der Arbeitnehmer sich z.B. in diesem Moment in einem mehrwöchigen Urlaub im Ausland befindet.

Praxistipp
Für den Zugang der Kündigung kommt es nicht auf die tatsächliche Kenntnisnahme durch den Arbeitnehmer an. Es genügt die Möglichkeit der Kenntnisnahme.

b) Ausnahme für den Fristbeginn

10 **Ausnahmsweise** beginnt die Drei-Wochen-Frist nicht mit dem Zugang der Kündigung beim Arbeitnehmer, **wenn die Kündigung der Zustimmung einer Behörde bedarf.** Hierbei kommen insbesondere die notwendigen Behördenzustimmungen bei Kündigungen von Schwerbehinderten (nach mehr als sechs Monaten des Arbeitsverhältnisses), Schwangeren (bis vier Monate nach der Entbindung) und Arbeitnehmern im Erziehungsurlaub in Betracht. In diesen Fällen der **Notwendigkeit einer Behördenzustimmung für die Kündigung** beginnt die Frist zur Anrufung des Arbeitsgerichts, d.h. die Drei-Wochen-Frist, erst von der **Bekanntgabe der Entscheidung der Behörde an den Arbeitnehmer**, § 4 Satz 4 KSchG (frühestens jedoch drei Wochen nach Zugang der Kündigung beim Arbeitnehmer).

Praxisbeispiel
Hat z.B. der Arbeitgeber das Arbeitsverhältnis eines Schwerbehinderten ohne Beteiligung des Integrationsamtes gekündigt, muss der Arbeitnehmer gegen diese Kündigung nicht innerhalb der Drei-Wochen-Frist des § 4 Satz 1 KSchG Kündigungsschutzklage erheben. Dies ist ihm bis zur Grenze der Verwirkung ohne zeitliche Begrenzung auch zu einem späteren Zeitpunkt möglich.

11 **Eine Ausnahme von dieser Ausnahme des Fristbeginns** mit Bekanntgabe der Behördenzustimmung an den Arbeitnehmer gilt allerdings für den Fall, dass der **Arbeitgeber den besonderen Schutzstatus des Arbeitnehmers** und damit die Notwendigkeit der Einholung der Zustimmung einer Behörde vor Ausspruch der Kündigung **nicht gekannt** hat. In diesem Fall kommt § 4 Satz 4 KSchG nicht zur Anwendung, d.h. der Arbeitnehmer muss die **Kündigungsschutzklage innerhalb**

der Drei-Wochen-Frist des § 4 Satz 1 KSchG erheben.[5] Hintergrund hierfür ist es, dass es der Arbeitnehmer selbst in der Hand hat, den Arbeitgeber z.B. über seinen Schwerbehindertenstatus zu informieren. Tut er dies nicht, kann er sich jedenfalls nicht auf den verzögerten Fristbeginn des § 4 Satz 4 KSchG berufen.

Praxistipp !
Nur wenn der Arbeitnehmer den Arbeitgeber über seinen besonderen Schutzstatus (z.B. als Schwerbehinderter) informiert hat, kann er sich darauf berufen, dass die Drei-Wochen-Frist nicht bereits mit Zugang der Kündigung zu laufen beginnt.

Ausweislich des insofern eindeutigen Wortlautes des § 4 Satz 4 KSchG **beginnt** im Falle der notwendigen, jedoch fehlenden Zustimmung einer Behörde zur Kündigung die **Drei-Wochen-Frist** für die Erhebung der Kündigungsschutzklage erst **mit Bekanntgabe der Behördenentscheidung an den Arbeitnehmer**. Dies bedeutet, dass die Kenntnis des Arbeitgebers von der Behördenzustimmung für sich allein nicht genügt, den Lauf der Frist in Gang zu setzen. Entscheidend kommt es auf die Bekanntgabe der Behördenzustimmung an den Arbeitnehmer an. Hingegen bedarf es **nicht für den Beginn** der Drei-Wochen-Frist **der Bestandskraft der Behördenzustimmung.**[6] 12

Im Übrigen ist der Begriff der **Behörde** in § 4 Satz 4 KSchG **technisch** gemeint, 13 d.h. es geht in erster Linie um die für die Zustimmung zur Kündigung von Schwerbehinderten, Schwangeren und Erziehungsurlaubern zuständigen Behörden. Evtl. **andere notwendige Zustimmungen** zu einer Kündigung, soweit sie nicht von einer solchen Behörde zu erteilen sind, **fallen nicht unter den Anwendungsbereich** der Vorschrift. So ist **z.B. der Betriebsrat** keine Behörde in diesem Sinne. Wird somit bei notwendiger Zustimmung eines Betriebsrates zu einer Kündigung gem. § 102 Abs. 6 BetrVG oder § 103 BetrVG die Kündigung ohne diese Zustimmung ausgesprochen, gilt für den Arbeitnehmer für die Erhebung der Kündigungsschutzklage die Drei-Wochen-Frist ab dem Zugang der Kündigung, § 4 Satz 1 KSchG.

Schwierigkeiten ergeben sich in Zusammenhang mit § 4 Satz 4 KSchG in Fäl- 14 len, in denen das einschlägige Gesetz eine **Zustimmungsfunktion für die Entscheidung der Behörde** vorsieht. So gilt die Zustimmung des Integrationsamtes zur beabsichtigten außerordentlichen Kündigung eines Schwerbehinderten als erteilt, wenn das Integrationsamt seine Entscheidung nicht innerhalb von zwei Wochen ab der entsprechenden Antragstellung trifft, § 91 Abs. 3 Satz 2 SGB IX. In diesem Fall erscheint es sinnvoll, danach zu **differenzieren**, ob der **Arbeitnehmer** Kenntnis von der Antragstellung und insbesondere deren Datum hat oder nicht. Ist ihm die **Antragstellung mit bestimmbarem Datum bekannt**, kann er das **Datum der Zu-**

---

5 BAG 19.2.2009 – 2 AZR 286/07 – Rn 27 – juris.
6 BAG 17.6.2003 – 2 AZR 245/02 – Rn 15 – juris.

stimmungsfiktion nach dem Gesetz ermitteln, so dass dieser Zeitpunkt als **Bekanntgabe der „Behördenentscheidung“** eingeordnet werden kann. **Fehlen ihm die vorgenannten Informationen**, kann die **Drei-Wochen-Frist mangels Bekanntgabe** der „Entscheidung“ in Form der Zustimmungsfiktion **nicht zu laufen beginnen.**[7]

3. Einhaltung der Drei-Wochen-Frist

15 Für die Einhaltung der Drei-Wochen-Frist des § 4 Satz 1 KSchG ist es notwendig, dass der Arbeitnehmer innerhalb dieser drei Wochen eine Kündigungsschutzklage beim Arbeitsgericht erhebt. An die Inhalte der Kündigungsschutzklage sind keine hohen Anforderungen zu stellen. Entscheidend sind der Antrag auf Feststellung, dass das Arbeitsverhältnis durch die Kündigung nicht aufgelöst ist, die Bezeichnung des Arbeitsverhältnisses (erfolgt ggf. durch das Rubrum), die Benennung der Kündigung und die abschließende Unterschrift.[8]

16 § 4 Satz 1 KSchG verlangt nicht, dass der Arbeitnehmer innerhalb der Drei-Wochen-Frist eine in jeder Hinsicht ausführlich begründete Klage vorlegt. Dies wäre ihm auch aus rein praktischen Gründen nur sehr begrenzt möglich, da es Aufgabe des Arbeitgebers im Rahmen des Kündigungsschutzprozesses ist, jene Kündigungsgründe, auf die er sich berufen will, darzulegen und zu beweisen.

17 Aus diesem Grunde erlaubt § 6 KSchG, dass sich der Arbeitnehmer bis zum Schluss der mündlichen Verhandlung I. Instanz (d.h. beim Arbeitsgericht) auf sämtliche Unwirksamkeitsgründe gegen die Kündigung berufen kann, auch wenn er diese nicht innerhalb der Drei-Wochen-Frist geltend gemacht hat.

! **Praxistipp**
Die Kündigungsschutzklage selbst verlangt nur geringe Anforderungen und keine ausführliche Begründung. Allerdings ist darauf zu achten, dass arbeitnehmerseitig im Laufe der I. Instanz sämtliche Unwirksamkeitsgründe, auf die sich der Arbeitnehmer berufen will, geltend gemacht werden.

II. Rechtsfolgen bei Nicht-Einhaltung der Drei-Wochen-Frist

18 Erhebt der Arbeitnehmer **nicht innerhalb der Drei-Wochen-Frist** des § 4 Satz 1 KSchG **Kündigungsschutzklage** gegen eine ihm zugegangene, schriftliche von seinem Arbeitgeber zuzurechnende Kündigung, **gilt die Kündigung als von Anfang rechtswirksam, § 7 KSchG**. Das **Gesetz fingiert** also mit Ablauf der Frist die Wirk-

7 Gerichtliche Entscheidungen sind zu dieser Thematik soweit ersichtlich bisher nicht ergangen.

8 BAG 26.6.1986 – 2 AZR 358/85 – Rn 17 – juris.

samkeit der Kündigung. Nach Ablauf der Frist können Einwände gegen diese schlicht nicht mehr geltend gemacht werden.

Diese **Rechtsfolge des § 7 KSchG** tritt nicht nur ein, wenn überhaupt keine Kündigungsschutzklage innerhalb der Drei-Wochen-Frist erhoben worden ist, sondern wirkt **auch hinsichtlich aller Unwirksamkeitsgründe, die nicht innerhalb der ersten Instanz** bis zum Schluss der letzten mündlichen Verhandlung **geltend gemacht worden sind.** 19

Praxisbeispiel
Hat z.B. ein Arbeitnehmer sich innerhalb der ersten Instanz nicht auf einen Schwerbehindertenstatus und die sich hieraus mangels Behördenzustimmung ergebende Unwirksamkeit der Kündigung berufen, bewirkt § 7 KSchG, dass die Kündigung jedenfalls mit Blick auf die Notwendigkeit der Zustimmung des Integrationsamtes zu dieser Kündigung nicht als unwirksam gilt.

B. Nachträgliche Zulassung verspäteter Kündigungsschutzklagen

Einerseits dient die strenge Rechtsfolge der Nichteinhaltung der Drei-Wochen-Frist der schnellen Herbeiführung von Rechtsklarheit. Andererseits sind durchaus Situationen denkbar, in denen die **uneingeschränkte Anwendung der Drei-Wochen-Frist** und deren Rechtsfolge zu **unbilligen und dem Rechtsstaatsprinzip nicht genügenden Härten** für den Arbeitnehmer führen können. Zu denken ist z.B. an den Fall des Arbeitnehmers, der unmittelbar nach Erhalt der Kündigung auf dem Weg nach Hause in einen so schweren Verkehrsunfall verwickelt wird, dass er aufgrund seiner Verletzungen für mehrere Wochen ins Koma fällt. In diesem Fall würde die strikte Einhaltung der Drei-Wochen-Frist dazu führen, dass der Mitarbeiter jeglichen Rechtsschutz verlöre, ohne dass er dies in irgendeiner Weise zu vertreten hat. 20

Praxistipp
Um unbillige Härten bei Versäumnis der Drei-Wochen-Frist zu vermeiden, ist unter engen Voraussetzungen eine nachträgliche Klagezulassung möglich.

I. Voraussetzung der Zulassung einer verspäteten Kündigungsschutzklage

1. Allgemeine Voraussetzungen

Bevor die Frage nach einer Verhinderung an einer rechtzeitigen Klageerhebung durch das Arbeitsgericht geprüft werden darf, muss das **Gericht zuerst prüfen, ob überhaupt die Drei-Wochen-Frist des § 4 Satz 1 KSchG versäumt worden ist.** Insofern muss das Arbeitsgericht feststellen, dass 21

- eine schriftliche Kündigung vorliegt und
- die Kündigung dem Arbeitgeber zugerechnet werden kann,
- dass und wann die Kündigung dem Arbeitnehmer zugegangen und
- dass und wann die Klage beim Arbeitsgericht eingegangen ist.[9]

22 Das Arbeitsgericht muss **ggf. unter Durchführung einer Beweisaufnahme** diese vorgenannten Feststellungen treffen. Erst wenn sich hieraus ergibt, dass die Drei-Wochen-Frist des § 4 Satz 1 KSchG tatsächlich durch den Arbeitnehmer versäumt worden ist, ist zu prüfen, ob ein Fall der Verhinderung i.S.d. § 5 Abs. 1 Satz 1 KSchG vorliegt.

! **Praxistipp**

Das Arbeitsgericht darf eine nachträgliche Klagezulassung nur prüfen, wenn es zuvor ggf. mit Erhebung der üblichen Beweise die tatsächliche Versäumnis der Drei-Wochen-Frist festgestellt hat.

2. Verhinderung des Arbeitnehmers an einer rechtzeitigen Erhebung der Kündigungsschutzklage

23 Das Arbeitsgericht hat die Kündigungsschutzklage nachträglich zuzulassen, wenn der **Arbeitnehmer** *„trotz Anwendung aller ihm nach Lage der Umstände zuzumutenden Sorgfalt“* **an der rechtzeitigen Erhebung der Kündigungsschutzklage innerhalb der Drei-Wochen-Frist verhindert** gewesen ist, § 5 Abs. 1 Satz 1 KSchG.

24 Nach dieser gesetzlichen Regelung muss die Versäumnis der Einhaltung der Drei-Wochen-Frist **ohne jegliches Verschulden**, d.h. auch ohne den Vorwurf leichter Fahrlässigkeit gegen den Arbeitnehmer versäumt worden sein.[10] Nur in diesem Fall kann die Kündigungsschutzklage nachträglich zugelassen werden.

! **Praxistipp**

Nur wenn den Arbeitnehmer keinerlei Verschulden an der Versäumnis der Drei-Wochen-Frist trifft, ist eine nachträgliche Klagezulassung möglich.

25 Die diesbezüglichen **Anforderungen** an den Arbeitnehmer sind im Einzelfall sehr **hoch**, wie die nachfolgenden Beispiele zeigen.

---

9 BAG 28.5.2009 – 2 AZR 732/08 – NZA 2009, 1229.

10 LAG Niedersachsen 6.4.2009 – 9 Sa 1297/08 – Rn 16 – juris.

Praxisbeispiele

- Vergleichsverhandlungen mit dem Arbeitgeber oder Erklärungen von dessen Seite begründen in der Regel keine schuldlose Verhinderung der rechtzeitigen Klageerhebung. Anderes kann allenfalls im Falle arglistig falscher Auskünfte des Arbeitgebers gelten.
- Ausländische Arbeitnehmer können sich weder auf Rechtsunkenntnis noch auf mangelnde Sprachkenntnisse als Verhinderungsgrund berufen. Ebenso wenig ist dies inländischen Arbeitnehmern mit Blick auf die Rechtsfolgen der Versäumung der Drei-Wochen-Frist möglich.
- Falsche Einschätzungen der Erfolgsaussichten der Kündigungsschutzklage stellen ebenfalls keinen Verhinderungsgrund dar. Ob falsche Rechtsauskünfte, die den Arbeitnehmer von der rechtzeitigen Klageerhebung abhalten, einen Verhinderungsgrund darstellen, wird von der Kompetenz der befragten Stelle abhängen. Erteilt ein Rechtsanwalt, Rechtsberatungsstellen einer Gewerkschaft oder die Rechtsantragsteller eines Arbeitsgerichtes z.B. hinsichtlich der Klagerhebungsfrist eine falsche Auskunft, trifft den Arbeitnehmer kein Verschulden, die Kündigungsschutzklage ist nachträglich zuzulassen.
- Wird ein Kündigungsschreiben dem Ehegatten des Arbeitnehmers ausgehändigt und reicht dieser die Kündigung nicht weiter, liegt ein Verhinderungsgrund vor.
- Eine verspätete Klageerhebung durch den Prozessbevollmächtigten des Arbeitnehmers wird regelmäßig dem Arbeitnehmer zuzurechnen sein, so dass er sich in einem solchen Fall nicht auf eine schuldlose Verhinderung berufen kann.[11]
- Befindet sich der Arbeitnehmer während des Zugangs der Kündigung in Urlaub und kehrt er so spät zurück, dass die Drei-Wochen-Frist bereits abgelaufen ist, liegt ein Fall der schuldlosen Verhinderung vor. Der Arbeitnehmer muss nicht zwingend dafür Sorge tragen, dass ihm jegliches Schriftstück im Rahmen seines Urlaubs kurzfristig nachgesandt wird. Anderes kann allerdings dann gelten, wenn der Arbeitnehmer konkret davon ausgehen muss, dass ihm während seines Urlaubs eine Kündigung des Arbeitgebers zugestellt werden wird. In diesem Fall muss er seine entsprechende Information über die Kündigung auf geeignetem Wege sicherstellen.
- Kehrt der Arbeitnehmer allerdings kurz vor Ende der Drei-Wochen-Frist aus dem Urlaub zurück, muss er alle ihm zumutbaren Anstrengungen unternehmen, noch vor Ablauf der Drei-Wochen-Frist die Kündigungsschutzklage zu erheben. Im Regelfall wird er sich hier nicht mehr auf eine schuldlose Verhinderung berufen können.
- Der Fall der Krankheit über den Verlauf der Drei-Wochen-Frist hinweg kann dem Fall der Urlaubsabwesenheit vergleichbar sein, wenn der Arbeitnehmer sich über die drei Wochen hinweg in stationärer Behandlung befunden hat und ihm die in seinen Briefkasten eingelegte Kündigung nicht überbracht worden ist. In diesem Fall kommt eine schuldlose Verhinderung in Betracht. Hat der Arbeitnehmer hingegen Kenntnis von der Kündigung innerhalb der Drei-Wochen-Frist erlangt, wird nur dann ein Fall schuldloser Fristversäumnis vorliegen, wenn er aufgrund seiner Erkrankungen schlicht nicht in der Lage gewesen ist, die Klageerhebung durchzuführen, hiermit Dritte zu beauftragen und diesen die wenigen notwendigen Grundinformationen zu erteilen etc.

Über das Vorliegen eines durch den Arbeitnehmer nicht zu vertretenden Verhinde- 26
rungsgrundes muss das **Arbeitsgericht auf Basis der Darlegungen und Beweisangebote des Arbeitnehmers ggf. Beweis erheben.** In diesem Fall **genügt** jedoch

11 BAG 22.3.2012 – 2 AZR 224/11 – BeckRS 2012, 72009 – Rn 45.

eine **Glaubhaftmachung der schuldlosen Verhinderung**, d.h. über die üblichen Beweismittel hinaus ist es möglich, insbesondere mit Hilfe **eidesstattlicher Versicherungen** (einschließlich solcher des Arbeitnehmers selbst) die Verhinderung nachzuweisen.

27 Über die vorgenannten Fälle hinaus sieht das **Gesetz ausdrücklich einen Fall der schuldlosen Verhinderung** der rechtzeitigen Erhebung der Kündigungsschutzklage vor. Nach § 5 Abs. 1 Satz 2 KSchG ist die Kündigungsschutzklage nachträglich zuzulassen, **wenn eine Frau von ihrer Schwangerschaft aus einem von ihr nicht zu vertretenden Grunde erst nach Ablauf der Drei-Wochen-Frist** des § 4 Satz 1 KSchG **Kenntnis erlangt hat.** Der Gesetzgeber hat diese Regelung ausdrücklich mit Blick auf die besondere Reichweite des § 4 Satz 1 KSchG *(„aus anderen Gründen“)* in das Gesetz aufgenommen.

II. Der Antrag auf nachträgliche Zulassung einer verspäteten Kündigungsschutzklage

1. Antragsinhalt

28 Will der Arbeitnehmer nach Versäumnis der Drei-Wochen-Frist die nachträgliche Zulassung der Kündigungsschutzklage erreichen, muss er einen entsprechenden **Antrag an das Arbeitsgericht** stellen. Dieser ist **entweder unmittelbar mit der Klageerhebung** zu verbinden, § 5 Abs. 2 Satz 1 1. Halbsatz KSchG. Ist die **Kündigungsschutzklage bereits erhoben**, so muss der Arbeitnehmer im Rahmen des Antrags auf nachträgliche Zulassung **auf diese Kündigungsschutzklage Bezug nehmen**, § 5 Abs. 2 Satz 1 2. Halbsatz KSchG.

29 Prozessual handelt es sich bei dem Antrag auf nachträgliche Zulassung um einen **Hilfsantrag**, mit dem sich das Arbeitsgericht nur befassen muss, wenn es ggf. nach Beweisaufnahme zu dem Ergebnis erlangt, dass die Drei-Wochen-Frist des § 4 Satz 1 KSchG nicht eingehalten worden ist.

30 Der **Antrag** auf nachträgliche Zulassung muss gem. § 5 Abs. 2 Satz 2 KSchG zum einen **all jene Tatsachen beinhalten, mit denen der Arbeitnehmer seine unverschuldete Verhinderung** an der rechtzeitigen Erhebung der Kündigungsschutzklage begründen will. Zum anderen müssen die **Mittel** angegeben werden, mit denen der Arbeitnehmer seine **schuldlose Verhinderung glaubhaft** machen will.

! **Praxistipp**

Der Antrag auf nachträgliche Klagezulassung muss einen konkrete, durch Tatsachenvortrag belegte Begründung einschließlich der Benennung der Mittel zu deren Glaubhaftmachung enthalten, warum der Arbeitnehmer schuldlos die Drei-Wochen-Frist versäumt hat.

---

2. Frist für den Antrag auf nachträgliche Zulassung

Nach § 5 Abs. 3 Satz 1 KSchG muss der **Antrag auf nachträgliche Zulassung** der Kündigungsschutzklage **innerhalb von zwei Wochen nach Behebung des Hindernisses** zulässig sein. Ein typischer Fall für den Wegfall des Hindernisses ist die Rückkehr des Arbeitnehmers aus dem Urlaub. Kehrt der Arbeitnehmer z.B. vier Wochen nach Einwurf des Kündigungsschreibens in seinen Briefkasten zu seiner Wohnung zurück, beginnt mit diesem Zeitpunkt die zweiwöchige Antragsfrist für die nachträgliche Zulassung gem. § 5 Abs. 3 Satz 1 KSchG unabhängig davon, ob er seinen Briefkasten tatsächlich leert oder nicht. 31

Allerdings beginnt diese **zweiwöchige Antragsfrist** nicht nur dann zu **laufen,** wenn der Arbeitnehmer positive Kenntnis vom Wegfall des Hindernisses für die Klageerhebung hat, sondern auch dann, **wenn er Kenntnis unter Wahrung der von ihm zu erwartenden Sorgfalt haben könnte.**[12] Dies wäre z.B. dann der Fall, wenn der Arbeitnehmer sich zwar in Urlaub befindet, in dieser Zeit aber z.B. durch eine Mail seines Arbeitgebers darüber informiert wird, dass der Arbeitgeber an einem benannten Datum ein Kündigungsschreiben in den Briefkasten seiner Wohnung eingelegt hat. 32

Die zweiwöchige Antragsfrist des § 5 Abs. 3 Satz 1 KSchG umfasst nicht nur die Antragstellung als solche. Darüber hinaus muss **innerhalb dieser Zwei-Wochen-Frist** auch **die vollständige Begründung einschließlich der Benennung der Mittel der Glaubhaftmachung** erfolgen. Mit allem, was der Arbeitnehmer erst nach Ablauf der Zwei-Wochen-Frist in das Verfahren über die nachträgliche Zulassung einbringt, ist er ausgeschlossen. 33

Achtung! !
Der Antrag auf nachträgliche Klagezulassung muss zwingend innerhalb von zwei Wochen nach Behebung des Hindernisses (der Klageerhebung) gestellt und begründet werden.

Über die vorgenannte Zwei-Wochen-Frist hinaus sieht **§ 5 Abs. 3 Satz 2 KSchG** eine **abschließende Ausschlussfrist** vor. Nach dieser Regelung kann der Antrag auf nachträgliche Zulassung einer verspäteten Kündigungsschutzklage nicht mehr gestellt werden, wenn **sechs Monate seit dem Ende der Drei-Wochen-Frist des § 4 Satz 1 KSchG** vergangen sind. Diese sechsmonatige **absolute Ausschlussfrist wirkt unabhängig von dem Verhinderungsgrund.** Darüber hinaus kommt wegen der Spezialregelung des § 5 Abs. 3 KSchG eine **Wiedereinsetzung in den vorherigen Stand nach den Regeln der ZPO nicht** in Betracht. 34

---

12 BAG 16.3.1988 – 7 AZR 587/87 – Rn 26 – juris.

III. Arbeitsgerichtliche Entscheidung

35 Laut § 5 Abs. 4 Satz 1 KSchG wird das Verfahren über den Antrag auf nachträgliche Zulassung der Kündigungsschutzklage mit der Kündigungsschutzklage als solcher verbunden. Das **Arbeitsgericht** kann sodann entscheiden, ob es beide Gegenstände **parallel entscheidet oder** ob es **zunächst** eine Verhandlung auf den Antrag über die **nachträgliche Zulassung** beschränkt und hierüber durch Zwischenurteil entscheidet, § 5 Abs. 4 Satz 2 KSchG. Entscheidet das Arbeitsgericht durch Zwischenurteil, bestehen hiergegen die **Rechtsmittel**, wie gegen jedes andere Endurteil auch, § 5 Abs. 4 Satz 3 KSchG.

C. Sonderfall Änderungskündigung

I. Inhalt der Änderungskündigung

36 Die **Änderungskündigung** wird **im Rahmen der verhaltensbedingten Kündigungen der Ausnahmefall** sein. Im Rahmen einer verhaltensbedingten Kündigung kommt als milderes Mittel eine Änderungskündigung nur in Betracht,[13] wenn es sich um einen **arbeitsplatzspezifischen Pflichtenverstoß des Arbeitnehmers** handelt. Dies wird z.B. bei einer leistungsbedingten verhaltensbedingten Kündigung der Fall sein, wenn der Arbeitnehmer vorwerfbare Fehler auf seinem Arbeitsplatz begeht, die er auf einem anderen freien Arbeitsplatz nicht begehen könnte, d.h. dort könnte er ohne weitere Beanstandung in der Zukunft beschäftigt werden. Liegt ein solcher arbeitsplatzspezifischer Pflichtenverstoß des Arbeitnehmers vor, muss der Arbeitgeber prüfen, ob er den Arbeitnehmer auf einem anderen Arbeitsplatz beschäftigen kann. Hierfür können nur **freie Arbeitsplätze in der gleichen oder einer niedrigeren Wertigkeitsebene** in Betracht kommen. Der **Arbeitgeber ist nicht verpflichtet**, für den Arbeitnehmer extra einen **Arbeitsplatz zu schaffen.**

37 Kann der Arbeitgeber dem Arbeitnehmer diesen anderen **freien Arbeitsplatz nicht qua Direktionsrecht** zuweisen, muss er diesbezüglich eine **Änderungskündigung** aussprechen. Mit dieser Änderungskündigung wird der Arbeitsvertrag hinsichtlich der geschuldeten Tätigkeit verändert, möglicherweise aber auch bzgl. Arbeitsort, Vergütung etc. Dies ist vom Einzelfall abhängig.

38 Inhaltlich bedeutet die **Änderungskündigung**, dass der Arbeitgeber eine **Beendigungskündigung** ausspricht, **mit dieser** jedoch das **Angebot** an den Arbeitnehmer **verbindet**, diesen unter den im Einzelnen in dem Kündigungsschreiben benannten **veränderten Bedingungen fortzubeschäftigen.** Dabei werden sich die

---

13 Siehe oben Kap. 3 Rn 71.

Änderungen auf jene vertraglichen Punkte zu beschränken haben, deren Veränderung unter Anlegung der Maßstäbe des Kündigungsschutzgesetzes sozial gerechtfertigt sind.

Praxistipp
Eine Änderungskündigung stellt nichts anderes als eine Beendigungskündigung verbunden mit dem Angebot der Fortbeschäftigung unter veränderten Bedingungen dar. !

II. Reaktionsmöglichkeiten des Arbeitnehmers auf die Änderungskündigung

Der Arbeitnehmer kann auf eine Änderungskündigung wie auf jede Beendigungskündigung reagieren. Darüber hinaus räumt ihm § 2 KSchG eine **besondere Reaktionsmöglichkeit** mit Blick auf das in der Änderungskündigung liegende Fortbeschäftigungsangebot ein. 39

1. Untätigkeit des Arbeitnehmers

Reagiert der Arbeitnehmer auf die Änderungskündigung hin nicht, d.h. erhebt er auch **keine Kündigungsschutzklage**, gilt § 7 KSchG, d.h. die in der Änderungskündigung liegende **Beendigungskündigung wird mit Ablauf der Drei-Wochen-Frist** für die Erhebung der Kündigungsschutzklage **wirksam**, das Arbeitsverhältnis endet insgesamt mit Ablauf der Kündigungsfrist. 40

2. Annahme des Änderungsangebotes

Die nächste Möglichkeit des Arbeitnehmers ist es, das **Änderungsangebot** des Arbeitgebers **ausdrücklich anzunehmen.** In diesem Fall wird das **Arbeitsverhältnis** nach Ablauf der Kündigungsfrist **unter den veränderten Bedingungen fortgesetzt.** Diese **Annahmeerklärung** muss der **Arbeitnehmer vor Ablauf der dreiwöchigen Klagerhebungsfrist nach § 4 Satz 1 KSchG** gegenüber dem Arbeitgeber abgegeben haben.[14] 41

3. Ablehnung des Änderungsangebotes/Kündigungsschutzklage

Der Arbeitnehmer kann ohne Reaktion auf das Änderungsangebot schlicht **Kündigungsschutzklage** erheben. In diesem Fall richtet sich seine Klage **allein gegen die Beendigungskündigung. Obsiegt er** im Rahmen des Kündigungsschutz- 42

14 BAG 18.5.2006 – 2 AZR 230/05 – Rn 17 ff. – juris.

prozesses, ist die **Kündigung unwirksam**, er bleibt zu alten Bedingungen beschäftigt.

43 **Verliert der Arbeitnehmer** hingegen den Kündigungsschutzprozess, ist die in der Änderungskündigung liegende Beendigungskündigung wirksam, das **Arbeitsverhältnis endet** mit Ablauf der Kündigungsfrist.

4. Annahme des Änderungsangebotes unter Vorbehalt

44 Gemäß § 2 Satz 1 KSchG kann der Arbeitnehmer das **Änderungsangebot** des Arbeitgebers **unter Vorbehalt der sozialen Rechtfertigung der Änderungen der Arbeitsbedingungen**, d.h. des Änderungsangebotes, annehmen. Diesen **Vorbehalt** muss der Arbeitnehmer gegenüber dem Arbeitgeber **innerhalb der Kündigungsfrist, spätestens** jedoch **innerhalb von drei Wochen nach Zugang der Kündigung** erklären, § 2 Satz 1 KSchG. Abgesehen von den Kündigungen in den ersten sechs Monaten des Arbeitsverhältnisses wird insofern regelmäßig die **dreiwöchige Erklärungsfrist** zur Anwendung kommen. Diese Frist entspricht der Frist für die Erhebung der Kündigungsschutzklage des § 4 Satz 1 KSchG.

! **Achtung!**
Will der Arbeitnehmer das Änderungsangebot uneingeschränkt oder unter dem Vorbehalt der sozialen Rechtfertigung annehmen, muss er dies innerhalb von drei Wochen ab Zugang der Kündigung gegenüber seinem Arbeitgeber (sinnvollerweise schriftlich) erklären.

---

45 Erklärt der Arbeitnehmer die Annahme des Änderungsangebotes unter Vorbehalt der sozialen Rechtfertigung innerhalb der genannten Frist, muss er **zudem innerhalb der Drei-Wochen-Frist** des § 4 Satz 1 KSchG eine so genannte **Änderungskündigungsschutzklage** zum Arbeitsgericht erheben. **Gegenstand** dieser Kündigungsschutzklage ist die **soziale Rechtfertigung des Änderungsangebotes.**

! **Achtung!**
Die Annahme des Änderungsangebotes unter Vorbehalt seiner sozialen Rechtfertigung innerhalb von drei Wochen ab Kündigungszugang macht die Erhebung einer Kündigungsschutzklage innerhalb der gleichen Frist nicht (!) obsolet.

---

46 Kommt das **Arbeitsgericht** zu dem Ergebnis, dass die **Änderungskündigung sozial nicht gerechtfertigt gewesen ist**, ist der Arbeitnehmer **zu seinen alten vertraglichen Bedingungen fortzubeschäftigen.** Kommt das Gericht zu dem Ergebnis, dass das **Änderungsangebot sozial gerechtfertigt ist**, wird der Arbeitnehmer **nach Ablauf der Kündigungsfrist zu den Bedingungen des Änderungsangebotes fortbeschäftigt.**

47 Die **Annahme des Änderungsangebotes unter dem Vorbehalt** der sozialen Rechtfertigung hat somit **für den Arbeitnehmer den Vorteil**, dass **er im Falle der**

Wirksamkeit dieser Änderungskündigung sein Arbeitsverhältnis nicht vollständig verliert, sondern seinen Arbeitsplatz zu veränderten Bedingungen weiter behält. Es hat für ihn aber auch zugleich den **Nachteil** (und für den Arbeitgeber den taktischen Vorteil), dass **nach Ablauf der Kündigungsfrist** der Arbeitnehmer verpflichtet ist, **bis zur Rechtskraft des Urteils** im von ihm zu führenden Kündigungsschutzprozess **zu den veränderten Vertragsbedingungen zu arbeiten.**[15]

D. Die klägerseitigen Anträge im Kündigungsschutzprozess

Das **eigentliche Ziel des Kündigungsschutzverfahrens** ist die **„Beseitigung" der** streitgegenständlichen **Kündigung** des Arbeitsverhältnisses. In der Regel werden jedoch vom Kläger **darüber hinausgehende Anträge** gestellt. 48

I. Feststellungsantrag

Die **„Beseitigung" der streitgegenständlichen Kündigung** erfolgt nicht durch einen rechtsgestaltenden, die Kündigung als solche beseitigenden Richterspruch, sondern allein **durch die Feststellung, dass die streitgegenständliche Kündigung unwirksam ist.** Hierzu ist der Feststellungsantrag gegen die ausgesprochene Kündigung zu richten. 49

Formulierungsvorschlag
Es wird festgestellt, dass das zwischen den Parteien bestehende Arbeitsverhältnis nicht durch die Kündigung der Beklagten vom ...... zum ...... aufgelöst werden wird („sondern über diesen Zeitpunkt hinaus zu unveränderten Bedingungen fortbesteht). !

Im Regelfall wird zum Zeitpunkt der Erhebung der Kündigungsschutzklage die Kündigungsfrist noch nicht abgelaufen und das Arbeitsverhältnis damit noch nicht beendet sein, so dass sich das Futur im Antrag anbietet. Der in Klammern gesetzte Zusatz ist rein klarstellender Natur. 50

II. Allgemeiner Feststellungsantrag

Neben der unmittelbar gegen die eigentliche Kündigung gerichteten Feststellung hat es sich eingebürgert, dass ein **allgemeiner Feststellungsantrag gegen poten-** 51

15 BAG 18.1.1990 – 2 AZR 183/89 – Rn 37 – juris.

tielle weitere Beendigungstatbestände gestellt wird. Hintergrund hierfür ist, dass häufig **während eines Kündigungsschutzprozesses weitere Kündigungen** durch die Arbeitgeberseite ausgesprochen werden. Nur wenn ausdrücklich **durch einen Antrag (und die Begründung) klargestellt** wird, dass das **Feststellungsverfahren auch weitere Kündigungen/Beendigungstatbestände erfassen soll,** besteht **nicht das Risiko, dass arbeitnehmerseitig versäumt wird, innerhalb der Drei-Wochen-Frist** des § 4 KSchG den oder die notwendigen **Feststellungsanträge gegen weitere Kündigungen** zu stellen.

! **Formulierungsvorschlag**
Es wird festgestellt, dass das zwischen den Parteien bestehende Arbeitsverhältnis über den ……… hinaus fortbesteht und auch nicht durch andere Beendigungsgründe aufgelöst wird.

III. Weiterbeschäftigungsanspruch

52 **Bis zum Ablauf der Kündigungsfrist** ist der Arbeitgeber verpflichtet, soweit nicht eine berechtigte Freistellung erfolgt ist, den **Arbeitnehmer vertragsgerecht zu beschäftigen.** Mit **Ablauf der Kündigungsfrist entfällt** bis auf weiteres **dieser Beschäftigungsanspruch** des Arbeitnehmers. **Obsiegt** allerdings der **Arbeitnehmer** im Rahmen des Kündigungsschutzprozesses, kann er ab diesem Zeitpunkt dauerhaft, zumindest aber bis zu dem Zeitpunkt, in dem die Arbeitgeberseite bei Fortführung des Verfahrens ein ihr obsiegendes Urteil erzielt, von seinem Arbeitgeber die **Weiterbeschäftigung** verlangen. An diese schließt sich dann die endgültige Weiterbeschäftigung im Falle des rechtskräftigen Obsiegens des Arbeitnehmers im Kündigungsschutzprozess an. Um den Anspruch durchzusetzen, bedarf es eines entsprechenden **Weiterbeschäftigungstitels.** Diesem Ziel dient der **Weiterbeschäftigungsantrag.**

! **Formulierungsvorschlag**
Die Beklagte wird verurteilt, den Kläger für den Fall des Obsiegens mit dem Feststellungsantrag zu I. (*oben vorgeschlagener Feststellungsantrag)* zu unveränderten Bedingungen entsprechend dem zwischen den Parteien bestehenden Arbeitsvertrag vom ……… als ……… in der Abteilung ……… im Ort ……… bis zu einer rechtskräftigen Entscheidung über den Feststellungsantrag weiterzubeschäftigen.

E. Weiterbeschäftigungsanspruch

I. Der Beschäftigungsanspruch des Arbeitnehmers

Jeder Arbeitnehmer hat auf Basis seiner in das Arbeitsverhältnis hineinwirkenden Grundrechte **Anspruch gegen den Arbeitgeber** nicht nur auf vertragsgerechte Bezahlung, sondern auch und insbesondere **auf eine vertragsgerechte Beschäftigung**, solange das Arbeitsverhältnis besteht.[16] Dem Arbeitgeber ist es also nicht möglich, den Arbeitnehmer einseitig für einen längeren Zeitraum oder gar dauerhaft von seiner Verpflichtung zur Arbeitsleistung unter Fortzahlung der Vergütung freizustellen. 53

Praxistipp
Die Beschäftigungspflicht des Arbeitgebers stellt neben der Vergütungspflicht eine der beiden Kardinalpflichten des Arbeitgebers dar. **!**

II. Der Weiterbeschäftigungsanspruch im Falle einer Kündigung

1. Weiterbeschäftigung während des Kündigungsschutzprozesses

Der **Beschäftigungsanspruch** des Arbeitnehmers besteht **auch nach Ausspruch einer Kündigung** durch den Arbeitgeber, es sei denn, es liegt eine zulässige Freistellung von der Verpflichtung zur Arbeitsleitung vor. 54

Da das Ende der Kündigungsfrist regelmäßig vor dem rechtskräftigen Abschluss des Kündigungsschutzprozesses liegen wird, führt der allgemeine Weiterbeschäftigungsanspruch u.U. zu Friktionen, da erst mit Rechtskraft des Urteils im Kündigungsschutzprozess die Frage der Wirksamkeit oder Unwirksamkeit der Kündigung feststeht. 55

Vor diesem Hintergrund **endet die Weiterbeschäftigungspflicht des Arbeitgebers nach erfolgter Kündigung erst einmal mit Ablauf der Kündigungsfrist.**[17] 56

Praxistipp
Mit Ablauf der Kündigungsfrist entfällt (bis auf weiteres) die Beschäftigungspflicht des Arbeitgebers. **!**

16 BAG 27.2.1985 – GS1/84 – Rn 38 – juris.
17 BAG 27.2.1985 – GS 1/84 – AP-Nr. 14 zu § 611 BGB – Beschäftigungspflicht.

57 Das **ändert** sich allerdings in dem Moment, in dem der **Arbeitnehmer** im Rahmen des Kündigungsschutzprozesses ein (nicht rechtskräftiges) **obsiegendes Urteil** erlangt, das die Unwirksamkeit der Kündigung und damit den Fortbestand des Arbeitsverhältnisses feststellt. Obwohl ein nicht rechtskräftiges Urteil keine endgültige Klarheit verschafft, ist zumindest eine **erste Klärung der Rechtslage** im Sinne des klagenden Arbeitnehmers eingetreten. Dies wirkt sich nunmehr bei der notwendigen Abwägung der widerstreitenden Interessen der Arbeitsvertragsparteien hinsichtlich des Beschäftigungsanspruchs erheblich und zugunsten des Arbeitnehmers dahin aus, dass nunmehr die Ungewissheit des endgültigen Prozessausgangs für sich allein ein überwiegendes Gegeninteresse des Arbeitgebers gegen den Beschäftigungsanspruch des Arbeitnehmers nicht mehr begründen kann. **In diesem Moment** bejaht somit das BAG einen **allgemeinen Weiterbeschäftigungsanspruch des Arbeitnehmers.**[18]

! **Praxistipp**
Mit einem (nicht rechtskräftigen) Obsiegen des Arbeitnehmers im Kündigungsschutzprozess lebt die Beschäftigungspflicht des Arbeitgebers (bis auf weiteres) wieder auf.

---

58 Der Arbeitnehmer kann somit seinen allgemeinen Weiterbeschäftigungsanspruch in dem Moment wieder **geltend machen**, in dem das Arbeitsgericht (oder das LAG) die Unwirksamkeit der Kündigung, d.h. den Fortbestand des Arbeitsverhältnisses festgestellt hat. Dieser **Weiterbeschäftigungsanspruch gilt solange, wie nicht ein dem Arbeitnehmer negatives Urteil im Kündigungsschutzprozess** ergangen ist. Kommt z.B. nach dem dem Arbeitnehmer positiven Urteil das LAG zu dem Ergebnis, dass die Kündigung doch wirksam gewesen ist, und geht der Arbeitnehmer (zulässigerweise) hiergegen in die Revision (oder Nichtzulassungsbeschwerde), entfällt mit dem Urteil des LAG wiederum der allgemeine Weiterbeschäftigungsanspruch.

2. Auswirkungen auf die Vergütungsansprüche des Arbeitnehmers

59 Abgesehen davon, dass u.U. für den **Arbeitnehmer** die Durchsetzung des allgemeinen Weiterbeschäftigungsanspruches ein **probates Druckmittel** ist, seinen Arbeitgeber zu einem ihm möglichst günstigen Vergleich zu bewegen, ist die **Geltendmachung dieses allgemeinen Weiterbeschäftigungsanspruchs von maßgeblicher Bedeutung für die Vergütungsansprüche des Arbeitnehmers**:

- Wird die **Unwirksamkeit der Kündigung rechtskräftig festgestellt**, hat das Arbeitsverhältnis die gesamte Zeit des Kündigungsschutzprozesses mit allen Rechten und Pflichten fortbestanden. Der Arbeitnehmer kann seinen **vollen**

---

18 BAG 16.9.2004 – 5 AZR 508/03 – AP-Nr. 11 zu § 615 BGB – Böswilligkeit.

Vergütungsanspruch unter dem Gesichtspunkt des Annahmeverzuges verlangen. Dies gilt **unabhängig davon**, ob er zwischenzeitlich seinen **allgemeinen Weiterbeschäftigungsanspruch geltend gemacht** hat oder nicht.[19]

- Wird hingegen **rechtskräftig die Wirksamkeit der ausgesprochenen Kündigung** festgestellt, kann der Arbeitnehmer **Vergütung für die Zeit** (von Teilen) des Kündigungsschutzprozesses nur verlangen, **wenn er** in der oben dargestellten Situation zwischenzeitlich obsiegender Urteile nicht nur die **allgemeine Weiterbeschäftigung** von seinem Arbeitgeber **verlangt**, sondern diese ggf. **im Wege der Zwangsvollstreckung durchgesetzt hat und entsprechend tätig geworden ist.** Dies verlangt im Rahmen der Kündigungsschutzklage einen **uneigentlichen Hilfsantrag** auf Weiterbeschäftigung.[20] Nur wenn der Arbeitnehmer auf diese Weise tatsächlich (ggf. erzwungenermaßen) weiterbeschäftigt worden ist, kann er seine Vergütung verlangen.

Achtung! !
Der Verzicht auf die Durchsetzung des Beschäftigungsanspruches während des Kündigungsschutzverfahrens führt dazu, dass der Arbeitnehmer, der einzelne Instanzen gewonnen hat, bei endgültigem Verlieren des Prozesses keinerlei Vergütungsansprüche geltend machen kann.

III. Vorläufiger Weiterbeschäftigungsanspruch

Anderes gilt im Falle des so genannten **vorläufigen Weiterbeschäftigungsanspruchs gem. § 102 Abs. 5 BetrVG.** 60

1. Voraussetzungen

Gemäß § 102 Abs. 3 BetrVG kann der **Betriebsrat einer beabsichtigten Kündigung** 61 **widersprechen, indem er sich** (unter Vorbringen bestimmter Tatsachen) auf einen der in § 102 Abs. 3 BetrVG genannten **Widerspruchsgründe frist- und formgerecht beruft.** Im Rahmen der verhaltensbedingten Kündigung kommen ggf. die Widerspruchsgründe anderweitiger Beschäftigungsmöglichkeiten gem. § 102 Abs. 3 Ziff. 3 bis 5 BetrVG in Betracht.

Hat der Betriebsrat frist- und formgerecht (schriftlich innerhalb einer Woche un- 62 ter Angabe von Tatsachen) einen solchen **Widerspruch erhoben**, kann der Arbeitnehmer einen so genannten **vorläufigen Weiterbeschäftigungsanspruch geltend machen.**

19 BAG 11.1.2006 – 5 AZR 98/05 – Rn 20 – juris.
20 Siehe dazu oben Rn 52.

63 **Voraussetzung** hierfür ist, dass der Arbeitnehmer **innerhalb der Drei-Wochen-Frist** des § 4 Satz 1 KSchG **Kündigungsschutzklage erhoben** hat **und** die **vorläufige Weiterbeschäftigung** (nicht nur die oben genannte allgemeine Weiterbeschäftigung) **von seinem Arbeitgeber verlangt** hat. Dieses vorläufige Weiterbeschäftigungsverlangen kann **mündlich oder in einem gesonderten Schreiben** an den Arbeitgeber geltend gemacht werden. Es kann aber **auch im Rahmen der Kündigungsschutzklage** erfolgen. Dabei **muss deutlich gemacht werden**, dass mit dem Verlangen nicht nur der allgemeine, sondern **(auch) der vorläufige Weiterbeschäftigungsanspruch gem. § 102 Abs. 5 BetrVG** geltend gemacht wird.[21]

64 Allerdings ist darauf zu achten, dass der vorläufige Weiterbeschäftigungsanspruch **rechtzeitig geltend** gemacht wird. Nach der Rechtsprechung muss dies **innerhalb der Kündigungsfrist, spätestens jedoch am ersten Arbeitstag nach Ablauf der Kündigungsfrist** erfolgen.[22]

2. Rechtsfolgen

65 Hat der Arbeitnehmer auf die vorgenannte Weise den **vorläufigen Weiterbeschäftigungsanspruch geltend gemacht**, ist der **Arbeitgeber** gem. § 102 Abs. 5 BetrVG **bis zum rechtskräftigen Abschluss des Kündigungsschutzverfahrens verpflichtet, den Arbeitnehmer weiter zu beschäftigen und damit auch zu bezahlen.** Kommt er dieser **Verpflichtung nicht** nach, schuldet er die **Vergütung aus dem Gesichtspunkt des Verzuges** für den gesamten Kündigungsschutzprozess. Dies gilt selbst dann, wenn der Arbeitgeber sämtliche drei Instanzen des Kündigungsschutzprozesses gewonnen hat.[23]

66 Nur der Vollständigkeit halber: **Im Rahmen einer** unter Vorbehalt ihrer sozialen Rechtfertigung **angenommenen Änderungskündigung gilt die Möglichkeit des vorläufigen Weiterbeschäftigungsverlangens nicht**. In diesem Fall hat der Arbeitnehmer mit der Annahme unter Vorbehalt ein Arbeiten unter den neuen (gerichtlich zu überprüfenden) Arbeitsbedingungen angenommen.[24]

67 **Gegen den vorläufigen Weiterbeschäftigungsanspruch** kann sich der Arbeitgeber nur zur Wehr setzen, indem er sich gem. § 102 Abs. 5 Satz 2 BetrVG durch **einstweilige Verfügung des Arbeitsgerichtes** von seiner Verpflichtung zur Weiterbeschäftigung entbinden lässt. § 102 Abs. 5 Satz 2 BetrVG sieht hierfür **enge Voraussetzungen** vor, die an dieser Stelle nicht weiter dargestellt werden sollen.

---

21 LAG Hamm 2.3.2012 – 10 Sa 1086/11 – Rn 108 – juris.

22 BAG 11.5.2000 – 2 AZR 54/99 – AP-Nr. 13 zu § 102 BetrVG 1972 – Weiterbeschäftigung.

23 BAG 12.9.1985 – 2 AZR 324/84 – Rn 29 – juris.

24 BAG 28.3.1985 – EzA § 767 ZPO Nr. 1.

Praxistipp

Der nur in Betriebsratsbetrieben denkbare vorläufige Weiterbeschäftigungsanspruch des Arbeitnehmers ist ein überaus scharfes Schwert gegen den Arbeitgeber, das in der Praxis eine überraschenderweise eher untergeordnete Rolle spielt.

Kapitel 12
Relevante Muster in Zusammenhang mit einer verhaltensbedingten Kündigung

A. Abmahnung

1 Im Regelfall wird vor einer verhaltensbedingten Kündigung eine **Abmahnung** notwendig sein. Auf diese ist **besonderes Augenmerk** zu legen, da ein Arbeitnehmer nicht verpflichtet ist, sich gegen eine Abmahnung zu wehren. Stattdessen bleibt es ihm vorbehalten, sich erst nach einer später erfolgten Kündigung im Rahmen des Kündigungsschutzprozesses auf die Unwirksamkeit der vorangegangenen Abmahnung zu berufen. Gelingt ihm dies erfolgreich, entfällt damit die Kündigung als solche.

2 Insofern ist auf eine Abmahnung besondere Sorgfalt zu legen und **sicherzustellen, dass die jeder Abmahnung inne liegende Dokumentations-, Hinweis- sowie Warnfunktion tatsächlich gewährleistet ist.** Das nachfolgende Beispiel basiert auf dem relativ einfachen Fall einer Arbeitszeitverletzung.

Formulierungsvorschlag

Abmahnung

Sehr geehrte/r Frau/Herr,

wegen des nachfolgenden Sachverhaltes sprechen wir Ihnen eine Abmahnung aus.

Obwohl Sie nach der bestehenden Arbeitszeitregelung täglich Ihre Arbeit um 09.00 Uhr aufzunehmen haben, haben Sie laut der elektronischen Zeiterfassung am 00.00.0000 erst um 00.00 Uhr, am 00.00.0000 erst um 00.00 Uhr, am 00.00.0000 erst um 00.00 Uhr, am 00.00.0000 erst um 00.00 Uhr, am 00.00.0000 erst um 00.00 Uhr und am 00.00.0000 erst um 00.00 Uhr Ihre Arbeit aufgenommen. (Einen Ausdruck aus Ihrer elektronischen Zeiterfassung, in der wir die vorstehend gerügten Fälle Ihres Zuspätkommens gelb gekennzeichnet haben, fügen wir zur weiteren Information bei.)

Durch das dargestellte Zuspätkommen habe Sie gegen die bei uns bestehende Betriebsvereinbarung Arbeitszeit vom 00.00.0000 verstoßen. Sie sind, wie jeder andere Arbeitnehmer auch, verpflichtet, die Regelungen der Betriebsvereinbarung Arbeitszeit einzuhalten.

Für den Fall weiterer vergleichbarer Pflichtverstöße werden wir arbeitsrechtliche Konsequenzen bis hin zur ordentlich fristgerechten, ggf. auch außerordentlich fristlosen Kündigung ergreifen.

Mit freundlichen Grüßen

Praxistipp

Der in der Regel wichtigste Teil der Abmahnung ist die Dokumentation des vorgeworfenen Sachverhaltes. Insofern können die Arbeitszeitverstöße wie im vorliegenden Muster im Einzelfall unter genauer Zeitangabe etc. im Rahmen der Abmahnung aufgeschrieben werden. Alternativ ist es möglich, z.B. einen entsprechend gekennzeichneten Ausdruck aus der Zeiterfassung, in dem die Arbeitszeitverstöße z.B. gelb markiert werden, der Abmahnung beizufügen und in der Abmahnung auf die Anlage zu verweisen.

B. Anhörung des Betriebsrates gemäß § 102 BetrVG

Existiert in dem Betrieb des zu kündigenden Arbeitnehmers ein Betriebsrat, ist **vor Ausspruch der Kündigung der Betriebsrat gem. § 102 BetrVG anzuhören.** Erfolgt dies nicht, ist die Kündigung unheilbar unwirksam. 3

I. Ordentliche Kündigung

Für den **Grundfall der ordentlichen fristgerechten verhaltensbedingten Kündigung** bietet sich das **nachfolgende Formular** für die Betriebsratsanhörung an. Dabei ist auf eine **sehr sorgfältige Ausfüllung** zu achten, da jede falsche Angabe insbesondere hinsichtlich der persönlichen Verhältnisse des Arbeitnehmers zur Unwirksamkeit der Kündigung führen kann. Soweit sich der Arbeitgeber gerade mit Blick auf die persönlichen Verhältnisse einzelner Angaben nicht sicher ist, ist unbedingt darauf **hinzuweisen, worauf die Angaben des Arbeitgebers basieren**. So weiß der Arbeitgeber regelmäßig von der Anzahl der Kinder eines Arbeitnehmers nur aufgrund der Angaben der Lohnsteuerkarte. Ist dort z.B. ein Kind verzeichnet, bedeutet dies noch lange nicht, dass der Arbeitnehmer lediglich einem Kind zum Unterhalt verpflichtet ist. Es kann sich durchaus auch um mehrere Kinder handeln. Liegt ein solcher Fall der Unsicherheit vor, muss in Zusammenhang mit der Angabe „Familienstand/Unterhaltspflichten" hinsichtlich der Anzahl der unterhaltsberechtigten Kinder darauf hingewiesen werden, dass der Arbeitgeber diese Angabe der ihm vorliegenden Lohnsteuerkarte des Arbeitnehmers entnommen hat *(„laut Lohnsteuerkarte")*. 4

Formulierungsvorschlag !

Anhörung des Betriebsrates gem. § 102 BetrVG zur beabsichtigten ordentlichen fristgerechten Kündigung

An den Betriebsrat: ....
über den Betriebsratsvorsitzenden, dessen Stellvertreter oder Empfangsberechtigten
Sehr geehrte Damen und Herren,
wir beabsichtigen, das Arbeitsverhältnis von Herrn/Frau .... zu kündigen.

Name, Vorname:	....
Adresse:	....
Eintrittsdatum:	....
Geburtsdatum:	....
Familienstand/Unterhaltspflichten:	....
Sonderkündigungsschutz:	....
Zuletzt tätig als:	....
Niederlass./Abt.:	....
Bruttomonatsverdienst zuletzt:	€ ....

Arbeitszeit/Vollzeit/Teilzeit: ……….. Stunden/Woche
Ordentliche Kündigungsfrist ………..
ordentlich fristgerecht zum nächstmöglichen Termin, d.h. aus unserer Sicht zum 00.00.0000 aus verhaltensbedingten Gründen zu kündigen.
Die Kündigung wird in beigefügter **Anlage** begründet. Im Übrigen verweisen wir auf unsere mündlichen Erörterungen und die Ihnen übermittelten Unterlagen und Informationen. Wir bitten um Ihre abschließende Stellungnahme

Empfangsbestätigung

____________________ ____________________
Ort, Datum Empfangsbestätigung Betriebsrat

Beschluss des Betriebsrates:
Der Betriebsrat äußert sich zur beabsichtigten Kündigung wie folgt:
1. Der Betriebsrat stimmt der Kündigung zu ☐
2. Der Betriebsrat macht gegen die Kündigung folgende Bedenken geltend: ☐

____
____
____

3. Der Betriebsrat widerspricht der Kündigung mit folgender Begründung: ☐

____
____
____

4. Der Betriebsrat wird sich nicht äußern. ☐

Sonstiges ☐

____
____
____

Dies ist die letzte Stellungnahme des Betriebsrates, eine weitere ist nicht zu erwarten. Für den Betriebsrat ist das Beteiligungsverfahren gem. § 102 BetrVG damit abgeschlossen.

____________________ ____________________
Ort, Datum Unterschrift Betriebsratsvorsitzender

5 **Besonders wichtiger Bestandteil** der Betriebsratsanhörung ist die in einem Muster nicht zu leistende **Darstellung der eigentlichen Kündigungsgründe**. Dies kann in einer dem Formular beigefügten Anlage oder in dem Formular selbst erfolgen. Die Begründung muss **alle der Kündigung zugrunde zu legenden, für den Arbeitgeber maßgeblichen Tatsachen beinhalten**. Was der Arbeitgeber dem Betriebsrat nicht mitteilt, kann er hernach im Kündigungsschutzprozess nicht zur Begründung der Kündigung einführen. Es empfiehlt sich zudem, die dem Arbeitgeber zur Verfügung stehenden **Unterlagen**, die den Vorwurf gegenüber dem Arbeitnehmer dokumentieren, **dem Betriebsrat in Kopie zur Verfügung zu stellen** (statt deren Inhalt letztlich doch nur sinngemäß wiederzugeben oder – überflüssigerweise – abzuschreiben).

II. Außerordentliche verhaltensbedingte Kündigung, Verdachtskündigung

Ist statt einer ordentlichen Kündigung eine außerordentliche Kündigung geplant, muss der Betriebsrat auch zu dieser angehört werden, d.h. in diesem Fall erstreckt sich die **Anhörung auf die beabsichtigte außerordentliche fristlose Kündigung**. Das Formular ist entsprechend anzupassen. 6

Regelmäßig wird dem Arbeitgeber dringend zu empfehlen sein, eine **außerordentliche Kündigung mit einer hilfsweise ordentlichen Kündigung zu kombinieren. Dementsprechend** muss in diesem Fall die **Anhörung des Betriebsrates** zur außerordentlich fristlosen, hilfsweise ordentlichen fristgerechten Kündigung aus verhaltensbedingten Gründen erfolgen. 7

Ist die **ordentliche Kündigung ausgeschlossen**, erfolgt die **Anhörung des Betriebsrates zur außerordentlich fristlosen Kündigung, hilfsweise zur außerordentlichen Kündigung mit sozialer Auslauffrist.** 8

Beabsichtigt der Arbeitgeber eine Verdachtskündigung, muss der **Betriebsrat auch zu dieser angehört** werden. Da ein Arbeitgeber in der Regel nicht sicher sein kann, ob er gerade bei schweren Pflichtverstößen den Verstoß dem Arbeitnehmer tatsächlich nachweisen kann, **empfiehlt es sich**, bei schweren Pflichtverstößen **den Betriebsrat nicht nur zur (ggf. außerordentlich fristlosen) Tatkündigung, sondern hilfsweise auch zu einer entsprechenden Verdachtskündigung anzuhören.** 9

Formulierungsvorschlag !

Diese Anhörung erfolgt zur außerordentlich fristlosen Kündigung wegen des Diebstahls von ………, hilfsweise zur ordentlich fristgerechten Kündigung wegen des Diebstahls von ………, hilfsweise zur außerordentlichen Kündigung wegen des Verdachtes des Diebstahls von ………, hilfsweise zur ordentlich fristgerechten Kündigung wegen des Verdachtes des Diebstahls von ……….

Nur so hält sich der Arbeitgeber im Rahmen des nachfolgenden Kündigungsschutzprozesses alle möglichen Argumentationslinien für die Begründung der Kündigung offen. 10

Der guten Ordnung halber sei noch einmal darauf hingewiesen, dass der Anhörung des **Betriebsrates** zur Kündigung wegen des Verdachtes eines Pflichtenverstoßes die **Einlassungen des Arbeitnehmers** im Rahmen seiner Anhörung zu dem bestehenden Verdacht **beigefügt werden müssen.** 11

C. Kündigungsschreiben

I. Ordentliche fristgerechte verhaltensbedingte Kündigung

12 Der nachfolgende Text stellt einen Vorschlag für eine ordentliche fristgerechte Kündigung (aus verhaltensbedingten Gründen) dar. Mit den gewählten Formulierungen werden Diskussionen für den Fall der Falschberechnung der Kündigungsfrist vermieden.

13 Darüber hinaus erfolgt der vorsorgliche **Hinweis an den Arbeitnehmer** gem. § 38 Abs. 1 SGB III, sich **unverzüglich bei der Agentur für Arbeit als arbeitssuchend zu melden.** Soweit in dem nachfolgenden Text eine Frist von drei Tagen zur Meldung bei der Agentur für Arbeit benannt wird, gilt diese nur, wenn zwischen dem Zeitpunkt der Kenntnis des Arbeitnehmers vom Beendigungszeitpunkt (regelmäßig dem Zugang der Kündigung) und der tatsächlichen Beendigung des Arbeitsverhältnisses weniger als drei Monate liegen. Ist z.B. eine ordentliche verhaltensbedingte Kündigung mit einer Kündigungsfrist von fünf Monaten ausgesprochen worden, gilt die Meldefrist nicht innerhalb von drei Tagen, sondern muss sich der Arbeitnehmer spätestens drei Monate vor Ende des Arbeitsverhältnisses bei der Agentur für Arbeit arbeitssuchend melden.

14 Auf eine **Begründung der Kündigung im Rahmen des Kündigungsschreibens wird bewusst verzichtet**, u.a. um jegliches Risiko eines Widerspruches zwischen einer Betriebsratsanhörung und der Kündigung zu vermeiden. Es wird noch einmal darauf hingewiesen, dass die Kündigung von Schwangeren bis **zum Ablauf von vier Monaten nach der Entbindung sowie von Auszubildenden nach der Probezeit nur dann wirksam ist, wenn sie schriftlich konkret im Rahmen des Kündigungsschreibens begründet wird.**

15 Die Verwendung der in erster Linie der Höflichkeit geschuldeten Schlussformel wird im Einzelfall vom Kündigungssachverhalt abhängen.

! **Formulierungsvorschlag**

Briefkopf des Arbeitgebers

Persönlich/vertraulich
Frau/Herrn
Vorname Name
Aktuelle Adresse

[Ort, Datum]

Kündigung Ihres Anstellungsverhältnisses

Sehr geehrte/r Frau/Herr,
hiermit kündigen wird das mit Ihnen bestehende Anstellungsverhältnis unter Einhaltung der ordentlichen Kündigungsfrist zum nächst zulässigen Termin. Dies ist nach unserer Berechnung der 00.00.0000.

Wir weisen Sie darauf hin, dass Sie frühzeitig bei der Suche nach einer anderen Beschäftigung aktiv werden müssen und verpflichtet sind, sich persönlich innerhalb von drei Tagen nach Kenntnis des Beendigungszeitpunkts, d.h. nach Zugang dieses Kündigungsschreibens bei der Agentur für Arbeit arbeitssuchend zu melden. Sollten Sie dieser Verpflichtung nicht unverzüglich nachkommen, müssen Sie mit Konsequenzen, derzeit mit einer einwöchigen Sperrfrist beim Bezug von Arbeitslosengeld rechnen.
(Wir danken Ihnen für die Zusammenarbeit und wünschen Ihnen persönlich sowie für Ihren weiteren Berufsweg alles Gute.)
Mit freundlichen Grüßen

Schreiben erhalten und inhaltlich zur Kenntnis genommen

....
Ort, Datum

....
Unterschrift

II. Fristlose Kündigung

Im Falle der **fristlosen Kündigung** lautet der erste Absatz des vorstehenden Vorschlages: 16

Formulierungsvorschlag !
Sehr geehrte/r Frau/Herr,
hiermit kündigen wird das mit Ihnen bestehende Anstellungsverhältnis außerordentlich fristlos.

Der restliche Text des Vorschlags für eine fristgemäße Kündigung bleibt unverändert. Bei einer außerordentlichen Kündigung gilt in jedem Fall die Frist von drei Tagen zur Meldung bei der Agentur für Arbeit. 17

III. Fristlose, hilfsweise fristgerechte Kündigung

Soweit nicht die ordentliche Kündigung aufgrund Tarifvertrages oder bestehender Vereinbarungen ausgeschlossen sein sollte, ist dringend zum empfehlen, eine **außerordentlich fristlose Kündigung immer mit einer hilfsweisen ordentlichen fristgerechten Kündigung zu verbinden.** 18

Formulierungsvorschlag !
Sehr geehrte/r Frau/Herr,
hiermit kündigen wird das mit Ihnen bestehende Anstellungsverhältnis außerordentlich fristlos, hilfsweise ordentlich unter Einhaltung der ordentlichen Kündigungsfrist zum nächst zulässigen Termin. Dies ist nach unserer Berechnung der 00.00.0000.

IV. Außerordentliche Kündigung mit sozialer Auslauffrist

19 Ist eine **ordentliche Kündigung** aufgrund Tarifvertrages etc. **ausgeschlossen, andererseits der Tatvorwurf** gegen den Arbeitnehmer **nicht so schwerwiegend, dass eine außerordentliche fristlose Kündigung** ausgesprochen werden kann, ist es denkbar, dass eine **außerordentliche Kündigung mit sozialer Auslauffrist** in Betracht kommt. Dies ist dann der Fall, wenn nach Auffassung des Gerichtes dem Arbeitgeber die **Einhaltung der ohne Ausschluss der ordentlichen Kündigung anwendbaren Kündigungsfrist zumutbar** wäre, **andererseits** die Tatumstände jedoch so liegen, dass eine **Fortbeschäftigung des Arbeitnehmers bis zum Rentenalter unzumutbar** ist. In diesem (Ausnahme-)Fall muss die Kündigung außerordentlich mit sozialer Auslauffrist erfolgen.

! **Formulierungsvorschlag**
Sehr geehrte/r Frau/Herr,
hiermit kündigen wird das mit Ihnen bestehende Anstellungsverhältnis außerordentlich unter Einhaltung einer sozialen Auslauffrist zum nächst zulässigen Termin. Dies ist nach unserer Berechnung der 00.00.0000.

---

20 Als Auslauffrist ist die ohne Ausschluss der ordentlichen Kündigung anwendbare Kündigungsfrist in Ansatz zu bringen.

D. Abwicklungsvereinbarung

21 Ist eine verhaltensbedingte Kündigung ausgesprochen, bedeutet dies nicht zwingend, dass die Kündigung nunmehr gerichtlich durch alle in Betracht kommenden Instanzen tatsächlich durchgefochten und das Arbeitsverhältnis bei Obsiegen des Arbeitnehmers tatsächlich fortgeführt wird. Stattdessen wird auch im Rahmen verhaltensbedingter Kündigungen **in der ganz überwiegenden Anzahl der Fälle** zu einem gegebenen Zeitpunkt eine **einvernehmliche Lösung** zwischen den Parteien gefunden werden.

22 Ist, was häufig der Fall sein wird, das Ziel der einvernehmlichen Lösung die endgültige Beendigung des Arbeitsverhältnisses und hierfür Grundlage die ausgesprochene Kündigung, wird ein **Abwicklungsvertrag** abgeschlossen werden.

23 Das nachfolgende **Muster** kann nur ein **einfaches Beispiel für eine Abwicklungsvereinbarung** darstellen. Das Muster beinhaltet lediglich die wichtigsten denkbaren Regelungspunkte, dies jedoch ohne jeden Anspruch auf Vollständigkeit. Nur anhand des Einzelfalles kann auf Basis der genauen Überprüfung aller Details der zutreffende Inhalt einer Abwicklungsvereinbarung festgestellt werden.

24 Ebenso wenig darf das nachfolgende Muster dahingehend verstanden werden, dass bei der Verwendung desselben dem Arbeitnehmer keine Nachteile beim Bezug

von Arbeitslosgengeld drohen oder z.B. die Abfindung nach der so genannten Fünftel-Regelung des EStG steuerbegünstigt ist. Insofern dient das Muster **lediglich** einer **Orientierung und Formulierungshilfe**. Im Übrigen muss auf die einschlägige Literatur, Formularhandbücher etc. verwiesen werden.

Formulierungsvorschlag !

ABWICKLUNGSVEREINBARUNG
zwischen
Vorname Name
Aktuelle Adresse
– im folgenden „Arbeitgeber" genannt –
und
Vorname Name
Aktuelle Adresse
– im folgenden „Arbeitnehmer" genannt –

Das zwischen den Parteien bestehende Anstellungsverhältnis wird auf Veranlassung des Arbeitgebers nach fristgerecht erfolgter ordentlicher Kündigung mit Wirkung zum 00.00.0000 beendet. Zur Abwicklung des Anstellungsverhältnisses vereinbaren die Parteien was folgt:

1. Beendigung
Die Parteien sind sich einig, dass das zwischen ihnen bestehende Anstellungsverhältnis aufgrund ordentlicher fristgerechter arbeitgeberseitiger Kündigung vom 00.00.0000 mit Ablauf des 00.00.0000 („Beendigungszeitpunkt") enden wird.

2. Ordnungsgemäße Arbeitsleistung und Abrechnung
Das Anstellungsverhältnis wird bis zum Beendigungszeitpunkt ordnungsgemäß von beiden Seiten durchgeführt und abgerechnet werden.

3. (Optional: Freistellung
Der Arbeitnehmer wird mit Wirkung ab dem 00.00.0000 unter Anrechnung seiner Resturlaubs- und etwaiger Freizeitausgleichsansprüche sowie etwaiger abzugeltender Überstunden unwiderruflich von der Verpflichtung zur Arbeitsleistung freigestellt. Darüber hinausgehende abzugeltende Urlaubsansprüche bzw. Freizeitausgleichsansprüche sowie etwaige abzugeltende Überstunden des Arbeitnehmers bestehen nicht mehr. Auch während der Freistellung finden § 615 Satz 2 BGB (Anrechnung anderweitigen Verdienstes) und §§ 60 f. HGB (Wettbewerbsverbot) Anwendung.)

4. Arbeitspapiere
Der Arbeitnehmer erhält unmittelbar nach Beendigung des Anstellungsverhältnisses und Erfüllung der ihm obliegenden Rückgabeverpflichtungen seine Arbeitspapiere ausgehändigt.

5. Arbeitsplatzübergabe/Rückgabepflichten
Der Arbeitnehmer wird unter Ausschluss jedweden Zurückbehaltungsrechts zum Beendigungszeitpunkt die ordnungsgemäße Übergabe seines Arbeitsplatzes sicherstellen und dem Arbeitgeber Schlüssel, Codekarte, Visitenkarten, die sich in seinem Besitz befindlichen und im Eigentum des Arbeitgebers stehenden bzw. diesen betreffenden Gegenstände wie insbesondere Computer, Handy, Blackberry, Kreditkarten etc. sowie den Arbeitgeber oder die ihm verbundenen Unternehmen betreffenden Unterlagen, insbesondere alle Notizen, Memoranden, Aufzeichnungen, Zeichnungen,

Protokolle und andere ähnliche Dokumente einschließlich entsprechender Datenträger sowie aller Kopien oder sonstiger Reproduktionen hiervon am Sitz des Arbeitgebers zurückgeben.

6. Zeugnis
Der Arbeitgeber wird dem Arbeitnehmer ein wohlwollendes qualifiziertes Zeugnis, auf Wunsch auch als Zwischenzeugnis, erteilen, das sich auf Tätigkeit, Führung und Leistung erstreckt und ihm in seinem weiteren beruflichen Fortkommen dienlich ist.

7. (Optional: Abfindung
Als Entschädigung für den Verlust des Arbeitsplatzes erhält der Arbeitnehmer einmalig eine Brutto-Abfindung von EUR ...... (in Worten: .... Euro) in entsprechender Anwendung der §§ 9, 10 KSchG. Sie ist zum Beendigungszeitpunkt zur Zahlung fällig.)

8. Verschwiegenheitsverpflichtung
Der Arbeitnehmer bleibt auch nach der Beendigung des Anstellungsverhältnisses verpflichtet zur Verschwiegenheit hinsichtlich aller geheimhaltungsbedürftigen geschäftlichen Angelegenheiten, insbesondere hinsichtlich Geschäfts- und Betriebsgeheimnissen einschließlich des Inhalts dieser Vereinbarung, sowohl betreffend den Arbeitgeber als auch die übrigen [Konzern] Gesellschaften, sofern und soweit der Arbeitnehmer nicht aufgrund gesetzlicher Bestimmungen und/oder behördlicher und/oder gerichtlicher Anordnung zur Offenlegung verpflichtet ist.

9. (Optional: Erledigungserklärung
Mit dieser Vereinbarung sowie ihrer Durchführung sind sämtliche Ansprüche der Parteien aus und im Zusammenhang mit dem Anstellungsverhältnis, seiner Durchführung sowie anlässlich von dessen Beendigung – gleich welcher Art und aus welchem Rechtsgrund – abschließend geregelt und abgegolten. Dies gilt nicht für etwaige Ansprüche wegen vorsätzlicher oder grobfahrlässiger Schädigung bzw. strafbarer Handlung einer Vertragspartei, es sei denn, dass diese der anderen Vertragspartei bei Inkrafttreten des Vergleichs bekannt oder grob fahrlässig nicht bekannt waren.)

10. Sozialversicherungsleistungen
Der Arbeitnehmer ist darüber informiert, dass über einen möglichen Bezug von Arbeitslosengeld sowie sonstigen Sozialversicherungsleistungen ausschließlich der zuständige Sozialversicherungsträger entscheidet.

11. Schriftform
Mündliche Nebenabreden zu dieser Vereinbarung sind nicht getroffen. Änderungen oder Ergänzungen dieser Vereinbarung bedürfen unabdingbar der Schriftform. Dies gilt auch für die Abänderung dieser Schriftformklausel. § 305 b BGB bleibt unberührt.

12. Schlussbestimmungen
Sollten eine oder mehrere Bestimmungen dieser Vereinbarung ganz oder teilweise unwirksam oder undurchführbar sein oder werden, bleibt die Wirksamkeit der übrigen Bestimmungen unberührt. An die Stelle der unwirksamen oder undurchführbaren Regelung tritt die Regelung, die dem von den Parteien mit der unwirksamen oder undurchführbaren Regelung Gewollten in rechtlich zulässiger Weise wirtschaftlich am nächsten kommt. Dasselbe gilt für den Fall einer vertraglichen Lücke.

....	....
Ort, Datum	Ort, Datum
....	....
Arbeitgeber	Arbeitnehmer

Alternativ zu dieser privatschriftlichen Abwicklungsvereinbarung besteht die 25
Möglichkeit, wenn Kündigungsschutzklage erhoben ist, die **Vereinbarung als gerichtlichen Vergleich** abzuschließen. Dies ist entweder im Rahmen des Gütetermins bzw. nachfolgender **gerichtlicher Verhandlungen** möglich. Häufig wird der Weg der gerichtlichen **Protokollierung im schriftlichen Verfahren gem. § 278 Abs. 6 ZPO** gegangen.

Stichwortverzeichnis

Die Zahlen und Buchstaben in Fettdruck beziehen sich auf die Kapitel des Werkes, die Ziffern beziehen sich auf die Randnummern innerhalb der Kapitel.

www.ingramcontent.com/pod-product-compliance
Lightning Source LLC
LaVergne TN
LVHW080852300926
849162LV00003B/410

* 9 7 8 3 1 1 0 3 0 2 7 7 6 *